全国政协文史和学习委员会 编

亲历者说

中国抗战编年纪事

1940

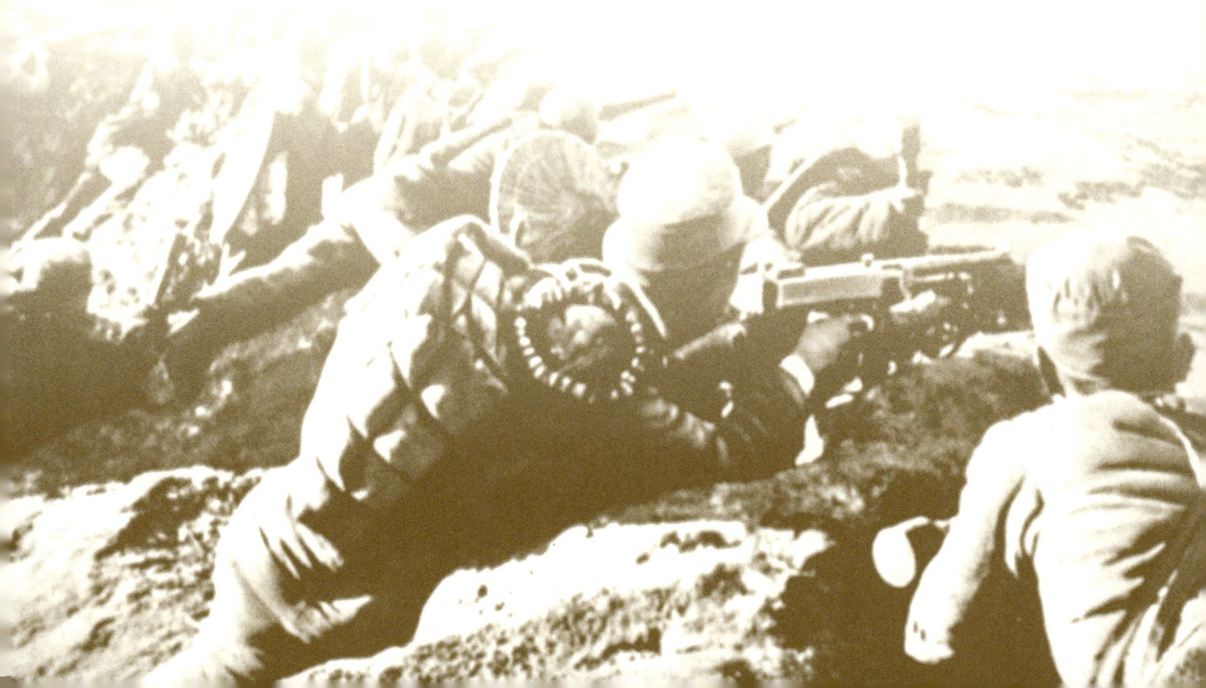

抗日名将傅作义将军。

冀热察挺进军解放平西重镇西斋堂里。

长篇小说《铁道游击队》作者刘知侠（后左三）与鲁南铁道游击队成员。

战斗在山间的八路军。

1940 年 4 月，在老河口出席第五战区军事会议的将领合影。左六至左十：汤恩伯、孙连仲、李宗仁、张自忠、黄琪翔。

张自忠是中国抗日战争以及世界反法西斯战争中牺牲在战场的军衔最高的将领。

张自忠灵柩运回重庆，蒋介石、冯玉祥、孙科、于右任、孔祥熙等在储奇门码头迎灵祭奠。

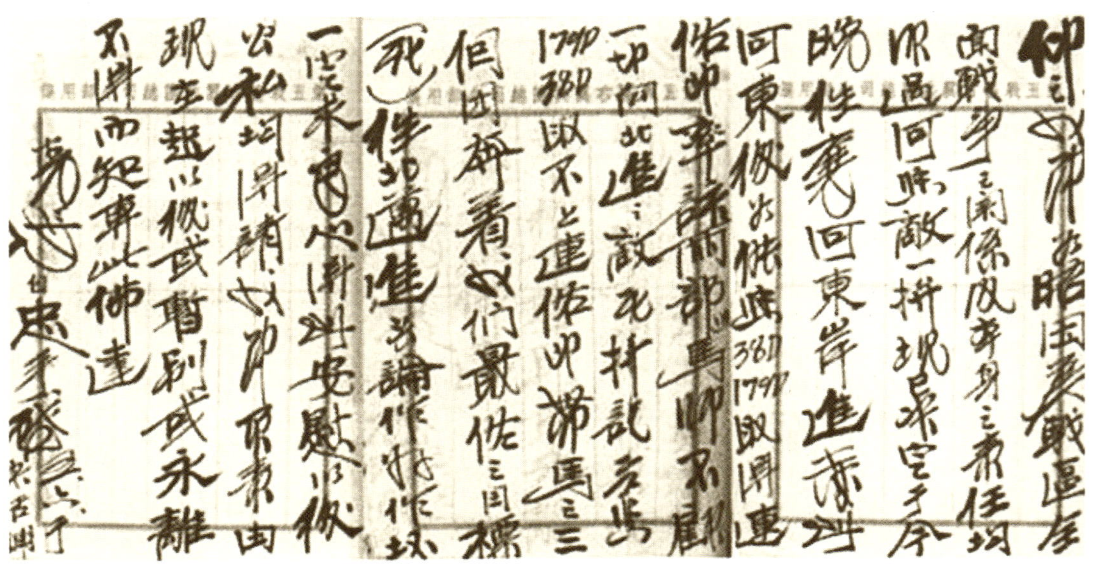

仰之弟如晤：因为战区全面战争之关系，及本身之责任，均须过河与敌一拚，现已决定于今晚往襄河东岸进发。到河东后，如能与38D、179D取得联络，即率该两部与马师不顾一切向北进之敌死拚。设若与179D、38D取不上联络，即带马师之三个团，奔着我们最后之目标（死）往北迈进。无论作好作坏，一定求良心得到安慰。以后公私均得请弟负责，由现在起，以后或暂别或永离，不得而知。专此布达。

小兄 张自忠 手启 五、六 于快活铺

张自忠将军临战前遗书。

华侨领袖陈嘉庚（前左二）一行访问延安。

延安军民热烈欢迎陈嘉庚一行到访。

在山西白晋战役中被俘的日军召开学习小组会。

八路军将领在百团大战前夕。左起：舒同、聂荣臻、杨成武、聂鹤亭。

八路军副总司令彭德怀亲临前线指挥百团大战。

百团大战中的狮脑山战斗。

晋察冀八路军准备攻击井陉煤矿。

军民协力破袭敌人的铁路运输线。

八路军捣毁井陉煤矿。

百团大战涞灵战役中，袭击涞源的晋察冀1分区1团。

涞灵战役中，晋察冀1分区2团1连连长李永生。

杨成武部攻占涞源东团堡。

百团大战中平山县境内的慰问站。

根据地群众热烈欢迎百团大战的英雄们凯旋。

聂荣臻司令员与日本小姑娘美穗子。

孩子剧团在沪合影。

兰州机场上苏联支援的飞机。

在华日人反战同盟晋察冀支部成立大会。

在华日人反战同盟成员在阵地上向日本士兵喊话。

目　录

杨靖宇牺牲

汪伪南京政府成立

枣宜会战

张自忠将军殉国

第二次粤北战役

陈嘉庚访问延安

八路军百团大战

鲁西南秋季反“扫荡”

日军在宁波进行细菌战和在各地的暴行

东北抗联攻克肇源县城

其 他

概 述

1940年，是抗日战争进入战略相持阶段的第二年。汪精卫在日本人的保护下粉墨登场，在南京成立了伪国民政府。日本对重庆国民政府进一步采取了政治诱降为主、军事打击为辅的方针，在正面战场上只进行了规模有限的战役进攻，其主要兵力逐步转向打击在敌后战场的八路军和新四军，敌后战场逐渐成为抗日战争的主要战场。

1940年2月，中共中央和中央军委向八路军和新四军下达《关于战略方针的指示》，明确八路军、新四军的战略任务是"坚持中央的一贯方针，在粉碎敌人'扫荡'、坚持游击战争的总任务下，扫除一切投降派、顽固派的进攻，将整个华北直至皖南、江南连成一片，成为民主的抗日根据地"。

在中国共产党的领导下，八路军、新四军以及东北抗日联军在敌后广泛发展抗日游击战争，巩固和扩大抗日民主根据地，逐步开辟了更广大的敌后战场。至1940年，已建有陕甘宁、晋察冀、晋冀豫、冀鲁豫、晋绥、山东、冀东、平西、平北、豫皖苏、淮南、苏北、皖东北、琼崖等十几块抗日民主根据地。共产党领导的军队和各根据地的地方游击队、民兵，依靠广大的人民群众，活跃在白山黑水、长城内外、大江南北、珠江两岸，依托高山密林、江河湖泊、平原地道和青纱帐，以机动灵活、巧妙独特的破袭战、地雷战、麻雀战、伏击战、地道战、围困战等，"敌进我退，敌驻我扰，敌疲我打，敌退我追”，到处摆开了杀敌的战场。1940 年 7 月 7 日全面抗战 3 周年之际，中国共产党领导的正规部队已发展到近 50 万人，建立了近 200 万人的民兵组织，创造了近 1 亿人口的根据地和游击区，共产党员也由战前的 4 万余人发展到 80 万人。敌后战场抗击的日军达 40 万，占侵华日军 68 万人的 58%，抗击了几乎全部伪军。

1940 年 8 月至 12 月，八路军以人民战争的战略战术，发动了百团大战。这是八路军在华北地区发动的规模最大、持续时间最长的具有战略进攻性的战役。各根据地军民与敌人进行了大小战斗 1800 多次，破坏铁路 470 公里、公路 1500 公里，破坏桥梁、车站、隧道等 260 余处，拔除敌人大小据点 2900 多个，毙伤俘日伪军 4 万余人，导致日军赖以运输兵力和物资的华北主要交通线瘫痪，严重打击了日军对抗日根据地的“囚笼政策”，钳制了日军大量的兵力，推迟了日军南进的步伐，减轻了正面战场的压力，遏制了妥协投降的暗流，增强了全国军民抗战到底的信心，提高了共产党、八路军的声威，揭破了八路军“游而不击”等谎言，表明了中国共产党及其领导的军队，是抗日的中流砥柱，是争取抗战胜利的希望所在。在百团大战中，华北抗日军民取得了胜利，积累了大规模作战的经验，经受了严峻的锻炼和考验；但在敌强我弱的情况下，不可避免地付出了重大牺牲和代价。

正面战场的中国军队对敌人的进攻进行了防御战，也开展了规模有限的进攻战，主要有绥西三战役、第二次粤北战役、枣宜会战等。中国军人出于爱国热忱，奋不顾身，前仆后继，涌现了包括集团军总司令张自忠上将在内的许多抗日英烈，予敌以重大打击，达到了牵制和消耗敌人的目的。

绥西三战役发生于 1939 年年底至 1940 年 4 月，包括包头、绥西和五原三大战役。第八战区副司令长官兼第三十五军军长傅作义率部连续苦战 115 天，部队大量减员，但敌方损失较我更巨。日军伤亡 4600 余人，伪蒙军 3 个师被歼灭，5 个师溃不成军。特别是日本皇族水川中将被击毙，这是继八路军在晋察冀边区击毙所谓“名将之花”的阿部规秀中将后被击毙的第二个日军中将，日本朝野为之哗然。绥西三战役从侧面支持了当时的大西南抗战，保护了抗战大后方的安危。

第二次粤北战役发生于 1940 年 5 月，日军第十八、三十八、一〇四师团约两万人，战车数十辆，以及第二十一独立飞行队 30 余架飞机，再次向粤北进犯。中国守军依托工事，在前沿阻击日军，对于深入纵深的敌军，则集中兵力进行围歼。经过一个月的拉锯战，日军撤退。粤北战役再次粉碎了日军北上曲江、韶关和打通粤汉线的侵略计划，保卫了粤汉铁路和粤北地区。

枣宜会战发生于 1940 年 5 月，日军以 4 个师团和 1 个骑兵旅团的兵力，向枣阳、襄阳、宜昌一带发起攻略，激烈的战斗沿襄河至长江以及豫南的广大地区展开，历时一个半月，襄阳失而复得，宜昌弃守。此次会战，日军虽占领了宜昌，但未能击溃第五战区的主力，而且遭到重创，伤亡 1.1 万余人，其企图“扫荡”重庆外围中国军队、逼迫重庆政府投降的阴谋遭到了打击。

尽管日本侵略者为了慑服中国人民，实施了灭绝人性地狂轰滥炸、烧杀奸掠、散播疫菌等累累暴行，但中国人民并没有被吓倒，而是将悲愤和仇恨化作了对侵略者的殊死拼战。在波澜壮阔的全民族抗战中，全国人民包括港澳台同胞、海外侨胞团结一心，义无反顾地投身到这场关系民族生死存亡的伟大斗争中。在抗日民族统一战线的旗帜下，以国共合作为基础，建立了极其广阔的抗日战场。这一战场不仅包括军队正规作战为主的正面战场、军民协作的游击战为主的敌后战场，也包括争取国际支援与协助的外交战线、在敌占区搜集情报等地下路线、深入人心的抗日救亡文化宣传战线等等。全中国人民同仇敌忾、万众一心，用鲜血谱写了捍卫民族尊严的壮丽史诗。

绥西、五原战役

忆绥西、五原抗日两战役

董其武*

傅作义将军是驰名中外的抗日名将。1940 年 1 月下旬至 2 月的绥西战役和同年 3 月至 4 月的五原战役是傅作义部继包头战役后的两次战役，两战皆捷。当时我任傅部第三十五军第一〇一师师长，我师的作战经过，是我所亲历，其他友军各部，则系我所闻，有待当时亲历者撰文补述。

绥西战役

绥西战役是傅将军预定将来犯之敌的主力歼灭于运动之中的计划未遂后，立即变为避开敌之主力，以游击战术，困扰消耗敌人，终于使敌主力不得不撤出绥西，而取得胜利的战例。

刚刚结束的包头奇袭，把敌人打了个晕头转向。撤回河套后，我官兵相当一部分人认为敌已丧胆，不敢再来攻城，产生轻敌情绪。傅将军认为这种情绪是极错误、危险的。他一面令各部队加强整训备战，一方面亲临各部三番五次给官兵讲话，特别分析当面之敌的详情，断定敌军将趁冬季来犯，必

---

* 作者时任第三十五军第一〇一师师长。

须做好各项准备，随时迎歼来犯之敌。包头敌人之败，即败于骄傲自满，我万万不能蹈敌人的覆辙。

果然，敌人将包头之败视为奇耻大辱。张家口的日本蒙疆驻屯军司令官冈部直三郎急得暴跳，像一只受了重创的野兽，歇斯底里地咆哮："一定要扫平河套，全部消灭傅作义军！"他严惩了驻包头日军指挥官小岛等几个高级军官，亲自到归绥、包头布置进犯绥西的军事行动，从察南、晋北及归绥等地调集3万余日伪军，汽车千余辆、坦克数十辆以及大炮、飞机，由师团长黑田重德中将指挥，杀气腾腾，随时要向河套地区凶猛反扑。

自包头至后套，南有黄河，北有狼山，中有乌拉山。地理学上说这一地区是平原，但从军事观点来看，这里除了河渠纵横如网的田野外，到处都是高低起伏的沙丘和榛莽丛生的圪旦（丘陵、草滩）。自包头西来全长700余华里，只有南北两条道路：一条走乌拉山前，由包头经五原至临河；一条走山后，经乌不浪口、五原至陕坝。

1940年元月末，敌分三路犯我绥西：一路（左翼）由小岛率他的骑兵集团、第二混成旅团及王英的伪绥西联军，沿黄河两岸大部经西山嘴、小部过马七渡口入侵；一路（中路主力）由黑田重德率领其第二十六师团经固阳、大佘太，从乌不浪口进犯五原；一路（右翼）由伪蒙骑兵约3个师，经中公旗（今乌拉特中旗）分别进犯两狼山、太阳庙。三路敌军分头并进，企图将我军围歼于河套地区。

傅将军判断敌将采取寻求我主力进行速战速决之作战方针，对此作出的应战对策是：以我主力军于有利地区布置预设阵地，诱敌深入，两面夹击，一举将敌主力黑田部歼灭于运动之中，其他各部队将不打自退。万一不能得手，立即改变方式，将我主力隐蔽，以小部队采取游击战术，阻击困扰，使敌大量消耗，无法立足。

具体的布置是：我骑兵第六军军长门炳岳（中央军）指挥骑兵第七师、新编骑兵第四师在西山嘴、马七渡口阻击敌左翼小岛部队，截断其与入侵各路的会合；以第八十一军第三十五师马腾蛟师长（宁夏马鸿宾部）率部坚决阻敌主力黑田部于乌不浪口之外，待我夹击部队布置就绪后，乘黄昏时后撤，以诱敌进入我既设阵地。我第三十五军为主力，第一〇一师埋伏在乌镇以东地区；新编第三十一师埋伏在万和长与乌不浪口之间，形成夹击之势，待敌闯入此袋形阵地内，南北两线同时全力猛烈夹击，将敌人歼灭于运动之中。

当时我们完全相信这种布置是正确的，依计而行完全可以达到预期的歼敌目的。但没有预料的情况突然发生了。顷刻之间，形势全非！原来奉命在乌不浪口方面抵御敌人的马腾蛟第三十五师，一经敌军猛冲，未作坚强的抵抗，便纷纷撤退下来。此刻，我率第一〇一师、孙兰峰率新编第三十一师，正在按计划开向各指定地区设置夹击阵地的行军中，开进途中，先蓦然看见马腾蛟部乱哄哄地后撤，接着看到从乌不浪口方面攻入的敌人铺天盖地地压来。遇此突然情况，我向前开进各部，不明就里，有的脱离掌握，也在混乱中向后撤退。在此一发千钧之际，我即火速命令第一〇一师各部，改变任务，停止前进。一方面掩护友军安全转移，一方面各就所在位置，截击阻扰入侵之敌，但要避免与敌死拼，必要时，应相机转移至有利地区。

我师一部在乌镇以西沙梁地带，与敌先头部队相遇，即展开激战。以密集火力猛射，打退敌数次冲锋，毁敌汽车10余辆，敌尸枕藉，我军亦有伤亡。此际，敌后续部队源源开来，我命郭景云团长率第三〇二团一部掩护，我师主力主动撤出战斗，向五原以北梅令庙、折桂乡（今什把圪图乡）一线转移。此时，我获悉敌主力向五原突进，我令第三〇二团之一部，继续阻敌，亲率第三〇三团进入折桂乡圩堡内，依堡野战，阻击敌人；令第三〇一团在堡外占领有利地形，与堡内形成犄角之势，攻敌侧背，并掩护第三〇二团侧后安全。敌机飞旋上空，发现我军在堡内设防，即施展狂轰滥炸，同时指示炮兵以炮火轰击，妄图在此突破，夺路前进。反复猛攻多次，均为我击退。此时傅将军自电话中指示我要坚持到夜间，方可转移。我即调整部队，除第三〇三团仍以圩堡作为依托，从正面反击外，第三〇一和三〇二团在堡子外，分左右扇形展开，凭藉沙丘地带，在敌坦克、汽车行驶困难的情况下，以密集火力，三面攻击。敌前进受阻，以步炮结合，向堡子疯狂冲击，一时堡子上空，沙尘飞扬，烟雾弥漫。我则待敌逼近时，以轻重机枪交叉火力，并杂以手榴弹，密集还击。堡子外两个团，又左右张弓，予以杀伤，威胁敌侧。敌猛扑几次，均被我打退，双方处于僵持状态。

冬天的太阳，很快就沉落到西方地平线下，黄昏时刻，我先命将伤兵输送后方。夜色渐浓，敌人枪声稀疏。我即通知堡子外两个团，除留小部机动兵力掩护外，与堡内第三〇三团，按预定序列，撤往百川堡一带，休整待命。

折桂乡战斗，比乌镇阻击战尤为激烈。堡子外开阔地上，横七竖八躺着敌人尸体。是役毙敌约 200 余人。我军亦付出不小代价，第三〇三团王赞臣团长受伤，连排长牺牲数人，士兵伤亡 100 余人。敌人夜间不敢行动，将坦克、汽车围成一圈，猬集在圈内，汽车灯四下照射，以防袭击。翌晨，敌发现我军转移，即向五原方面搜索前进。因被我几次伏击，损失惨重，敌人行动极为谨慎，走走停停，至下午方到五原。夜色沉沉，我监视敌人的小分队折回追赶部队，归还建制。我第一〇一师在百川堡附近宿营一日，即越过冰冻的乌加河，进入狼山湾休整。

北线进犯的日本侵略军，侵占乌不浪口后，分兵两路，一路为我第一〇一师在乌镇、折桂乡所阻击；另一路沿乌加河北岸进犯，行至黑石虎、三女店及刘存福圪旦之间，遭我预伏该地芨芨草滩中的孙兰峰所率新编第三十一师伏击。敌猝不及防，损失甚重，待其调整队伍反攻时，新编第三十一师在一人多高的芨芨草丛的隐蔽下，徐徐撤至万和长地区。2 月 2 日下午，该敌搜索前进，到达万和长，新编第三十一师又与该敌展开激战，打了 3 个小时，敌在飞机坦克掩护下，向我方猛攻，均未得逞。暮色降临，新编第三十一师撤出战斗，进入狼山南麓。

南线进犯之敌，自包头出动，由前山引进，在稽荄滩、马七渡口、杨高明圪旦等地，被门炳岳所率骑兵第六军之骑兵第七师连续阻击，战斗亦甚激烈，双方互有损失。骑兵第七师达到迟滞敌人前进的目的后，沿黄河南岸的库不齐沙漠边缘，向西转移。2 月 2 日黄昏，沿包五公路前进之敌一部在四牛头圪旦一带，为我隐伏该地的新编第三十二师伏击，敌仓促应战，遭我杀伤颇多。入夜，新编第三十二师袁庆荣师长，下令脱离战斗，西撤。

自 1 月底，日本侵略军从包头出发，分数路进犯，沿途连续遭我各部伏击、阻击，付出惨重代价，于 2 月 3 日侵入五原。

我各部按傅将军的部署，于阻击、伏袭战中，大量杀伤敌人，达到预期战果后，除骑兵第六军撤至伊克昭盟的桃力民，宁夏部队的第三十五师和马彦骑兵旅，顺狼山脚下转撤宁夏外，其他各部均按计划分别转移至北面的乌加河北、狼山南麓地区，以及南面的黄河以南的沙丘地带和河套腹地，相机歼敌。

当时各部所在地，大致为：我第一〇一师于折桂乡之战后，转入狼山湾，嗣即移至临河东北丰济渠以西地区；新编第三十一师于万和长之战后，转到乌加河北岸柳树泉，又移至狼山乡左近；新编第三十二师于四牛头圪旦之战后，转到陕坝以北的贾来旺圪旦；王子修的新编第六旅移至万和长附近；五临警备旅在蛮会附近；绥远游击军在米仓头道桥左近地区。傅作义将军的指挥部在黄河南岸，伊克昭盟北缘的圣纳格尔庙，由刘春方的骑兵团随从警卫。以上为绥西战役第一阶段的作战简况。

2 月 3 日，日军侵入五原后，企图捕捉消灭我主力，继续分南北两路，进犯临河、陕坝。上旬，侵入该两城镇。由于我方空室清野工作做得比较彻底，南北两条公路边，渺无人烟，陕坝、临河的人口牲畜作了疏散、隐蔽，埋藏了粮食、财物，填陷了水井，敌人连个打探道路的人也找不到。敌人长驱直入，自以为得计。但在南北两路到处遇到我小部队阻截，未捕捉到我军主力。日本指挥官黑田中将大肆宣扬，“皇军”进占了五原、临河、陕坝，绥远全省完全为日军占领，傅作义军已全军覆没，傅作义已远逃重庆。绥远、张家口及平津的敌方报纸，亦交相吹捧“皇军”的“战绩”，五原的几个民族败类更是逢迎备至，伪称打探确实：傅作义残部已逃往宁夏。黑田在五原开会欢庆，并令田喜亭等组织汉奸维持会，委大汉奸王英为“绥西自治联军”总司令，负责维持绥西治安，巩固伪政权。

这时，傅将军向各部传达指示，大意为：敌军已深入，战线延长，补给困难；侵入河套日军均自察、绥、雁北各地调集而来，后方空虚，定不能久留绥西；敌意在速战速决，企图消灭我军主力，巩固其绥、包据点。据此，我军应采取灵活机动、分区游击的方式，以小部队监视敌人动向，袭扰其运输线，消灭其分散据点驻军，以消耗敌人，疲惫敌人，造成敌人补给困难，处处挨打被动，欲守不易，欲走难行。各部队应齐心协力，密切联系，避不利，找胜利，积小胜为大胜，坚定必胜信念，并为此必胜信念创造良好条件，保持旺盛斗志，想方设法打击敌人，保存实力，为驱逐入侵之敌，收复失地积蓄力量。各部接受指示后，大为鼓舞，先后在南北公路上，百川堡、头道桥、黄羊木头及临河、陕坝外围据点，进行袭击，给敌造成重大损失。

黑田以我主力已经溃败，虽有零星部队袭扰，不足为患，短期内绝对无力反攻，认为从平绥线、同蒲线调集的大量兵员，已无必要长此滞留，急需回防。2 月中旬，黑田乃率主力逐次撤离绥西，分别回驻原防，仅留日军约两个联队、6 个战斗力不强的伪蒙师、大汉奸王英的绥西自治联军、宪兵、警备队以及特务机关等，总兵力约一万五六千人，据守后套。司令部及日军坐镇五原，汉奸队、伪蒙军分置于临河、陕坝及五原外围，同时组织伪政权，巩固其占领地区，企图长久盘踞。

傅将军侦知上述情况后，即令袁庆荣的新编第三十二师同时反攻临河、陕坝，令各部紧密配合。当时估计进攻这两个城镇，总要费些力气的，然而事实却是出乎意料。新编第三十二师向该两城镇推进，临河守敌刚一接火，便全部撤出，伪蒙骑兵师沿五临公路向东逃窜。陕坝之敌孤悬后套最西部，见临河伪军撤离，更感孤立，当我新编第三十二师进抵陕坝以南园子渠口时，敌骑即向五原方向逸去。我军仅截断其尾部数十骑。临、陕守敌均为伪蒙军，除少数伪军头目外，绝大多数士兵均不愿为日本侵略军卖命，所以，我新编第三十二师向临河、陕坝进军，守敌一触即逃，我军便收复了临河、陕坝两地。

日军为了避免挨打的局面，缩短战线，将 6 个伪蒙师分驻于丰济渠以东地区，巩固五原外围。我军于克复临、陕两城镇后，集结兵力于丰济渠以西地区，双方形成隔渠对峙态势。

这时，我率第一〇一师移驻丰济渠以西一带。新编第三十一师驻临河以东阿善附近地区，新编第三十二师进驻百川堡以南地区，绥远游击军驻三道桥附近，五临警备旅驻蛮会附近，新编第六旅驻狼山以北地区。傅将军的指挥部由圣纳格尔庙移驻临河东北之亚麻来。

至此，绥西战役告一段落。绥西战役的全过程，是许多次中小型战斗的积累，我军在乌不浪口、乌镇、折桂乡、三女店、黑石虎、万和长、蓿荄滩、马七渡口、杨高明圪旦、铁匠圪旦、黄杨木头、临河、陕坝、阿善及南北公路线上，阻击伏击和袭扰敌人，发生上百次战斗。其中，有些战斗可以说是恶战或苦斗，每次战斗均予敌以杀伤，最后克复了临河县城和陕坝市，将敌逐至丰济渠以东。整个战役共毙伤敌 2100 余人，摧毁敌汽车 100 余辆，坦克 5 辆，战马 300 余匹及各种武器若干。总的说来，这次战役是贯彻了傅将军“积小胜为大胜”，“避不利、找胜利”的原则的。

这里我觉得还有必要综合起来说几句。侵绥西之敌气势汹汹，扬言要“膺惩傅作义”“彻底消灭傅作义军”。战争的结果表明，敌人绝没有达到目的。敌酋黑田等一再叫嚷：傅作义军已全军覆没，傅作义已逃往重庆；敌人公之于世的《战史》也记载下“傅作义指挥的部队……向宁夏、伊盟方向逃走了”，这只能说明敌人在自欺欺人。

五原战役

五原大捷是傅作义将军的抗战必胜信心的胜利；是他为了赶走日本侵略者不计任何艰难险阻，不计任何牺牲，一往无前的大无畏精神的胜利；是他唤起民众，军民合作，共同杀敌的胜利。

记述五原战役应该从亚麻来会议开始。为了研讨攻取五原的策略，傅将军在亚麻来指挥部驻地，召集了团长以上的干部会议。参加会议的除指挥部的参谋长鲁英麐、张濯清，参谋处长张副元和几位作战参谋外，计有我、孙兰峰师长、袁庆荣师长、绥远游击军马秉仁司令、马逢辰旅长、五临警备旅徐子珍旅长、新编第六旅王子修旅长，及郭景云、王建业、宋海潮、安春山、刘景新、郁传义、李思温、曹子谦、黄纯烈、杨新钊、张世珍、刘春方、刘振蘅等各团长。亚麻来是临河县东北沙窝中的一个小村落，距我第一〇一师的驻地五六十里。

2月25日我接到开会的通知后，即转告郭景云、王建业两团长。翌日上午，我同两团长及随行人员10余骑，向亚麻来驰去。这时节令虽然过了雨水节气，但祖国北疆仍是寒风飕飕，气温一般还在零下十几度。我们越过黑褐色的田野、灰黄色的沙丘和仍然结着冰的渠道。这时我想，若不是日寇入侵，该是老乡们迎接大忙的春耕季节了，然而此时极目四望，却看不到炊烟，也看不到人影。我作为一个军人，身负守土保民之责，看到这种景象，心情是很沉重的。大约奔驰了两个多小时，便到了亚麻来，迎头碰上副官处长王子余，他告诉我傅将军刚吃过午饭，我便直接去见他。一个多月没见面，他消瘦了，但两眼仍炯炯有神，面色黑红。他的草绿色棉军装的袖头和膝盖打了补丁，连和士兵一样的黑布棉鞋也缝了包头，但是衣着非常整洁。他双手握着腰间小皮带在屋中踱步，镇定自若，那种高级军事领导人的风度，一如往日。我向他敬礼问候，并提到在乌镇战斗中，未能使马腾蛟部顶住黑田，过早撤退，我师仓促应战，仗没有打好，请求处分的话。傅说："这些在会上谈吧！你们先去吃午饭。"我退出来找到王子余，他招待我们吃了糜米饭和羊肉煮山药蛋。在当时这真是一顿丰盛的美餐。

晚饭后，会议开始。傅将军首先作了总结并带有启示性的谈话。他说：包头和绥西两战都取得了胜利。在包头这一锤头，着着实实地楔疼了敌人。绥西战役，在夹击歼敌的计划未遂后，立即采取分区游击的办法，也消耗疲惫了敌人，打掉它那种气势汹汹的气焰，粉碎了他的速战速决的战略意图。我们对群众发动得好，这些都是成功的。但是我们也犯了不少错误。主要是有的不顾全局，只凭自己一小部分的一时一地的情况去行动，也有的敌情观念不强，消息不灵，行动迟缓，坐失战机等等。在总的指挥方面也有不少的失误。如在包头战役中令骑兵第七师破坏铁路坚决阻敌的任务未按计划完成而过早撤退；绥西战役中，令第八十一军第三十五师坚决阻击黑田部队，竟然一经与敌人接触即行后退，致使形势突变，一时陷于混乱被动。这都应说是总的指挥方面"知彼不知己"的错误。讲到这里，傅将军沉默了片刻，用深沉的目光巡视着与会的人，以沉重语调说：这里必须给大家讲明白，我们目前困难相当严重，处境异常艰险复杂，与前两次战役大大不同。一、绥西初战，因未按计划执行，情势逆转，造成一时的混乱后退，大大挫伤了士气。个别指挥官竟然潜回后方，这是我部以前极少有的不良行径；二、包头战役，尤其绥西战役第一阶段损失很大，各部大大减员，未得到补充，而且一时又无得到补充的希望；三、攻包头前，虽然埋藏了一些粮秣弹药，但经不起长时间的消耗，而且近期没有得到后方补给的可能性；四、更令人伤心的是蒋委员长，不知出于什么谋略，竟来电报让我们向后撤退。接不接受这样的命令呢？这都使我们难于处理。其实，这些情况，我不讲，大家也是清楚的。今天开会主要是检查以往两战役的失败、成功的经验，制定今后的行动计划，并认真考虑，对待以上讲的种种困难，如何战胜它。经过严肃缜密的分析后，再决定这仗还打不打，不打怎么办，打又怎么办。大家要从实际出发，认真想想，怎么想的怎么说，这是关系到咱们怎样生存下去的问题，是关系到如何战胜日本侵略者的问题。都要严肃负责好好想想。

与会的人在摇曳的烛光下，静静地倾听傅将军的讲话，有一段时间，室内的气氛像是结成了冰块似的。但到傅将军话一说完，冰块融解了，气氛随之生动活跃起来，群情激昂展开争论。总的说来，意见大致归纳为两种：一个是立刻就打，一个是休整一个时候再打。前者的理由是趁黑田主动撤走，趁热打铁，与日本侵略军决一死战，一举攻克五原；后者的理由是两个战役以后，部队减员太大，损失很重，部队应有个喘息机会，进行休整补充，部队充实以后再打。不论如何，对撤退的电令绝不执行。

大家的争论，丰富完善了傅将军胸有成竹的腹案，他很有信心地表示："我是下定了决心要打的，就是剩下一兵一卒，我也决不离开绥西一步。我决不能离开这块土地和住在这块土地上的十几万民众。我们的部队有着世人尽知的抗日光荣历史，相信大家也都十分珍爱这段历史。我是军人，抗日救亡是我的神圣职责，我将不计任何牺牲，坚决完成我的职责。"他接着说："仗一定要打，但不做好准备，立刻就打，是没有几成把握的，如休整时期过长，恐将失去战机，也不行。"他作出决定：要利用短时间休整，在休整中进行技术练兵，补充弹药，充分发动群众作好战时配合，同时作出妥善的反攻五原的作战方案，一个月内反攻五原。

为了整肃军纪，当时决定对作战不力的马秉仁和刘景新送交军法处处理。其他人也受到批评、处分，我也受到停职留任处分。

夜深了，在烛光闪映下，与会的人没有一个面有倦容的。最后，傅将军把技术练兵的要点，作了详细的讲解。拂晓时分，会议结束，大家冒着清晨的寒风，分别赶回阵地。

亚麻来会议后，士气振奋，各部以反攻五原为目标，积极展开技术练兵，进行夜战、巷战、爆破、防空等等训练和演习。各部竭尽所能解决士兵生活问题，从米仓、杭锦旗等地购来大批猪羊菜蔬改善伙食，将埋藏在沙窝中的粮食弹药挖出来，从宁夏石嘴山仓库运来各种军需品和被服，补充各部需要。政工干部会同动员委员会人员，深入各乡动员群众，帮助做侦察敌情、运送弹药粮秣、抬运伤兵等工作。为了加强战斗力，减少层次，将各作战单位降低一级，将师编为团、团编为营……

经过整训，在作战方法和战斗本领上，都大为提高，官兵勇气倍增，斗志昂扬。在此期间，傅将军和指挥部的幕僚，轮流到各部视察，亲到连队观看演习，具体指导。并在连队与士兵一起吃饭交谈，发现问题，立即作出指示，命各部队长及时纠正和办理。

3月初，傅将军找我和孙兰峰、袁庆荣几位师长到指挥部，由参谋长鲁英麐和参谋处长张副元将拟订的反攻五原的作战方案，拿出来共同研讨。参谋长对敌人兵力部署先作了介绍，他大致说：据侦察，五原城里的日本兵只有1个步兵联队和1个炮兵中队，另有日本驻五原特务机关长桑原中佐指挥的两个中队，再加上宪兵队、特务队、汽车队和警备队，这几部分战斗力较强，武器也好，是我们攻击的主要对手。此外，便是伪蒙军6个师、汉奸王英的伪绥西联军和由雁北察南调来的守备队。日伪全部兵力约一万五六千人。敌人的指挥部和桑原特务机关设在城内原屯垦办事处和平市官钱局，周围许多院落打通连成一片，用铁丝网围成一个坚固的防御圈，沿周围构筑工事、碉堡，架设鹿砦；主力部队均在圈内，防守严密。伪蒙军除1个师在城内义和渠以西守备外，均分驻在五原以西，丰济渠以东，北起梅令庙，南至蛮可素一线的重要据点。王英的伪绥西联军在五原新城及其附近。义和渠穿五原城而过，日军主力在渠东，伪蒙军在渠西。参谋长又把我军兵力也交了底，他说：前两次战役，我军减员很大，目前我们的兵力，不算门炳岳、马腾蛟两部，数量上与敌人差不多，但是我们的官兵一经整训，战斗意志，精神力量胜敌十倍。所以从总的力量对比上看，这个仗有把握打赢：而且主动权操在我手，如果我们在作战计划上，多动些脑筋，想得周到些，可以说稳操胜券。问题是如何有效地阻止援兵问题。我们估计日军的援兵到来，快则两天，慢则三日，所以分兵阻援是个关键性的问题。

傅将军插话说：根据多年经验和历年资料，黄河在春分前后一两天内，一定开河解冻流凌。冰汛流凌期间，大约有七八天，船只不通，人马难行，我们利用这个时机，在五原东北乌拉壕，挖渠放水泛滥，淹没南北两条大路。到时泥泞翻浆，敌军人马汽车均无法行进，失去机械化的作用，使其逃窜无路，束手就歼。我们要设法利用春分开河这一时机，这是天时；利用乌加河天堑是地利，而且作战地区地理环境，地形地物，我们都了如指掌，这也是地利；再说，我军民团结，同仇敌忾，奋勇杀敌，特别是敌人是侵略者，我们是被侵略者，正义在我方，这是人和。天时、地利、人和均在我方，这都是克敌制胜的基本条件，所以，这个仗非打胜不可。

参谋长将反攻五原的作战方针和部署加以简要说明。作战方针是：一、我以主力攻击盘踞五原城之日军主力。方法是编组突击队用掏心战术猛然插入敌心脏，我主力部队，随之蜂拥冲进城内，歼击敌人。二、其他部队，各按其任务，对付五原外围各部敌人，里外一齐动手，全面开花，分头歼击各处之伪蒙军。三、在克复五原前，有效地阻止敌援军于乌加河之彼岸，这是制胜的先决条件，阻敌之部队，务必不计任何牺牲，完成任务。兵力布置是：暂规定 3 月 20 日发起总攻。令退到伊克昭盟腹地桃力民的门炳岳骑兵第七师开回临河德和泉以南地区待命，开始总攻时，进攻五原以西新公中之伪蒙第八师，使该敌不能回援五原。令退到宁夏石嘴山之马腾蛟第三十五师，开回后套，接替丰济渠南北一线之第一〇一师和新编第三十二师防务，守备丰济渠以西地区；新编第三十一师的安春山团，绥远游击军的曹子谦团和五临警备旅的阎梦云营为主，从各部挑选勇敢精壮、有作战经验的官兵500人，组成主攻突击队，确切侦察敌情，做好一切准备，3月20日迂回五原东南方向，突进城内，猛攻敌指挥系统。孙兰峰率新编第三十一师另外两团，附五临警备旅及山炮营为主攻部队，自新城西关攻入城内，同突击队合力围攻敌指挥部；袁庆荣的新编第三十二师，进攻五原旧城及其附近据点；绥远游击军及游击部队安华亭新编第五旅进至西山嘴、马七渡口一带，阻止援敌逃窜。李作栋部在五原以南南茅庵一带潜伏，发动五原总攻时，即向蛮可素、郝镜桥伪蒙军进行攻击，歼敌后，转为追击部队。石玉山部进攻义和渠口以西南牛犋之敌，歼敌后，转为追击部队，堵截五原逃敌。第一〇一师为机动部队，负责于乌加河一线阻止敌援军的重要任务。该师先派一个团歼灭乌加河二财主圪旦守桥之伪蒙军，并破坏乌加河桥梁于河岸监视援敌，在攻击五原开始后，全师开往乌加河一线力阻援敌。克复五原前不得放过敌援军。各部均于3月15日开始隐蔽行动，19日到达各自攻击准备位置，20日开始总攻，届时总指挥部前移五原附近以西地区。参谋长报告完，傅将军征询我们的意见。孙师长说："只要使来援之敌，三天过不了乌加河，我师和突击队保证歼灭五原之敌。"傅将军看看我，我说："3月23日前，我们师绝不让援敌一兵一卒渡过乌加河。"傅将军说："好吧！你们各自去做好准备吧，相信你们不会辜负国家民族之重托。"

1940年3月15日，各部分别行动，3月19日各自到达预定地点。突击队于20日秘密向五原运动，黄昏时，行至距城数里之十大股庙附近，尖兵排捕捉驻该地伪蒙军1名，得到敌人口令。突击排又分成若干小队，趁暮色苍茫时际，齐头并进。尖兵排到达五原东城门口时，见有两名日军、4名伪军站岗，敌人喊问口令，我尖兵答对口令走到跟前，飞起刺刀，刺死两名日兵，捉住伪军，当即占领城门。我各小队像一把把钢刀插入城内，有如神兵自天而降，勇猛袭击，顿时枪声大作，手榴弹轰鸣。酣睡中的敌人，仓皇应战，激战至深夜，天主堂、耶稣堂、五原小学、皮毛作坊、直鲁豫会馆以及敌人粮食库、弹药库等重要据点先后被我军占领。天破晓，敌机飞临上空，低空盘旋，因交战双方犬牙交错，敌机分辨不清，未敢大量投弹，丢了一些炸弹却炸了敌守备队。至此，义和渠以东地区日伪军大部被歼，残敌纷纷逃集在日军指挥部所在地——原屯垦办事处及平市官钱局两据点，凭藉其坚固工事和优势装备，负隅顽抗，死守待援。虽经我反复冲杀，由晨至午，迄未攻克。傅将军闻报后，即令新编第三十一师副师长王雷震率师部预备队令狐理营驰援突击队，务期于敌援到达前，攻占敌司令部，并肃清残敌。王副师长奉命后，迅即率部驰往义和渠东，与我其他各部合力围攻。王副师长见敌司令部防御工事坚固，围墙高厚，四周建有碉堡，围墙与碉堡上下皆有观察孔及枪眼，火力配备严密。敌兵居高临下，我军一切行动，均难逃脱其视野，轻武器既难奏效，火药爆破又难接敌，以致屡攻不克。

王副师长遂与代营长令狐理、连长孙英年研究攻坚办法。孙英年建议用山炮平射，摧毁敌之墙堡工事，然后一举歼敌。王副师长采纳了这个建议。21日晚，孙英年会同炮兵连长杨跃康，乘夜幕笼罩，穿屋越脊，在距敌百十米的义和渠西岸，利用坝坡遮掩，安置炮位。王副师长命我已攻入之部队在围墙东南方向佯攻，以转移敌注意力。午夜，信号升空，立即开炮，炮弹连珠般轰击，敌司令部围圈，火光烛天，墙倒屋塌，敌兵大乱，四处逃避。此时，孙兰峰率领新编第三十一师主力亦赶到。炮火摧毁敌垒后，我各部乘势冲进围圈，敌人四散逃亡中，被我士兵用手榴弹、刺刀、机枪大量杀伤。水川伊夫中将、特务机关长桑原中佐及伪绥西联军中将司令王英，在混乱中乘隙逃窜城外。敌司令部被彻底摧毁，敌军完全崩溃。各据点伪军，各自奔窜。3月22日，五原新城全部为我收复。

袁庆荣新编第三十二师在3月20日深夜进攻五原旧城，与前后补红及广盛西等处伪蒙军展开一场恶战，双方伤亡均重，袁师长负伤，营长赵寿江及连长张步清阵亡，营长杨廷壁胳臂被打断，赵寿江营仅余官兵7名，仍奋战到底，战况极为惨烈。我得报告，即派第三〇一团驰援广盛西，接战不久，守敌即行溃散。3月21日下午，五原旧城全部为我克复。

我师第三〇二团在乌加河畔力阻援敌，战况极为艰苦。攻城开始后，傅将军命我立刻率第三〇一、三〇三团增援第三〇二团，阻击援敌。援敌主力为：驻包头之小岛骑兵集团，驻萨拉齐黑田第二十六师团之一部和固阳、安北等地之警备队。敌增援先头部队于21日下午乘汽车百余辆，由包头开至万和长，为我新编第六旅迎击，至夜，新编第六旅撤至北山。敌人到达乌加河，桥梁已毁，不能过河，企图强行架设浮桥。我担任沿河击敌任务的第三〇二团立即向敌展开猛烈攻击，以炽盛火力，阻敌架桥。该敌不能过河救援五原之敌，焦急万分，于是集中炮火，轮番攻击。适于此时，我率第三〇一、三〇三团赶到，立即投入战斗。我命各团构成交叉火力网，并以炮火射击。该敌退至折桂乡乌拉壕以北地区，拉长阵地，与我隔河炮战。此时，敌援兵源源自东开来，麇集于乌加河及乌拉壕北岸窄长地区，为河所阻，不能前进。该敌像输红了眼的赌徒，不顾一切，以数十门炮火，疯狂轰击我第三〇一团阵地，天空有10余架飞机，配合轰炸，攻势猛烈异常。我方阵地，硝烟弥漫，弹雨如注。第三〇一团官兵浴血抗击，伤亡极重，团长王建业负伤，营长冯增波、连长郝宝瑞阵亡。但我军士气旺盛，继续还击。敌倾全力，凭借强烈炮火，掩护步兵以橡皮船渡河向第三〇三团侧背攻击，宋海潮团长身中3弹，重伤倒地。我师已与敌激烈战斗3昼夜，敌之攻势益加凶猛。此时，五原新旧两城已全部克复，傅将军认为我师阻援任务，已经圆满完成，继续与增援之敌胶着血战，已无必要，遂下令我师撤离战斗，我主力部队即向西转移。

敌人慌慌张张重入五原时，伪维持会汉奸田喜亭、刘子俊、杜凤山等人，已为我处决，陈尸渠畔，居民逃避一空，五原新旧两城镇，均成一片废墟。该敌只寻得敌尸数百具，连夜泼洒汽油，堆积焚化。城外我游击部队各部，不断袭击，敌人惊恐万状，不敢继续停留，乃携敌骨灰，循原路退返包头。

自五原逃出之水川中将、日本特务机关桑原中佐及随行的警务官池田浜崎、特务人员内久保作等百余人，逃至乌梁素海之西岸，前有我游击部队阻截，后有我骑兵部队追剿。于刘家窑子附近，残敌大部为我捕杀，或淹死乌梁素海中。水川、桑原等日军官佐，均于此就歼。汉奸王英逃至西山嘴，守备该地之新编第五旅安华亭，原为王英部下，1936年百灵庙大捷时，向我反正。安竟将王英放走。事后，傅将军将安华亭交军法处查办。

在战役过程中，绥西民众同仇敌忾，多方支援军队，在敌人溃逃时，纷纷捕捉逃敌，缴夺武器及各种物品，交给我军。有日兵 6 人逃至五原城东 30 余里的老乡王大老虎家中，王与其弟王二老虎杀鸡热酒，假意款待，乘日兵醉卧时，盗出枪支，协同邻人以菜刀，将日兵全部砍死，割下首级装入麻袋连同枪支一并送到我师部。我接见了这两兄弟，表示钦佩和感谢，并将这一事迹呈报指挥部，傅将军对他们大为嘉奖。再有百川堡附近小脚老太太刘大娘，发动该乡妇女抬运伤兵，送水送饭。我第三〇三团团长宋海潮在乌加河畔阵地，连中 3 弹，大肠外露，流血过多，昏倒在地，以为已死。我师转移时，因情况紧急，亦未能掩埋。后为老乡刘大宽、郭四毛旦发现其未死，即抬回村里治疗护养，得以再生。在战斗的日日夜夜里，我绥西军民有着许许多多可歌可泣的英雄事迹，至今令我感动不已。五原战役我军取得巨大胜利，全军振奋，举国欢欣。报刊称之为“五原大捷”。

在这次五原歼灭战中，共击毙日酋水川伊夫中将、步兵联队长大桥大佐、特务机关长桑原荒一郎中佐，及其特务人员伪蒙军顾问中岛少佐、警务指导官内久保作，特务官员池田浜崎，以及尉官以上的警务官、到五原勘矿的技术官员等 300 余人，日军 1100 余人；毙伤伪蒙军 3000 余人；生俘日军指挥官观行宽夫、警务指导官浅沼庆太郎、西田信一等 50 余人，俘虏伪蒙军（包括邬青云部赵城壁团投诚伪军）共 1800 余人；缴获各种火炮 300 余门、汽车 50 余辆、轻重机枪 50 余挺、步枪 3000 余支、毒气筒 1000 余个、电台 1 部、橡皮艇及其他军用物资；击坏焚毁敌之武器装备等尤不可胜数。

我方也付出重大代价。团长贾世海、营长赵寿江、阎梦云、冯增波及连排长 30 余人均为国捐躯；负伤者更多，仅我第一〇一师 3 个团长全部负伤，宋海潮团长重伤，此外，师长袁庆荣、团长安春山、营长杨廷壁等均中弹负伤。我官兵亦有重大伤亡。

我军自 1939 年 12 月中旬至 1940 年 4 月，历经包头、绥西和五原三大战役，连续苦战 100 多天，大量减员，伤亡之众，代价之大，为我军抗战以来所少见。但敌方损失较我更巨。日军在 3 次战役中伤亡 4600 余人，伪蒙军 8 个师中 3 个师被歼灭，5 个师溃不成军，特别是日本皇族水川中将被击毙，这是继八路军于 1939 年 11 月，在涞源击毙所谓“名将之花”的日酋阿部规秀中将后，仅仅 4 个月，被击毙的第二个中将，日本朝野为之哗然，敌华北驻屯军与关东军内部也为此互相攻讦。

战后复员工作大致就绪后，在陕坝隆重举行慰劳军民庆功大会。伤愈归来的官兵、作战有功官兵和抗日爱国民众的代表等参加了大会，颁发了奖状、奖金、奖品。傅将军在会上讲了话，他高度赞扬了五原战役中爱国军民，齐心协力，歼灭日军的英勇事迹。最后他说：“这次胜利，并不单单是绥西军民的胜利，而是全中国的胜利，全民族的胜利，我们要在这一胜利的基础上，整军经武，励精图治，以必胜信念，坚持抗日到底，保卫国家，收复失地，把日军全部逐出我国，争取抗日战争的最后胜利。”

绥西、五原战役亲历记

安春山　宋海潮*

在抗日战争中，傅作义部队驻守绥西，于1939年12月进行了包头战役后，1940年1月至3月又进行了绥西、五原两个战役。包头战役的经过前已记述，现将绥西、五原两个战役的亲身阅历和见闻忆述如下，希望参与此两役者，给以补充和修正。

绥西战役

包头战役后，日军认为是一次丢脸的失败，因此除惩处了包头司令小岛外，并从平绥、同蒲两路沿线抽调部队3万余人，汽车千余辆，附飞机、坦克和伪蒙军6个师，统归日酋黑田师团长指挥，向河套进行反扑，并限3个月消灭傅作义主力部队。

我军的战略指导方针和兵力部署　傅作义侦知敌人企图后，即于1940年1月中旬在五原召集团长以上干部决定对策，认为应在战略上避不利，找

---

* 作者安春山时任新编第三十一师第九十三团团长，宋海潮时任第三十五军新编第三十一师参谋处长、第一〇一师第三〇三团团长。

胜利。既不让敌人捕捉我主力，又要节节阻击、奇袭、伏击、扰袭敌人，积小胜为大胜，使敌人来不得好来，走不得好走，并作以下军事部署：

骑兵第六军之骑兵第七师及其配属部队，在西山嘴、马七渡口地区，阻击由前山方面进犯之敌，迟滞敌人前进后，转移于黄河右岸，威胁敌人的左侧背，机动袭扰敌人后方，截击敌人粮弹，侦察敌人行动。

西北马鸿宾的马腾蛟师，配属其他部队，利用原有在乌镇、乌不浪口的阵地，阻击由后山进犯河套之敌，迟滞其前进，摸清其主力，而后转入狼山，威胁敌人右侧背。当敌人进入河套后，坚持敌后游击。截击敌人粮弹，窥测其动态。

第三十五军为机动部队，和敌人主力作机动战，相机捕歼敌人。所有各部队的后勤人员，转移到磴口、石咀山地区，政工人员除随军作战者外，其余完全换穿便衣，协助地方干部指导人民空室清野，侦察敌情，宣传我军作战方法，安定民心。在敌后随时给敌人政治上、经济上制造困难，破坏敌人后方秩序。

第一阶段的战斗经过　1 月末，由前山进犯的敌人，先分两路进犯河套。一路沿乌拉山南麓包五公路进犯，被我骑兵第六军第二十一团在蓿荄滩阻击；一路由黄河南岸西进，被我骑兵第六军骑兵第七师之第二十团在二圪旦湾阻击。入夜后我军转移，敌人继续前进。2 月 1 日在马七渡口又和我骑兵第六军主力激战一日，敌我损失均重。入夜我军转移，敌人进入河套，我军继续在杨高明圪旦一带侧击，迟滞敌人约一日。旋即全部转移于黄河右岸惠德成地区。

2 月 1 日由后山进犯之敌，以飞机不断轰炸，步炮协同，又以坦克车掩护步兵冲锋，向乌镇、乌不浪口马腾蛟师阵地攻击，战斗十分激烈，敌我伤亡均重。我第一〇一师增援，加入战斗，激战至日暮转移，向折桂乡集结。敌人随即侵入乌镇、乌不浪口阵地。

敌人侵占乌镇、乌不浪口后，一路沿狼山南麓乌拉壕北岸前进，到达黑石胡、三女店之间时，遭到孙兰峰新编第三十一师预先埋伏在乌拉壕北岸芦苇内的第九十三团，以集中火力侧击，敌仓促应战，伤亡甚重。黄昏后，敌不敢夜战，而将其汽车横列在狼山南麓，步兵下车和我军对峙。我第九十三团以少数士兵留在原伏击阵地，流动放枪，与敌保持接触，另以主力由三女店以西沿狼山根迂回到三女店、黑石胡之间的敌人侧背，袭击汽车。从夜间 12 点激战到翌晨 3 时，破坏汽车数十辆，打死打伤敌人 100 余名，随即撤入狼山，到万和长占领侧面阵地。

敌人的另一路，于 2 月 2 日晨，到万和长附近，向我新编第三十一师第九十一团、第九十二团阵地集中攻击。敌以多架飞机更番轰炸扫射，误认老乡的牛群为我骑兵部队，狂轰滥炸，将该牛群完全炸毙。同时集中炮火，掩护坦克，步兵继续攻击前进，战斗极为激烈。我军奋勇抵抗，终因敌众我寡，阵地被突破，新编第三十一师各团撤入狼山。

2 月 2 日下午，我第一〇一师第三〇三团阻击敌人，敌人集中炮火掩护步兵多次冲锋，我军利用城堡、围墙反击，并在城外墙角下埋伏轻重机枪，阻击敌人。敌我伤亡甚重，该团团长王赞臣受伤，官兵伤亡 400 余人。午夜撤退，第三〇一、三〇二两团沿狼山向西转进。

新编第三十二师，对向包五公路进犯五原之敌，在四头牛圪旦附近，利用敌坦克于沙丘地带不能发挥威力之时，与敌展开激战。敌虽以飞机轮番轰炸，步兵波浪式冲锋，终未能夺取我阵地，敌军撤退，新编第三十二师亦奉命向西转移。

在这一阶段战斗过程中，虽然当时的战略部署是打机动战，不让敌人捕捉我军主力，避不利，找胜利，但实际并没有完全做到，各部队仍是打阵地战。因而在敌人优势火力下，受到不应有的损失。至于当时伏击、奇袭、阻击、扰袭等战术指导，固然正确，但部队缺乏战斗经验，也未切实做到。这时，敌人已全部侵入河套，并分数路西进，占领了五原、临河、陕坝、米仓（即今杭锦后旗的头道桥）以及三盛公（即今磴口县）等地。第三十五军各师分散潜伏狼山、米仓及黄河以南碱柜地区，第三十五军军部在临河县东北沙漠内的亚麻来。

第二阶段的战斗经过　2 月 5 日夜，傅作义根据当时战局发展情况，在亚麻来指挥部向各部队发出指示，大意是：“敌人侵入河套已经 5 日，到处遭到我军袭击、阻扰，受到一定损失，没有捕捉到我军主力，在战略上我已完成第一段的任务。我军必须采取机动游击战，在黄河结冰时期，北依狼山，南靠黄河以南沙漠地带，相机打击敌人。”此时，傅即将军指挥部由亚麻来移到黄河以南的圣旦格尔庙。

各部队奉到指示后，新编第三十一师移囫囵补隆、柳树泉、傅家圪旦等地区；新编第三十二师沿狼山西进，在铁匠圪旦重创尾追的伪蒙骑兵后，移蛮会西北贾来旺圪旦等地区；新编第六旅移万和长地区；均以狼山为依托，机动打击敌人。同时将伤病人员向磴口、石嘴山（宁夏平罗县境内）运送，并将缺乏炮弹不需携带的大炮和缴获敌人的枪支，均秘密埋藏于沙漠之中。经此处置，部队行动更为灵活机动，为更有力地痛歼敌人创造了条件。但在此最艰苦的期间，配属傅作义指挥的马腾蛟师和马彦旅撤退到宁夏石嘴山，门炳岳骑兵军撤退到伊盟桃力民。

这时敌人已前进到临河、陕坝一带，因我军及时转移，始终未被捕捉，加以地方实施空室清野，敌所到之处一无所得。约在 2 月 15 日，敌黑田主力开始撤离河套，仅留水川伊夫中将指挥的一个日军联队驻在五原，从雁北地区调来 7 个警备队约步兵 1000 余人，协助坚守五原。同时为了缩短战线，放弃陕坝、临河，把 6 个骑兵纵队撤到丰济渠以东，布置在五原外围，准备长期固守。

第三阶段的战斗经过　敌人撤退到丰济渠以东后，主力部队大部撤回平绥、同蒲两线原防。傅作义即将我军主力转移到邬家地以西地区，指挥部由圣旦格尔庙移回亚麻来，经过整顿即计划诱敌歼击。其计划是：一方面令马秉仁率骑兵佯攻五原，诱敌出击，由安北南侧转移到敌后，趁虚占领五原。一方面在丰济渠以东地区，埋伏新编第三十一师和第一〇一师。另一方面令第九十三团、第九十六团分头袭击蛮可素和百川堡东南的敌伪军，把从五原出击的敌人诱到丰济渠以东地区，由我预伏部队一举歼灭。

2 月×日，五原敌人果然被诱出来约 500 多名，附山炮一中队，行至丰济渠阿善附近，发现我埋伏在五临公路南侧的第九十三团，便下车向该团正面攻击。自早 10 时战至晚 6 时，双方伤亡均重，该团第三营李良佐连仅剩官兵 6 人。而第九十一、第九十二两团却因伪蒙军牵制，未能适时投入战斗，尤其是潜伏在渠东的第一〇一师和游击军马秉仁部因情况不明，也未能向敌侧背攻击，致使敌人逃出我埋伏地区，马秉仁部也未趁虚袭占五原，遂使原定计划落空。

这时傅作义深感部队作战不力，除命令游击部队赵炽昌、刘占魁、贺得胜、张文标等部和未整训的安华亭、王子修旅，石玉山骑兵师等部队，留在丰济渠以东向五原、安北地区游击外，即将主力部队第三十五军、绥远游击军、五临警备旅等集结在丰济渠以西，进行整训，准备反攻。

五原战役

日军占领五原后的兵力部署及其政治、经济措施　日军占领五原后，企图久踞，以确保包头安全。敌黑田主力撤退后，五原城留下一个联队的正规军，一部分宪兵队、特务队、汽车队和伪蒙军 6 个师，伪绥西联军，以及由察南、雁北等地调来的守备队。这些敌伪军，统由日本皇族水川伊夫中将指挥。主力部队集中驻在五原新城（隆兴长），指挥部设在城内原屯垦办事处对面的皮毛店内，部队分驻原屯垦办事处、五原平市官钱局、实验小学等处。宪兵队、特务队、汽车队大部分驻在城内义和渠以东，部队驻处均将院落打通，周围构筑工事、碉堡，并以铁丝网联成一个坚固据点。至于伪蒙军和地方部队，除一部驻在西北旧城等地外，其余均分驻在五原 60 里以内的重要据点新公中、郝敬桥、蛮可素、南牛犋、梅令庙、广盛西等处。二财主圪旦、乌加河沿岸、万和长附近乌拉壕上，因是由包头、安北向五原增援的军事要道，都架坚固桥梁，派驻重兵把守。在政治、经济上，利用汉奸田喜亭、杜凤山、刘子俊等组织伪五原县政府，并加强所谓宣抚工作。另从日本国内派来 200 多名科学技术人员，企图利用后套人力、土地、水利、矿产等，对我进行经济掠夺，达到以华制华、以战养战的目的。

傅作义计划收复五原　1940 年 2 月 26 日夜间，傅作义在亚麻来召集团长以上干部会议。他说："强大的敌人入侵河套，企图歼灭我军的主力。我军机动应战，避不利，找胜利，退要退得开，打要打得上，这个战略是正确的，但是有些部队不是退不开，就是打不上。如第一〇一师第三〇二团在狼山湾没有退开就吃了亏。在阿善战役中，第一〇一师和游击军又都没打上。因此绥西战役，我军伤亡甚大，丢失了五原全境。现在我军究竟该怎么办？这个仗如何打法？希望大家充分讨论。”

在讨论中有些人主张到后方换班休整，理由是我军和日本打仗比任何部队都早，从 1933 年长城抗战，经过绥东战役、百灵庙战役，一直到今天，已经 7 年了。按道理也应换换班，到后方休整一个时期，以利再战。有的说：“我们第三十五军再打就没有人了。现在弹尽粮绝，增援无望，官兵伤亡过大。需要到后方整训一个时期，再重新作战。”总的意思是整训一个时期再打，不主张立刻就打。但另一部分人意见相反，主张利用黄河解冻时机，进攻五原，收复失地。他们坚决认为：河套的存亡，关系到西北大局的安危。到后方整训一个时期，再打回来，这是幻想。到后方整训希望补充人马械弹，也是办不到的。我们过去打了胜仗，中央给我们补充过什么呢？枪还是旧枪，炮还是旧炮。今天我们打了败仗，丢了五原，逃到后方，不用说补充，马鸿逵岂能容我们存在？即使能容许我们存在，第三十五军过去的光荣历史，将从此一扫而光。仗也是可以打胜的，因为土地、人民、政权都是我们的，我们熟悉地形，老百姓拥护我们，客观形势对我们有利。五原的日军至多一个联队，伪蒙军不过 6 个师，而我们的步、骑、炮兵合起来，还有 1 万多人。只要各部队密切配合，我们一定能够打胜。敌人初到，冬季防守未固，五原新旧两城城墙早被我军拆除，无险可守。在前一阶段作战中，我们有的部队长官脱离了队伍，有的擅自退到宁夏。再若像这样打法，不但不能打胜，而且将失败得更快。为此，必须整肃军纪，严行军法，方可振作士气，才能反攻五原，收复失地。最后傅作义表示决心说：“我是手指头咬着哪个也心疼。但为了严肃军纪，维护我军的光荣历史，坚定抗战必胜信念，收复失地，不容许我不行军法。我们不反攻五原，收复失地，将日本侵略者赶出河套去，仅凭丰济渠一水之隔，是绝对存在不住的。我向大家表示决心，誓与河套共存亡，虽剩一兵一卒，亦不离开。你们回去迅速整顿军队，准备打仗。”说罢，当场扣起作战不力的绥远游击军司令马秉仁、第九十一团团长刘景新，并给第一〇一师师长董其武以撤职留任的处分。

反攻五原的作战决策　亚麻来会议以后，各部队积极整训，士气大振。傅作义为了减少部队层次，充实战斗力，暂将部队作战单位分别各降一级。即：师编为团，团编为营，营编为连，连编为排，排编为班等。将密藏械弹给养，补充部队。专门召集参谋长鲁英麐、参谋处长张副元及主管作战的参谋人员等，研究确定反攻五原的作战决策。第一，考虑到我军攻击五原无论胜败，敌人都将增援，增援的时间可能在进攻五原的第一天晚上，最迟在第三天。这就要求我军必须在三天以内解决敌人。第二，敌人增援的路线，可能选在乌拉特山北麓，因此路线好走，对敌安全，而日军又在乌拉壕、乌加河有桥梁，过桥后即可进攻我攻城部队的侧背，因之须派一个师去破坏桥梁，把增援的敌人阻止在乌加河北岸。第三，攻击五原要选择在黄河解冻时，使增援和被击溃的敌人受到各大干渠和支渠的隔绝，无法接应，同时因为地渐消冻，道路翻浆，敌人坦克、汽车必将陷入泥淖。另外，发动群众做好准备，黄河解冻就放水浇地，使敌人步兵也难以行动。

积极训练部队加紧军事配备　反攻五原的作战决策确定后，傅作义即令各部队加紧夜战、巷战、村落战的训练和演习，并亲自带着参谋人员到各个部队进行指导。尤其是对第九十三团进行的掏心战术指导最为详细，从演习中假想的许多情况，到突击受挫时的一些处置办法，都作了具体的指示。最后傅又从其他部队中，调了一些有战斗经验、作战勇敢的干部和士兵参加安春山团，组成了一支精练有力的掏心战斗突击队。

抓紧军事配备工作：首先命令第一〇一师在丰济渠口，新编第三十二师在协成桥以北，于黄河解冻前架好军用便桥。又令驻天吉太桥接任第三〇三团团长的宋海潮，密切注视黄河开冰的情况，随时报告指挥部。其次，令退到伊克昭盟桃力民的骑兵第六军门炳岳部，于 3 月 3 日开回临河以南的南台子、德和泉地区，做攻击五原准备；令退到宁夏境内的马腾蛟师开回河套，以该师马××旅接替丰济渠天吉太桥第一〇一师防务，另第一旅接替丰济桥五分子桥新编第三十二师防务。第一〇一师与新编第三十二师交防后，即加紧训练作攻击五原的准备。另外，令各部队依自己的攻击任务，着侦察人员密切结合当地群众，详细侦察五原城内外敌人的配备情况和五原外围据点伪蒙军盘踞情况，以及加速补充部队械弹、给养等等。

反攻五原的战略部署及命令概要　1940 年 3 月中旬，预计黄河解冻的准确时间为 3 月 22 日左右，到时大小渠道水满通流，正是反攻五原的良好时机。这时，由于后套人民的爱国热忱，积极帮助侦察，对敌情了如指掌。掏心突击队在半个月前，即派出连长王步云率领精干官兵 5 人，沿着计划路线和潜伏地点，把地形、地物调查清楚，并伪装成敌人“宣抚队”成员，混进五原城，把城里敌人兵力配备、司令部位置侦察详确。另外派排长王和卿及政治指导员到邬家地秘密组织群众，为我军带路、抬伤兵、运粮秣弹药等。

3 月 18 日傅作义分别命令各部队，利用夜行军向五原附近推进，并限令一律于 3 月 19 日到达各自攻击准备位置，20 日夜间开始攻击。各部队奉令后，均昼伏夜行，向攻击位置前进。掏心突击队奉令后，换穿便衣，于 19 日夜到达五原南和合源。该地驻有我骑兵游击队苏义和部，即冒混该部官兵潜伏下来。其他部队，亦均于 19 日夜到达各自攻击准备位置。第一〇一师到达五原西北 40 里陈旺圪旦地区，新编第三十一师、新编第三十二师到达五原西云柜圪旦至什巴圪兔地区，骑兵第六军之骑兵第七师一部到达乃马召地区，归李作栋指挥的游击部队赵炽昌、刘占魁、贺得胜、张文标等部到达五原以南南茅庵一带潜伏。至此，傅作义即下达反攻命令，概要如下：

我军于 3 月 20 日夜 12 时，同时开始攻击五原新旧两城及外围据点，一举歼灭各该守敌并占领各该据点。

安春山团长为攻击五原掏心突击队司令，曹子谦团长为副司令，率队由五原东南突入城内，歼灭城内日军司令部及其附近部队。

新编第三十一师（欠九十三团）附五临警备旅及山炮营，由五原西面突入城关，攻击新城义和渠以西及西关、黑头圪旦之敌。由孙兰峰师长任总指挥，徐子珍旅长任副指挥。

新编第三十二师附山炮营由五原西北攻击旧城及广盛西、前后补红之敌。第一〇一师为总预备队，着该师第三〇二团团长郭景云率领该团歼灭二财主圪旦守桥之敌，并破坏桥梁，阻止敌增援部队。其余部队驱逐梅令庙之敌后，向五原城及乌加河桥扩展战果。

骑兵第六军之骑兵第七师的一部，由胡逢泰团长指挥（门炳岳托病请假）攻击新公中、西商的伪蒙军骑兵第八师。

李作栋部攻击蛮可素、郝镜桥伪蒙军，成功后转为追击部队。

王子修旅（一个团）攻击乌拉壕、万和长守桥敌人，破坏桥梁，阻止敌增援。

安华亭旅跃进于安北、西山嘴、马七渡口等处，在敌人必经的道路和地区，预先埋伏，阻击敌人增援部队和截击溃败的敌人。石玉山师攻克南牛犋后，转为追击部队。

五原战役战斗经过

（一）掏心突击队的战斗经过。

掏心突击队奉命后，于 3 月 19 日下午由和合源出发，到义和渠时，见满渠大水，5 丈多宽，难以通过，但事前侦知并有人献计，可以利用“锦秀堂”牛犋（意为农业庄园）的房屋椽檩架设浮桥。这个“堂”是王靖国设立的。掏心突击队便去拆的拆、搬的搬、架的架，不到一个半小时，就将浮桥架好，部队顺利通过。黄昏即向五原急进。到了南牛犋营房附近，有伪蒙军哨兵射击，我军利用渠背遮掩前进，没有理睬，哨兵也不再打枪。从此我军即以强袭的步伐向五原急进，虽因行军速度快，官兵们个个汗流浃背，但为了歼灭敌人，谁也不喊累叫苦。

部队进到距城七八里的四大股庙附近，村庄里住着从雁北、察南调来的伪守备队。我突击队早已侦知他们的番号是一、二、三……队，与我们掏心突击队的编组队号一致，因此遇到他们问口令，便答以“第七队”或“第三队”，并趁机捕捉了一个敌人，得到敌人的真实口令。这时距离五原城南门仅3里，便把纵深的行军队形改为横广队形，并列前进，离开道路，踏荒疾走，准备奇袭。当先头部队第一纵队到达五原城门时，敌人卫兵是两个日本兵和4名伪军，他们问口令，答上了。他们问“干什么去”，我们答“增援”。这时我们早准备下的能手先伏在日本兵附近，一言未了把他杀掉，伪蒙兵当即向我们投诚，占领城门，由我军守卫。于是我军如脱缰之马，奔进城内，向各预定目标奋勇袭击，全城炮火震天。日军从梦中惊醒，仓促应战，有的未穿上衣服就被炸死在床上，有的刚出来，就被我官兵以刺刀、手榴弹消灭。如是激战了半夜，占领了实验小学、粮食仓库、屯垦合作社、弹药库、皮毛店、日军司令部、谭统领公馆、直鲁豫公馆、耶稣堂、天主堂等大据点，只剩屯垦办事处和平市官钱局两处，仍在敌手。

这时东方发亮，日机飞临上空，低空盘旋。因我军占领据点后没有扯下太阳旗，敌机分辨不清，所以没有投弹，反而把炸弹投向增援的伪军守备队，把他们炸散。义和渠以东的日伪军，至此已大部被消灭。其余多逃往屯垦办事处及平市官钱局两个据点。团长曹子谦攻击平市官钱局，营长阎梦云率部攻击敌人司令部，因其构筑有坚固防御工事，官兵前仆后继，战况激烈，阎梦云头部中弹阵亡，攻势仍不稍衰。安春山又令营长刘惠发进击，时已上午8时，敌机又来10余架，飞得更低，先向城外四周我攻城部队投弹，然后向日军残留据点周围的民房投弹，接着一部分日本兵由屯垦办事处端着刺刀出来反攻，被我官兵以手榴弹打回。安春山脚部受伤，突击队由副司令曹子谦指挥。当时我军用轻兵器攻击坚固据点，困难不少，日军又顽强死守，官兵虽奋不顾身，反复冲杀五六次终未攻克。直至3月21日午后，新编第三十一师部队同突击队会师，傅作义派参谋人员率炮兵第三营赶来，才在步炮兵协同攻击下，延至22日下午，将这两个据点日军消灭。至此，全部克服了五原新城。

（二）五原西关和旧城等据点的战斗经过。

在掏心突击队进攻五原新城的同时，新编第三十一师（欠九十三团）附五临警备旅贾晏如团，由五原城西进攻西关和黑头圪旦两个重要据点，敌人凭借坚固工事和障碍物，以炽盛火力，阻止我军进攻。我军官兵用黄色炸药爆破院落墙壁，反复冲击，直至21日早晨，才将该两据点完全占领。团长贾晏如阵亡，官兵伤亡亦众，但士气旺盛。仍继续进击义和渠以西敌人。于21日午后才将该地区敌人肃清。

新编第三十二师于3月21日凌晨2时，由五原西北方开始攻击，以第九十四团、附第九十五团赵寿江营，进攻五原旧城及前后补红；以第九十五团（欠赵寿江营）进攻广盛西。驻该地区的伪蒙军一个骑兵师，利用院落及坚固工事、障碍物，以轻重机枪火力，构成绵密火网，向我攻击部队射击。我官兵在平坦开阔地形下奋勇进攻，前仆后继，伤亡甚重。到3月21日晨，终将前后补红敌人击溃，压迫其退入旧城之内，但营长赵寿江阵亡，全营官兵仅剩7名。同时第九十四团苗逢安营的攻势顿挫。这时傅作义唯恐攻城失败，命将苗就地正法。经董其武、袁庆荣两师长保证，允许苗戴罪图功，继续攻城，苗才得幸免。

第九十五团（欠赵寿江营）由西边攻击广盛西，同样是在平坦开阔地形下前进，伤亡亦重。营长杨廷璧被敌机枪打断胳膊，抬下战场。任双其营伤亡尤重。在20日夜间，位于王二马庆的总预备队第三〇三团团长宋海潮，自动派第八连由广盛西东边协同进攻，亦受到敌人机关枪四面扫射，伤亡殆尽，连长张步清阵亡。一直到21日中午，我攻城炮兵向广盛西敌人展开炮击，宋海潮又亲率全团进击，敌人不支才向东溃退。这时五原旧城敌人看见广盛西敌溃退陷于孤立，亦在我军猛烈攻击下，向东溃退，第九十四团遂占领五原旧城。此役我军官兵伤亡甚多，师长袁庆荣亦受伤。

（三）攻击外围据点的战斗经过。

骑兵第六军之骑兵第七师的一部于3月20日夜由乃马召向新公中进攻，守敌伪蒙军第八师顽强抵抗，战斗了一日，呈胶着状态。21日晚间，该军一部在原地佯攻，调转主力到新公中以东灶火渠畔，分头向新公中、西商猛烈攻击，敌人不支，以无线电向五原日酋求援。此时日军司令部已被我掏心突击队歼灭，便以五原日酋名义复去一电，大意是："五原无援可增，可自由行动。"伪军第八师奉电后，即向东南溃退。

李作栋部于3月20日夜，由南茅安攻击郝镜桥、蛮可素，守敌伪蒙军和绥西联军王英部，战斗力不强又以五原各重要据点均被我围攻，已成火海，丧失斗志，稍事抵抗，即向南溃退，李作栋率部追击。至此外围据点的敌人，已全部击溃。

（四）打增援部队的战斗经过。

第一〇一师在当时除担任总预备队支援各战场外，其第三〇二团担任攻击乌加河二财主圪旦守桥敌人（系伪蒙军，约一个团）和破坏桥梁，阻止敌人增援。该团于20日夜到达攻击准备位置后，即把主力放在桥南，另派部分队伍由郭碾房用船渡过河北，两面夹击，很顺利地将守桥敌人击溃，俘虏多人，随着将桥梁破坏。同时，新编第六旅亦于21日拂晓前，将乌拉壕、万和长附近的伪守备队击溃，并破坏桥梁。

随着战斗情况的变化，五原旧城已于21日下午攻克，傅作义即将新编第三十二师改为预备队，令一〇一师师长董其武率第三〇一、三〇二两团到二财主圪旦桥南阻击敌人。这时敌人增援部队汽车80余辆，21日晨到达万和长，因桥梁破坏不能前进，当日午后大举进攻，新编第六旅不支，退驻北山畔，敌人即架浮桥过河，并强修乌加河桥。我第一〇一师第三〇一团、第三〇二团，及时赶到，即向敌人展开攻击，敌人退到折桂乡，每日以炽烈炮火与我军隔河作战。终因我军在桥南占有八字形桥头堡阵地，以火力封锁桥梁，使敌不能修桥过河。郭景云团长受伤，师长董其武即令团长宋海潮负防止敌人修桥渡河的全责。宋选拔最优良的轻重机关枪手于贵林等多人，对桥梁构成绵密火网，敌虽昼夜轮番攻击，终未得逞。至22日下午，我攻五原城的部队已肃清了五原旧城的敌人，收复了外围各据点，完成了阻敌增援任务。

在整个战斗过程中，由于掏心突击队首先捣毁了敌人的司令部，使各处的敌伪部队，失去了首脑指挥的作用。在我各部队紧密配合围攻之下，敌人完全陷于崩溃，从而四散逃窜。在敌逃窜时，一方面受我游击军安华亭部截击，一方面又因河套人民爱国爱乡痛恨日伪军的残暴行为，奋起报仇，到处捕杀。因而就使敌人陷于前有截击，后有追兵，四面楚歌境地。特别是由于我攻击的时期，正值冰解河开，不仅南有黄河，北有乌加河，东是乌梁素海，西是丰济渠，不能徒涉渡过；而且由于河套的耕地到处浇满了水，春季冰解地开，土地翻浆，人马陷入不能自拔。因此所有溃退的日伪军，除一部分伪蒙军窜到西山嘴退水渠，拼死命用绳索拉过一批外，其余或被我军击毙和俘虏，或被当地人民捕捉和砍杀，即敌酋水川伊夫中将，也未能逃脱。原来水川伊夫从五原逃离后，率数十骑逃至乌梁素海附近的四柜圪旦，企图渡河到大佘太。该敌适被我游击部队发现，连长张汉三佯称是伪安北警察队长，愿为他们找船渡过乌梁素海，待诱到二驴子湾，伏兵四起，全被歼灭，砍下水川头颅，缴获了他的祖传战刀及枪弹、马匹、财物等。可惜的是，伪绥西联军头子王英却走脱了。这是由于截击部队旅长安华亭，原系王英旧部，当王英被困在西山嘴后，安华亭不分敌我，顾念旧情，撤除守桥部队，让王英逃走了。

在日伪军溃退时，我军追击堵截，所获汽车、枪炮、弹药、器材等甚多。仅安华亭一个旅就缴获各种枪 1000 多支。

日军反扑收尸　五原战役结束

在这一战役中，敌人既不能增援五原，五原失守后，又未能将死亡官兵的尸体收回，尤以水川伊夫中将下落不明，责任重大，于是不得不派遣大部队再攻五原，企图抢收敌尸。3 月 24 日反扑五原的大部队，密集乌加河畔，以数十门炮火向茅庵子圪旦第三〇一团阵地轰击，并以飞机 10 余架配合，轰炸射击，掩护敌步兵乘橡皮船渡河。我第三〇一团官兵浴血抗击，伤亡惨重，营长马增波、连长郝宝瑞等均阵亡，团长王建业臂部受伤。敌趁势渡河，并迂回我第三〇三团背后，从桥后夺占桥梁，攻势极为猛烈。团长宋海潮身中 7 弹，洞穿大肠，昏死在阵地，随从人员大部牺牲。此时傅作义认为攻击五原已获成功，阻击敌人已无必要，命令全部主力向后转移。在第一〇一师转移时，因情况紧急未能将宋海潮尸体掩埋，暂寄于渠壕内。当天午夜，宋苏醒过来，看见满天星斗，周围寂无人声，但因流血过多，手足冻坏，不能行动。两天以后，老乡刘大宽、郭四毛旦发现宋尚有气，才抬回村内休养，得以生还。

敌人占据桥梁后，强行修复渡河，一部前进到五原城内外搜尸。但经过多日战斗和我坚壁清野，五原城已成瓦砾一片，敌尸因火烧狗吃，难以全数寻获。同时敌占期间的汉奸田喜亭、刘子俊、杜凤山等人被我全部处死，无人为敌效劳。我突击小组部队又不时夜袭，敌人心存畏惧，便急急忙忙把找得的部分敌尸，焚化装灰，逃出河套。

自此，五原战役便告结束。

我所经历的绥西战役

鲁乐山*

抗日战争前期之1939年冬至1940年春，第八战区副司令长官傅作义在绥远西部指挥所部，继续抗战。在短短半年里，曾对日军（包括伪军伪蒙军）连续打了3次战役：一是进攻包头战役，二是绥西战役，三是克复五原战役。那时我在傅部第三十五军新编第三十二师第九十四团任少校营长，3次战役都亲身参加过，现仅将绥西战役忆述如后，供参考。

1940年元月初，我营由财生沟移驻于乌梁素海北四柜村，尽管正在冰冻时期，官兵伙食吃鱼还是方便的。在大厂汗淖休整训练期间，团政治指导员郭彬章宣布我营官兵集体加入国民党，并发了党证。从此，我就这样糊里糊涂成了国民党党员。

这时，傅作义副长官判断，包头日军可能向我军进行报复性打击，遂下令各部队构筑冰冻工事，随时准备应战。鉴于敌强我弱，又值天时地利，便于敌人汽车部队和骑兵的快速驰驱，指示各部队采取机动灵活的运动战或游击战，适当分散成小单位，避开公路正面及其两旁开阔地，利用偏僻村镇作隐蔽和随时出发，来侧击、突击、袭击敌人。夜间则多对敌人实行袭扰战和

* 作者时任第三十五军新编第三十二师第九十四团营长。

掏击战。总之，因为我军刚进攻包头撤退回来，疲惫之余整补尚未开始，决不能打正规战、打硬仗。各级指挥员应机警灵活，善于独断专行，捕捉战机，来打击敌人。务必避免不利的战斗和无谓的牺牲，以便我军尽可能永远保持一定限度的战斗锐气和活力。我意识到傅副长官的上述指示，旨在只要我军能在绥西河套地区（这一大块是有米粮、有鱼肉、襟山带河的富饶盆地）善于与敌人周旋，不被打出去，不被消灭掉，就有转败为胜的前途。所谓只要"留着青山在，不怕没柴烧"，其用意正在于此。

果然不出傅副长官所料，是年刚进入 2 月初，时值隆冬农历腊月二十三日，农民祭灶王爷"上天言好事"的这一天，包头日军，积一个多月的调配部署，以主力乘大卡车（至少有数百辆）经大佘太向乌镇直扑而来，开始显示其所谓"皇军对蒋军膺惩"行动。首先与原驻乌镇的友军宁夏马鸿宾部的马腾蛟骑兵师接触，该师见势不妙，只打了 8 个小时，即于次日向后方溃退了。接着敌之先头有力一部，经过三女店，向西续犯万和长、炭忽烈的我守军新编第三十一师，炮火连天，震动山岳，激战三昼夜以上。该师卒告不支，向后撤退。第九十一团团长刘景新对部队失掉掌握，与该师副师长王雷震，只带贴身警卫员二三名，一口气跑到 400 多里以外的宁夏石嘴山去了。

敌主力先头部队经由乌镇向西南进犯，目标显然是指向五原城这个战略据点。我新编第三十二师奉命于腊月二十九日向乌加河北折桂乡地区增援。是日，正值大雪纷飞，但时间不长。我营奉命于下午 2 时许由原驻地以急行军速度向折桂乡开进，到达该地，立即与敌接火。第一〇一师第三〇三团曾在折桂乡与敌激战 5 个多小时，团长王赞臣受伤后，始奉命撤退。此时只见敌人乘坐汽车，挥舞着太阳旗和战刀，端着轻机枪和上了刺刀的步枪，从远方沿着马加河坚冰的河身和两岸封冻的平地，毫无顾忌地向西疾驰而来。可惜我师其他部队，概未向该行进中之敌进行不失时机的侧击、伏击，坐视敌人如入无人之境。我营独当一面，敌愈来愈多，愈攻愈烈，全营指战员占领住宅区西端正面平坦开阔地，与敌相持战斗。直到黄昏后，约 8 时许，始奉到上级命令向后转移。在严寒气候下，官兵冻伤手脚者很多，行走成了问题。大家虽然疼痛难忍，因在夜间敌前秘密行动，也不敢哼出声来。离敌稍远些了，仍是步履维艰，非常迟缓。辗转了两昼夜，停停、走走，始走出大约200多里路，于农历除夕三十晚上，到达铁李盖图正式宿营。吃完，一躺下，就进入睡乡了。

交过半夜三更，正是进入一年一度的春节元旦。老乡们老老少少，照旧剃光了头，经过大扫除，一早从炕上起来，穿上干净新衣服，开始烧香磕头接神，并打闹着煮水饺吃。忽然据报伪满与伪蒙古军第八、第九两个骑兵师（虽不足1500人骑枪，但比较有战斗力，纪律也最坏），从后山东西两乌盖口窜来，配属着张吉祥炮兵队，边发炮，边向我师主力正面猛力扑来，接着敌我双方机关枪、步枪、迫击炮、手掷弹，一齐炽烈地响起来，战斗相当激烈，我营奉命向前线增援上去，该敌很快就被我师击溃，向原来的方向狼狈退去了。

此时进占五原城的日军汽车部队，正不出傅副长官所预料的那样，利用天时地利的有利条件，继续分两路向西猛冲急进，企图迅速捕歼我军有生力量。讵料我军师旅团长，已经领会了傅副长官预先下达的指示意图，不约而同地主动让开公路大道正面和平坦开阔地，并有意及时放弃临河、百川堡、永安堡、陕坝、黄羊木头、三盛宫等大村镇，撤至边缘隐蔽的各小村落，相机袭扰敌人。傅副长官率其指挥所人员和直属小部队亦由碱柜、临河渡过冰冻的黄河，进入伊盟沙窝子里。敌人进到临河、陕坝一带，扑了个空，什么没有捞到。在惶惑懊丧之余，乃不得不掉过头，收缩兵力于五原一带，以五原为基地，打算久占河套，作经营开发之计，仅留少数日军和大量开发技术人员，以李守信伪蒙古军主力和王英伪大汉义军据守五原等外，将日军主力汽车部队撤回包头去了。

此役我军各部队伤亡均不大，比日伪军轻得多。唯我营最初在乌加河北岸折桂乡西端与敌相持战斗时间过长，官兵冻伤较多，仅转送三盛宫天主教会医院和战地军医院的重伤患者，为数就不少。我营副官韩承朴因冻伤特重致死。我本人手足也冻伤了，两个手指头好长时间不能自己扣扣子。

开辟平北根据地

平北军民同日军和伪政权的斗争

段苏权[*]

1937 年 7 月 7 日卢沟桥事变后，日本侵略军占领了北平，紧接着于 8 月 27 日攻占了张家口。不久，汉奸于品卿和夏恭在日本侵略者的卵翼下，分别成立伪察南自治政府（辖万全、宣化、龙关、赤城、怀来、延庆等县）和伪晋北自治政府（辖大同、阳高、天镇等县市），还有蒙奸李守信的伪蒙古军政府（辖呼和浩特、包头、二连浩特等县旗）。经过日伪反复商讨，成立了以蒙奸德王为首的伪蒙古联盟自治政府。察南、晋北和蒙古 3 个伪政权成立后，日寇基本上控制了察、绥两省和内蒙古大部及山西北部地区。日本为便于控制这 3 个伪政权，1937 年 11 月 22 日，在张家口成立了伪蒙疆联合委员会，以协调 3 个伪政权之间的关系。

1939 年 9 月 1 日，察南、晋北、蒙古 3 个伪政权正式合并，成立了伪蒙疆联合自治政府，以张家口市为首府，下辖 85 个市、县、旗。

伪蒙疆政府为了支持日寇的侵略战争，提供大量军用物资，不择手段地搜刮民财，对蒙疆地区县城以上的城镇，一切生活必需品均实行配给制，其余充作军用。同时，对民众征收繁重的捐税，广大人民生活在水深

* 作者时任八路军冀热察挺进军平北军分区政治部主任。

火热之中。

抗日战争进入相持阶段后，中国共产党领导的抗日武装为连接平西和冀东两块根据地，深入敌后之敌后，于 1940 年 1 月挺进平北地区（即北平北面的平承铁路以西、平张铁路以北、长城内外的一片地区），与日本蒙疆驻屯军和伪蒙疆政权进行了艰苦卓绝的斗争，粉碎了日伪发动的一次又一次的“扫荡”“讨伐”“清剿”，终于战胜日本侵略者及其豢养的伪蒙疆傀儡政权，取得了平北根据地抗日斗争的胜利，为中华民族抵御外侮，争取民族独立解放的斗争做出了应有的贡献。

本文记述的就是这样一段史实。

平北抗日游击根据地开辟初期

1937 年 11 月 7 日，以八路军 115 师副师长聂荣臻为首，在五台山地区建立起抗日根据地，成立了晋察冀边区人民政府和司令部，这是华北地区第一块敌后抗日根据地。不久，平西和冀东又先后建立起抗日根据地。但处于伪满洲国、伪华北和伪蒙疆政权结合部的平北地区却还是一片空白，这块空白使平西和冀东两块根据地间的联系非常困难。

1938 年 6 月间，八路军第 4 纵队挺进冀东。为了防止敌人切断两块抗日根据地的联系，该部曾派出一个大队活动于延庆、昌平、密云地区。

1939 年 1 月，奉党中央指示，中共冀热察区党委成立，马辉之任书记，负责领导平西、冀东和平北的工作。2 月，冀热察挺进军正式成立，萧克任司令员，负责统一指挥平西、冀东和平北的武装斗争。7 月青纱帐起来后，挺进军政治部主任伍晋南率第 34 大队挺进平北，进入十三陵地区开展游击战争。但由于这个地区基础薄弱，没有党员，更没有群众组织，只坚持一个月就返回了平西。

1939 年 8 月，中共冀热察区党委和挺进军军政委员会召开联席会议，遵照中央指示精神，做出了“巩固平西，坚持冀东，开辟平北”三位一体的战略决策。萧克司令员为此撰文阐述其意义，并组织指挥部队于 1940 年 1

月挺进平北。

由此，开辟平北抗日根据地的斗争正式开始。

首先，中共冀热察区党委决定，抽调 23 名干部组成平北工作委员会，王伍任书记。接着，成立由冀热察挺进军第 9 团 8 连和 30 多名游击队员组成的平北游击大队，钟辉琨任大队长，刘汉才任政委。

1940 年 1 月，平北工委和游击大队挺进至延庆南山，开辟根据地，配合赴冀东路过平北的冀热察挺进军第 12 团（团长陈群），消灭了盘踞在十三陵的土匪 100 余人；在七孔桥附近，又伏击伪军，击毁汽车两辆，缴获机枪 1 挺，俘伪警察 30 余人。在开辟工作中，平北工委和游击大队吸取以往教训，采取小股、分散、隐蔽的活动方式，提出“有钱出钱，有力出力，有枪出枪”的口号，宣传党的抗日民族统一战线政策，团结一切可以抗日的力量，打击汉奸、恶霸，建立抗日组织，逐步站稳了脚跟。随后成立了昌（平）延（庆）联合政府，胡瑛（胡光）任县长，徐智甫任县委书记。昌延县游击大队也同时成立。

4 月底，王伍调回晋察冀地区，苏梅接任平北工委书记，率冀热察挺进军司令部警卫连到平北，在延庆以东开展游击活动。该部在老君堂伏击了日军运输车，毙伤敌毛利指导官以下 10 余人，烧毁了敌汽车后，又转至千家店、东卯一带活动。此时，平北游击大队升编为平北游击第 1 支队，刘开锡任支队长，钟辉琨任政委，邓典龙为参谋长。

5 月，张廷森带领 10 多名干部进到海坨山东侧纪宁堡子、白塔、野猪窝、跳河石一带活动，开辟工作，并奉命成立了龙（关）赤（城）联合县，耿伟任县长，张廷森任工委书记。调入龙赤县的干部分赴各村发动、组织群众，建立区、村级政权。不久，即建立起 5 个区政权，并改编阎福田、李恩地方抗日“伙会”，成立了龙赤县游击队。

6 月初，平北军分区政治部于平西根据地成立，段苏权（即笔者）任政治部主任。6 月 23 日，段苏权及冀热察挺进军第 7 团参谋长彭寿生、政治处副主任张振元率第 7 团第 2 营及挺进军军部警卫连 1 个排从平西挺进平北。27 日晨，部队行进到延庆佛峪口时，同怀来方向来的日军 80 余人遭遇，经激战，歼灭日军木和田中队一部，烧毁汽车两辆。在这次战斗中，张振元等 38 名同志英勇牺牲。我主动撤出战斗后，进到海坨山阎家坪。与此同时，钟辉琨政委、邓典龙参谋长率平北游击第 1 支队一部，为接应平北军分区政治部，于延庆北山边的靳家堡同延庆出扰之敌激战，杀伤敌人一部。

7 月初，平北军分区司令都在平西成立，程世才任司令员。不久，他率领第 7 团第 1、3 营进入平北。第 3 营攻入赤城独石口，歼敌 30 余人，缴步枪 18 支，并缴获了一批粮食、钱和鞋子，装备了自己。而后，第 3 营又进攻崇礼以东太子城，歼灭伪蒙疆骑兵一个中队，缴获迫击炮 1 门，战马 40 余匹，俘伪蒙军骑兵队日本指导官田户以下 30 余人。程世才司令员和段苏权主任，即率部进入海坨区，在南碾沟一带搭起窝棚，安营扎寨。从此，平北党政军领导机关即以地势险要的海坨山为依托，领导平北军民开展轰轰烈烈的抗日游击斗争。

7 月中旬，平北地委和专署分别成立，苏梅代理地委书记，张致祥任专员。在海坨山西侧，成立了龙（关）延（庆）怀（来）联合县，分设 8 个区政权，蔡平任县长，高平任工委书记。通过改编阎家坪的“联庄会”武装，成立了龙延怀游击大队，姬永明任大队长。为发动全民族抗战，在刚刚开辟的龙延怀根据地内，首先成立了第一支青年抗日先锋队，积极地在青年中开展工作。到 1943 年春，龙延怀三区区委书记王平组织了南山堡儿童团，14 岁的董存瑞被大家推选为团长。从此，这位后来全国闻名的战斗英雄走上了革命的道路。不久，第 7 团由于不适应平北游击环境，分批撤回平西，程世才亦被调回晋察冀军区。留在平北的第 10 团和游击 1 支队由平北军分区军政委员会书记、政治部主任段苏权统一指挥。

我军进入平北的初期抗日活动引起了敌人的注意。9 月，日寇蒙疆驻屯军、伪蒙疆军及各县伪警察 1500 余人，分 4 路向延庆、怀来以北的海坨山区进行“扫荡”。平北军民以游击战为主，与敌展开游击斗争，敌人来的多我们就走，敌人来的少了就打。经过艰苦战斗，终于取得反“扫荡”的胜利，不仅锻炼了部队的战斗力，而且在反“扫荡”斗争中开辟了一些新区，启发了群众的抗日觉悟。在这个阶段的斗争中，刘开锡支队长率平北游击队第 1 支队攻克雕鹗、东山庙、长安岭等敌据点，钟辉琨政委率队在沙城小北川之南山堡，阻击了前来进攻之敌，予敌以重创，打击了敌人的嚣张气焰。

11 月，平北游击第 1 支队 3 中队于怀来葫芦套村伏击伪蒙疆警察，击毁敌汽车 1 辆，俘伪警察 20 余人。12 月，刘开锡支队长又率 1 中队攻克新保安，后撤到八宝山矿区休整，遭日军袭击，我坚决抵抗，激战终日，敌我均伤亡惨重。

1941 年初，伪蒙疆联合自治政府为配合伪华北自治政府的“治安强化”运动，在所辖区域内强制推行第一次旨在从政治、经济、军事、文化各方面强化统治的“施政跃进”运动，任命当地的大地主或汉奸为区长、乡长；各区、乡普遍建立“乡丁队伍”，少则 40 余人，多则上百人。强迫老百姓修公路、挖封锁沟，分割包围我抗日根据地。群众对敌的“施政跃进”运动恨之入骨，斥之为“死净要尽”运动。为造声势，日寇蒙疆驻屯军第二独立混成旅团五十岚大队之一部，纠合怀来、龙关两县的伪警察等约 3000 余人，分从石盘口、后城等地分 6 路向我龙（关）延（庆）怀（来）、龙（关）赤（城）的大海坨、纪宁堡和五里坡一带“扫荡”，采取“梳篦战术”，用军犬开路，反复搜山，妄图摧毁我根据地。我主力部队主动转移外线作战，县区干部率领游击队和民兵与敌人在山沟里周旋，或用麻雀战术疲劳敌人，或用火堆迷惑敌人，或选择有利地形伏击敌人。1 月 30 日，平北游击支队第 1 大队大队长姬永明、政委王启刚率领两个中队，于阎家坪西山阻击来犯之敌，歼灭日军 30 余人，缴获山炮 1 门，掷弹筒 1 具，步枪 30 余支和其他军用物资。日军指挥官逃到长安岭后，剖腹自杀。阎家坪战斗是平北游击支队第 1 大队成立后打的第一次较大的胜仗，大大鼓舞了部队尤其是新战士的士气，锻炼了部队的战斗力。

3 月初，平北地委决定从龙赤县抽调 7 名干部开创龙（关）崇（礼）赤（城）联合县，王子玉任书记，王晨光任县长，县政府设在磋沟窑一带。龙崇赤县游击大队是 1942 年 3 月末建立的，下设 3 个中队，大队长曲阳。

4 月初，平北游击第 1 支队第 6 中队在队长江文、代指导员郭振普指挥下，于延庆黑峪口伏击了日军运输队，歼敌一个加强班，击毁汽车 4 辆，并缴获日军“扫荡”计划等文件。

5月18日，平北军分区政治部主任段苏权指挥平北游击第1支队第1大队之第2、3中队，攻克崇礼县狮子沟伪蒙疆警察据点，击毙日军渡边指导官，俘伪蒙疆警察署长王延普以下30余人。同时，利用缴获的40余匹战马、30余支步枪，组建了平北根据地第一支骑兵部队，即平北游击第1支队骑兵1连，连长为陈有才。

5月20日，段苏权主任及支队政委钟辉琨又指挥第1支队的4个中队与从雕鹗出来“扫荡”的日军一个中队激战于赤城南之张四沟东山，毙伤敌数十人，并缴获物资一部。

由于认真贯彻执行了党的抗日民族统一战线政策，通过团结、争取上层绅士来发动基本群众，建立基层政权及群众组织，使平北党政军站住了脚，初步完成了开辟平北根据地的任务。

坚持平北游击根据地的艰苦斗争

1941年7月，中共冀热察区党委决定成立平北地委，苏梅任书记，葛琛任组织部长，刘介愚任平北专署专员，覃国翰任平北分区司令员兼地委军事部部长，段苏权任分区政治委员。平北党政军在龙赤、龙延怀、龙崇赤地区的活动，动摇、威胁了伪蒙疆自治政府的统治，引起了敌人的注意。8月23日，伪蒙疆自治政府又实行了第二次“施政跃进”运动。各伪县政府积极扩充特务组织，设立情报网，利用大地主、大商人以及地痞流氓、土匪恶棍之类做耳目，监视人民群众的抗日活动。同时，还利用一贯道、民生会等封建迷信组织，笼络百姓，大搞特务活动，侦察八路军消息，收集我根据地党政军情报。

平北地委和军分区积极做出布置，依靠群众，更加灵活地与敌人展开斗争，利用军事上的主动和胜利，赢得更多更广大的人民群众的支持和信任。

9月初，钟辉琨政委率平北游击第1支队主力挺进坝上草原，先后袭击了沽源县境内的平头梁、老掌沟、小河子伪蒙疆警察据点，这是八路军第一次在沽源县境内作战。10 月，刘开锡支队长率部袭击了大囫囵敌据点，缴步枪 40 余支，战马 40 匹。11 月，钟辉琨政委又带队袭击大囫囵，缴获枪支和战马各 40 余。八路军的到来，给深受日伪压迫的坝上人民带来了希望。

10 月 6 日，龙赤县三区区委书记孟醒（王子明）、区长高力品和农救会主任郭树贵率区小队 15 人，埋伏在长伸地南黄龙王庙，袭击了日军驻赤城警卫股和伪宪兵队，战斗不及半小时即胜利结束，毙敌 7 人伤 6 人，俘 20 人，只逃走 1 人，击毁汽车 1 辆，缴获轻机枪 1 挺、步枪 11 支、子弹 2000 多发，还缴获 1 架照相机，20 卷胶片，我无一伤亡。这是地方游击队在没有八路军配合情况下，独立作战打的一个非常漂亮的伏击战。

10 月，平北游击第 1 支队副支队长贺礼保，在圈岭梁指挥战斗负重伤。

11 月，日寇“扫荡”龙延怀联合县五区，光梁窑、石香炉、茨儿山等村庄的房屋全部被烧光，牲口被抢走。

为有力打击伪蒙疆的坝上骑兵，适应坝上草原特点，1941 年 12 月，平北分区决定，在第 40 团骑兵 1 连的基础上，组建骑兵大队，大队长李忠志，副大队长吴广义，政委刘德彪，特派员安天喜。从此，骑兵大队驰骋坝上草原，打击日伪军，屡建战功。

年底，为贯彻平北地委、平北军政委员会《关于游击队和武装建设的指示》，龙延怀、龙赤、龙崇赤三县区，均建立了人民武装委员会，成立了县大队、区小队，各村成立自卫队和游击小组，凡年满18岁至50岁的青壮年，均编入自卫队。

1942 年，是平北抗日根据地最困难的时期。一年来，敌人在军事上实行满、蒙、华联防，统一指挥，对付平北抗日斗争，堵塞了原来 3 个伪政权各自为政形成的空隙。除发动一次紧似一次的“扫荡”“清剿”外，在政治上，敌人推行“强化治安”、“蚕食”政策、“三光”政策，搞诱降活动，分化、瓦解我地方干部和抗日积极分子，破坏我基层政权和群众组织。在经济上，敌人实行严密的经济封锁，大肆征收苛捐杂税，到处设立所谓“组合”。在思想文化上敌人宣传“东亚共荣”“抗日必败”，大搞奴化教育。敌人对平北抗日游击根据地实行了政治、军事、经济、文化全方位的“总力战”。

1月初，伪蒙疆联合自治政府实行第三次“施政跃进”运动。重点是强迫老百姓“集家并村”，企图制造“无人区”。为此，伪蒙疆自治政府察南政厅特别制定了《赤（城）龙（关）延（庆）东部三县特别工作计划》，其中的“治安肃正”特别工作计划中确定的“肃正”方针是:“一、密切配合关内部队作战及各项措施的推行，对龙关、赤城、延庆三县实行特别治安肃正。二、要求各有关机关同心协力，尽早实现该地方的治安肃正。”敌人在这一计划中，把扶植村镇伪政权，加强伪警察驻地防务，完善经济封锁和结成各村联防作为主要目标。从此，龙关，赤城、延庆、怀来地区的形势日趋严重。

1月间，杨岛（杨春圃）到平北任军分区政治部主任。

2月初，敌人为推行“施政跃进”，纠集了张家口、怀来、延庆、龙关、赤城等地的日伪军及各县伪警察约4000人，汽车约200辆，分进龙延怀的大海坨、龙赤的元通寺、石头堡以及龙崇赤的磋窑沟、蕨菜沟等地，所到之处，烧杀抢掠，无所不用其极。只纪宁堡一村，就被敌人抓走17人、抢走耕牛9头、猪200余口，房屋全部被烧毁，其他财物亦被抢掠一空。

平北地委和军分区司令部积极领导平北军民与敌人展开斗争。针对形势的发展变化。适时作出了坚持东部、发展西部的部署。在东部，指示各县区干部群众和游击队坚持斗争，“区不离区，县不离县”。在西部，领导军民积极同伪蒙疆政权作斗争，开辟地区，打击敌人。骑兵大队在囫囵至张北一带活动，第40团一部转战龙崇赤地区，一部进入怀来以西和龙关至赵川一线，分别袭扰敌人，破坏敌人交通和通信联络。最后，敌人在平北西部搞“无人区”“惠民沟”都失败了。这是发动群众、组织群众的胜利。

3月初，龙关日伪军400余人对我龙赤县向阳村一带“扫荡”。接到情报后，我第40团一部即在四十亩梁东部布下口袋阵，待敌人走进口袋，一阵猛打，击毙日军32人、伪军10余人，俘日伪军30余人，取得阻击战的胜利。第40团骑兵大队，袭击张北二台子伪蒙疆警察署，敌人见势不妙，落荒而逃，我军放火烧毁了警察署。

同月，平北分区游击第1支队正式升编为晋察冀军区第40团，团长钟辉琨，政委王启刚，参谋长邓典龙，副参谋长高昆山，政治处副主任刘汉才。

5 月 17 日，驻赤城、崇礼的伪军 900 余人，向我驻北沟一带的第 8 团实行合击，驻龙关和镇宁堡的伪军出动赶来增援。我军奋勇反击，在砖楼与敌激战 7 小时，毙伤敌伪军 80 余人。

6 月 20 日，我第 40 团在张家口东北、清水河西南的北栅子与伪蒙疆“讨伐队”200 余人遭遇，在团长钟辉琨指挥下，部队沉着应战，歼敌 192 人，缴获轻机枪 2 挺、步枪 73 支。

我军在伪蒙疆境内的活动，声势越来越大。而伪蒙疆政权几番“扫荡”和“讨伐”都无济于事，使日军恼羞成怒。7 月 8 日，日军纠集张家口、宣化、延庆独立第二混成旅团第一、二、四大队和上松炮兵中队，驻大同日军二十六师团一部并驻北平日军独立第十五旅团的“三好联队”，伪满洲军第五旅、第八旅、骑兵四十四团，以及察南 10 县的伪警察、张家口的伪蒙疆治安军、教导队和崇礼、宝源、张北、康保的伪蒙疆警察队等共约 1 万人，对平北根据地进行“肃正作战”，指望此役席卷平北，肃清所有“共产军”。日军独立第二混成旅团旅团长真野五郎亲临前线督阵。7 月 17 日，日本驻中国派遣军司令畑俊六大将还亲临蒙疆视察，打气壮威。敌人来势汹汹，我军避敌锋芒，采取统一计划和分散指挥、灵活作战的正确方针，主力部队转移外线作战，留少部分部队配合地方游击队开展破袭战。我军内外配合，寻找敌人弱点痛击之。8 月 10 日，我 8 团团长詹大南率两个连，强袭在五里坡“驻剿”之敌，此役毙伤日军宫藤少尉指挥官以下数十人。我第 40 团和骑兵大队转战坝上，不时进击敌人，给敌人以很大杀伤。段苏权政委及第 40 团参谋长邓典龙率第 40 团 1 连，袭击东庄子“扫荡”之敌，缴获机枪 1 挺，俘敌 4 人。第 40 团侦察连在蚕房营战斗中，毙伤敌 18 人，并俘虏日军铃木小队长。同时，我军积极配合地方干部保护群众的夏种秋收，袭击各据点出来“割青”的伪警察和讨伐队。敌人此次“肃正作战”历时两个月，我军与敌共作战 38 次，毙伤俘日伪军 321 人，粉碎了敌人欲置平北抗日游击根据地于死地的阴谋。从 1942 年 5 月到年底，平北地区特别是西部的军民经历了严峻的考验。日伪军连续不断地进行“扫荡”“讨伐”，其中以对赤城以南大海陀附近的平北党政机关所在地之“扫荡”为最甚。我们自己动手在山上盖的房子，不仅被日伪军烧毁，连房基石头也被拆除扔到山谷中去了。每次反“扫荡”一结束，大家就重新盖房，未等房子盖好，敌人又来了。战士们拿起枪，又开始了反“扫荡”斗争。平北党政军虽然没被敌人消灭，但遭受的损失却是空前的。主力部队伤亡四分之一，基层政权和群众组织损失近一半，延庆和怀来平川地区的工作陷于瘫痪，根据地缩小了。龙赤、龙延怀、龙崇赤地区已结成的大片根据地，又被分割成几小块。龙崇赤联合县、区、村干部有45人被捕，区长、区游击队队长以上干部28人牺牲。但平北抗日军民齐心协力，英勇战斗，力量虽然弱小，在敌人残酷的“扫荡”中终于坚持了下来，这就是胜利。

平北游击根据地恢复发展时期的斗争

1943年2月，在聂荣臻同志主持下，中共中央北方分局作出《关于三年来平北工作总结的决定》。《决定》肯定了平北全党全军在敌人的心脏里开辟根据地并坚持了斗争，是有成绩的。但亦严肃地指出了在过去3年中，平北地委和军分区在工作中的缺点和错误。指出平北根据地在统一战线问题上的主要偏向是没有坚定的方针与正确的政策。在统一战线中，只强调团结，依靠上层，不强调斗争和发动基本群众，贯彻政策；在对敌斗争中，过分强调隐蔽，忽视武装斗争，对敌人的“蚕食”进攻麻痹大意，部队与地方缺少周密协同，致使根据地遭到严重损失。分局决定：将平北地委改为地分委，段苏权任书记，陆平任副书记，归平西地委领导，丰滦密县划归冀东领导；平北军分区改为平北支队，司令员覃国翰，政治委员由段苏权兼任，参谋长陶汉章，副参谋长詹大南，政治部主任由陆平兼任，副主任吴涛，归平西军分区指挥；同时改平北专署为平北办事处，张孟旭为办事处主任。分局的决定，为平北根据地的各项工作的开展，指明了方向。

为贯彻北方分局《决定》的精神，5月初，平北地分委在龙赤县西坡村召开扩大干部会议。段苏权和陆平同志分别作了报告。会议认真检讨了右倾错误给根据地建设带来的严重危害。为便于面对残酷局面，坚持对敌斗争，强调全体干部首先从思想上、政治上、组织上取得统一，加强党政军民团结，认真贯彻执行党的一元化领导，加强军队基层思想政治工作，深入动员群众，发展地方武装。在军事上，根据党中央提出的“坚持斗争，积蓄力量，以待时机”的方针，针对敌强我弱的特点，强调采取避开敌人主力、分散与集中相结合、主动到外线作战的游击战术，打击敌人，坚决扭转困难处境，开创斗争新局面。会议还作出了《关于进一步贯彻执行减租减息和劳动政策的决议》《关于各级党委树立严格工作制度的决定》。会议在主要问题上统一了领导干部的思想认识，坚定了斗争信心。

3 月中旬，第 40 团骑兵大队远距离奔袭了张北县公会镇，缴获一批文件和物资。3 月 30 日，被敌人关押在龙关监狱内的 60 余名抗日干部和群众在第 40 团副参谋长高昆山、平北专署教育科长李庚尧领导下，争取了伪看守人员，越狱成功，在敌内部引起强烈震动。

4 月，伪蒙疆联合自治政府实行了第 4 次“施政跃进”运动，其内容主要是：扩大治安区，消灭共产党、八路军，强化“皇军圣战”宣传；发放良民证，强化保甲制度，纠集伪警察和“乡丁队伍”对我根据地进行“围剿”，蚕食我抗日根据地。

3 月末，平北分委作出了反“蚕食”斗争的决定，平北支队司令部发出了军事斗争的指示，强调应密切地方与部队的配合与协同，广泛开展群众工作，深入群众，贯彻政策。部队开展广泛的分散的游击活动，袭扰敌人，争取一枪一弹的胜利，积小胜为大胜。主观指导上的转变，使平北军民从 1943 年下半年开始，在武装斗争和其他方面的斗争中，开始逐步赢得主动，并不断取得胜利。

崇礼县南部山区，地处龙关、崇礼、宣化三角区域，东西长达 90 余里，南北长 80 余里，盘常河从中流过。这里山高林密，层峦叠嶂，地形险要，它西临伪蒙疆首府张家口，西南是宣化城和下花园交通要道，以及榆林敌飞机场，东边是龙关城，北边是崇礼和张北城。敌人为控制住这一地区，日本蒙疆驻屯军和伪蒙疆军分派重兵把守，在这块方圆不过400里的地区，设有大小据点、警察署50余处，各村都建立了伪行政机构，敌特网点遍布各村，控制严密。开辟这块根据地，对于巩固和扩大平北抗日游击根据地，具有重要的战略意义。

1943年5月，根据形势发展的需要，平北地分委和支队司令部决定由第40团组织两支武装工作队，简称武工队，深入游击区和敌占区，打击敌人，建立政权。一支是以第40团2连7班为骨干，加上第40团直属机关及龙延怀地方干部共30余人，组成八宝山地区武工队，队长王亚夫，政委孙开运，在沙城、新保安、八宝山地区，发动群众，建立和恢复政权。另一支是以第40团一个班为骨干，再抽调龙延怀和其他县干部共约15人、8条枪，组成龙崇宣武工队，队长贾岫亭，政委王一心，龙崇宣工委和县佐公署也同时成立，王一心任工委书记，王煜文任县佐，开辟龙崇宣地区。

武工队进入龙崇宣后，以崇礼前沟和宣化赵川北山为依托，在长城内外、盘常河两岸开展抗日游击战争。县工委干部在武工队配合下，深入群众，宣传抗日救亡道理和我党的政策主张，团结一切可以团结的力量，除奸反霸，打击顽固投敌分子，在各村建立抗日救国联合会，成立民兵队和抗日村政权，发动群众减租减息，实行合理负担。在开辟工作中，注意发现和培养对敌斗争积极分子，吸收入党，建立党支部。党组织的建立使各项工作有了带头人，推动了开辟斗争的深入和发展。党员们积极带领广大群众战斗在对敌斗争第一线，对敌抗粮、抗捐、抗服劳役；敌人“扫荡”时，坚壁清野，开展地雷战、麻雀战打击敌人；发动群众为我军送情报，向政府交粮、交军鞋，打起仗来组织担架队运送伤员。村中有了党组织，抗日两面政权逐步变为抗日一面政权，敌占区逐步变为游击区，游击区变为巩固的根据地。崇礼前沟一带，从1943年冬至1944年初，成为龙崇宣最可靠的根据地。由于我们执行了正确的政策，依靠群众，放手发动群众，不论我们走到哪里，都受到人民群众的欢迎和拥护。他们有钱的出钱，有枪的出枪，有人的出人。龙崇宣地区的地方开辟工作在敌人的鼻子底下，搞得红红火火，有声有色。

针对敌人进行的“蚕食”进攻，平北军民除以军事斗争为主打击敌人外，还进行反沟墙和破交斗争，针锋相对反“蚕食”。

地方工作的开展，为军事上打击敌人奠定了胜利基础，军事上的不断胜利，也为地方工作的进一步发展创造了条件。

6 月初，第 40 团团长钟辉琨率第 40 团一部和分区特务连，攻克浩门岭敌据点。战斗中，特务连副排长杨俊兴光荣牺牲。

6 月底，在龙赤县 7 区 12 个村的民兵自卫队约 400 余人，在县委统一指挥下展开破交斗争，将敌雕鹗至东山庙之间 20 余里的电话线全部割掉，电线杆被放倒，致使敌人几天不能通话联络。

8 月初，日军纠集驻张家口第二独立混成旅团的 3 个大队，黑河伪满洲第八旅，伪察南政厅延庆、怀来两县警察，共约 1 万人，并有飞机中队配合，开始对我延庆北山根据地中心区进行为期一个半月的秋季大“扫荡”。最初，由于敌人是突然袭击，而我情况不明，寡不敌众，受到一些损失。第 40 团政委阎子庆、副团长邓典龙指挥两个连于后孤山阻击来犯之敌，掩护机关转移，杀伤敌 50 余名，我伤亡 10 余人，其中有第 3 连石副指导员牺牲、第 2 连李东山指导员和第 3 连池满银副连长负伤。但到了后期，我军甩开敌人主力主动转移外线，趁敌后方空虚，深入敌后之敌后打击敌人，扭转了被动局面。经过一个半月的转战，胜利地粉碎了敌人这次秋季大“扫荡”。不过，覃国翰司令员、陶汉章参谋长在指挥特务连掩护司令部机关由延庆北山转移到延庆东南的小张家口宿营时，遭“扫荡”之日军第十五旅团一部袭击，丢失了一部电台。

11 月中旬，第 40 团骑兵大队获悉 100 余名伪军进犯李家窑子，遂命骑兵第 2 连趁敌立足未稳之机，夜袭李家窑子。当晚，骑兵大队第 2 连从庄科梁出发，于深夜 11 时打进李家窑子，战斗不及一个小时即告胜利结束。缴获轻机枪 1 挺，步枪 10 余支，我军无一伤亡。

12 月，第 40 团钟辉琨团长率两个连在关底、周家窑沟口设伏，击毙日军吉岗中队长以下 30 余人，缴获轻机抢 2 挺，其他物资 10 余驮。从吉岗的日记中得知，该敌人是去宣化再去苏北作战的。

12月底，龙赤县大小西沟民兵爆破组李胜奎、杨忠山等，在赤城通往兴仁堡的公路上埋设地雷两枚，炸死驻赤城县日本参事官中村以下官兵7人。

1943年，由于平北地分委和支队司令部认真贯彻执行党的抗日根据地各项政策，纠正和克服工作中的右倾错误，坚持党的一元化领导，坚持武装斗争为主，同时强调宣传发动群众，发挥基本群众优势，广泛开展人民游击战争，不但恢复了1942年失去的地区，而且还开辟了龙崇宣地区，基本控制了龙关、赤城、延庆周围地区的主动权。虽然斗争还是异常艰苦，但总的来说，平北根据地的抗日斗争形势开始出现转机。

1944年，遵照党中央和晋察冀军区的指示，平北军民更加深入贯彻执行党的抗日根据地各项政策，实行减租减息，合理负担，更加广泛地开展抗日游击战争，主力部队和民兵地方武装相互配合，把战争引到敌人的心脏中去打，扩大了解放区。

在平北根据地东部，伪满洲国的势力很强，在黑河川、滦平、密云一带搞“无人区”“绝缘地带”，纵横50余里；在独石口到古北口一线，经常驻有伪满军两个旅，装备精良，东部开展工作非常困难。相对来说，平北西部和北部的伪蒙疆地区统治却较弱。根据这种情况，平北地分委和支队司令部作出坚持东部、发展西部的战略部署，决定重点向北向西发展。

1944年3月，平北地分委决定将龙崇宣工委改为县委，县委书记王一心；县佐公署改为县政府，县长王煜文，抗联主任石序山；武王队改为县支队，人员有300余人，支队长刘义荣，政委由王一心兼任。县委和县政府机关以崇礼前沟和赵川北山、大营盘一带为巩固的根据地，积极组织力量向外线伸展，深入敌占区开展工作。在宣化地区，经常活动到人头山一带和赵川、下花园火车站敌据点以外的所有村庄。我们游击区迅速地扩大，敌人则龟缩在崇礼、宣化、赵川等几个主要据点内，小股敌人根本不敢出来骚扰活动。

在延庆、怀来平原地区，日伪的力量还相当强大，加之敌人重兵驻守，点碉林立，敌人的讨伐队、清乡队经常出来活动，我军主力活动和地方工作都很被动。驻在延庆县城的敌清乡队活动最为猖獗，清乡队长名叫王成启，是原平北地委警卫队队长，在 1942 年经受不住艰苦斗争的考验，策动地委警卫队 24 人携枪投敌。王成启投敌后，死心塌地为敌效劳，给延庆的工作造成很大的危害，广大军民对其恨之入骨。3 月 2 日，在日本指挥官和参事官的督导下，叛徒王成启率清乡队近 100 余人，从延庆绕道八里庄，向我主力第 10 团驻地双营村奔袭。王亢团长、曾威副政委指挥第 10 团一部和昌延县游击队（队长周德），摆开口袋阵，以虚假动作诱其中伏，向敌发起猛烈冲锋，全歼敌清乡队。日本指挥官毛粟、参事官恒野当场丧命，但叛徒王成启逃脱。双营歼灭战的胜利，沉重地打击了敌人的嚣张气焰，极大地鼓舞了人民的斗争情绪，扭转了整个延庆的局势，成为昌延地区抗日斗争的一个重要转折点。于是，地方工作发展了，区干部可以到延庆城附近村子发动群众，筹粮筹款，开辟工作。

3 月中旬，龙延怀县区队副区队长夏青田指挥第一中队（中队长谢瑞，指导员王建书）夜袭宣化宋家营火车站，毙伤俘日伪军 30 余人，缴获 30 余支步枪，1 挺机枪。月底，又袭击了宣化龙烟铁矿敌据点，毙伤俘日伪军 40 余人，缴获 10 多箱炸药，4 箱雷管、步枪 10 多支，以及军需药品等，补充装备了自己。

4 月，伪蒙疆联合自治政府又实行了第 5 次“施政跃进”运动。在这一阶段内，由于我党各项政策深入贯彻，特别是通过大生产和整风运动，在党的一元化统一领导下，发动群众，广泛开展游击战，克服了一个又一个困难，粉碎了敌人的多次“扫荡”，巩固和发展了平北抗日游击根据地，鼓舞了人民的抗日斗争热情。当时他们唱道：“1944 年，环境大改变，龙崇宣的据点拔了半边天。”4 月初，段苏权政委率龙延怀区队第 1 中队挺进宣化洋河以南之段木沟地区开辟工作，联系了一支抗日的土匪武装，扩大了我军的影响。

4 月 10 日，龙延怀区队第 1 中队两个排在中队长谢瑞、指导员王建书指挥下，掩护 60 余名龙宣怀县区干部开会，在宣化东北之猴儿山与敌展开激战。打退 700 余日伪军的 10 次冲锋，掩护地方干部安全突围，以很小代价取得歼敌170余人的战绩。为此，晋察冀军区专门发布嘉奖令，授予龙延怀区队第1中队以“长城中队”的光荣称号，延安新华广播电台、《晋察冀日报》、《挺进报》先后报道了猴儿山战斗的英雄事迹。

同月，赤城县委书记赵振中率民兵300多人，围困后城据点，一个月后，迫敌撤退，缴获大量物资，受到边区政府表扬。

为配合地方工作，扩大根据地，消灭“白点”，我第40团政委阎子庆和团副参谋长吴广义率领步兵主力，攻打西辛营子据点。经40分钟猛攻，全歼守敌，计毙伤俘伪警察署长以下40余人，缴获轻机枪1挺，步枪50支。与此同时，骑兵连长李夏祥率部队化装成伪军，趁小河子据点伪军大部外出“扫荡”之机，闯进小河子，没费一枪一弹即俘虏全部伪军50余人，缴轻机枪2挺、步枪40余支、战马100余匹，我无一伤亡。

5月4日，第40团政治处主任刘国辅和副参谋长吴广义率领两个连，趁夜幕埋伏于沽源和崇礼两县交界的梁根底，将西辛营子去清水河“扫荡”的伪警察击溃，击毙日军指导官米林，俘伪警察署长任成以下60余人，缴轻机枪1挺、步枪和战马各60余。我骑兵大队又乘夜幕摸进韩家窑子敌据点，打散伪警察，缴获1挺机枪、10余支步枪，我无一伤亡。活动于怀来、宣化之40团还配合地方游击队，袭击龙烟铁矿至宣化间的轻便铁道，并烧毁敌人的龙关农场，搅得张家口、宣化的伪蒙疆警察惶惶不可终日。

5月4日这一天，龙延怀区队在李石匣遭敌袭击，副区队长夏青田牺牲，政委王启刚负伤。

6月4日，平西地委发出指示，确定平西、平北的工作方针是：大力向敌后伸展，在统一意志下南北并进，以求形成紧围北平、张家口、宣化形势。7月12日，第40团第三连连长杜存业、指导员苏健率部配合龙崇宣联合县开展工作，遭敌包围，激战于猴儿山，毙伤日军和伪蒙疆骑兵60余人，缴获轻机枪2挺、步枪40余支、战马30余匹。紧接着，又在李家梁歼灭伪蒙疆警察一个排30余人，受到了龙崇宣县政府的表扬。

鉴于敌伪兵力日渐不足，平北地分委和支队司令部在青纱帐起后，领导军民开展了围困拔除敌伪据点的斗争。民兵把地雷埋设到敌据点岗楼底下，切断敌人与外界一切联络和粮柴、弹药供给；开展政治攻势，向敌喊话，散传单。在打围结合下，8月16日，龙关县民兵和群众在县长刘谦领导下，取得了围困东山庙敌据点的胜利。

8月初，赤城日军对关押在赤城监狱内的抗日干部和群众进行了惨无人道的清狱大屠杀，我37名抗日干部和群众遇害。

8月中旬，由于伪满洲国实行“固边推进”政策，从东面向我平北根据地“蚕食”压缩，东部伪满军乘机恢复了独石口、后城据点。还以“保路护矿”为名，对龙关、赤城、宣化山地进行摧毁性“扫荡”。9月6日，驻怀来、宣化之日军第二独立混成旅团1000余人，进犯海坨山根据地中心区。广大民兵积极配合主力，取得了游击战、地雷战的空前胜利。同时，平北军民还连续对宣化至红石山等段铁路和敌据点进行破袭，狠狠打击了敌人，迫敌狼狈退回。9月19日，平西军分区副政委肖文玖指挥平北第40团一部（政委阎子庆、副团长邓典龙），攻克张家口东北20余公里的新营子敌据点，歼灭商都、德化伪蒙疆警察100余人。邓典龙副团长在这次战斗中英勇牺牲。这次战斗，震动了伪蒙疆统治者。战斗后，新营子、崇礼一带各村地方工作和斗争更加活跃，敌人的公路交通经常在我游击队威胁之下，使张家口与崇礼敌人的联系更困难了，敌伪要员通过，都要派重兵护送，崇礼已成孤点。

为适应平北斗争形势的要求，9月21日，晋察冀军区司令部命令，平北支队恢复为平北军分区，詹大南任司令员，段苏权任政委，钟辉琨任副司令员，王亢任参谋长，吴涛任政治部主任。

为遏制平北根据地的发展，9月22日，伪满洲国、伪蒙疆联合自治政府在张家口召开高级军官会议，确定推行满蒙联合固边、合力肃清共产军的政策，进一步改变原来两个伪政权“围境划界”“满蒙分离”的局面，联合一致行动，共同对平北抗日根据地“扫荡”进攻。敌人虽气势汹汹，但由于兵力不足，发动的“扫荡”“清剿”亦不过是强弩之末了。

政权建设是根据地的一项基本建设。1943年，在政权建设上，平北军民主要开展了村政权脱敌的斗争。我们针对具体情况，实行了有区别政策：对抗日一面政权，根据中共中央制定的“三三制”原则，实行民主选举，使基层政权掌握在基本群众手中；对于倾我中间两面政权和倾敌中间两面政权，动员和发动群众，恢复和建立农救会、自卫军等群众组织，加强除奸保卫和反资敌、反通敌斗争，着重打击罪大恶极的亲敌分子，同时，认真贯彻执行统一战线政策，做好上层动摇分子的争取工作；对于亲敌的伪政权，主要通过武装斗争结合其他斗争形式，瓦解它或者消灭它。在党的建设方面，开展整风运动。1943 年，平北地分委制定了“巩固地向前发展”的方针，以对全体党员加强阶级教育和革命前途教育，并着重对区、连级党的基层组织进行了全面的审查鉴定。1944 年，在群众斗争和群众组织发展的基础上，整顿和发展了党的基层组织（党支部或党小组），培养和选拔了一批地方干部。

平北地瘠民贫，不可能多养兵。但要坚持武装斗争，兵太少了又不行。这是一个尖锐的矛盾。因此，切实贯彻执行党的经济政策，调动群众抗战和生产的积极性，处理各方面的关系就显得极为重要。1943 年冬，我们首先在龙赤、昌延等巩固区实行了减租减息、增加工资和清理旧债，在部分地区实行了“二五减租”和“一五减息”。我们在坚持统一战线的总政策中，一方面，贯彻执行经济政策，改善人民生活，激发广大群众的抗战和生产热情，启发群众觉悟，使他们敢减敢要；另一方面，要求大户、富户执行抗日政府的经济政策，减租减息。对开明者予以表扬，对破坏捣乱者予以处罚以至镇压。随着斗争形势的发展，在巩固区和部分游击区，采取免征点和累进税相结合的办法，相继实行了合理负担。同时，部队积极到接敌区和敌占区去筹粮筹款，宣传教育群众，抵制敌人勒索，由资敌转为不资敌。在各军政机关，强调建立、健全财经制度，进行反浪费、反贪污斗争，开展大生产运动，劳武结合，生产自救。为了打破敌人封锁，减少财政困难，各县区抗日政府还鼓励和组织群众搞贩运，疏通山内外物资交流，同时，争取一些商人为我服务，解决了根据地的部分物资困难。在巩固区，创办了山货、牛羊、粮食、医药等合作社，扩大了藤条编织等手工业和副业生产。

平北人民受到敌伪文化思想的摧残也很严重。平北未开辟前，老百姓只知有伪满洲国，而不知有共产党。从开辟这个地区时起，我们就注意到了这个问题，不断用抗日的思想、文化来武装人民群众的头脑，努力消除敌伪长期奴化教育的影响。同时引导人民群众反对封建迷信，反对陈规陋习，提倡男女平等、婚姻自由等新风尚。1943 年冬，各县普遍开展了冬学运动。这些活动在对敌斗争和根据地建设中，起了重要作用。为了更广泛地发动群众，组织群众，发展地方武装，9 月底，平北地分委和军分区司令部于朱家沟召开民兵工作总结表彰大会，军分区政委段苏权宣布命令，授予红石山游击队队长何金海为“民兵战斗英雄”称号，奖励驳壳枪一支，并号召全体民兵、游击队员向何金海学习，英勇战斗，狠狠打击敌人。

1944 年中，平北军民联合一致行动，围困拔除敌伪据点 20 余处，扩大了解放区，基本上改变了敌我犬牙交错的形势，地方武装有了较大的发展。

平北抗日游击根据地的最后胜利

1945 年 1 月，中共中央北方局决定，将平北地分委恢复为平北地委，排列为晋察冀边区第 12 地委，段苏权任书记，陆平任副书记，詹大南、张孟旭为常委，委员有赵振中、钟辉琨、吴涛、曾威，组织部长刘书亭、宣传部长李庚尧、城工部长张克宇、社会部长苏毅然。

4 月，中共中央在延安召开了第七次全国党代表大会，制定了党的总路线，号召全国人民为最后打败日本帝国主义、建设新中国而奋斗。平北地委和军分区根据党的总路线，结合平北根据地抗日斗争的具体形势，提出了“大力贯彻政策、广泛发动群众、发展党的队伍，加强新解放区的工作，扩大解放区，缩小敌占区”的方针，同时提出“东西并重”的发展战略，向东深入伪满洲国境内，钳制华北日军，并为开辟东北作准备；向西深入伪蒙疆统治下的张北地区，发展力量，开辟新区，以期包围张家口，消灭伪蒙疆。

4 月 5 日，日军第二独立混成旅团驻宣化之第二步兵大队吉冈加强中队和雕鹗伪军近 300 人，兵分两路，偷偷地向海坨山平北地委和分区司令部驻地蔡家窑子扑来。我军发现后，詹大南司令员、段苏权政委和钟辉琨副司令员迅速指挥分区警卫连抢先占领南梁阵地抗击敌人，随后赶来的第 40 团第

2、4连英勇地投入了战斗。经数小时激战，终于在黄昏时分将敌击退。这次战斗，共毙伤敌近100人，俘虏日军一名军医官并缴获一批物资，敌人受到沉重的打击。从此，敌人再也没能对平北组织起进攻。南梁战斗的胜利，成为平北抗日根据地走向胜利的一个转折点。

5月初，中共平北地委决定，成立察北分委，书记刘书亭、专员柴树林辖赤源、崇礼、张北等县。随后，又成立察北支队，支队长赖富，副支队长吴广义，副政委方成、肖泽泉。（因第3分区也有一个察北支队，后又改为察蒙支队）。

三岔口，这个村镇不大，只有200多户人家，但地理位置非常重要。它位于龙关、赤城、雕鹗的连接点上，日军对此地非常重视，凭借完整无缺的古城，设伪乡所，建起据点，派驻警察、特务、乡丁等，驻有警察20余人。这个据点的存在，对我平北抗日根据地中心区发展建设很不利，它实际上是日伪“扫荡”我根据地的中转站，是分割、封锁我龙关、赤城周围根据地的一颗钉子。我军决心拔掉这颗钉子。5月22日，段苏权政委率分区特务连以奇袭战术，攻克敌交通线上的重要据点三岔口，俘虏伪警察分队长以下18人，缴枪15支，子弹1000余发，手榴弹200枚，粮食数万斤。钟辉琨副司令员率第40团一个连于龙关城南之八里庄设伏，阻敌援兵，将敌击溃，俘特务10余名，缴步枪6支，短枪1支。同时，赤源支队在韩家窑子追歼伪军70余名，缴步枪50余支、战马40余匹。后又乘胜包围驿马图伪军据点，利用政治攻势，迫敌投降。

7月1日，詹大南司令员、段苏权政委、钟辉琨副司令员及政治部副主任曾威指挥部队，在内线配合下，里应外合攻克崇礼县城，毙俘敌伪200余人，缴获步枪300余支、轻重机枪数挺、电台两部、卡车1辆、子弹数万发。此外，还从敌伪仓库里缴获了大量的粮食、棉花和布匹。7月18日，段苏权政委、钟辉琨副司令员又率10团和平西44团在赤城龙门所伏击了企图重建据点的伪满洲军六团二营，毙敌团附（日本人）太田茂，俘伪营长王国士以下300余人，缴获迫击炮1门、机枪14挺、步枪200余支及其他物资一部。为配合晋察冀军区察南战役和发起热西战役，平北部队分别从5月5日至 25 日和 5 月 25 日至 7 月 20 日发起两期战役，共毙俘敌伪 1100 余人，解放村庄 451 个，扩大解放区面积近 5000 平方公里，使海坨山中心区与北部的张北、崇礼、赤源连成了一片，并开辟了宣化至张北间的广大地区。

8 月 8 日，苏联对日宣战。10 日，蒙古也对日宣战。中国抗日战争形势迅即转变，平北因靠近外蒙和苏联，其重要的战略地位开始发生明显作用。不久，苏蒙联军出兵我国，其中一部越过中蒙边界，经二连、德化，向张北方向推进。8 月 14 日平北察蒙骑兵支队副支队长吴广义最先在张北北面公会镇与苏蒙联军先头部队会师。8 月 12 日，赤源县委书记郎宝信及赤源县游击队和武工队，兵分两路直取宝源，13 日，宝昌解放，俘伪军 200 余人，缴获一批军用物资。

8 月 15 日，日本宣布无条件投降。16 日，平北军分区詹大南司令员、段苏权政委奉冀察军区郭天民司令员命令，率平北主力部队第 10 团、40 团和分区教导大队，由雕鹗出发，向张家口迫近；分区副司令员钟辉琨、地委副书记陆平指挥新编第 4、6 团及各县支队、民兵，破坏平绥铁路交通并大举围困各县城、据点，迫敌投降。17 日，我主力部队到达张家口以东 15 公里的青边口堡，先头部队进至距张家口约 10 公里的羊房堡。詹司令员奉中央命令，前往张北与苏蒙联军联络。段政委则指挥部队一面对张家口守敌进行侦察，一面作好战斗准备。

这时候，蒋（介石）敌伪已经合流，日伪拒绝向我投降，准备投降国民党，傅作义部队也正在此时急忙向张家口运动，准备接管张家口。在张家口的伪蒙疆政权因日寇的无条件投降而失去了依靠，犹如丧家之犬，伪政府官员及豪商大户都纷纷四散逃命。伪蒙疆政府主席德王见大势已去，众叛亲离，遂决定向苏蒙联军投降，不想去联系的人一去不复返。而这时正接到日本驻蒙疆驻屯军司令部的通知，德王偕同伪蒙古军总司令李守信和伪政府部分官员、家属，在仓惶撤退的日军的保护下，乘火车窜逃北平。

8 月 20 日晨，平北部队第 10 团、40 团、教导大队在段苏权政委率领下，首先从东山坡向张家口发起进攻，苏蒙联军向狼窝沟进攻给我军以战役上的配合。驻张家口日军 20 日夜开始撤退。22 日，我军再次向张家口发起猛攻，侦察分队越过清水河，进入河西市区。苏蒙联军则继续进攻狼窝沟。

经过激烈战斗，8 月 23 日，我军终于解放张家口市区。这次战斗，我军共毙伤俘伪军 2000 余人、日军 200 余人，仅从仓库查获步枪及轻重机枪就有 1 万多支（挺），子弹 500 万发，大炮 50 余门，炮弹 8 万余发。另外，新成立的晋察冀炮兵干训队又分别从敌人的兵营、阵地及街道堡垒中收集到各种火炮 52 门，炮弹 10 万余发，缴获军马数千匹及其他大批物资，活捉了伪蒙疆自治政府副主席于品卿和伪张家口市市长韩广森。被我军接管的张家口广播电台向全国人民宣告：日本帝国主义侵占达 8 年之久的华北战略重地张家口被收复。

张家口市完全是靠我们自己的力量解放的，也是解放战争前夕我军夺取的重要城市。这个胜利，是靠平北根据地军民五六年来积蓄力量、英勇战斗取得的。

与此同时，各县民兵、游击队等地方武装积极行动，进攻其他各据点，迫敌投降。3 月 22 日，崇礼县支队在队长蔡义、政委王一心指挥下，再度收复崇礼县城；吴广义副支队长、肖泽泉副政委率察蒙骑兵支队一部收复康保，俘伪军 700 余人；钟辉琨副司令员指挥新编第 6 团攻克康庄火车站，并破坏了怀来到康庄的铁路大桥，阻止日军南逃；宣怀县委书记刘全仁、宣传部长郑英年指挥民兵战斗英雄何金海领导的红石山游击队，采取政治瓦解和军事打击相结合的方法，解放了沙城和下花园发电厂，俘伪军 100 余名，缴获机枪 16 挺、步枪 300 余支、子弹 100 余箱、炮弹 500 余箱及其他一批军用物资；延庆县民兵还在岔道炸毁日军军用火车一列；热西地分委书记兼热西支队政委吴涛指挥新编第 4 团在沙河镇伏击由南口撤向北平的日军，缴获卡车两辆。这些战斗，都十分有力地配合了主力部队解放张家口的行动。

8 月 23 日我军收复张家口后，集结在宣化、怀来、延庆、龙关、沙城、新保安等地的敌人，仍负隅顽抗，拒不投降。根据军委关于“应设法夺取宣化、怀来，控制南口……以及必须巩固张垣已得胜利”的指示，9 月 2 日，平北主力第 40 团在兄弟部队配合下，冒雨攻城，在战斗最紧张的时刻，宣化造纸厂和其他工厂的工人积极支前，冒着枪弹炮火为我军抢救伤员、运送弹药和其他军需品，勇敢地配合我军登城作战。经几小时激战，我军终于攻克宣化城，此役，共毙伤俘敌 400 余人。詹大南司令率领第 10 团、40 团西进，收复怀安并和友军收复兴和。在东南部，平北分区钟辉琨副司令员奉命率领新编第 4 团、第 6 团，于 9 月 7 日开始攻打新保安，但久攻不下。9 月 15 日，平北军分区政委段苏权奉命带领军分区直属机关和特务连并携带 4 门大炮及弹药、军衣等物资，从张家口火速赶来增援。17 日拂晓，我军开炮攻城。18 日，第 10 团从西线赶来。19 日下午，詹大南司令员率第 40 团也从西线赶来，我军协同行动对新保安强攻。经激战，至晚 9 时许，战斗胜利结束。此役毙伤俘敌伪 400 余名。攻克新保安的第二天即 9 月 20 日，由钟辉琨副司令员率先头部队，跟踪追击残匪。东部离新保安 60 余里的怀来之敌见新保安失守，如惊弓之鸟，弃城东逃。我军于 21 日晨，收复了怀来，并抓获了伪县长张让山。詹大南司令员、钟辉琨副司令员又率领第 10 团、40 团乘胜追敌至延庆，经 3 小时战斗，攻克延庆城，毙俘敌 300 余名。驻守延庆东 60 余里的永宁伪警察头子张凤元带领一部伪军逃往二道河子被阻，又逃回永宁。第二天，我军一部追击至永宁城下，我延庆县委书记葛震和平北分区参议张华亭前去做瓦解工作，促敌投降。张凤元见大势已去，只得同 100 余伪警察放下武器接受改编。龙关县支队副政委郭振普率领县支队，在群众配合下，经过近两个月的围困斗争，里应外合收复龙关城。龙关守敌 500 余人全部被俘。与此同时，察北专员柴树林、察蒙骑兵支队副支队长吴广义及副政委肖泽泉率部配合苏蒙联军，相继收复了坝上草原苏尼特左旗、苏尼特右旗、东乌珠穆沁旗、西乌珠穆沁旗、阿巴嘎旗、锡林浩特盟、镶白旗、正蓝旗、多伦、察哈尔及德化、商都、张北等县。在人民群众配合下，我军势如破竹，连克敌据点，驻守各据点的伪蒙疆军闻风丧胆，根本不堪一击。

赤城，是察哈尔省的一座古城，在张家口以东 100 余公里，是连接热河省和坝上草原的交通要道，历来就以易守难攻为兵家所注目。当时，盘踞在赤城的伪军有 1500 余人，伪军头目是大汉奸白耀珍。在我军民奋起抵抗日本侵略时，他投靠日寇，为虎作伥，做尽了坏事。日本宣布无条件投降后，又与国民党勾结，收编从我已解放的城乡逃来的伪军、警、宪、特分子，继续与人民作对。我新编第 4 团和赤城县支队围困赤城，步动政治攻势，迫敌投降，但敌人依仗强固的城防工事，拒不投降，妄图负隅顽抗到底。

10 月初，詹大南司令员奉命率领第 10 团来到已被我围困多日的赤城城下，指挥部队进行攻坚战。经激烈战斗，10 月 14 日，终于攻克赤城。击毙敌人 500 多名，打伤 2200 余名，俘虏 600 名。赤城一仗，攻克了平北地区日伪盘踞的最后一个县城。受伪蒙疆政权统治和日寇压迫多年的平北人民终于摆脱了苦难，迎来了翻身解放。同时，察南、察北的解放，不仅打击了阴谋抢夺抗战胜利果实的国民党反动派，巩固和扩大了解放区，而且为尔后粉碎国民党反动派向解放区的进攻奠定了基础，立下了功绩。

回忆开辟丰滦密根据地的艰难岁月

韩晓霞[*]

40 多年过去了，随着时光的流逝，许多往事已在记忆中模模糊糊，然而在那战火纷飞、生死搏斗的年月里，几桩触目之事，却印象极深，终生难忘。

晋见白团长

1940 年 4 月初，我由八路军冀热察挺进军司令部机要科调到晋察冀军区第 10 团任译电员。该团于 1940 年初成立，由北平、东北的流亡学生组成的“抗日先锋队”和冀东人民大暴动组成的“抗日联军”的一部分合编而成，营以上干部，甚至一些连的干部都是大学生，人称“知识分子团”。团长白乙化，就是当年北平中国大学的学生会主席，一二 · 九运动的领导者之一，1930 年入党的老党员。

我来到第 10 团团部驻地平西宛平碣石村时，怀着忐忑的心情晋见了白团长（当时没有政委）。白团长高高的个子，满面红光，留着卷曲的大连鬓

* 作者时任八路军晋察冀军区第 10 团译电员。

胡子，上身穿一件吊兜灰军衣，下身穿一条灰色马裤，气宇轩昂，魁伟健壮。他首先问我多大年龄（那年我 15 岁），哪里人，念过几年书，什么时候入伍。我拘谨地一一作了回答。白团长谈话风趣，态度和蔼，几句话就使我紧张的心情很快松弛下来，谈话也顿时活跃起来。第一次见面，白团长给我留下了深刻的印象。

4 月上旬，挺进军萧克司令员亲临第 10 团，接见了全团连以上干部，传达了挺进军“巩固平西，坚持冀东，开辟平北”三位一体的战略方针，并赋予第 10 团挺进平北、开辟新的根据地的光荣任务。

冲破封锁线，深入敌心脏

1940 年 4 月下旬，我团 3 营首先越过平绥路，并站住了脚。5 月下旬，白团长率团直及第一营向平北进发。与我们同时过路的还有去冀东的第 12 团的一部分。那天夜晚，天很黑，队伍中不时向后传着“跟上”“不要掉队”“不要说话”的口令。我们刚刚进到铁路边，就碰到了敌人的巡道车，我们立即就地卧倒。刺耳的隆隆声震得大地颤抖，车前灯巨大的光柱把黑乎乎的铁轨照得闪闪发光。我从未见过巡道车，也是第一次见铁路，觉得很瘆人，心里怦怦直跳。敌车过后，部队成数路纵队跑步前进，我爬起来跟着前边的人影拼命地跑。天渐渐亮了，我仔细一看，前面不是我们的队伍，原来我跑到第 12 团的序列里去了。真倒霉！第一次急行军就掉了队。我和通信员焦急地跑着寻找规定的集合点，但当时迷失了方向，到哪里去找呢？后来，我们碰到了第 12 团的一位领导，在他的帮助下我们才找到了部队。

归队后，部队到达昌平后七村的沙塘沟北山的一片树林里隐蔽。一阵枪声驱散了我们的疲劳。敌人来了，还有 1 架敌机在低空盘旋。激烈的战斗打响了，激战中，我们将敌机击落，还缴获了 1 挺飞机上的双筒机枪。

战斗结束后，我们继续向北、向东挺进。一路上，我们夜行晓宿，拔据点，砸局子（伪警察局），斩关夺隘，冲破了一道道封锁线，直插敌人心脏，于 5 月底到达密云赶河厂、石塘路（现密云水库）一带，并与第 3 营会合。

打开局面

“丰滦密”是北平以北的丰宁、滦平、密云县的简称。这个地区一部分属伪满洲国，一部分归伪华北自治政府管辖。我们的任务就是要在这块长期被日本蹂躏的敌人心脏腹地建立抗日根据地。在艰难的日子里，部队采取以分散的方法广泛发动群众，以集中的方法打击敌人，一次又一次地粉碎了敌人的“讨伐”和“扫荡”。很快，局面打开了，根据地一天天在巩固扩大。丰滦密联合县政府也很快成立起来了，部队派出大批干部参加地方工作。从敌寇铁蹄下解救出来的人民群众，抗日热情异常高涨，大批青年踊跃参加我军，部队迅速发展壮大，第 10 团由 2 个营扩编为 3 个营，县、区地方武装也全部成立起来了。

那个时候，部队不仅在山里山外活动自如，而且时常派人化装潜入敌巢搞情报和密捕逃入据点的汉奸恶霸，为民除害。同时，还不断从据点里弄出弹药、医药、食品、日用品补充供给。我们曾多次分到过罐头、衬衫、背心、毛巾、香皂等物品，这些均是从敌人据点里弄出来的。供给处长刘勇侯，外号“刘疤瘌”（因他脸上有一道被敌人刀砍的伤痕），在丰滦密地区是个传奇人物。他能左右开弓使双枪，足智多谋，勇猛过人，曾多次化装只身入虎穴，威震敌胆。有的铁杆汉奸被他抓出来杀了，有的慑于他的威力，只得乖乖地按照他的要求办事，自动保护他的安全。敌人曾悬赏捉拿“刘疤瘌”，但始终连他的踪影都找不到。刘勇侯同志就是这样在敌人鼻子底下为我军筹粮、筹款、筹鞋、筹衣裳。那年，部队做冬装用的大批棉花、布匹都是他从密云县县城里筹来的。

有些伪军还与我们有秘密来往，时常有小股伪军弃暗投明向我军投诚。一次，董各庄据点的伪警防大队 1 个中队 80 余人携械反正。但为了照顾与该大队长的已有关系，从长远利益出发，经电请上级批准，将全部武器弹药派人秘密送还了他们。该中队大部人员编入了我团，分队长孙再兴还当了团参谋处见习侦察参谋。

还有一次，1 个伪警防大队奉命出来“讨伐”，他们用明码通报。我们电台无事时经常抄收伪中央社新闻。报务员李向荣偶然发现敌台通报，并在无意中抄了下来，他问我：“你能不能破译？”我仔细看了看，发现是明码，随即译了出来。原来，这是 1 份敌人“讨伐”部署的电报，敌人“进剿”目标、行军路线和行动时间均写得清清楚楚。我当即把电报交给了才山参谋长。后来，部队和群众从容地转移了。

“小白龙”殉难鹿皮关

“丰滦密”和白乙化的名字是分不开的。人民群众爱戴他、拥护他，部队干部战士信赖他、崇敬他，敌人却闻风丧胆害怕他。在“丰滦密”一带，远近的人民，不论大人或小孩都知道“小白龙”。提起“小白龙”，在民间有这么一段传奇故事：有一回，白乙化带着几个人与敌人遭遇，敌人团团围住了他，他机智地钻进了青纱帐。当敌人追他时，忽然一条白蛇从麦浪上飞驰而过，吓退了敌人。人们传说白乙化是“小白龙下凡”，“小白龙”三个字从此就传开了。白乙化很能作诗，我们的同学王仲华牺牲时，白乙化写了副挽联，上联记不清了，下联是“自古英雄少白头”。还有一次，我们在赶河厂对面山上一座庙里避雨，白乙化作诗一首：“古刹映清流，松涛动夙愁。原无极乐国，今古为诛仇。闲话兴亡事，安得世外游。燕山狂胡虏，壮士志增羞！”

1941 年 2 月 4 日，敌人分两路来犯，才山参谋长带领第 3 营在古长城上鹿皮关与敌接触，战斗打得很激烈。第 1 营在我们住地赶河厂村边整装待命。此时，平北地委书记苏梅带着译电员丁明也来到第 10 团。丁明给我带来了与分区、地委通报的新密码。我和团首长共住一个三合院，他们住北屋，警卫人员住东屋，我住西屋。我正译着一份挺进军发来的电报，还没有译完，白团长就急着要看，并说："快译，我死了就看不上了。"我边译他边看，看完，他就急忙带着第 1 营去参加战斗了。

天快黑时，一个通信员满头大汗，急匆匆地跑进院来，我和丁明顿时觉得他神色不对，便跟随他进了北屋。通信员气喘吁吁地说："一〇一牺牲了！"说话的声调都变了。吴涛主任猛地一愣，大叫一声："什么？"便一屁股坐在炕沿上，瞪大眼睛说不出话来，眼泪随即夺眶而出。苏梅忙问："一〇一是谁？一〇一是谁？"因为他刚来，不知道"一〇一"是白团长的代号。苏梅和吴主任商量了一下，当即决定：立即通知才山参谋长，部队原地监视敌人，各营留一干部掌握部队，其余营以上干部迅速回来开紧急会议。才山参谋长闻讯后晕倒了，被人抬着回来的。噩耗一公布，整个屋子哭成一团。有的人主张拂晓继续打，为团长报仇。但考虑到当时的形势，还是决定，部队趁夜暗撤下来，并立即分散转移。买一口好棺木掩埋好白团长的遗体，对白团长的牺牲暂时严格保密，向部队传达时称："白团长负伤回平西疗养去了。"当晚，吴主任将上述情况起草了电稿向上级报告。

没过几天，挺进军来电：任命第1营营长王亢为团长，吴涛为政治委员。但为了继续封锁白团长牺牲的消息，向部队传达时宣布王亢为代理团长。

4 月底，在南石城村召开了白团长的追悼大会。当时附近群众扶老携幼赶来参加追悼会，几十里以外的群众也闻讯赶来。追悼大会上，全场一片悲痛声，一位老大爷跪倒在地上放声大哭。军民同哭泣，山河共呜咽！王团长、吴政委先后悲痛地发表了讲话，他们号召大家要化悲痛为力量，以多打胜仗，更多地消灭敌人来纪念白团长。当时，为白团长报仇的口号声响彻云霄。这次追悼大会变成了丰滦密军民的誓师大会和动员大会，那种悲恸的情景和气壮山河的场面，至今仍清晰地浮现在我的眼前。

追悼大会后，部队燃烧着为白团长报仇的怒火。在王团长、吴政委率领下，全团指战员驰骋在丰滦、密昌（平）怀（柔）顺（义）广阔的疆场上，与敌人展开了反"蚕食"、反"清剿"、反制造"无人区"的艰苦斗争，一份份捷报通过我和报务员的手飞向分区司令部。

严惩叛徒

1941年入秋以来，“丰滦密”的境况急转直下，敌人的“清剿”“扫荡”越来越频繁，规模越来越大。敌人的各个据点都增加了兵力，什么“铁壁合围”“梳篦战术”，花样繁多。敌人到处筑碉垒，挖封锁沟，修“人圈”（即并村），烧杀抢掠，制造无人区，根据地受到严重摧残。但是，我们没有气馁，部队化整为零，炸碉堡、拆“人圈”、破交通，与敌人展开了针锋相对的殊死斗争。那个时候，几乎天天有战斗、时时有伤亡，被俘后叛变的常有发生。

第3营教导员的通信员被俘叛变，这个坏蛋带着敌人到处搜山，烧房子，抢粮食，奸淫妇女，搜捕我坚壁的伤病员，屠杀我地方干部和基本群众，真是凶残至极！真凑巧，在一次战斗中，这个坏蛋被我们抓住了。一天夜间，战士们将他拉到山沟里去处决。因不能鸣枪，只好用刀砍。战士们恨透了叛徒，把他处决大快人心。

摩天岭突围

1941年冬，丰滦密的斗争更加残酷。敌人的“清剿”几乎遍及根据地的各个角落，许多区村政权变性，一些干部自首变节。敌人的魔爪所到之处，群众的粮食、牲畜被抢劫一空，整个村庄变成一片废墟，许多干部惨遭杀害，大批群众被集体大屠杀，真是遍地是白骨，到处起狼烟！白色恐怖笼罩着整个丰滦密。为适应斗争形势，平北地委和分区决定，吴涛政委率1个连携带电台留在内线，以掩护地方工作，坚持丰滦密的斗争，并任命他兼任县委书记。王亢团长率团主力转战外线，打击牵制敌人，配合内线斗争。

永远忘不了1942年1月1日那一天。头天晚上，下着大雪，部队爬山越岭走了一夜，拂晓时来到一座叫做“摩天岭”的大山上。大家又饿又累又困，一歇下来，倒头便睡。有棉大衣的，几个人挤在一起把大衣蒙在头上。我们大多数人在几次战斗中把大衣全丢掉了，只好用帽子盖在脸上，尽管寒风刺骨，雪花落在脖子里，冻得直打哆嗦，但驱赶不走睡意。吴政委怕大家冻坏了，要大家起来活动活动，不要睡觉。他把部队集合起来进行政治动员，号召大家咬紧牙关，勒紧裤腰带战胜饥寒，要以坚韧不拔的精神去迎接胜利的 1942 年。

下午，侦察员报告：我们的来路发现了敌人！于是我们顺着山梁转移，来到一座“仙人桥”边。所谓“仙人桥”，就是两山之间横架着的一条长石板，下边是万丈深渊。尖兵用树枝清除掉桥上的积雪，胆大的同志从桥上跑过去了，胆小的骑在桥上，用屁股一点一点地往前移。突然，前边传来情况：这边山下也发现了敌人。我们立即将前队改为后队，正骑在桥上的同志又倒退着挪回来。我们退到有一片松树的山包上集合。吴政委举着望远镜四下瞭望。突然，他将望远镜递给警卫员，用手一挥：“共产党员到前边来！”侦察排长是个机灵人，他立刻明白了吴政委要从这里突围的意图。怎么能叫政委打头阵呢？他迅速集合起身边 10 来个侦察员，他们个个手提驳壳枪，腰挎手榴弹。他们拨开人群，飞快地向山下冲去。我们紧随着他们跑了下去。下到沟底，天快黑了，我们又翻过一座山，从敌人的空隙里钻了出去，脱离了险境。

大牛圈里安营扎寨

“要坚持到最后一个人、一支枪！”这是平北地委和分区给予我们的光荣而艰巨的任务。十分清楚，这是对我们每一个人的严峻考验。同志们只有一个共同信念：坚持下去就是胜利！

敌人的碉堡把所有的山口都封锁了，我们就在这贫瘠的山区里与敌人周旋。

一天，我们辗转来到一座深山里。这里山高林密，宜于隐蔽。山坳里有一个很大的用干草压顶的牛圈，牛圈的三面墙是用石头砌成的，正面有一个大牛槽。牛圈旁边有一间小草屋，小屋旁有一个地窖。牛圈里的牛粪足有二三尺厚。不用说，这里曾经放养过一群牛，那间小草屋是牛倌住的。我们给这个地方起名叫“大牛圈”。团部人员都住进了牛圈。我们将电台架在牛槽上，在牛粪上铺上一层草，并在圈中央挖了一个大坑，用石头镶边，作为生火取暖的火盆。卫生所（一名医生，一名卫生员）设在地窖里。而牛倌的小屋，则成了吴政委的“公馆”。有了电报我就到“公馆”里去译，那里有一条小土炕，一个小锅灶，还有一盏麻油灯。

敌人失去了目标。我们在这里平安地住了好多天。那时的给养全靠侦察员、地方干部和基本群众筹办，他们人背驴驮，将食品秘密送上山，筹到什么我们就吃什么，有时一连好几天吃不上一顿饱饭。

一天，侦察员从山外背回来一条狗。晚上，我们分吃无盐的狗肉。参谋李文芳同志有一水壶酒，他一面就狗肉喝烧酒，一面讲笑话，结果酒喝多了，睡着后他将一只脚伸进了火盆，鞋袜、绑带都烧着了。有人嗅到布臭味，赶紧把他叫醒，大家七手八脚帮他扑火，结果他的脚还是烧伤了，人们对他开玩笑说：吃了狗肉还想吃“烤鸭”。

真是祸不单行，卫生所那边也出事故了。他们将我们“火盆”里的火炭弄进地窖去取暖，两个人都一氧化碳中毒。当他们被抬出来时，已昏迷不醒，大家急忙进行抢救，折腾了好一会儿，他们才苏醒过来，真叫命大！

我们长期以来养成了一种习惯，每当睡觉前，总是打好绑腿，穿好鞋子，系好鞋带，整好行装，以便应付突然情况。在一个风和日暖的一天，我和电台队长王兆瑞几个人坐在牛圈旁的一堆草垛上聊天，王兆瑞解开绑腿，脱掉棉裤，正在捉虱子。这时，对面山上有许多人在奔跑。电台运输班长说：“不好，有情况！”话音未落，哨兵的枪声就响了，接着敌人的步枪、机枪、小钢炮一齐打了过来。王兆瑞急忙蹬上裤子，跳下草垛，指挥电台撤线。在连队的掩护下，我们一口气跑过了北山。我们刚刚坐下来休息，只见王兆瑞散着裤腿，手拿绑带，光着头（帽子丢了）一晃一晃地跑过来。大家一看他那狼狈相，不由得哈哈大笑。吴政委也打趣地说：“还不错，能穿上裤子就不简单喽。”

虎口脱险

1942 年 3 月中旬的一天，我们转移到一个有 10 几户人家的小山村。清晨，哨兵报告说，南山那边有手榴弹爆炸声。这是侦察员发现敌人后，因来不及回来报告而发出的报警信号，我们立即紧急集合转移。刚出村门，机枪从对面就打了过来，连队就地散开，进行抗击。我们刚跑到北半山腰，四面都响起了枪声。我和电台通信员同时跳进了一片小树丛中。这时，一梭子机枪子弹打了过来，那位小同志就躺倒了。我忍着树枝刮破耳朵的疼痛，三蹿两纵跳跃倒一块大石头后面。我猛一转脸，发现有个人趴在那里，原来是参谋处的文书。我卧倒在他的旁边，这时双方的手榴弹都在我们附近爆炸，不能再跑了。过了一会儿，我们听到敌人的吵嚷声，还听到我们的副官（即管理员）黎九重与敌特的说话声。糟了！黎九重被俘了。枪声渐渐稀落下来。只见敌人端着枪，上着寒光闪闪的刺刀，满山遍野进行搜索，黎九重帮着敌人呼喊："出来吧！你们藏不住啦！"这家伙叛变投敌了。我急忙用手在身边石头缝里抠开几块石头，扒开一个坑，从图囊里取出密码掩埋起来。这时，敌人搜过来了，一个日本兵朝我们隐藏的这块大石头走来，我和文书屏住呼吸，心都提到嗓子眼上来了，心想：这回可完了，听天由命吧！不料，敌人从大石头旁边走过去了，我们长长地出了一口气，好险哪！为了防备敌人再回来搜索，我们急忙匍匐向山顶爬去。夜幕降临，敌人都到村边那个大碾盘附近集合去了，村子里燃起了熊熊大火，敌人撤走了。我和文书已经精疲力尽，在山顶上并肩坐着喘气，忽然看见上来几个人，我们又是一惊，立即卧倒。结果，定眼一看，原来是供给员等 3 个人，供给员还带着 1 支枪，有了枪，我们的胆子就大了。我们 5 个人汇合后，正议论着如何去找队伍，这时猛然听到附近有人连续呼唤我的名字，供给员说："别吱声，怕是叛徒诈骗。"喊声停止了，我们迅速下山，遇到一间放羊人住的小草屋，小屋里还有半盆冰冷的小米饭。我们一天没吃东西，大家摸黑用手抓着吃。忽然，外边传来脚步声，我们大吃一惊：坏啦！有人堵住了门口。来人厉声问："干什么的？"一答话，才知是我们的侦察员，刚才呼喊我的就是他们。吴政委发现我不见了，非常着急，专门派侦察员来找我的。部队就在附近，我大难不死，又见到了敬爱的首长和战友们，真是悲喜交加，激动万分。由于耳伤感染，我的半个脸和嘴都肿了，吃饭说话都很困难。吴政委关怀备至，在那样艰难的情况下，总是千方百计给我专门做饭吃。每当我回忆起这段往事，总是心潮起伏，感慨万端！

与地委、分区联系的唯一手段是电报，密码没有了，是首长最着急的事。听说我可以用“脑记密”通报，吴政委高兴极了。“脑记密”是事先规定好的，密码采用一句成语，明码作底，全凭脑子记忆，是专门用于密码失落后应急用的。我用“脑记密”向分区报告了情况，接着又用它与分区、地委来往通报多次。

斗争形势进一步恶化，伤病员已转移出去，县、区的地方干部也来与我们会合。

4月初，我们来到黄花岭山中的臭水坑。王亢团长带着一些人也来了，他是来替换吴政委的，并带来了分区派来的译电员苗尚志，苗带着密码来接替我。夜晚，吴政委带着我们转移到了外线。数天后，我到达延庆北山分区所在地南碾沟，覃国翰司令员见到我第一句就问：“你们什么时候离开的？丰滦密电台已经好几天联络不通了。”怎么也没料到，在我们离开后，臭水坑遭敌军血洗，团机关和县区干部近百人蒙难，替换我的译电员苗尚志也被俘了。战友们的遇难，使我深为悲痛，我将永远怀念他们！

创建平北根据地亲历及见闻

王　府*

抗日战争时期，赤城县大海陀（海陀山一带）是平北抗日根据地的核心，是平北地委、军分区和龙赤（龙关、赤城）、龙崇赤（龙关、崇礼、赤城）、龙延怀（龙关、延庆、怀来）、赤源（赤城、沽源）联合县所在地。

我是赤城县东兴堡村人。1940 年参加革命，1941 年秋入党。从创建平北抗日根据地到中华人民共和国成立，一直战斗在这块土地上。至今回忆起当年那轰轰烈烈的战斗生活，心情久久不能平静。

一、事变前后

赤城县位于河北省的北部，张家口的东部。北枕塞北高原，南延怀平川。黑白红三条大河，流向由北向南，于怀柔汇入白河。燕山盘踞全境，峦峰重叠，众山环横，一眼望去好像海洋里起伏不平的波浪。整个地形特点是西北高，东南低，总面积 5400 平方公里。山地占 80%，便于屯兵作战。据龙关县志、地理志记载“龙关南拱故都，背近蒙疆，左独石，右张垣，形势

---

*　作者时任河北省赤城县抗日自卫军负责人。

甲于口北，垣右为屯兵重地。”张家口满蒙八旗陈清书记载“唯一察南地方僻处边陲，介于内外长城之间，在历史下已为战争之要冲。”自古以来这一地区乃兵家必争之地，战争频繁，烽烟不断。铁骑纵横，人民处在水深火热之中。

在国民党统治时期，当地的行政区划：长城以西属于龙关、赤城二县，长城以东属于沽源县，建立了县区警察局、保卫团等组织，农村实行甲牌制，利用这种形式形成层层统治。贪官污吏、土豪劣绅、地主、富农利用地租、高利贷、苛捐杂税对人民进行残酷剥削，再加上军阀混战，土匪出没无常，奉军、晋军、国民军争夺地盘，互相拉锯，战火连年不断。张心猿、荣三点等大股土匪回乡骚扰，奸淫抢夺，弄得民不聊生，十室九空。当时有一首民谣为证：“今天兵，明天帮（土匪），老百姓，遭了殃。”

1931 年，由于蒋介石采取不抵抗政策，东三省迅速沦陷。1933 年，日军又侵占热河。10 月间，我县黑河地区沦入日寇铁蹄之下，并划为热河省大阁县（现丰宁满族自治县），由满洲国统治，并在这一带的白草、汤子庙、瓦房沟、喜峰嵯、三道川村建立起伪满警察署，又搜罗当地的地主、恶霸、流氓等组织了村公所、甲公所、日满协和会等反动机构，屯驻了伪满洲军两个团和特务、宪兵，对人民进行血腥的镇压和统治。

1937 年七七事变，当时驻守在这个地区的国民党军队有孙殿英的四十一军和高桂滋一个师约 1 万兵力，每天抓民伕，修地堡、挖战壕表示抗日。但是，日军炮声一响，他们一枪未放，望风而逃，赤城地区沦入敌手。赤城的张海瑞（又叫张星五），国民党县长吴介卿，龙关的王乃臣、王凯如等汉奸组织维持会，准备迎接日军。最令人气愤的是王凯如、王尊山等跑到 100 多里外的独石口向日军献龙关地图，认贼作父，卖国求荣，无耻到极点。

日军侵占以后，采取分而治之的方法，将长城以西划归伪蒙疆自治政府，长城以东归伪满洲国统治。在独石口、云洲、龙门所、雕鹗、三岔口、后城、东山庙等建立了伪警察署。对人民实行了更加残酷的统治。尽管日军用各种手段欺压人民，但是富有民族自尊心和革命传统的赤城人民和全国人民一样，是不甘心这种奴役的。日军虽然占领了我们的国土，但他占据不了广大人民的心。人民对敌人进行了各种自发的不屈的斗争。说明了人民不甘当亡国奴和迫切抗日的要求。

二、发动全民抗日创建平北根据地

1. 火种

在日军的统治下，赤城人民渴望从民族压迫中解放出来。1938 年 6 月，由宋时轮、邓华同志率领的我八路军第 11、12 支队合编的第 4 纵队配合冀东农民暴动，为了开辟和控制一条由平西通往冀东的走廊，到延昌怀（延庆、昌平、怀来）一带活动。在 8 月间回平西时从延庆经蔡夭子到独石口、冰山壤、龙门所、千松台一带，他们一面向群众宣传抗日救国的道理，一面在军事上打击敌人。又到大海陀、侯庄子、雕鹗、后城一带活动，于 9 月间返回平西。宋邓支队来的时间虽短，但在军事上和政治上给敌人以很大的打击。他们是一支强大的宣传队，又是一支红色播种机。虽然由于当时条件不成熟未能建立根据地，但他们的政治宣传提高了人民的觉悟，军事行动增强了人民抗日的信心。在宋邓支队的影响下，1940 年纪宁堡一带的赵顺在北山起义，组织了救国会。

2. 大海陀山红旗飘扬

赤城地区是伪华北、伪满洲、伪蒙疆的结合部，也是我平西和冀东抗日根据地的交通要道。对我来说，它可以把平西、冀东抗日根据地连成一片，还可以直接威胁伪满洲、伪华北的北平和伪蒙疆的张家口。因此，战略地位十分重要。1939 年 11 月晋热察挺进军军政委员会，重新明确了“巩固平西，坚持冀东，开辟平北”的任务。1940 年 1 月 1 日将我 9 团 8 连改编为平北第 1 支队第 1 连，加上地方游击队 30 人由钟辉琨同志率领，协同地方县区干部 20 多人组成工作委员会，接受了开辟平北抗日根据地的任务。这个部队是一支非常坚强的部队，连长张世成、指导员瞿岐山都是营级干部，全连大部分是党员。他们先插到昌延一带活动，并建立了昌延联合县。由于敌人疯狂围剿，1940 年 5 月他们从延庆南山挺进我县纪宁堡、大庙子一带。为了加速根据地的开辟，上级党委先后派第 10 团、第 7 团到这一地区活动，7 月间我军力量深入到大海陀。同时，地委领导机关也转移到大海陀、南北碾沟一带。从此，大海陀插上了革命红旗，成了平北根据地的领导核心。

当时，地委书记是苏梅同志，军事指挥员是段苏权同志。后又在龙关县与邻县的三角地区先后建立了龙赤、龙崇、赤龙延怀联合县，并分别将县政府设在纪宁堡、嵯窑沟、大海陀，同时开展基层工作，建立了村政权。我们当时的工作原则是：发动和依靠群众，利用上层，建立抗日根据地。向广大群众深入地宣传抗日救国的革命道理，提出“中国人民团结起来，有钱出钱，有人出人，有力出力，全面抗战，打倒日本帝国主义”。就当时的客观情况来说，在敌强我弱、群众尚未发动起来，提出这样的工作方法是必要的。在中国内部阶级矛盾转化为中日民族矛盾的情况下，一部分上层开明士绅，愿意和我们一起抗日。由于我们正确执行了民族抗日统一战线，对上层人物实行了又团结又斗争的政策，使当时阎家坪的姬有民、纪宁堡的李恩等积极参加抗日，献出大枪 10 支、机枪 2 挺、子弹数千发，还有伙会武器。我们利用他们的部分武器组织了游击队，并派进干部开展工作，掌握政策，对他们进行教育并发展党的组织。委任姬有民为游击队长和参议员，做了些有益的工作。

我们在建立政权，组织武装的同时，还进行了建党工作。在贫雇农当中抗日积极的分子，立场坚定，就秘密发展为党员。那时，我党的组织极端秘密，党的领导形式为单线联系，后来才建立了党的小组和支部，建立党组织最早的是纪宁堡、大海陀一带。1940 年春，龙赤联合县一区区委书记王克先在纪宁堡发展了 3 名党员，1941 年发展到 9 名党员。1941 年 7 月，龙延怀联合县县委组织部长花岗同志在大海陀发展了 9 名党员。后来，在赵家窝铺、阎家坪、官庄子、大庙子、石头堡、前后孤山、嵯窑沟等村都有了党的组织。至此，我平北抗日根据地已初见规模。建立和发展党的组织；成立了革命政权；组织了抗日武装。各村还成立了妇救会、青救会、自卫军等群众组织，根据地人口已发展到近 30 万人。3 个联合县下分 23 个区，武装力量有主力部队第 40 团，各县有县大队，区有游击小队，一部分村组织了游击小组。从此，群众抗日斗争由自发斗争走向有党的领导更加坚强的斗争，使平北抗日根据地的对敌斗争出现了新的形势。

3. 根据地在抗日斗争中巩固发展

1940 年秋至 1941 年，由于正确执行了党的各项政策，发动了武装斗争，根据地的发展非常迅速。活动范围北至独石口、沽源、平定堡，南至延庆、怀来边缘，东至黑河川的伪满边境，西到宣化、张家口附近。我人民武装力量也发展很快：如大海陀、姜庄子、阎家坪一带游击队由 30 多人很快发展为 200 多人。纪宁堡、大庙子、庄子一带由赵顺等人发动起义组织的游击队，不到 3 个月就发展到 150 多人。龙崇赤联合县由农民组织的 20 多人的骑兵大队，不到两个月发展到 70 多人（这就是察北骑兵师的前身）。据当时统计，仅龙赤、龙延怀两个联合县的地方武装就发展到 9 个中队 500 多人。我平北第 1 支队也由一个连发展为 10 多个连，后在前孤山正式改编成第 40 团。

抗日根据地的迅速发展，引起了日军的恐慌。敌人从张家口等地纠集了 3000 多名日军和伪军，分 6 路向大海陀、纪宁堡、五里坡一带进行大“扫荡”，妄图把新的革命政权和武装力量全部消灭。由于我们事先估计并察觉了敌人的阴谋，作了充分的准备和周密的部署。当敌进至我阎家坪，我军 3 个连和敌 500 多人展开了激烈的战斗。第 1 支队第 1 连把日军一个小队全部歼灭，敌 30 多人，只跑了 6 个人（跑至长安岭自杀），缴获大枪 30 多支、六〇炮 1 门、山炮 1 门。我军第 1 中队在三间房也打退了敌人的进攻。这一胜利大大鼓舞了群众的抗日信心，激发了战士的斗志。乡亲们杀猪宰羊，载歌载舞庆祝这一胜利。但是敌人却恼羞成怒，决心要拔除这一眼中钉，遂于 1942 年对我根据地进行更大规模的“扫荡”。

敌人第一次对我根据地扫荡失败后，于 1942 年春到夏季，又组织了规模更大、手段更毒辣的大“扫荡”。二三月间，敌人纠集了张家口、宣化、怀来、延庆、龙关、赤城和坝上五县附近的日军2000余名，伪军1000余名，汽车 200 辆，用分进合击的战术向以大海陀、石头堡、元通寺为中心的龙赤、龙延怀根据地和磋沟窑、蕨菜沟为中心的龙崇赤根据地“扫荡”。这次，敌人采取了步步为营，到处建立据点、碉堡，逐步向中心推进的“蚕食”策略。所到之处施行杀光、烧光、抢光的“三光”政策，制造无人区。我所在的龙赤县 4 区 10 个村，敌人就给烧毁了 6 个村。同时，敌人在东兴堡、佛峪口、下仓、下瓦房、高栅手、长安岭、剪子岭、样田、兴仁堡、羊坊、郭嘴窑等每隔一二十里的村庄就增设据点，妄图把我们根据地隔成碎块，一块一块吃掉。

上级根据敌人“蚕食”策略的特点，要求广泛发动群众，组织群众，扩大人民武装，采取主力部队、游击队、民兵互相配合的总体战。反“扫荡”一开始，根据地军民一方面实行坚壁清野，不给敌人留下一柴一禾，以增加敌人军事补给上的困难；另一方面在战术上根据敌人分进合击、兵力分散的弱点，我们实行了机动灵活的“化整为零”，避免大规模阵地战。然后找机会集中优势兵力歼敌一路，给“扫荡”之敌以有力打击。由于我们执行了正确的方针，经过军民的艰苦努力，逼敌“扫荡”于 11 月初暂告一段。

敌人的疯狂“扫荡”失利后，从战术上把“扫荡”转为“蚕食”进攻。企图对我边缘与结合部进行封锁压缩，加强对我巩固区的分割，再各个击破我根据地。根据敌人“蚕食”策略的特点，我们采取了巩固中心区、加强各中心结合部的策略。

1942 年夏，敌为恢复雕鹗与长安岭之交通，在军事上包围我以大海陀为中心的根据地，以张家口警备队为主，配合以涿鹿、阳原、龙关等县伪警察 200 多人，两次冲占东山庙并建立据点和伪大乡，驻警察 50 多人。由于东山庙村敌据点处于我龙延怀六区东线，为大海陀西山口之门户，对我形势极为不利，因此必须拔除。我们采取了主力部队配合广大民兵（以民兵为主），组织精小武装工作队，于同年 8 月 16 日对敌实行军事围困、经济封锁和政治攻势。我们分散居民，挖洞，并且把周围的水井用石头填起来，在敌据点周围埋上地雷，使敌寸步难行。敌人没办法，只能隔几天从雕鹗给东山庙被困之敌武装送水，敌人在被我们围困了 3 个月后，终于被迫撤出东山庙。

在敌人对我根据地大举进攻时期，我主力部队为了更有利地打击和牵制敌人，大部分已到外线活动，内线主要是民兵和小股部队。民兵在反“扫荡”、反“蚕食”斗争中，由于当时武器装备不足，杀伤敌人的主要武器是地雷。民兵在斗争中发明创造了踏板雷、拉线雷、硫酸雷、石雷等形式。大海陀村游击小组在一次敌人进攻中仅 3 颗地雷就炸死日伪军 5 名。在另一次敌人进攻中 18 颗地雷炸死日军 13 人、伪军 4 人、炸伤日伪军 19 人。一次，敌人从前孤山向石头堡进攻，我前后孤山、石头堡、元通寺民兵大摆地雷阵。敌人从大路走大路炸、小路走小路炸，敌人没办法就走空地，空地上也有地雷，敌人改走河湾，河湾里也炸。后来敌人无计可施，就用手一块一块地扒，看有没有地雷。从前孤山到石头堡 11 华里敌人整整走了一天，被我地雷炸死炸伤 30 多人。我民兵还根据敌人的行动规律，在大路、道口、街巷、门窗、庭院、屋地、锅缸、箱柜、鸡窝等敌必经之地和爱抢掠翻搜之处预先设置地雷，炸得敌人闻风丧胆，寸步难行。

我民兵还积极对敌之公路、封锁沟、墙、电线杆、桥梁等重要设施不断进行破坏。还紧密配合部队侦察敌情，保护群众春种、夏锄、秋收，掩护群众转移，积极配合部队努力作战。再加之我主力部队英勇战斗，不断消灭和打击敌人。经过两年的艰苦奋战，终于使敌人的“扫荡”“蚕食”以惨败而告终。我抗日根据地军民在斗争中不新巩固和发展。据统计，1943 年 5 月以前，平北 5 县（包括龙赤，龙延怀，龙崇赤，昌延，丰滦密）共有民兵 15400 人，到年底发展到 35449 人。到 1944 年底，我根据地仅龙赤、龙延怀、龙崇赤、龙崇宣 4 个联合县就已发展到 32 个区，人口达 30 多万人。我平北主力部队已有第 10 团、第 40 团两个团兵力。

三、攻克赤城

1945 年 8 月 8 日苏联对日宣战，出兵我东北。8 月 9 日，毛泽东同志发表了“对日寇最后一战”的声明，全国开展大反攻。8 月 15 日日本帝国主义被迫宣布无条件投降。

在此期间，我平北抗日根据地军民大举挺进敌占区，收复失地，不久解放了龙关。赤城以白耀珍为首的敌伪汉奸，在日军投降后摇身一变，改称所谓中央军，白耀珍成为察东 5 县（赤城、龙关、延庆、怀来、宣化）中央军司令，把 1500 名伪军、警察改编为两个团驻守赤城负隅顽抗。我民兵对赤城之敌进行围困，迫敌投降。但敌很顽固，玩弄和使阴谋杀害我敌工部长安宏达同志。我和鲁正玉带了一个民兵大队（每个大队约 180 人）参加了这次 3 个月之久的围敌之战。后我军调来新 6 团、第 10 团配合民兵破城歼敌，当时总指挥是詹大南同志。由于赤城四周都是城墙，易守难攻，我们的方案为挖洞炸城墙。第一次洞挖在城西北角离城不远的一间空房内，由于被敌发现烧毁了挖洞的房子，未能成功。第二次挖洞选在西城壕，装了 300 多斤炸药，上级命令我们在农历九月初九上午 9 点钟以前接火。9 点钟，接到拉火的命令，用力一拉不慎将绳子拉断。这时，我命令龙家贵同志前去找断头，当他在洞门口找到断头后当即把火拉着，部队随即破城而入，经交战全歼守敌，赤城人民得到解放。至此，我察哈尔省全部解放。

1946 年 10 月 10 日我军撤离张家口之后，平北抗日根据地的军民又满怀信心地投入了伟大的解放战争。

鲁南铁道游击队成立

铁道游击队战斗生活回顾

杜季伟*

1940 年 2 月，原由八路军苏鲁支队领导的活跃在临枣铁道线上的枣庄情报站正式改编为鲁南铁道游击队，归鲁南军区领导。我是 1939 年冬天奉命进入枣庄，负责组织、领导铁道游击队的。当时，洪振海任大队长，我任政委，王志胜任副大队长，下有 11 个队员，只有一支短枪，其他是大刀片，还有徒手的。开始是秘密活动，隐蔽在枣庄火车站北侧的陈庄，借开炭厂作掩护，秘密地发动工人，散发传单，张贴标语，打击日寇汉奸。这支小部队有一个突出的特点，就是队员们都会扒飞驰着的火车，有的还会开火车，做司炉和扳道工作。

1940 年 6 月，游击队的活动由秘密转向公开，由临枣路扩展到津浦路。由于队伍不断壮大，正式建立了大队部，下辖 4 个队：原枣庄队为铁路 1 队，主要活动地区在临枣、台枣铁路；以孙茂生为首组成的铁路 2 队，活动在徐州至临城之间；以李文庆为首组成的铁路 3 队，活动范围是从临城至官桥；以华绍宽为首组成了铁路破袭队。

这支小部队在上级党委的领导下，有着坚强的政治工作和机动灵活的战

* 作者时任八路军鲁南军区鲁南铁道游击队政委。

术，在地方党、人民群众和主力部队的支援帮助下，好像一把锋锐的利剑插入敌人胸膛，到处袭扰敌人，搞得敌人精神错乱，草木皆兵；而我们却英勇善战，一直打到日寇投降。在这期间确实导演出了一幕幕威武雄壮的活剧。

初露锋芒

铁道游击队第一次战斗是 1940 年 4 月间奇袭国际洋行，也是初露锋芒。打好这一仗，对于打击敌人气焰，提高我军威望，树立必胜信心，都关系重大。因此，战斗前我们从各方面都做了周密的准备。

国际洋行地处枣庄火车站南侧，在车站和日本大兵营房中间。洋行是四合院，院墙设有 4 道电网，内住敌特司令矛山郎等 12 名日寇。这个垄断枣庄矿区金融，并且干着特务勾当的混合机构，罪恶累累，枣庄人民早就对其恨之入骨，因此我们决定首先拿它开刀。当时我们力量还不算强，全队 14 个人，一支短枪，怎么办好？大家开了个诸葛亮会，一致认为以奇袭为妥，不可硬拼。为了达到奇袭制胜的目的，我们首先派人员深入虎穴，进行了实地侦察，弄清了 12 个日寇在东、南、北 3 个房间的居住情况。为全歼敌人，又不暴露目标，把行动时间定在夜晚 10 点钟，采取挖透与灶房相连的洋行围墙潜入院内的办法。我们 14 人作了具体部署，一人带手榴弹监视大兵营房的动静，一人带手榴弹监视火车站的敌人，其余 12 人划分 3 组，每人持一把大刀片，洪振海带一个组杀南屋的日寇，王志胜带一组收拾西屋，北屋的日寇由梁传德小组解决。约定进院后以跺脚为令。当夜一切都按原计划顺利进行着，在大家听到进屋杀敌的命令后，一个个势若猛虎下山，破门而入，霎时间，舞起锋利的大刀，抓着日寇就砍，由于天黑，首尾难以辨认，不得不像剁饺子馅一样，砍了一通，直杀得日寇鬼哭狼嚎，血肉飞溅。由于离车站近，敌哨兵听见后，立时鸣起枪来，子弹嗖嗖地掠墙而过，探照灯光也不时地扫向院子，情况十分危急，必须马上撤离，从洞里往外钻已经来不及了，这时不知谁急中生智，喊了声：“带的斧头呢，快把大门上的锁劈开！”这斧头本来是带了准备劈敌人的钱柜取钱的，由于敌人用的是铁保险柜，难以劈开，想不到在这关键时刻发挥了作用。只听到“喀嚓”两声，大锁毁落了，一转眼，我们便全部冲出大门，消逝在夜色里，带着缴获的武器和其他战利品安全转移了。给敌人留下的是 12 具血肉模糊的尸体。

开始一段时间，日军疯狂搜查，但一直没有发现炭厂的秘密，直到一个队员的亲戚向宪兵队告了密，事情才暴露出去，结果导致两个队员被捕，炭厂也被封闭，铁道游击队在枣庄的隐蔽活动，从此便告结束了。

铁道钳敌

我们离开枣庄后，遵照鲁南军区的命令，公开打起八路军铁道游击队的旗号，由临枣路扩展到津浦路，以微山湖为依托，立足于铁道两侧农村，钳在津浦、临枣、台枣 3 条铁道线上，犹似蛟龙猛虎，神出鬼没，声东击西，机动灵活。打票车，劫货车，截军车，夺军火，扒铁道，炸桥梁，割电线，袭据点，弄得敌人顾此失彼，惊慌失措，铁路运输经常出现停顿现象，有力地钳制、削弱了敌人对根据地的进攻力量。敌人十分头疼，他想保全铁路保不住，要围剿我们又扑不着。我们遵照“你打你的，我打我的，打得赢就打，打不赢就走”的战术原则，打得快，打得准，突如其来，飘忽而去，像百灵鸟儿自由飞翔在人民群众这个幅员辽阔的森林里，使敌人变成了瞎子，寸步难行。

回顾这个时期，我们在抗日游击战争这一广阔舞台上的演出，的确是有声有色的，其中劫撞火车尤其壮观。

记得在 1941 年春季，为了配合山区的反“扫荡”，一天深夜，我们十几个人去执行一项任务。其中 4 个扒车能手由曹德卿带领。曹德卿这个精明强悍的小伙子是个多面手，从小伴随着铁路长大，参加游击队前不久，还在火车上帮工跑车，他不仅具有第一流的扒车技巧，而且还有驾驶火车的高强本领。这次分工他和赵连友抢上机车，另外一个队员扒上守车，其余队员埋伏在枣庄西面六孔桥附近负责接应。当一列挂有 40 多节车厢的煤车快驶出枣庄车站时，已等候在那里的队员巧妙地躲过刺目的探照灯光，一齐从距铁轨十几米的地方腾空起跃，一个个像离弦的飞箭迅速准确地钉到预定的位置上。曹德卿一手把住火车头窗门，一手将匣枪对准司机，厉声喝道："为了抗日请你让让！"司机驯服地让出了自己的岗位，司炉仍然在赵连友的监督下尽着自己的责任，卖力地向熊熊炉膛里添着煤。快到六孔桥了，曹德卿毅然拉下封闸，列车停在桥上，赵连友劝说司机一块下车躲到安全的地方。这时，曹德卿将机车挂钩摘脱，机车继续前进 10 余里路后，曹德卿从窗口发出开倒车的信号，于是长鸣一声，转向回开，机车像发疯似的向六孔桥飞奔。他这时迅速离开司机座，出了车口像飞燕起舞一样飘落到路基旁，当他刚起身站稳，精彩的演出到了高潮，只听到"哐哐"一阵震耳欲聋的巨响，机车与车厢相撞了，桥也断了，十几节车厢掉到桥下，像一条瘫痪了的黑色巨蟒。事后日军整整用了近一周的时间才把桥梁修复，拖走破烂车皮，此间一些重要军列被迫推后。

还有一次，使我至今记忆犹新。那是 1941 年近冬时分，我们鲁南军区的被服厂突然遭到敌人的严重破坏，大部分冬服被抢走或烧毁，纺纱车、织布机也被砸坏烧焦。根据地群众生活本来就够艰苦的，再拿出布料赶做已不可能。怎么办？部队已经穿了两年的棉袄早已褴褛不堪，去年冬天因为缺少棉花，用从山里弄来的未经完善加工的羊毛代替棉花，行起军来一个劲地从衣缝里往外钻，加上出汗，沾的全身一片白，大家都变成"羊"人了。而今就是弄到羊毛也没有布料来套啊！军区首长心急如焚，为这个事专门把洪队长和我找了去，研究通过扒敌人的火车来解决。我们深感这个任务的艰巨，尤其是时间紧迫，急不可待，但为了部队能穿上棉衣，狠狠地打日寇，纵然有千难万险，也在所不辞。

告别首长回来后，就发动群众开会讨论，大家提出了两个必须解决的问题：一是运布列车的情报，必须准确；二是要解决运输人力问题。对于第一个问题，我们考虑通过沙沟站伪副站长张云继也许能够解决，根据我们平常的了解，觉得张这个人尚有民族感，也受日寇欺侮，经做工作，他果然同意了。过了几天，张云继送来了情报，说是当天夜间 11 点有一列从北平开往上海的票车经过沙沟站，其中尾部的闷罐车厢装的是布匹。这个信送的还算及时，距离 11 点还有 3 个小时，于是我们立即研究对策，并派曹德卿、李云生等 3 人化装溜进车站藏到张云继家里，准备到时候扒车摘钩。同时，迅速动员群众。这里的群众觉悟比较高，又加上早有准备，几个基础好的村子一发动，男女老少竟出动了近千人，编了 3 个队，由游击队员们掩护，10 点钟全部集合在微山湖边郗山关帝庙前，作了简短动员。10 点半钟按时卧伏在沙沟站黄庄一带。当列车到达时，在预定区域由曹德卿适时摘钩，拔下插销，4 节装布匹货车即被搁下，前面列车毫无所察照常向前运行。这时刚被摘脱的车厢也慢悠悠地走了一段，还未等停稳，几个同志就箭步登上，撬开大锁，打开车门，大捆大捆的布匹拼命往下掀，下边你争我抢，有的抬，有的背，有的推，有的扛，异常紧张繁忙。刹那间，出现了从黄庄到微山湖畔 10 多里的长龙。大家心里都明白，时间就是布匹，时间就是胜利，赶起路来几乎都是跑步。一个姓张的大爷近 60 岁了，腿上长疮尚未好利索，我开始就阻止过他，可他非来不可，结果扛着一大捆布跑起来一跛一拐，气喘吁吁。我看了心疼，劝他拣个小捆，走的慢一点，可他老人家却意味深长地说：“政委，想起咱们队伍至今还没有棉衣穿，我心里急着呢，留不住步啊！”短短的几句话，却深深地感染着我。心想，是啊，有这样好的群众支持，又有什么困难不能战胜，什么敌人不能打垮呢？

湖上早已准备好了十几只捕鱼的大船，但刚刚开始装，远处就传来了枪声，显然是被敌人发现了。必须争分夺秒，抓紧装运转移，布搬不完谁也不忍心离去的，因为摆在面前的就是咱们部队兄弟的棉衣呀！幸好这时天空突然大雾弥漫，几步之隔对面看不见人，这在初冬时节自古以来是少见的，真是天公相助。敌人越来越近了，我们便利用大雾这个天然屏障，故意虚张声势，长、短枪一齐打起来，机枪也“哒哒哒”地叫个不停，摆出一副主力部队的架势。敌人果真被我们唬住了，推进迟缓。当接近我们时，千余匹布和军服、被子、皮箱等物资基本装完了。我们掩护着群众边打边撤。敌人仍不敢轻易冒进，他们赶到空车皮前看到大片的耕地被踏平时，就更相信是我们的主力部队下来了，于是放了一阵空枪，便告结束了。值得庆幸的是，这么大的一次行动，我们竟没有伤亡一个战士和群众。拂晓时分，雾散天晴，大家又惊又喜，议论纷纷，有的群众高兴地说："当年诸葛亮借东风烧退曹操百万兵，而今铁道游击队借大雾迷住小鬼子的眼睛，使他们寸步难行。"

这批布运往山里解决了 1 个军区、3 个军分区部队的冬装的问题，剩余的花色布分给了群众，也解决了部分贫困人民的穿衣困难。

由于以上的行动，刺到敌人痛处，敌人发疯了，他们纠集枣庄、峄县、滕县、临城、兖州的日伪军，又调回"扫荡"山区根据地的一部分兵力，约计数千余人，配有炮兵、骑兵、橡皮舟，攻占微山湖，并对我活动地区，发动了空前未有的大"清剿"、大"扫荡"。为避开敌人锋芒，保存力量，以利再战，我们遵照鲁南军区首长指示，除留少数人转入地下秘密活动外，大部武装撤回山区根据地整训。

立足更稳

在山里，我们进行了一个月的整训。在这期间，记得在一个晴朗的早晨，军区首长给我们说，115 师政治部主任萧华同志要亲自接见我们。当时我与刘金山一块去的，心情很激动。当我们见到慈祥的萧主任时，他对我们过去的工作，给予了很高的评价，对以后工作的开展，作了重要指示。萧主任还问我们能不能打回去，我们坚定地回答：能！萧主任说：那好，这次回去，有更多的困难等着你们去克服，对敌斗争也要求更讲究策略。由于敌人对平汉铁路的严密封锁，我们山东、华中与延安的交通中断了，上级有穿过津浦路，跨过微山湖，开辟新的交通线的意图。这样一来，你们所担负的任务，同前期相比就更繁重了，主要力量，应放在进一步扎实地做好这一带的群众工作上，搞好敌工工作、粉碎敌人的伪化，对敌人的铁路运输的袭击，要以有利于转移敌人视线，更好地隐蔽我们的真正意图。要注意积蓄力量，准备反攻。这个任务很艰巨，也很光荣，相信你们能够完成。萧主任还就完成这一任务的一些具体问题作了指示。军区首长又决定拨给我们 10 支短枪和 1 挺机枪。

这次回来，形势确实发生了变化。敌人下了很大的赌注，妄图使我们永无立足之地。临枣和津浦线交叉处几十里的铁路两侧，挖了很深的封锁沟，不便挖沟的地方都筑了封锁墙，碉堡林立。战士们说："一眼能看到 18 个。"沿线还建立了所谓"爱护村"，村中搭起高架子，放哨瞭望，上面挂有警钟，备有干柴，一发现可疑就敲钟点火，于是据点的日军、伪军迅速出动。同时伪化也加强了，由于他们的欺骗宣传，说什么铁道游击队已被杀尽灭绝，再也回不来了，于是那些反动的伪区长、乡长、保长应运而至，原来持中间态度的向右转了。微山岛陷落后，湖边成立了剿共司令部，特务活动也异常猖獗。我们的地下关系不少遭到破坏，过去和我们来往密切的群众也遭了殃，有的被抓、有的被杀，一片白色恐怖。开始几天，我们每到一处，日伪特务便很快扑上来，搞得终日东跑西奔，不要说白天不能住在村里，就是夜里进村也很危险。为了安全，有时一夜要转移几个地方，或者干脆睡在野外湖畔、豆垅行间，铺地盖天，风餐露宿。吃饭也成了问题，一天保证不了一顿饱饭，饿得心慌，只有熬到黑夜，再悄悄进村通过群众筹集一点干粮充饥。

在这艰难的时刻，群众的心还是向着共产党的，不过由于斗争形势的险恶，和我们接触时也有些顾虑。针对这种情况，我们化整为零，深入群众做工作，首先通过阶级教育、爱国教育，激起他们对日寇奸淫烧杀、伪政权横征暴敛、汉奸特务敲诈勒索、地主恶霸通敌辱国的刻骨仇恨，提高斗争勇气；再就是宣传党的方针政策，宣传统一战线，组织减租减息，从而和群众的关系又再度火热起来。不少群众不仅宁愿自己饿着肚子千方百计地为我们找吃的，而且还冒着生命危险为我们送情报、监视敌人、掩护游击队员，直到一块参战消灭敌人。

一次在刘店，我们几个干部正开着会，忽然一个群众急来报告，说有几个不三不四的人进村了，令人可疑。当时正在站岗的郝贞证实这几个是化装成乞丐的特务。于是我们立即投入战斗，结果除了老奸巨猾的特务头子松尾侥幸逃跑外，另外两个特务和一个翻译均被击毙。

还有一次，一个队员住在西伴庄姓彭的一个大娘家里，被敌人发现后非要抓走不可，这时彭大娘一口咬定这个队员是她的儿子，敌人不信，其他群众都出来作证，结果敌人信以为真，这个队员安全脱险。像这类事是举不胜举的。

在群众中扎根立足之后，另一个急待解决的课题，就是彻底粉碎敌人的“清剿”。我们对这一带地主、汉奸、日伪组织逐一进行了分析，区别他们的不同情况，决定实行打拉并举，争取利用，分化瓦解，争取多数，重点打击最反动骨干的政策。

砸蛇砸头，湖边剿共司令殷华平是个可耻的叛徒，他了解我们不少情况，充当敌人鹰犬后，在微山湖畔郗山潘庄、黄埠庄、蒋庄等安了许多据点，对我们威胁很大，造成的损失也重，必须坚决除掉。一天，据地下党的一位同志侦察，得知这个司令因脚上长疮，住在他郗山的住宅，有 30 多个伪军住在碉堡里。于是我们立即集合队伍化装成日本宪兵队，出其不意地赶到郗山殷华平的住宅，我带了几个队员从前门逼近，其余的队员从后墙翻越包围。接近门口时，岗哨正在打瞌睡，还没醒过来就当了俘虏，并当即供出了殷的住房。我们一个箭步冲进去，这个叛徒司令还未及下床就被我们揪住，一瘸一拐地被拖上了船，经过审讯，次日在湖上枪毙了他。在抓他的同时，住在郗山坡碉堡上的 30 多人的卫队被我们的机枪死死封住，始终龟缩匪穴，未能下来。他的部属本来就是些临时凑合起来的不堪一击的乌合之众，听说司令被处死，又加上我们政治、军事上的夹击，很快“树倒猢狲散”了，从此微山岛又回到我们手中。

对于地主，我们是着重打击坏中之坏。西湾的地主、伪乡长张步锋是大恶霸，一直与抗日作对，罪大恶极，结果我们抓住他，开公审大会，当众枪毙，既为群众平了愤，也震惊了当地大大小小的地主。其中临城附近种庄号称“东霸天”的种化志，他有 30 多人的武装，在当地很有影响，但听到张步锋被惩罚后，他胆颤心惊。一次他带了几个侍从，自临城回家，被我们捕获。这个家伙平时耀武扬威，这会儿却吓得面如土色，连连叩头求饶。我们历数他的恶行，对他宣布按其罪应判死刑，但只要今后不再死心塌地当汉奸，为抗日做些好事，可免一死。他连连许诺后，被释放了。后来在抗日统一战线中，真的发挥了一些好的作用。

在当时的形势下，那些伪区长、乡长、保长，危害也是很大的，他们形成了一个网，我们的活动情况，不少是他们密报到据点的。为了改变这种状况，我们坚决将那些顽固不化的抓住处死，对另外一些，则利用敌人内部的矛盾，实行打拉结合，争取转化。沙沟伪区长董华堂就是一个例子。他的区公所离沙沟站很近，站上驻有日军和伪军，他本人系地主兼资本家，自恃靠山硬，势力大，沙沟区的伪乡、保长都要听他的吆喝，因此，日军对他也很信任。为了整他，我们想了个以毒攻毒的办法，就是经常在他的区域制造麻烦，扒车、破路、锯电线杆，屡有发生，甚至在临城或其他地方抓了特务，也专门弄到沙沟附近枪毙。这样一来，这个日军眼里的红人终于变色了，红运算走完了，经常被日军骂得狗血喷头。这时候我们又抓了他在商店当经理的儿子送往山里，接着传话给他，如再不转变立场，就将采取断然措施。董华堂在走投无路的情况下，向我们屈服了，找上门来要求宽大，表示只要不杀他们父子，就改恶从善，不干伪区长了。我们提出 3 个条件：一是不得破坏抗日统一战线，二是本人和所属人员都要为我们提供情报，三是从物资上给我们一些支援，像军鞋之类的必需品。他在无可奈何之下答应了，为了应付日军，我们仍要他当伪区长。从后来的表现看，还算可以，我们出入这个地方，确实比较安全、自由了。有的队员家属来了，在这里住上一个时候，也平安无事，甚至可以收留治疗我们的伤病员。一次我们苏鲁支队 3 营营长刘景镇同志负了重伤，在山里治疗有困难，我们就将其安排在他家里，直至伤愈归队。经过持续斗争，日寇的“清剿”到底被我们粉碎了，有些日伪组织，表面上是为敌人办事，实际上是听我们的指挥。与此同时，我们还加强了对群众的宣传、组织工作，针对敌人的“爱护村”，我们成立了许多“基点村”，通过工作，绝大多数群众觉悟比较高，地主、日伪分子也被我们降服了。在这些村子里，秘密发展党的组织，敌人一有风吹草动，我们马上可以了解到，随时采取有效对策。

这样一来，我们无论是走、住、打都掌握了主动权，游击活动重新获得了自由，敌人要挤得我们无立足之地的妄想，像肥皂泡一样破灭了，我们立足更稳了。

护送干部

局面改观后，我们立即接受了保卫交通线、护送干部过路的任务。首先护送从山东、华中去延安的干部，接着又护送了一批从延安赴华中、山东的干部。护送的这些干部，都是重要的党政军负责干部，仅1943年就护送干部300多人，几年来均未发生什么意外。

记得1943年5月的一天，司令部下达了护送陈毅军长过路的命令，陈军长是去延安的。听到这个消息，我们高兴极了。为了做到万无一失，我们大家分头做着各种紧张的准备工作，我和队长刘金山先对全体基干队员作了思想动员，又秘密地做了有关的敌伪工作，对每个细节都做了周密的安排。

那是一个晴朗的夜晚，皎洁的月光铺满了大地。9点多钟，一些伪军都撤到了据点里，碉堡、岗楼完全置于我们严密封锁之下。铁道两侧以及通向湖边的野地里，也卧伏着我们机警的战士，夜格外宁静。一切安排妥当了，我和刘金山、王志胜同志便在预定地点和带队干部接上了头，带队的同志很快带我们见了陈军长。陈军长一见面，就亲切跟我们打招呼，像久别重逢一样，紧紧地握着我们的手，久久不肯放下，激动得我们连话都说不出来。他很和蔼地询问了我们的姓名和职务以及游击队的活动情况。当我们作了简要汇报后，他表示很满意，当即给予了表扬鼓励。指示我们今后一个时期要继续开展好敌后游击战争。他说:“游击队在敌占区活动，最重要的是掌握毛主席的战略战术思想、对敌斗争策略和党的政策，注意做好反特工作，做好统战工作，对日伪顽中的死硬分子，要坚决孤立、打击，对中间势力要努力争取，力求扩大统一战线，但一定要坚持独立自主，警惕国民党反动派的破坏活动。”陈军长还给我们简要地讲了国内外反法西斯斗争的大好形势，他很乐观地说道:“抗日战争已进入战略反攻阶段，敌人的寿命不会长了，黑暗即将过去，曙光就在前头，同志们，鼓起更大的勇气，投入战斗吧！”陈军长的这些铿锵有力的话，给我们深刻的教育和极大的鼓舞，为我们指明了对敌斗争的方向。

10点多钟，陈军长安全跨过铁路，登上了等候在湖上的船只，天刚破晓，就安全到达了预定联络点，当我们向他告别的时候，陈军长再次和我们握了手。

在这期间，我们还掩护过许多党政军负责同志，安全通过了津浦路，这些首长都给予我们许多重要指导。我们铁道游击队从小到大，从弱到强，有力地配合了鲁南军区的反“扫荡”斗争，完成了上级所交给的各项特殊的战斗任务。

1944 年，我因工作需要离开了铁道游击队，但这支队伍却一直乘胜前进，不仅同全国军民一道夺取了抗日战争的伟大胜利，而且又高举着战斗的旗帜，驰骋在祖国解放战争的疆场上。

回忆铁道游击队的战斗历程

王志胜*

鲁南铁道队自1940年2月正式成立以后，我们以临枣铁路为阵地的抗日活动进入了有领导、有组织、有目的的斗争新阶段。

铁道队由于行动迅速，出击灵活，歼敌于不意，所以我们在敌人眼里是神出鬼没，在人民群众眼里是来无影、去无踪。慢慢地，人们给我们送了个“飞虎队”的美名。

全国解放后，当时的战地记者刘知侠同志根据采访、掌握的材料，加工整理写了一部小说《铁道游击队》，一下子轰动了全国，人们都知道枣庄在抗日战争时期出了一支共产党领导的铁道游击队，而不知道这支队伍的真实番号。

当年我在鲁南铁道游击队一直任副队长，现在时隔40多年，加之年已古稀，又没有文化，只能回忆一些印象最深的片段，恐怕还差三略四，不足的就靠其他老同志补充了。

---

* 作者时任八路军鲁南军区鲁南铁道游击队副队长。

建立枣庄情报站

1938 年 3 月，我与洪振海同志在枣庄西边的墓山参加了鲁南人民抗日义勇队第 3 大队。我们随义勇队在峄滕边战斗了近半年的时间，后跟部队转移到临沂县的埠阳。这时，我在第 3 大队 3 连 3 排任排长，洪振海在这个连当1排的排长。一天晚饭后，3 大队钟教导员把俺俩叫到队部，说："张（光中）司令和李（乐平）政委指示，让你们俩执行一个特殊任务，现在马上回去交代排里的工作，明天随我到山里集训。"俺俩询问："到底执行什么任务？"钟教导员说："待你学习完就知道啦！"就这样，我与洪振海当晚分头交代完工作，第二天吃过早饭，随钟教导员一起调离部队集训去了。说是"集训"，其实只有我们两个人，住在一个破茅草房里。房东是一位非常和善的老大娘，对我们特别亲热。钟教导员白天带我们学习，晚上还得回大队照顾部队。我与洪振海共集训了两周的时间结业了。回到义勇队总部，张光中司令与我们谈了很长时间，给我们的任务是建立枣庄情报站，又细致地指导到枣庄如何开展工作，着重强调了保密、纪律和联系群众问题。要求我们处理问题机智、果断，情报要及时送出，要有敢于为革命牺牲的精神等等。分别时，张司令把随身用的一支 20 响驳壳枪交给我们说："你们要利用它多从敌人那里缴获武器，装备自己，支援部队。"

一打洋行

1938 年 10 月 5 日下午，我与洪振海离开了鲁南人民抗日义勇队第 3 大队（已改称直辖 4 团 3 营）驻地埠阳，第三天晚上回到我的老家——枣庄火车站西旁的陈庄，设立了枣庄情报站。俺俩在我家隐蔽了几天后，为迷惑敌人，便造舆论说："我们已不干义勇队了，在那里太苦，还是在家好。"此后，洪振海还是以扒火车上的炭为掩护，过流浪生活；我则托关系进入了枣庄国际公司（群众称洋行）干搬运工，在这里干活可以弄到敌人的情报。这个洋行由 3 名日本军官操办，经营五金、布匹、日用百货及油盐酱醋等，全部都是日本货。3 名日本人表面上是洋行的 3 个掌柜的（经理），实际都是搞我们情报的特务。我利用工作上的便利条件，把从洋行里得到的情报和从枣庄火车站上侦察到的日寇兵力、运输、后勤供应情况，都及时地告诉洪振海，洪振海再将情报送给住在小屯的峄县二区区委书记兼交通员刘景松，由刘景松送往山里的抗日义勇队总部。

我在洋行秘密地工作了半年以后，日本人不仅对我毫无怀疑，有时还赞扬我："王的，大大的好人！"这时，我与洪振海商量，决定利用日寇麻痹之际，立即将其铲除。我俩只有一只手枪，武器不够。于是我们便找到给国民党五十支队司令梁继路当警卫员的宋世九说："洋行里有很多钱，我已看好了，咱们一块去搞吧！弄来咱们对半分。"宋世九当场答应一块干，并负责借两支短枪。1939 年 8 月的一天晚上，我们 3 人摸进洋行，将正在熟睡的 3 个日本特务当场打死，随即安全撤出。第二天早上，我为侦察情况，像往常一样到洋行上班，谁知三掌柜的金山没有被打死。我一进门，见他捂着伤口喊："王的，快快地电话的有！"我装作挺认真地到车站打了电话。警卫车站的日本兵来了一个中队，将洋行全部包围了，金山被马上送到医院抢救。这次打洋行，我们共缴长短枪各 1 支。事后，我们给宋世九 1 支长枪，我们要了那支短枪。

从此，我和洪振海每人都有 1 支短枪了，实现了张司令的"从敌人那里缴获武器武装自己"的第一步计划。

事后，枣庄日军费了很大劲进行调查，断定是山里八路军游击队干的，对我和洪振海仍无察觉。为了躲敌人的耳目，我在洋行继续干搬运工。三掌柜的金山出医院后升为大掌柜的。他感到我有救命之恩，对我仍是信任的。可是，洋行防范更加严密了。于是，我与洪振海商量，再搞点武器后退出洋行，以开炭场子为掩护，发展武装，开展抗日工作。

飞车搞枪支

1939 年 10 月，我在枣庄车站上发现有部分武器弹药准备用火车运往临城。这天下午装车时，我专门在车皮上做了记号，并把准备搞下来的机枪、步枪和子弹放在离门口近，而且便于搬运的地方。车厢门按日本人要求，必须用四股粗铁丝拧紧。我却把铁丝只拧在 1 个车门鼻子上，然后向另一边一弯。外表上看，车门好像拧死，实际上很好开。装完车，为推迟开车时间，我又让在铁路上干事的李金山将车搞坏，晚上 8 点才修好。于是我马上通知了洪振海开车的时间、爬车的方位、开车厢门的方法及武器弹药放置情况等。洪振海又约定刚参加我们情报站工作的曹得泉。计划妥当以后，我提前到达预定地点。夜晚 9 点左右，火车徐徐开出，刚出站，洪振海与曹得泉就跃上火车，迅速地进入放武器的车厢。待火车向西行 5 华里，进入我们预定的地点——王沟西侧时，他们将包扎好的两挺机枪、12 支马大盖步枪、两箱子弹掀下火车。我马上将这些东西收集在一起。待洪振海他们关好车门，跳下火车后，3 人齐动手，将这些武器弹药运往蔡庄赵永源家的地瓜窖里暂时隐藏。第二天由刘景松将这件事报告给义勇队总部。当夜，张司令派了一个连队来将武器弹药取走了。

义合炭场

1939 年 11 月，八路军苏鲁支队（抗日义勇队改称）首长指示要迅速发展抗日武装。我借故辞去了洋行搬运工的差使，开始与洪振海筹备开炭场子，以炭场子为掩护开展抗日工作。时隔不久，我们又发展了曹万青、李云生、徐广田、梁传德、王志增等同志参加情报站工作。经过几天的筹备，炭场子在陈庄正式开业。洪振海任经理，我当副经理，加上曹德泉和新入伙的 5 个同志，被人们称为炭场的“八大股”。炭场子开业以后，买卖还算兴隆，每天往里进炭的和买炭的络绎不绝。

我们 8 名同志靠根生土长、人熟地熟的便利条件，白天表面上忙忙碌碌地买卖，实际上都能侦察到敌人的情报。到了夜晚，多数人扒煤车搞日本即将掠夺走的煤炭，所得的情报也利用这个时间送出去。我们的炭场子利润是挺大，因为货源几乎不用本钱，或者用钱很少，卖的炭钱 80%是赚的。我们将这些钱除上交支队和自己消费外，还买了两支短枪。日本特务对我们的行动毫无察觉，后来金山见了我还竖起大拇指说：“王的，发财大大的！”

正式任命

1940 年 1 月，我们炭场子越办越兴旺了，又发展了赵永泉、王志友、曹得清入了“股”，这时全场 11 个人。这些同志多数是失业工人和无业游民，从小靠吃“两条线”长大，因此都没有文化。他们的家庭和亲友都不同程度地遭受日寇的欺压和残害，对日寇都有刻骨的民族仇恨。他们对我和洪振海都非常信任，我与洪振海对他们也抓得很紧，规定的纪律，他们都能遵守。俺俩认为，正式创建铁道游击队的时机已到，于是向苏鲁支队首长写了报告，说我们可以马上拉起武装，要求派领导来，并给予正式委任。苏鲁支队首长很快就给予了正式答复，同意我们的报告。

1940 年 2 月的一天晚饭后，刘景松来炭场子找到我与洪振海说：“上级派人来啦！请你们二位明天下午到齐村去接。”俺俩听到后喜出望外，感到这下子有靠山了。当天，我们又秘密地对炭场子的骨干做了些工作，让他们也做些准备。第二天正赶上齐村逢集，又遇日本军队“清乡”。到了下午，待日军“清乡”完了。集散人稀的时候，我与洪振海到了离陈庄只有 3 里路的齐村西门里，见刘景松领着一个像山里农民打扮的人。只见他中等身材，瘦长的脸上长着两腮帮子胡须，身穿不合体的青色而且露着棉絮的破棉裤、棉袄，头戴一顶一把撸的旧黑线帽。他身体健壮，举止稳重，讲话非常有礼貌。仔细看去，上级派来的这位领导也不过 30 岁。刘景松介绍：“这位同志叫杜季伟，原是苏鲁支队 4 营副教导员，奉张司令、李政委指示，来这里担任你们的领导。”我与洪振海当场表示欢迎。随即我们 4 人到附近的一个饭馆里，以商谈生意的样子买了 1 斤白酒、4 个菜、两斤烧饼，以示欢迎。老杜当时不会喝酒，经过再三劝让，只沾了一点。我们边吃边聊，老杜说：“我以前是教书的，现在公开身份是您炭场子的管账先生，你们以后称我杜先生好了。”接着，我与洪振海向他汇报了枣庄一带敌人的活动及分布情况、我们炭场子人员思想情况和每个人的出身历史以及他们的特点。老杜听得很认真。当汇报到大家要求拉起武装来打日寇时，杜先生环顾了一下四周，见此地比较安全，便不慌不忙地从怀里掏出了苏鲁支队张司令、李政委的任命书说："首长指示让我们马上拉起队伍，名字叫鲁南铁道队，这是任命书。"我与洪振海接过任命书，但是谁都不认识。刘景松接过去帮我们念道：

枣庄情报站洪振海、王志胜同志：

报告收悉。一年来，你们在对日寇斗争中做出可喜的成绩。经研究，你们可立即成立铁道队，隶属苏鲁支队建制。

特命如下：杜季伟为政治委员，洪振海为队长，王志胜为副队长。此令。

苏鲁支队司令员张光中

政治委员李乐平

参谋长胡云生

政治部主任李荆山

1940 年 1 月 25 日

我们听完任命，又高兴又担心。高兴的是，一年多秘密活动快要结束了，从此可在政委的直接领导下拉起队伍，与日军大干一场。担心的是，支队首长对我们这么重视，我们才 11 个人，给我们派来了营级干部，又任命我们两个小排长当队长、副队长，我们干不出名堂来，可对不起上级党和首长的关怀。于是，我与洪振海对新来的政委表示："老杜同志，你说怎么干就怎么干吧，我们保证听你的。"杜季伟认真地说："不能那么说，咱们应听上级党委、首长的。再说，你们已秘密搞了一年多了，有经验，又都是当地人，情况熟悉，咱们应该研究着干。"接着他又传达了上级首长对发动群众，依靠群众，立即扩大武装及怎样做队员的思想工作的指示，还强调了组织纪律、保密等注意事项。我们听了，感到老杜讲得很有道理，很有水平。经过短暂的接触，他给了我们一个很好的印象。黄昏时分，我与洪振海带杜季伟来到炭场子。晚饭后，召集炭场子 11 名同志开了秘密的欢迎会。会上，由杜季伟宣读支队首长的命令并讲了话，洪振海和我也都讲了话。从此，苏鲁支队所属鲁南铁道队在日本军队的眼皮底下小陈庄正式诞生了。我们对外的合法身份，洪振海仍任炭场子经理，我任副经理，杜季伟为炭场子管账先生。

教育整顿

鲁南铁道队正式成立以后，人员不断增加，在杜政委的教育下，队员们的组织纪律、生活作风逐步走向正轨，生意也更加兴旺了。但是，这支武装要成为一支机智勇敢、行动敏捷、纪律严格的游击队还相差很远。队员中的不良作风，如吃喝玩乐、歪戴帽子、斜着眼、说话带骂的流氓习气时有发生，甚至还有其他不规矩的作风。时隔不久，由杜季伟任书记，我任委员的党支部诞生了。

根据杜季伟的建议，报请苏鲁支队首长批准，于 1940 年 4 月，在枣庄西南约 10 华里的小屯，办了一个训练班。炭场子这时已发展到 15 人，抽出了 7 人，由洪振海带队，杜季伟主讲，计划办 7 天时间。办训练班期间，我仍带着其余 8 名同志开炭场子。后来听说由于队员们散漫性大，不愿蹲下来学习，加之训练内容脱离实际，不适合队员的口味，如讲人类进化由猿猴变人时，有的就说："日本鬼子称我们为'毛猴子'，您为什么也唱鬼子的调？"这样，训练班仅办了 5 天就结业了。尽管时间短，仍取得了较好的效果，打架骂人的现象少了，集体观念、保密观念以及组织纪律性都有所增强。在学习军事技术时，由洪振海队长等介绍了侦察、扒火车、破铁路、杀汉奸及搞情报的经验，大家收获很大，初步懂得了铁道队是干什么的，怎么干法，应注意些什么等等。以后，我们进一步加强了领导。对队员中的缺点毛病能及时教育，个别谈心，帮助纠正。对极个别错误严重的同志，也采取了组织或行政纪律的手段，逐渐培养成了一支有战斗力的队伍。

我们铁道队由于人员不断增加，炭场的规模也不断扩大，由原来的一个炭场很快发展成两个炭场和十几个焦池。在组织上，开始必要的分工，队员都有公开的身份和秘密职务。铁道队除基本队员外，还有外围军，像铁路工人、矿警队、铁路警察及各行各业的工人里都有人为我们提供消息，敌人的军事活动及经济情报，一般我们都能及时掌握。我们搞日军物资的技术手段越来越高明，分工也越来越细、越严密。我们按照八路军的纪律要求。把搞来的钱 50%分给队员做生活供应，10% 为办公费，40%的上缴或者购买武器、弹药。3 个月以后，我们又增加了 10 多支短枪。武器增加了，队员的胆子也大了。

炭场被抄

鲁南铁道队成立半年来，由于我们领导上的单纯军事观念以及急于和日军大干一场的指导思想，在敌人的眼皮下过于刺激了敌人，终于引起了日军和汉奸的注意和监视。1940 年 5 月的一天，队员李玉芝无意中将铁道队的情况泄露给一个干伪军的亲戚，后来他们因借钱闹翻，李玉芝被告发是铁道队员。第二天拂晓前，两个中队的日本兵包围了陈庄。队员多数是本村人，在乡亲们的掩护下绝大部分安全突围。政委杜季伟当夜住在炭场子，突围时，他急中生智，迅速换了一身破衣裳，越墙到隔壁瘸老头那里借了一副货郎挑子，装作瘸子，一瘸一点地向火车站走去。日军以为是那位货郎瘸老头，毫不介意。他逃出陈庄后，丢掉货郎担，飞快地朝我们约定的集合地点蔡庄奔去。这次日军包围炭场，捕去了李玉芝、李云生等 3 名队员。我们的炭场子和焦池也被没收了。在陈庄不能存在了，只好把活动基地迁移到枣庄西面的齐村。由于我们的外围关系多数没有破坏，枣庄的情报还是能及时得到。弄日寇的煤炭不方便了，便公开以八路军铁道队的旗号与铁路线的日伪军展开了激烈地斗争。

打票车

1940 年 7 月，抗日战争进入残酷阶段，日军“扫荡”频繁，部队缺乏活动经费。这时鲁南军区刚刚成立，苏鲁支队司令张光中调鲁南军区任司令。从此，我们铁道队隶属鲁南军区领导。一天，鲁南军区来函，要我们弄一部分资金，以解决部队暂时的困难。我们将开炭场结余的 8000 元钱大部上缴。但是，这些资金对鲁南军区所属部队的困难来说，还远远不能解决问题。我和洪振海、杜季伟等商量，决定搞一次日寇的票车。根据以往所了解，微山湖大队的张新华队长认识临城跑连云港的车队长张秀盈。我们派人找到张新华，又通过他从张秀盈那里得知，每周的星期六，沿途各站都通过这趟车向济南交钱。目前已到月底，交的钱一定会更多。我们又派了刘炳南、周庆仁化装跟车到临城侦察，摸清了押车日军、伪军的数量以及他们的生活特点、军事技术状况等。

按照打票车的行动计划，我们挑选了 12 名作战勇敢、处理情况机智的队员，作为先遣队，先潜入列车上侦察日军的情况，选好目标，稳住敌人。我带 12 名精干的短枪队员事先在预定地点埋伏好。洪振海和曹得清负责干掉司机，掌握火车头。星期六的这天，赵永泉、刘炳南等人分别带领队员化装从泥沟、峄县城、枣庄上车。可是他们到了车上一看，发现日军比原侦察的人数增加了 10 多个。经他们了解，这部分日军是由枣庄到王沟换防的 1 个小队，装备齐全。面临这一新的情况，队员们都信心十足，毫不畏惧，各自盯着自己的目标。有的同志还拿出事先备好的烟、酒、点心和烧鸡来“慰劳太君”。日本兵见这些工人、农民、商人打扮的“乘客”这么“实在”，并没有在意，也就与队员大吃大喝起来。列车过了枣庄站，洪振海和队员曹得清熟练地跃上火车头，打死了 1 名身穿日本服的司机，另 1 名司机喊求饶，洪振海一听是枣庄人没杀他，迅速将他捆住，又用毛巾塞住嘴推到机车内的一个角落。曹得清驾驶着火车向前行驶，按计划拉响警笛信号。队员们闻声后，迅速做好战斗准备。列车一出王沟，猛一刹闸，车速放慢，我带领 12 名短枪队员敏捷地爬上火车，与早已在车上的队员互相配合，20 余名日本兵全部被杀死。我们又到最后一节车厢，将装钱的帆布袋子抱下车，立即撤出战斗。参加战斗的 32 名队员无一伤亡。这次打票车共得到 8 万多块钱，并缴获短枪 8 支、长枪 12 支、手炮 1 门、机枪 1 挺。这些战利品，除经上级批准留 3 支短枪外，全部上交了鲁南军区。

二打洋行

打完日本票车后，我们鲁南铁道队又吸收了部分队员，经过简单地整顿教育，队员们的精神更加振奋，抗日必胜的信心更足了，个个摩拳擦掌，要求趁热打铁，再给枣庄的日寇点颜色看，以打击敌人的气焰。我们看到队员的情绪这么高涨，心里特别高兴。于是，经充分研究，决定再打一次枣庄国际公司，来一个第二次血染洋行。

1940 年 8 月下旬，我奉命化装回枣庄侦察。因第一次打洋行以后，日军对洋行的戒备严得多了，院墙的四周都架上了电网，门口放了岗，不准老百姓去买东西。洋行里日军增加到 13 名，全部是从战场退下来的日军军官。这时，洋行里没被我们杀掉的三掌柜金山已失宠，日本特务机关又派来了特务老手矛山郎中将任大掌柜的，金山被排挤到洋行外面住。经过一番努力，但没有能够混进去。回到铁道队以后，研究了一番，也未找出个好办法来。正在这时，鲁南军区来通知，让杜政委去汇报情况。杜政委说："我到军区顺便请示一下，听听军区首长有没有好办法，你们可继续想办法弄清洋行的情况。"

杜政委走后，我与洪振海商量，时间紧迫，咱们想法再试一次。他把队员安排好，俺俩又进入枣庄侦察。到了洋行附近，洪振海在一个茶摊上喝茶，侦察外面的情况。我拿着一个大酱油瓶子，装作买酱油向洋行门口走去，正巧碰到了金山。我虽知道他已受排挤，与新上任的洋行特务头子矛山郎有矛盾，但对金山目前的详情了解不太清楚。我怀着疑惑的心情朝金山走去，金山笑嘻嘻地先开了腔："王的，什么的干活？"我说："买酱油的咪西。"他又问："怎么不进去？"我答："进不去。"他说："我的带你进。"

我跟着金山顺利地进了洋行的大门，先到了卖洋布柜台，接着又看了卖五金的。金山边走边介绍，并推荐我买。我说："没钱。"他说："你的发财的有，怎么没钱？"我像以往一样，亮出大拇指说："三掌柜的现在这个的有，你才是发财大大的！”金山沉下脸气愤地说：“哼哼！我的已经不在洋行的。”他边说边指着矛山郎的住处说：“他的大大的坏的！”听到这里，我心里完全明白了，原来的情报还是准确的。我随金山又看了几间屋，其中有一间屋我想进去，金山说里面有大掌柜的家属，不让我进。我把日军的住处都弄清以后，便向卖酱油的柜台走去。我打了 3 斤酱油，正想交钱，一掏没零钱，金山上来替我交了。我也没客气，借找钱的工夫，提着酱油瓶就出了洋行。金山等找完钱，回头见没人，马上出门追上我，并比划着手势对我说：“你的铁炮的拿来，他们统统死啦死啦的好！”我装作没听懂，他又比划着用枪的样子。我说：“咱不玩那家伙，我的酱油等着咪西的！”我立即离开了金山，找到洪振海，我们飞也似的回到齐村。

当天，我把侦察来的情况介绍给铁道队的同志，大家经过认真地分析研究，认为马上行动比较好，来个迅雷不及掩耳，即使金山靠不住，敌人也来不及布防。于是，确定去 32 名队员，分成 5 个组，队员们分别带短枪和大刀片。一计算，大刀片不够，我们通过齐村自卫团地下党员王磊借了好几把大刀片。武器备好后，又进行了明确的分工，当晚 10 点钟我们到了枣庄洋行附近。洪振海先干掉了在门口的日本警卫。大家迅速绕到洋行院墙的南面，因墙高，并架有电网，不便越墙，我们便手持铁钎和大锤在院墙上打起洞来。为了防止出声音，曹得清同志找了一条破麻袋包上，声音稍小了些。因为墙壁很厚，铁钎上又包着东西，挖洞的进度很慢，直到第二天清晨 4 点钟才挖通。我们进去 4 个组，每组 4 个人，配备 1 支手枪和 3 把大刀片。洪振海带一个短枪组在外面掩护，我在院子里任总指挥。战斗组按预定的方案，各奔自己的目标，三下五除二，分住在 4 间屋子的日军全被干掉，三四分钟结束战斗。我们正准备集合撤出，发现梁传德那个组还未到。我过去向那屋里一看，1 名日本兵手持白蜡杆正在与梁传德搏斗。我用手枪一点射，将那日兵击毙。待我们准备撤出时，火车站上的日军已发现洋行出事，探照灯不时地朝这里扫射，日军队伍很快地包扑过来。我一看情况很危急，再从洞口出去已来不及，命令一名队员砸锁。那队员很机灵，将随身带的大斧头取出，只听“咔嚓”两声，大锁砸开了。队员们在我和洪队长的指挥下，迅速冲出洋行，朝预定地点奔去。这次夜袭洋行，杀死 13 名日兵和 1 名日本翻译，缴获长、短枪 6 支，手表、怀表 100 多块。

我们第二次血染洋行胜利地返回驻地齐村后，天已大亮，杜季伟政委也从军区回来了，他听了我们的汇报，特别高兴，并表扬了战斗中完成任务出色的同志。接着，杜政委传达军区指示：为配合山里反扫荡，铁道队要立即破袭临枣路，并切断敌人的电话线。我们奉命于 1940 年 9 月的一天晚上，出动 30 余人，并发动沿路的上百名群众，将临城至枣庄的铁路支线扒掉铁轨 3 里多，砍断电线杆 100 余根。我们搞下来的这些铁轨、枕木、电线和电线杆，能运走的全部运走，不能运走的就地破坏或埋掉，再不然就扔进水坑里去，反正叫敌人一时修不好。

铁道队拉起来才几个月就袭击日军十几次，沉重地打击了临枣台铁路线的敌人。敌人恼羞成怒，在车站上不时地搞戒严，加强防务，在火车上也增加了武装押运人员。凡是我们截过火车的地点，他们都增设了据点，还不断地对这些地方派出人马搞“清乡”，安插特务搞监视。他有关门计，咱有跳墙法。咱有党的领导，有人民群众的支持，人熟地熟；他在明处、咱在暗处，能合得拢、散得开、打得准、截得住。敌人对咱是捕不着、抓不住，所以干着急。

我们在临枣台线上的活动，也鼓舞了人民群众。兄弟爷们儿在公众场合虽然不能高声大嗓谈论，可一伸手比划个“八”字，谁的眼里都透出一种亮光。我们的行动也启发、教育了一些靠“吃两条线”（在铁路上搞物资谋生）的青年，他们有时也学着我们的样儿干两下，骚扰日军运输。后来，他们在当地党组织的教育、引导下，也成立了铁道队。1940 年 7 月，鲁南军区将 3 支铁道队合编为鲁南铁道大队，杜季伟任大队政治委员，洪振海任大队长，我任副大队长。

没用半年，我们原先 12 个人的铁道队发展成了有 4 个中队的鲁南铁道大队，人多了，枪多了，仗也越打越大了，铁道队名声也更响了。

（张广太整理）

杨靖宇牺牲

我记忆中的杨靖宇将军

徐　光*

转战濛江

1938 年，抗联杨靖宇的部队常在我的家乡辑安县（今集安县）一带活动。有时就住在我们家，时间久了，我们对抗联产生了特殊的感情。所以，这年 2 月我刚满十六岁就参加了东北抗日联军第 1 路军，被编到军部警卫旅 1 团 2 中队，后来又调到少年铁血队。从此，跟随杨司令开始了艰苦的战斗生活。

1939 年 11 月底，杨靖宇司令率领我们进入濛江县（今靖宇县）境内。翻过一座大山，下岭后不远有一个大草甸子，要到对面的山冈，草甸子是必经之路。太阳偏西时，我们顺利通过草甸子，爬上一条不太高的山冈上。站在山冈上回头看，好像草甸子就在脚下一样。部队便在山冈上停下休息。杨靖宇司令观察地形后，决定派机枪连封锁草甸子，等到追击的敌人赶到时，给他来个狠狠的打击。于是，部队按照杨司令的指示，非战斗员随先头部队继续前进，留下阻击敌人的部队迅速隐蔽到山冈背面，做战斗准备。这

---

*　作者时任抗联 1 路军少年铁血队战士。

天，日军跟得很紧。太阳卡山时，追击的敌人来到草甸子。只见敌先头部队走到草甸子中间，忽然停止前进，其后续部队也都进到草甸子。敌人吵吵嚷嚷，像群狼似的窜来窜去。看样子是改变了主意，要到草甸子以南的河边去宿营。就在敌人乱哄哄地聚堆时，杨司令亲自端起机关枪向敌人射击。机枪连的十几架轻雷机枪和其他阻击部队，一齐开火。步枪、小炮像助威的拉拉队，瞄准敌人猛劲打。打得鬼子们鬼哭狼嚎，东逃西窜，顿时乱成一片。战斗进行了一个多小时，我军无一伤亡，顺利撤出战场，赶上大部队。为了防止敌人报复，这天晚上我们也没敢吃饭，一直走到午夜过后，才在森林里住下来。这次草甸子战斗给敌人打击很大，五六天没敢出来追我们。只是飞机还照样飞来飞去的侦察。以后听说这一仗毙敌、伤敌百余名，是 1939 年入秋以来所打得最好的一仗。虽然没有缴获战利品，但对敌人杀伤力很大，达到了打击敌人，保存自己的目的。

战后，我们按照预定的方向继续前进。中途，有一伙讨伐队发现了我后方部队为我们大部队准备的一些牛肉埋藏地点，估计抗联部队定会去取，就事前将队伍埋伏在附近的山冈上。一天下午，我们大部队到达这里。本来，我们并不确切知道埋藏地点。先头部队走到那里，发现用雪埋着一堆牛肉，看样子是有人动过后又重新埋藏的，感到可疑，便没有将情况向后传口令汇报，而是迅速上山占领一个地势较高的小冈。上了冈就发现敌人的伏兵。为争取主动，先头部队来不及请示，卧倒就打。这一下把敌人的计划打乱套了。本来，敌人以为我们发现牛肉后，一定会向牛肉堆靠拢和集中，那时他们再四下一起开火，包围我军。根本没料到机警的抗联战士，发现牛肉后，不仅没动，反而迅速抢占山头，先向他们开火了。结果，我大部队未进敌人伏击圈，先头部队和敌人伏击部队面对面地展开了激战，后续部队又抄了敌人后路，没用多长时间，很快把敌人火力压了下去。敌人恼羞成怒，号叫着发动了几次冲锋，都未奏效。看看天色将晚，不敢恋战，便撤出战场。敌人撤退以后，我军利用夜幕掩护，带上这几千斤牛肉，以急行军速度走了半夜，才临时在一条大冈上停下来，用雪水煮点苞米粒子和牛肉来充饥。为甩掉敌人，饭后仍未休息，继续转移。快到天亮时，来到密林深处隐蔽起来。

在密林中休息了几天，苞米快吃完了。必须向存放给养的那尔轰密营前进。杨靖宇同志率领我们向朝抚公路靠拢。天黑后，我们来到公路边，恰值敌军正在公路上堵截。因天太黑，我们没发现公路左侧敌人所架起的帐篷，直到敌人喊："你们是哪部分的？"我们意识到敌巡逻兵可能误解成自己人了。当即，利用敌人错觉，迅速向西侧前进，战士们谁也不吭声。待与敌人拉开距离以后，穿过公路，进入濛江西泊子密林住下了。

在我们部队进入森林甩掉野副昌德和程斌的追击后，敌人估计我们会到公路西侧。便调集数千人马，把那尔轰一带公路封锁起来，企图把我们消灭在公路东侧，阻止我军入密林。敌人做梦也没想到抗联就在他们部署部队的混乱之机，轻而易举地通过公路，进入西泊子密林。直到第三天，尾我身后的追敌赶到，才知道事情真相，敌指挥官十分恼火，大骂部下无能，数千人马连条公路都守不住。更使他上火的是，花了半个月时间，布下的讨伐网，转瞬间就被抗联给突破了。失败使敌人更加疯狂地向抗联反扑。

过了公路，在濛江西泊子密林休息了两天。第三天早起，敌人顺着我们的脚印追上来了。我们占据一条不太高的山冈阻击敌人，直到中午时分，敌人增援部队陆续赶到，于是，又变换出新的花样：一面加强正面进攻，一面分左右两侧迂回包围我们。杨靖宇同志及韩仁和等领导干部分析了当时的战场形势，估计敌人有三四千兵力，我军只有三四百人，力量相差太悬殊。况且敌人还有飞机在空中助阵，如不迅速撤退，会有被敌包围歼灭的危险。于是，杨靖宇司令亲自指挥机枪连向正面冲上来的敌人猛烈扫射，给以迎头痛击，杀开一条血路，吹起冲锋号（实际上是撤退号）冲下山来。敌人误以为抗联在搞反冲锋，一直往上冲。而抗联战士在杨司令指挥下，跑步撤到敌后。待敌指挥官明白过来，为时已晚了。

我们一口气跑出去几十里地，甩脱敌人后，连夜向珠河（濛江县珠子河）前进。珠河一带有我军秋天准备的粮食。经过两天的紧张行军，到达珠河密营。我们取出玉米棒子，都搓成粒发给战士们背着。准备妥当之后，找到讨伐队新近走过的一条路（雪路），顺道走了一段，然后，所有人都踩着一个人的脚印离开那里，埋上蹓子。来到濛江县错草顶子山根，就在山弯里住下。第二天，正好下了一场大雪，老天爷替我们埋了蹓子。住下后，部队把帐篷用松树枝伪装起来，白天不准生火，防止敌机发现。然后开始整训队伍，总结入冬以来的战斗经验，分析敌我形势和战况，并利用这段休息时间组织战士学文化，学歌曲、练习射击等。经过十多天的学习和休息，战士们情绪饱满，士气很高。然而，苞米粒子也要吃完了。

过　年

临近新年（1940 年元旦），杨司令决定派一部分同志出去背苞米。回来时有一个人掉队了（也可能是被敌人俘去又放回来的），敌人跟踪而至，使我军驻地目标暴露。这一次，敌人兵力比以往多好几倍。我们发现敌情，立刻上冈。冈顶上都是石头砬子，山又高又陡，敌人攻了大半天没攻上来，反而伤亡很多人。战斗越打越紧，敌人通过无线电联系，不一会儿像从天上降下来似的，越聚越多。我军开始有伤亡，但多是轻伤。少年铁血队小战士们打得也很英勇。敌人几次想突破他们的山头，都被小战士们打退。太阳落山后，敌人撤退了。我军也顺冈往错草顶子北方转移，夜间，我们用雪掩埋了牺牲的战友，待把重伤员转移走后，才在大顶子山上靠着石砬子架火堆宿营。开饭时，除了用雪水煮的苞米粒子以外，每人又额外分给两铜勺（朝鲜族人用的汤匙）炒黄豆，算是过新年发给大家的“好嚼谷”了（实际上已是 1940 年 1 月 9 日）。就这样，在紧张、频繁的战斗中度过了一个新年。

吃过炒黄豆以后，战士们围在火堆旁边互相依托着似睡不睡的休息。没几个小时，被值班同志叫醒，由杨靖宇同志指挥着大家，往山顶上爬。也没顾得吃饭，司务长把煮苞米粒塞在战士们的衣兜里，大家边走边吃。爬到顶峰，杨司令用望远镜一看，山下的敌人像蚂蚁似的，一团一团地正在往山上移动。这时，天亮了。敌机开始活动了，它先围着山包飞了几圈。我们站在山顶上，发现敌机过后，山的东、西、南三面的山根和小山岭上都点着火，冒着烟。凡是有烟的地方敌机就不扫射。开始，我们没弄明白这里的机关。后来，少年铁血队有个小家伙看明白了来由，说：“咱们也点火冒烟就好了。”于是，大家也都动手用干草和树枝点起火来，烟冒得很浓。果然，敌机马上就飞走了。敌机飞到后山，见那里已经熄烟了，便向那里狂轰滥炸一气走了。

这时，杨靖宇将军明白了敌人的计策，是想在敌机的掩护下把我抗联包围在错草顶子上，然后再逐步缩小包围圈，以便消灭我们。所以杨司令立刻命令部队乘敌人尚未形成包围圈之前，向敌布兵薄弱的北沟突围。他把机枪连和警卫旅一团调到前面打先锋，司令部和少年铁血队居中，警卫旅三团做后卫。整个部队以跑步速度顺沟直下。两边的敌人见山上还在冒烟，未有注意到我们的突然行动。当冲到沟口时，敌机飞来向我军扫射，轰炸了一阵，一团四连指导员被炸伤，然而并未能阻止我军的行动。后来，敌人见我军已经冲出包围下山了，大势已去，便纠集数百人在后面紧紧追赶，遭到三团阻击队的有力打击，使敌伤亡很大。趁敌整理战场之机，杨司令带领我们进入濛江莽莽苍苍的林海，把敌人远远地甩在后头。

负伤离队

甩脱追敌后，部队没有停步，连夜向金川进发。第二天又走了一天，也未遇到敌机捣乱。夜半，杨司令把部队分成两部分：一部由警卫旅政委韩仁和带领一、三团大部分兵力在前面开道先走；杨司令自己则率领特卫排、机枪连、铁血队和警卫旅一团一个中队，总计不到二百人顺韩仁和开的道走了一段，然后，在一个树木少的地方埋蹓子，又向前行十余里路，在密林中住下，准备在此休息两天。没想到，第二天太阳刚升到一竿子高时，敌机又出现在我军住地上空。这是一架战斗机，它围着我军驻地转了两圈，发现我军帐篷后，便升到高空，再旋转一圈，然后调转机头冲下来，开始向帐篷内猛烈扫射。机枪子弹打得雪地直冒烟。我们每个人依托着大树和飞机围着树转圈圈。飞机越打越猖狂。杨司令发火了，命令朝天架起机枪，向飞机扫射。说来也真灵验，敌机马上就升上高空了。我们对空还击一阵，待敌机飞走后，也叠起帐篷，集合了队伍转移。有的战士已负伤，我的右胳膊就是在这次战斗中被敌机打伤的。队伍离开驻地还不到一小时，敌机又飞回来了。这次又带来一架战斗机，两架带炸弹的轰炸机。敌机一来就发现了我们，战斗机在前面俯冲扫射，轰炸机跟在后面扔炸弹，欺负我们没有高射武器。那时，敌机非常猖狂，在没有树的地方飞得比树梢还低。我们对空射击又没经验，不懂要领，就是打也打不中敌机。就这样，一天和敌机打了三次仗，伤亡十余人。直到下半晌才进入林子里。把敌机甩掉。

我的右胳膊被敌机子弹穿透了一个洞。晚上，吃过苞米粒子后，少年铁血队指导员来到我身边，和我一起蹲着烤火，并问我："伤痛不痛？"我回答说："现在不怎么疼了。"他又说："今天晚上要走很远的路，你的伤这么重，能行吗？"我心想：想让我留下，你就直说吧。不要拿走远路吓唬我了，于是说："我腿脚没受伤，不管走多远保证能跟上队。"

他继续劝我说："部队可能以后要打更多更苦的仗，环境将更加艰苦，怕你的胳膊冻坏，所以领导决定把伤势较重的伤员留下，由专人送你们到后方密营去养伤。一方面能够更好地治好伤员，另一方面也有利于你们的安全。"我一听，真要把我留下，我急了，站起来说："我不留下。你们走后敌人肯定要来搜查，非让敌人搜去不可。再说我的伤势也不很严重，能跟上队走，保证不掉队。生和大家在一起战斗，死也和大家死在一起，就是不愿意离开队伍。"

让我这么一说，把指导员弄得不知说什么好。正在他为难时，杨司令从少年铁血队的火堆前路过，看见我在那低头掉泪，就问："小徐怎么了，不愿意留下吗？"

指导员回答说："小徐怕留下以后被敌人搜去，要求跟队走。"

司令笑着拍拍我的肩膀说："不要怕，部队走后，这一带再不会有敌人来了。派伊主任护送你们往回走，是安全的。部队还要走很远的路，天又冷，你跟队确实有困难。我们还可能跟敌人打更大更苦的仗。你和张干事由伊主任照顾，送到后方密营去养伤。等你伤养好了，身体棒棒的再回来，不是更好吗？"我想，杨司令的话一定得听，便含着热泪，向杨司令敬了一个鞠躬礼，表示同意。

当晚，军部政治部主任伊俊山同志及他的警卫员，还有一名战士护送我和张干事去那尔轰全光密营养伤。就这样我依依不舍地离开了敬爱的杨司令，离开了团结战斗的抗联部队。1940 年 2 月底的一天，我在密营养伤所听到杨司令壮烈牺牲的消息。怎么也不相信这会是真的，便一口气跑出去很远，找到李干事，追问他究竟是怎么回事。李干事满脸泪水，光哭不说话。我这才不得不接受这个事实，一时哭成了泪人。我后悔当初不该离开杨司令。

（刘贤整理）

回忆我和靖宇将军最后战斗的日子

王传圣[*]

一、关于青江岗战斗

1939年冬，杨靖宇将军率司令部直属队进入濛江县境内，首先在那尔轰一号桥同敌人打了一仗。打这仗时我没在，我们当时在濛江县青江岗一带。

我们少年铁血队是打完大场院去的青江岗。打大场院主要是为了搞布，解决服装问题。我们事先知道那有个买卖，他有布。搞完布以后就到了大磨石沟。在这里，杨靖宇将军决定少年铁血队离开司令部。我们经三角卧石、五斤顶子、马架子、四道河子、珠（子）河到青江岗。杨司令率司令部去了那尔轰。伊俊山领一部分人去了辉南县的榆树岔。

我那时是少年铁血队指导员，一共三个班、七、八十个人，都是小青年，最小的才十四岁。由韩仁和领着到青江岗准备粮食，还同伪警察打了一仗，队长高玉信被打伤了。以后，我们就到头道花园、二道花园。我们那里离全光驻地不远，那是一路军的后方。从倒旗河、两江口再到桦甸的会全

---

* 作者时任抗联1路军少年铁血队指导员。

栈，这一带都有他的密营。但都在抚松县那边。

有一天，韩仁和对我们说："司令部快来了。"我问："什么时候？"他说："快了。"果然，司令部在这天晚上就到了。司令部一到，我们就起粮食，以后就奔四道河子。在四道河子我们同敌人打了一仗，战后到了五斤顶子，在干饭盆同敌人打了几仗。为了把敌人引走，靖宇将军派黄海峰和韩仁和率一个分队北上，但不是一起走的，是分开走的。打一仗走一股，再打一仗再走一股。最后司令部就剩机枪连、少年铁血队和特卫排了。

这个时候，从苏联来了两个交通员，叫杨靖宇向苏联撤出去。但是这么个时候也走不了，再说靖宇将军也不同意走。

以后，我们又转到五斤顶子南怀，同敌人又打了起来。靖宇将军对我说："丁守龙负伤了，你们快下去抢！"我们就下去一部分人从山上往下冲，距敌一百多米的时候，我们看见丁守龙已被讨伐队尹复太部接去了。还有个叫丛茂山的，他也是这次战斗负伤的。

这一仗打完后，我们又回到四道河子。在这里又同敌人打了一仗，徐光和司令部一名宣传干事负伤了，靖宇将军命政治部伊主任把他们俩送到全光密营去养伤。

二、马屁股山战斗

马屁股山在四方顶子大山上，西坡是辉南县、东坡是濛江县。马屁股山属西坡，归辉南。我们是从濛江县四道河子赶到这里来的。这个时候，黄海峰、韩仁和各率一部人马走了，司令部力量大大削弱了。黄、韩两部是为了诱敌才北上的，但是敌人不追他们，仍追杨靖宇司令部。我们连宿打夜地走。为什么要到四方顶子呢？因为曹亚范和李清绍部队在那里，可以壮大司令部的力量。但是，我们到那就开始和敌人连打几仗，根本顾不了找他们。他们可能在那里，不过也没有找我们。我们由四方顶子山下退到山上，这座山很陡，上山下山就一条道。靖宇将军叫少年铁血队留一个班在这里阻击敌人。我们共十八个人，一挺机关枪，敌人上来一个，我们就打一个。靖宇将军担心我们顶不住，又从特卫排给我派来两名同志。打到下午两、三点钟的时候，靖宇将军又派警卫员给我们送来几袋子弹。后来，他又通知我要打到天黑，天不黑不要撤。那天敌人叫我消灭不少，打得十分痛快。

我的家乡有个叫王凤民的，可能是仙人洞的党支部书记，到部队以后叛变投敌了。天黑的时候，我听出他的声音就骂他，他听出我的声音，又指着名骂我。他说："你下来吧，我们都吃大米！"我说："你上来吧，我这里有黑枣（指子弹）你吃一个吧。"就这样对骂了一阵，天就大黑了。后来就听到山下直吵吵，叮啊当的，知道他们是在搬死尸，弄到大半夜就没动静了。我们撤下去以后，靖宇将军问我："小王啊，怎么样？"我说："今天够他们的，多了没有，二三十人有啊！"他又说："今天敌人是下了血本对付我们，根据形势，我看今年冬天的战斗要苦啊！"我说："大队长（当时都称靖宇将军为大队长），你还不了解我吗？我十几岁就跟着你，一直跟到现在。我也不能说我坚决，也不能说不坚决，是不是真正的革命者最后见。"杨靖宇将军说："行了，有你这两句话就行了。"

那时，部队分出去一个连，动不动就跑两个。一叛变，靖宇将军的行踪敌人就知道了。敌人就来搜，一搜就得打几仗。打仗后为了隐蔽，还得找地方。以后又有叛变的，又知道靖宇将军在那里，敌人又来搜。为了防止敌人跟踪追击，我们采取埋蹓子的办法来麻痹敌人，把敌人甩掉。方法是：先把雪地上的脚印用树枝扫平，再用小箩往上筛雪，最后插上树枝。最初这种方法还行，后来就不行了。敌人专门派部队找埋过的脚印，他们用棍子到处捅，试着硬就知道是埋过的脚印。因为，抗联部队成天在山里转，你不可能把所有的脚印都埋起来，只能埋那么一小段。

马屁股山战斗后，我们向平冈（亦称平顶山）搬去。当时，天放大雾，看不清方向走错了路。本来应该从西南边上冈梁，奔一座小庙去，可是一下子拐到东北边了。发现不对再往回拐，就和敌人遭遇上了。敌人的枪一响就打掉我们三个战士。那时一个人是两支枪，一支步枪，一支匣枪。当时靖宇将军觉得方向不对，就喊我们站下，我们一站下特卫排的同志就冲上去了。这一仗部队伤亡很大，一个机关枪连十二架机枪，战士没有了，就剩机关枪了。

三、杨靖宇坚决不离开部队

1939 年冬，敌人把打击的目标集中在靖宇将军身上，司令部走到哪里，敌人就跟到哪里，怎么也甩不掉，这一点我们心里都明白。

当时，我们打过来打过去的，总是冲不出去。我想给杨靖宇挑二十几个人，都是年轻力壮的，带上两架机枪，找个地方隐蔽起来，无论如何要把司令部保住。但是我不敢作主，就找徐哲，和他说了。徐哲说："我早说过了，他也不能听，这事不好办。"我说："不好办也得办，这不是他一个人的问题，是全军的问题，有他在，东北抗联就有希望。"徐哲说："那好，我去试试。"徐哲找靖宇将军把这件事说了。过后，靖宇将军找我，他说："你是不是动摇了？"我不知怎么回事，他又说："你为什么叫我离开队伍，还把徐哲搬出来！"我一听这事心里有底了，知道徐哲已经出来说话了，我壮着胆子对他说："大队长，今年的讨伐我看同往年不一样。"靖宇将军故意问我："为什么？"我说："今年敌人气焰十分嚣张，我看是下了血本的。"靖宇将军说："那怎么办？"我以为他已同意我的意见了，就说："我想任你调选二十几个人，要能靠得住的。你都挑党员也行，带上两挺机枪，找个地方隐蔽起来。这个地方的敌人你就不用管了，我们跟他们打！"我又说："我们牺牲几个没啥，你千万别出事，有你在东北抗联就有希望。"没想到这句话把他惹火了，他说："难道我怕死，你们不怕死？要死咱们一块死，要活咱们一块活，要干咱们一块干！"我讲了许多，搬出不少道理。靖宇将军很严肃地把我批评一顿，但又十分和气地对我讲了他不能离开队伍的道理。他说："我不能离开队伍，道理很简单，因为我离开了这个队伍就会慢慢解散，我在这个队伍，这个队伍就不能散，就能同日本侵略者坚持打下去！"

为这事，我还找过特卫排长张秀峰，叫他同靖宇将军说一说。他对我说："我和大队长说了，叫他批评了一顿，他说还要批评你呢。"我说："大队长已经把我批评了。"

四、东双丫子战斗负伤

马屁股山战斗后的第二天，我们走了一天，在东双丫子住了一宿。第三天早晨我负伤的。

那时，敌人的飞机老跟着我们，有时也看不准，把我们当成讨伐队，在上空盘旋一阵就走了。那天机枪连的人都住在我们少年铁血队的帐篷里，站岗的战士叫董清林，外号吵吵。他的枪筒不知怎么灌了雪，化了以后就冻成了冰，他也不知道。清晨他站岗时发现敌人，拉不开枪栓就跑回来了，吵吵说："敌人来了！"有人问："敌人来了你不打，还往回跑什么？"他说："不行！我的枪拉不开栓！"当时，我们煮的牛肉也没顾得吃就投入战斗。我正跑到一块撂荒地里，敌人的飞机斜着飞来了，打了一顿枪，我负伤了。一名朝鲜同志背着我爬到山顶上。那天敌人至少有一千人，我们也就二百来人。以后，敌机又来扔了一顿炸弹，炸伤一名连长。我记得这一天是腊月二十三左右。

负伤后约有两个来月，一天在森林里捡到一张敌人的传单，那上面有照片，照片上有枪、怀表、钢笔，还有一具尸体，但看不清楚。我正看着，又来八名抗联战士，大伙都在看传单，知道杨靖宇将军牺牲了，我们都很悲痛。

转来转去的，最后我的伤养好了，同杨笑康、石东洙、迟炳学等一共五人，从濛江县的倒旗河出发，走到苏联境的野营地去了。

五、抗联在濛江的两条行动路线

抗联1军在濛江的行动是有路线的，不是随便走的。这条路线是经常走，走出来的。但是敌人不知道，如若知道，那是很好堵的。

抗联的路线一共有两条，西边这条路就在辉南县的老虎圈子下边，往北一直走到东双丫子。东边也有一条路，在二道花园有个大小甲砬子，三道老爷府、城墙砬子、日牙泡。有一次我们就是从板石沟、月牙泡过去，经三道老爷府到青江岗。有一次，我们打完三道老爷府又返回来，在二道花园的城墙砬子一带同曹亚范部队会合的。在这里又经龙泉的西瓮圈在老虎圈子这边打了敌人两辆汽车。当时，敌人进来三辆汽车、我们打中两辆，后边那辆跑了，抓到几名伪警察。由此，我们又到桦甸县的错草顶子、西北岔、烂泥沟子等地。这就是我们所走出来的专门行动路线。

（封志全整理）

和杨靖宇同志三次会面

何成湘*

1931 年，我在中共满洲省委工作，当时省委机关在沈阳。

虽然已经是春天，但在东北却还感到很冷。一天，有一个人来找我。这个人瘦高个，四方脸。因为衣服的破烂，加上那一头蓬乱的不肯驯服的头发，使人感到生活把这个年轻人折磨得不轻。那风尘仆仆的模样像是经过长途跋涉而来的。可是，他那双浓眉下面的大眼，却炯炯有光，给人一种坚强不屈的感觉。这就是刚刚从狱中出来的杨靖宇同志。

谈话中，知道他原名叫马尚德，河南确山人。1929 年春，中共中央派他到抚顺工作。就在那年的冬天，抚顺党组织被破坏，靖宇同志被捕入狱，在狱中生活了近两年的光景。

残酷的监狱生活，丝毫没有磨损掉他坚定的革命意志。一出监狱，他马上就来找党组织。见面后，关于狱中的情况，他只简单地谈了谈，立刻就要求工作。组织上决定由我同他谈谈东北情况和党的工作问题，并要他先看一些党内文件，然后打算派他去哈尔滨工作。当时他住在市区内的一所旅馆里。这所旅馆里有互济会的同志，他们经常借这所旅馆掩护革命同志。

---

* 作者时任中共满洲省委组织部长、代理省委书记。

不幸的是，靖宇同志这次出狱只有两三天，互济会的一位同志被捕，在他身边的笔记本内发现了靖宇同志出狱后的住址，靖宇同志又二次被捕入狱了。

尽管在这短短的两三天中，我们只匆匆见过几次面，但他却给我留下了很深的印象。记得每次见面，他总是满脸笑容，使人觉得他是一位多么乐观、淳朴、憨厚的好同志！因而他的再度被捕，我的心情也就格外沉重，经常打听他的消息，希望再见到他。

九一八事变后，靖宇同志出狱了。当时，满洲省委已由沈阳迁来哈尔滨。党组织便派他来哈尔滨工作，化名张冠一。因此，我们又在哈尔滨重新见面了！在这以后的一段日子里，我们在一起工作、斗争，成为最亲密的战友。

在哈尔滨地下工作的同志中，人们都亲热的称他为“老张”。老张经常穿着一件灰布大褂，那件大褂早就变得又旧又破了，脚上的鞋子经常是“张嘴”的。哈尔滨的冬天，风刮在脸上像刀削般的痛，可是，我们的老张却经常光着头在东北风里行走！吃的就更差了，那时地下工作的同志们每人每月 9 块“哈大洋”（每块哈大洋值伪币 12 角），哪里还谈得上吃什么大米白面，吃得上粗粮就算不错了！可老张仍然是笑嘻嘻的，好像革命明天就会胜利似的。

最初，他担任全满反日会的党委书记，后来任道外区委书记。“反日会”是党所领导的反对日本帝国主义的一个群众性的组织。这个组织开始在哈尔滨等中心城市建立，逐渐发展到广大的农村，成为极普遍的群众反日组织。由于日本帝国主义的残酷镇压，反日会的工作是一种秘密的地下工作。尽管斗争困难，但在杨靖宇同志领导下，在哈尔滨的工厂、铁路、邮局、学校、近郊农村，甚至连伪满的警察当中，都建立了反日会小组或发展了个别会员，积极展开反日活动。经常在一夜之间，街头上、居民中，甚至伪满机关的办公桌上都出现了我们散发的反日小报和反日传单。记得有一次，青年团员们竟在伪满铁路局前面的一个石碑上用油漆写下了“打倒日本帝国主义”的标语，敌人气得不行，想擦也擦不掉。

以后，杨靖宇同志担任哈尔滨市的市委书记。那时日本帝国主义的特务头子土肥原就住在哈尔滨，特务们千方百计地企图破坏中共省市委的组织，斗争是多么艰苦啊！但杨靖宇同志是善于领导同志们进行秘密活动的。就在那样艰难的情况下，我们的党组织仍然一天天发展壮大了，在铁路职工中，在平民工厂、皮鞋作坊、邮政局、学校、伪满的警备部队以及街道中，都有党的支部或小组。

为了避免暴露组织秘密，我们都是单线联系。那时，我和杨靖宇同志常常在街道或公园里碰头。记得我们去得较多的地方是中山公园（现在的兆麟公园）。除了研究工作，偶尔我们也谈到彼此的过去、家庭情况，以及对于未来的向往。他曾经告诉我，在他的家乡河南还有父亲，年纪已经很大了，也有妻子和儿子，因为他参加革命，发动过豫南四望山的农民起义，组织红军，反动派就把他的老父和妻子关进了监狱，不知道是否还活着。说到这些情况时，他的笑容收敛了，常常凝视着天空，发出一声轻微的叹息。但很快地他又更加劲头十足地谈开学习和斗争，又是那个生气勃勃、和蔼可亲的"老张"了。

靖宇同志很擅于宣传鼓动，人们都喜欢听他讲话。他那说话的神气、那穿着打扮，就像个道道地地的农民，很难看出他还是个大学毕业的知识分子哩！那时候，他的住处是很不固定的，在这一家住几天，又搬到另一家住几天，有时也到郊区农民家里开展工作。他住的较多的地方是道外的一个修理皮鞋的工人老孟（也是地下工作同志）的家里，和老孟一家人相处得亲亲热热，如果不是他那口河南话，简直就像一家人了。

1932年的春天，日军侵略哈尔滨，当时党积极号召群众进行反对日本进攻哈尔滨的斗争，对群众进行深入广泛的宣传。那时，我们曾经计划组织哈尔滨市警备队（其中有党员和反日会员）起义，想把这支队伍拖出哈尔滨，进行反日示威游行。会还没开完，只见街上人们纷纷奔跑，大人喊孩子叫，原来日军已进入哈尔滨市了。当时杨靖宇同志表现得很镇静、坚定。我们都很清楚，斗争将更加尖锐、激烈和艰苦了！但我们也坚信，胜利一定是我们的！就这样，我们立刻分手隐蔽起来，准备投入更加艰苦的斗争。

这期间，义勇军的抗日运动已经风起云涌了。在南满，有一支党领导的游击队一天天发展壮大，为了加强党的领导，使它成为一支赤色游击队，满洲省委将杨靖宇同志调往吉林磐石，担任南满游击队的政治委员（这时他开始用“杨靖宇”这个名字），游击队大队长是李红光同志。以后这支游击队就逐渐发展壮大为后来的抗日联军 1 路军，杨靖宇同志任 1 路军总司令。

我们最后一次见面，是在 1934 年的夏天，我刚从瑞金回来。满洲省委调他来哈尔滨研究南满的游击战问题。他来哈尔滨后，住在道里 11 道街姜椿芳同志的家里。我和省委的一位同志每天去开会，3 个人挤在一间黑暗的地下室里谈话。这次，杨靖宇同志穿的虽然还是一件旧大褂，但精神却比以前更加饱满，笑得更爽朗了！本来嘛，一个长年搞地下工作的人，一旦能够拿起武器和敌人面对面地干起来，那种兴奋畅快之情是只有亲身体验过的人才会深刻理解的。

为了隐蔽，这 3 天里，杨靖宇同志几乎没有走出大门一步。好在姜椿芳同志有父母住在一起，像一般人家模样，敌人没有发觉。几天后，他就又回南满，回到他那些在深山密林中战斗着的伙伴们中间去了。临别时，我们紧紧握手，为了隐蔽，也没敢多送他几步。谁想到这次竟成了我们的永别！

杨靖宇将军和他领导的 1 路军，活跃在长白山麓、鸭绿江岸……在辽阔的东北平原上到处有 1 路军胜利的史迹。东北人民没有不知道杨靖宇将军和 1 路军的。人民爱戴 1 路军，拥护 1 路军，把他们叫作“咱们的部队”，许多工人和知识青年都纷纷参军。作战时，老百姓都纷纷送饭、送水、送信，看护、隐蔽伤员。平时，杨将军就生活在群众中间，经常和他们聊天。有这样一个故事：据说有一次，几个老百姓见了杨将军，不知道要怎样来表达他们的敬意，都跪下去向他叩头。杨将军赶忙扶起，不要他们这样，他们说：“你是救国将军，只有行这样的大礼，才能表示出我们对你的敬意！”农村里，有的老太太甚至烧香求神保佑 1 路军的胜利和平安。

这支深受群众爱戴的军队，确实给了日军狠狠的打击。日军曾经派他的三毛司令官指挥好几个师团来“讨伐”1 路军，也被杨靖宇同志领导的部队打垮了。后来疯狂的敌人竟采取了惨无人道的“三光政策”（杀光、抢光、烧光），归屯并户，企图使游击队与人民群众隔绝，使游击队得不到人员和物资的补充，得不到群众的掩护。但1路军仍然在冰天雪地里和饥寒交迫中坚持斗争，取得了多次的胜利，把抗日游击战争坚持了许多年。

1940年的春天，敌人用绝对优势的兵力包围了杨靖宇将军所率领的部队。部队辗转搏战了很多天，最后被围困在桦甸县的一个森林里。这时候，子弹打尽了，粮食吃完了，靖宇同志只得派遣能战的部队突围，而他自己则带了一部分伤员隐藏在森林里，吃草根树皮，在冰天雪地中坚持斗争。2月23日，他坚持战斗到最后，并用最后一颗子弹结束了自己的生命。

敌人曾将杨靖宇同志的遗体送到沈阳解剖，据参加解剖的医生说：在杨靖宇的肠胃中，只有草根、树皮和棉絮。兽性的敌人，他们当然无法了解，在人类中竟然有这样的坚强不屈的人！

敌人对待革命者真是残暴到了令人发指的程度，他们不但解剖了杨靖宇同志的遗体，而且将他的头颅割下作为战利品。长春解放前后，我们党组织费了很多周折才将杨靖宇同志的遗首找到。1949年春天，我在哈尔滨烈士纪念馆里瞻仰了杨靖宇同志的遗首。我一闭眼睛，那过去了的血与火的日子仿佛又出现在眼前，我仿佛又看到了那张亲切的笑脸，好像有一个非常熟悉的河南口音在对我说："亲爱的战友，看，我们到底胜利了呀！"

是啊！靖宇同志没有死，他永远活在我们中华民族亿万子孙的心头！

（毕方整理）

汪伪南京政府成立

汪伪政权的中央政治委员会

杨　寔*

1937 年日军攻占了上海、南京和苏浙皖三省后，扶植了以梁鸿志、温宗尧等为首的大汉奸，组织了一个伪南京维新政府。这些傀儡政权的主持者，大都是北洋时期原北京政府的失意政客官僚，号召力不强。于是日本侵略者看上了从重庆逃出、主张屈膝求和的国民党副总裁汪精卫（兆铭），支持他组织一个伪国民政府，和重庆的国民政府唱对台戏。不过日本政府内部的意见并不统一，尤其是它的那些派遣军，华北的日军视北平以王克敏为首的伪临时政府为其禁脔，华中的日军则坚决支持南京以梁鸿志为首的伪维新政府，均不容汪精卫去染指。而那些已登场的傀儡也不肯放弃他们的既得利益，自然不愿双手拱让给这位后来者。所以汪精卫准备组织的伪国民政府，用了相当长的时间和其日本主子进行磋商，还跑到青岛与王克敏、梁鸿志等老牌汉奸讨价还价，终于在 1939 年 9 月 21 日由汪、王、梁三方面决议:（1）召开中央政治会议，负责筹建中央政府;（2）政府建立后，设立中央政治委员会，担当议政。其后笔者任汪伪中央政治委员会秘书厅文书处简任帮办，知晓一些内幕，回忆如下。

---

*　作者时任汪伪国民政府中央政治委员会秘书厅文书处简任帮办。

上述决议的两项原则确定后，他们又继续商谈人事安排问题，也就是怎样分赃的办法，直至 1940 年 3 月 20 日，才算达成协议：由汪精卫以“国民党”为中心，联合各派，成立南京新政权。华北方面，取消伪临时政府，改为“华北政务委员会”，仍由王克敏主持，辖冀鲁晋三省及平、津两市，表面上是由“中央”委派，实质上仍然是独立的性质，汪的伪中央政权并无力领导它。最明显的就是币制和悬旗两件事：货币仍用伪临时政府的“联银券”，旗帜一上来仍悬“五色旗”，过了两天才改用附加黄布条的青天白日旗。

汪伪国民政府终于在 1940 年 3 月 30 日正式成立，并设立伪中央政治委员会，由汪精卫任主席，以周佛海为副主席兼秘书长，陈春圃及罗君强为副秘书长。

由于汪伪国民政府是“以国民党为中心，联合各派”的“中央政权”，所以除了汪、王、梁三方面的分赃会议确定了他们的人事安排外，其他各“合法”政党领袖和社会上层人物（也就是所谓社会名流）而甘心附逆的人，当然也应分一杯羹，因此社会民主党的江亢虎、国家社会党的诸青来、中国青年党的赵毓松、唐绍仪的女婿岑德广、袁世凯的女婿杨毓洵、原暨南大学校长赵正平、保皇党骨干徐良等等，也都作了安排。

伪中政会的会址，和伪国民政府、行政院、立法院等，都设在鸡鸣寺原考试院内，伪行政院设在最后进，伪国民政府和伪中政会设在伪行政院前面的两所主楼内，右面是伪立法院和伪政治训练部，左面是伪经济部。伪中政会开会，则在北极阁原宋子文的“茅舍”。伪中政会下设伪秘书厅及各专门委员会。为伪内政、外交、财政、经济、军事、社会事业等委员会。

各专门委员会除委员外，均设秘书一名，记得这些秘书中如王德言、蔡祖寿、刘炜俊、陈杼周等和笔者接触较多。

伪中政会主要的工作，在伪秘书厅分两处：文书处下设议事、文书、收发、机要 4 个科（1941 年机要科发展为图书室，由笔者以文书处简任帮办兼任该室主任）。议事科科长谭友仲，文书科科长王禹图，收发科科长龚福涛，机要科由笔者担任。事实上，议事科最主要，负责准备每次伪中政会会议的议事日程及决议案。谭友仲升任文书处长，旋又调至伪财政部后，改由李尹耕继任，直至 1945 年 9 月，李调至伪安徽绥靖主任公署，何人继任不详。文书科长王禹图，不久调赴税警学校，该科即名存实亡。收发科长龚福涛，系伪副秘书长罗君强旧部，后擢升总务处长，遗缺改由罗之内弟孔宪盛继任，孔后调至税警学校，改由刘沛霖继任。机要科后发展为图书室，直至 1944 年 9 月均由笔者负责。其后由何人继任不详。文书处长原为曾任上海中学校长的张仲寰出任。张系罗的把兄弟，能力颇强，旋出任伪江苏省教育厅厅长，遗缺由谭友仲继任。谭调伪财政部后并出任伪南京市财政局长。其文书处长一缺改由宋石僧担任。宋不久又出掌安徽某税局，遗缺改由其弟宋卓如担任，直至胜利。由以上前三个人的升迁情况看，文书处长一缺实是升官发财的终南捷径。

但是若把文书处和总务处相比，却又逊色得多。总务处第一任处长杨惺华，是周佛海的内弟，他的主职是伪财政部总务司长，后又出任伪中央信托公司总经理，是周佛海手下掌管财政的大亨。他兼任的伪中政会秘书厅总务处长，对他说是可有可无、不屑一顾的兼差。所以不久他就辞去此职，改由交际科长葛伟昶接任。葛原是抗战前南京某电影院经理，“还都”时由褚民谊介绍给罗君强，被派为交际科长。这一职位原本是可有可无的闲缺，但葛却能凭此作为跃登龙门的阶梯，深得罗的欢心。最初委派他担任罗创办的《京报》社社长，旋即接任杨惺华放弃的总务处长。后来且又通过罗的介绍，由周佛海的伪财政部派为上海市的伪所得税局局长，可以说是红极一时了。葛离开总务处长位置后，遗缺改由罗的堂弟罗光熙继任，罗光熙调至税警学校后，遗缺改由龚福涛继任。葛、罗、龚却是罗君强最信得过的亲信，当然比文书处长要亲近得多。而且总务处长掌握财政大权，这个要缺人选自非同一般。

1944 年年初，罗君强出任伪安徽省长，乃辞去伪中政会副秘书长职，改由周佛海的儿女亲家赵叔雍继任，总务处长一缺由赵派其至亲刘××担任，龚改任罗办的新中印刷公司及中报社的经理，由于其长袖善舞，自然就成为面团团的富家翁了。总务处下设 3 个科，交际科科长一缺，接葛任的是张彪的女婿杨涤新，干了几个月就离去，从此这个科就形同虚设了。另外两个科，一为会计科，一为事务科。会计科长原为周佛海的旧部田跃龙，田不久出任伪上海市财政局的科长，遗缺改由杨惺华的交通大学同学陈逸生和朱湘泉先后担任。杨惺华出任伪中央信托公司总经理后，陈朱二人即出任该公司的正副会计长，伪中政会的会计科长改由罗的学生刘大白继任。赵叔雍接任伪副秘书长后，刘调至罗的安徽蚌埠任金库主任。至于事务科长，最初是伪副秘书长陈春圃派的梁××担任。梁不久离去，改由周佛海旧部叶××担任，旋亦离去，改由收发科长龚福涛兼任。龚任总务处长后，由罗的学生燕××担任。赵叔雍之后派何人不详。

伪秘书厅除上述两个处外，还设秘书及专员数人。秘书的地位有的因代秘书长、副秘书长核稿并主持厅务，比处长的权还大。如1941年年初的秘书孙继武，他是罗君强好友孙希文的儿子，因家庭问题从重庆出来投靠了罗和周佛海，其父为此声明与他脱离父子关系，此人少年英俊，系留日学生，甚得周、罗的器重，原任伪边疆委员会秘书，1941年初始调任伪中政会秘书，代罗掌握伪秘书厅的领导工作。当时南京机关专用的汽车很少，葛伟昶虽担任了总务处长，只能供给一部人力包车，而历任的各文书处长连这个也没有。孙一到伪中政会，就有了一部很漂亮的新汽车，可以说是红得发紫。另外一个秘书是杨树屏，他和罗是把兄弟，孙去职后，杨接办了几天，但是没有享受汽车待遇。不过他当时是周佛海伪警政部的主任秘书，并有希望升任该部常务次长，可惜却被苏成德抢去。后来周派他当伪中储银行的稽核处长，1944年冬曾为罗由蚌埠去内地与第三战区顾祝同联系（一说是与重庆的安徽省主席李品仙联系）。此外还有一位李先治任秘书，他是周佛海的湖南同乡，负责伪中政会开会时的记录工作，后调任伪中储银行的文书处长。至于专员中，有一位李正兆，留日学生，是罗的随从日文翻译；还有一个颜逸吾，是湖南人，后来出任伪淮北盐务局长。

总之，伪中政会由于是最高的议政机关，所以经费相当充裕。它的工作只不过是为每次的伪中央政治会议服务，只需一个议事科就足够了，却成了这样一个庞大组织。后来的图书室，说是为供各政治委员及各专门委员使用，但是来借书的却很少，坦白地说，这个图书室实际上是为周、罗办的《中报》服务，所以我同时就兼了该报社图书资料室的主持工作，尽量把伪中政会订阅的上海各种英日文报纸杂志及其他关于可资参考的资料供给资料室的几位研究员选择译出，作为《中报》的特稿。我在伪中政会所做的工作，只不过如此而已。

汪伪、伪满“建交”记

周逸峰*

伪维新政府外交部结束　汪伪外交部取而代之

1940年1月，伪维新政府行政院长梁鸿志出席了汪精卫召开的青岛会议后，回到南京即面谕各伪部长准备结束工作。当时伪维新政府的大小官员，大都抱着“五日京兆”之心，观望坐待，一切行政均陷于停顿状态。3月20日，汪来南京开会，组成了伪中央政治会议，更加快了新旧两个傀儡政权的合并，伪维新政府各部门奉令限期于3月底以前移交结束。其时我在伪维新政府外交部任副科长，乃把经办公文档案，编号列表，公物清点造册，以便移交汪伪政府。至于我们的工作，今后如何安排则毫无消息。我准备月底领到薪俸，即回沪另谋生活。

3月28日下午，忽然徐良派汽车来接我到中央饭店去会谈。过去，我和徐良素不相识，是由我的科长尤文藻介绍而认识的。尤和徐良在北平伪临时政府外交部是老同事，此次徐是应汪精卫电邀来南京组织伪外交部。徐只身来宁，未带一人，苦无助手，他就去找尤帮忙，并要求尤代为物色亲信，

---

*　作者时任伪维新政府外交部副科长。

尤乃将我和黄轶凡介绍给徐。徐和我们 3 人见面后谦恭地说："此次汪先生电邀兄弟来京筹组外交部，3 位都是老外交，今天特请 3 位来帮帮兄弟的忙。"他恭了恭手，就在公事包内抽出二册外交部组织条例草案（一册是朱鹤翔拟的稿，一册是吴凯声拟的稿），说："现在就请 3 位留在此间另拟一份外交部组织条例草案和一个说帖，以备我今晚 10 时面呈汪主席核批，这两本草案可供参考。"说完，徐即夹着公事包出去。6 时徐才回寓，看了我们 3 人合拟的组织条例草案和说帖，很是满意。

29 日下午，徐良又派汽车把我们 3 人接到中央饭店，他喜形于色地说："要向 3 位贺喜，3 份组织草案，你们拟的中选了！汪先生很满意。"说着，就把说帖上汪精卫亲笔批的"如拟"两字给我们传观。

30 日晚 9 时许，徐良又派车接我去。他锁上饭店的房门，从公事包内倒出一大堆名片履历和介绍信，以及汪精卫交下的任用条子，还有维新政府移交的外交职员科长以上名单。徐先叫我分类整理，把汪精卫交下的维新政府移交的、他自己推荐的以及各方推荐的列成一表，徐一再叮嘱不要把汪先生交下的人遗漏，其余的人要注意学历和背景，然后按照新批准的外交部组织条例，订出人事配备的草案。无奈僧多粥少，我和徐良煞费心机，一直搞到深夜 2 时才告完成。临别时，徐又再三叮嘱我要绝对保密。

翌日清晨，徐良到汪公馆面呈汪精卫，汪亲书"批准施行"。从此我就成了徐良的亲信，汪伪外交部就在这样匆促的情况下得告成立。

"建交"前奏——两次"外事"往来

1940 年 4 月 1 日，汪精卫"还都"南京后，日本政府在"中日亲善"的口号下，特派阿部大使乘军舰来华访问，名义上是参加伪政府"还都"庆祝大典，实际上是来京与汪伪政府签订"中日和约"。汪以国宾相迎，派伪外长褚民谊到埠恭迎。阿部大使到宁翌日，上午 10 时在伪国府礼堂向汪呈递国书，由褚民谊陪同引见，伪外交部次长周隆庠任翻译，伪国府参军长和典礼局长参加。

当晚，汪精卫在伪国府礼堂举行隆重“国宴”，一面庆祝“还都”，一面欢迎阿部大使，并邀请日本驻华大使馆及日各地驻华总领事馆、日本海陆军宪特机关重要官员，由伪国府5院院长、各部部次长作陪，共20桌。

汪精卫首先致词，他称“亲善使节”阿部大使来华访问展开了“中日亲善”新的一页。阿部大使随之答词，祝贺国府“还都”南京奠定了东亚“和平新秩序”的基础。

当时我任伪外交部交际科长，忝列末座。所有这次宴会送发请柬，编排席位，席面布置，均由交际科负责办理。宴会时不但军警密布，戒备森严，就是对宴席酒菜，筷碗杯盘，均由日本军医监厨，逐一加以化验消毒。所有厨师服务员，均发特种通行证，自从入场后，即受监视，和外界隔绝。

第二天上午10时，汪精卫和阿部大使在伪国府礼堂签订了“中日和约”。在座日方有日高参事官、清水书记官、顾问某人，汪伪方面有伪5院院长及伪外交部长褚民谊，伪外交次长周隆庠担任翻译。

汪精卫签订“中日和约”后，接着就承认了伪满洲国并与它建立邦交。在汪本人亲自访满不久，又于1940年11月特派伪外交部次长徐良为访满特使。徐良是广东香山人，徐勤之子，康有为的门生，人长得十分矮小。民国初年，他父子俩曾打着“中华帝国宪政党”的招牌，在国内外活动复辟。

北洋军阀统治时期，徐良曾任北京政府外交部英文秘书。巴拿马举行万国博览会时，北京政府外交部曾派徐良为护送中国展品专员。后来他弃政经商，任天津中原公司经理。当溥仪在天津作寓公时，曾聘他教过英文。因此汪精卫一上台，就专电邀请徐良来筹组外交部，汪想借重徐来联络溥仪。徐良访问伪满洲国时，我为随行人员，另带日文秘书潘坤辉，中文秘书黄轶凡，英文秘书王怀汾，文书科长吴润，一行6人，为期4天。出访事情只有一件，就是按照关东军军部的旨意，觐见“满皇”。

11月中旬的一天清晨，我们6人分乘两辆汽车，由伪外交部直驶明故宫机场，搭乘日本军用专机启程出发。在机上，徐良从他公事包中抽出一份由日本大使馆用日文打印的访满特使谈话稿，交我译成中文。在青岛下机午饭后，再上机直飞新京（长春），傍晚下机。到场迎接的是日本关东军特高课课长、伪满外交部韦长官和交际课长。我们 6 人分乘 6 辆汽车，在日本宪兵特务的严密监护下，到达宾馆休息。日满方面下令，东北民众团体记者、代表团一概不得接见，所有汽车出入宴会及出访日程，都由日本关东军司令部排定。

第二天上午，首先拜访关东军司令梅津，由特高课长引至客所候见。徐良和梅津寒暄毕，值日勤务送上香槟酒。然后至满皇宫内府登记（觐见“满皇”须先向宫内府登记）。当晚，宫内府就派员来通知，觐见日期定于明日上午 10 时，并送来“满皇”赐宴请帖。

次日上午 9 时半，徐良偕我们一行，都穿上燕尾服进宫候见。宫内房屋大都陈旧不堪，陈设也很简陋，完全出乎我意料。10 时正，开始觐见。溥仪身穿大元帅军服，长筒马靴，面戴墨晶眼镜，立在大厅台上正中。突然，大厅灯光通明，这是觐见开始的信号。于是由宫内府司仪员逐一唱名传见，并唱明传见人官职。觐见时每人走三步一鞠躬，三鞠躬毕正面对着溥仪。然后退三步一鞠躬，三鞠躬毕刚退至门口。溥仪直立不动，并不回礼。徐良除面递“国书”外，并附呈汪精卫致溥仪亲笔信一封。信中除公式化的问候外，并谈及通使设领事。6 人按名单先后分别退至小客所休息。

11 时 3 刻，由伪满宫内府大臣招待至赐宴餐所，按名签就座，正中虚设龙椅。12 时正，扩音机放奏伪满国歌，全体宾主俯首肃立。在伪满国歌声中，遥闻皮靴托托之声，自远而近，溥仪带同随从进门。他旁若无人地独自先在龙椅坐下，背后立有翻译二人，全体随着坐下，徐良坐在溥仪并排右手，日本关东军派给溥仪的帝室御用挂（“御用挂”是日语名词，“御用”是指皇帝的事情，“挂”是从事办理的意思，“帝室御用挂”就是专事办理“满洲国”帝室和皇帝的事情——编者注）吉冈安直坐在溥仪的左手（这是溥仪的监视人）。我们 5 人与溥仪面对而坐，同席共 24 人。

溥仪坐下后，只顾自饮自吃，并不举杯招待。徐良虽系溥仪之师，但仍称他为皇上。徐先开口说：“汪主席向皇上问好。”溥仪说：“汪主席好。”接着溥仪按照外交礼节，向我们随行 5 人各问一句。我还记得，他问我：“到过满洲吗？”我答：“第一次。”在严肃的气氛中，赐宴开始。日本式西菜四菜一汤尚未上齐，溥仪就先行退席，全体人员立即俯首起立相送。溥仪一走，席上空气顿呈活跃，席终我们径回宾馆休息。

最后一天晚上，我们一行又出席了关东军司令梅津的招待宴会。这种豪华的场面，比溥仪的赐宴真有霄壤之别。当我们6人由特高课长导入富丽堂皇的餐厅时，被邀出席的当地日满重要文武官员五六十人已环立厅内。我们6人依次排立于厅内门口。6时正，梅津身穿军服佩带勋章，率领高级参谋4人进入餐厅，服务员立即送上香槟酒。鲜花盘中放着10多种名牌酒，连我国新疆产的哈密瓜也出现在“满洲国太上皇”的宴席桌上。其他如整只烤小猪和整只大鸡，都一道道送上克罗米的餐桌。坐在我旁边的一个日本军官告诉我说：“梅津司令长官阁下备有法国式和德国式西菜专厨，并备有中国名厨，今晚用的是法国式西菜。”

我们因为明天一早就要飞回南京，必须早些回宾馆整理行装，分发谢函，于是，提前告辞。

第5天早晨，我们一行乘原机直飞南京，总算完成了访满使命。

汪伪和伪满通使设领

回南京后，汪精卫为了便于联络溥仪起见，提升了徐良为伪外交部长，褚民谊调驻日大使。接着就进行互派大使活动。伪满洲国派吕荣寰为第一任驻汪伪政府大使，汪则派陈济成为驻伪满大使。通使后伪满提出在天津、上海设立总领事馆，我方提出在奉天（沈阳）、哈尔滨设立总领事馆。

实际上，伪满的国籍法规定，凡居住在伪满洲国（东三省）境内的居民，都算满洲国人。依照这一法律的逻辑，伪满洲国内根本没有什么所谓中国的侨民。在中国领土上设立大使馆已成为笑柄；没有侨民，设立领事馆，更是笑话。不过日本想借此装装门面，千方百计把伪满洲国打扮成一个独立国家的模样。

后来，徐良调任驻日大使，褚民谊又回任伪外交部长。当伪外交部正在物色奉天、哈尔滨两个总领事人选的时候，褚民谊以我曾随行访满，见过溥仪，就派我到奉天去当总领事，同时他又任命了何希韶为驻哈尔滨总领事。

我接受了这个任务后，褚就带我和何希韶到汪公馆向汪精卫请训。汪面授机宜说：“目下不谈侨民问题，如有记者要问，可答以中满关系，过去是同胞，现在是同胞，将来还是同胞。”

1943 年 3 月底，驻奉天总领事馆的组织预算和人事安排已布置就绪，馆中除总领事外，设有正式馆员 8 人（由外交部任命），雇员 3 人（由领事馆雇用）。总领事月薪460元，出勤费和安家费920元，办公费每月1000元，服装费 800 元，到任川资实报实销。

8 名馆员是，领事杨鑫康，副领事诸燮勖，随习领事方仁浚、李一峰、马某某，主事江莹、王星华、高崇贵。

以上 8 人均由汪伪政府从其他地方的领事馆和伪外交部调任。

1943 年 4 月初，我派副领事诸燮勖、主事王星华先赴奉天，筹建馆房，与地方当局周旋一月仍毫无眉目。5 月 1 日，我乃率同随习领事李一峰、方仁浚及主事江莹共 4 人，搭轮取道大连，再转车前往奉天筹设领馆，暂在凯宁饭店办公。我屡次面催奉天王市长觅馆房，他口头上答应尽力设法，实际上却不见动静。我不能久待，只好自行活动，后来由奉天交通银行经理介绍，在成平里借到奉天道德会会长张星南的住宅洋房一幢，并租用全套家具，每月租金满币 400 元。

6 月 1 日，为正式开馆日。上午 9 时，举行开馆仪式，当升起汪伪国旗的时候，乐队奏起汪伪国歌，全体馆员列队肃立致敬，大门外燃放鞭炮。当地正副省长、正副市长、第一军王司令、满铁总裁、警察署长、奉天银行行长、德法领事以及其他各主管长官先后来本馆道贺，然后全体宾主在馆内场地摄影留念。当晚，在领事馆设宴招待当地各位长官及德法领事 200 余人，汪伪驻伪满大使陈济成亦从长春赶来出席。

驻哈尔滨总领事馆，亦以馆房无着，暂借马台尔旅馆办公，第二年春才到南岗子借到馆舍。伪外交部把该馆总领事何希韶调回，另派王恩贵到哈正式开馆。

按照各国设领目的，主要是保侨护商。可是奉天、哈尔滨两馆的成立，既无侨可保，又无商可护，自然更没有什么交涉案件可办。我在开馆后，第一件和伪满市政府接触的事，就是关于领馆人员的配给问题。我们到奉后，当时因馆房无着，领馆尚未正式开馆，无法自办伙食。伪满市府对我全馆人员，每人每日只发三餐餐券，指定在日本饮食店进膳。按伪满法律，只许日本人吃大米饭，满洲人只许吃高粱和橡子面，吃大米饭是犯法的。所以在日本饮食店才能吃到大米饭，东北人是进不去的。而日本饮食店远离我们的驻所，每餐往返，殊感不便。为了此事，我曾与王市长面谈数次，要求早日发给配给通账（当时配给簿分满人、日人两种），他口头上始终说不成问题，实际上却无权过问。

伪满政府各部门的主管长官，正的大都是东北人，副的大都为日本人，实权则完全掌握在日本人手中。满籍官长的权限，只是在一般例行公文上签字盖章而已，重要公文甚至都看不到。事无巨细，不得日籍官员同意，什么也办不通。

我问王市长请领配给通账之事，他茫然不知，说连我的申请公文亦未看到。后来我自己亲自去访副市长（日本人）面谈。他当着我面叫外事课长（日本人）办理。当天下午，就将领事馆特种配给通账送来。

我与伪满市府接触的第二件事，就是要求市府修筑领馆门前的马路。领馆门前是条胡同，地面高低不平，下雨后污水淤积，汽车出入不便。为此我除用公文要求市府修筑外，又面向王市长提出，均未得确切答复。不得已，我再向日人副市长当面提出，他即予考虑，乃于开馆前一日施工填平。

在开馆一星期前，我就向王市长提出开馆宴会所需公用配给物资清单，请求照单发给公用配给许可书。可是提出多日，毫无音讯。我急得没办法，在开馆前三天，我就派随习领事李一峰（日文翻译）将开馆宴会请帖送给市府外事课长（日本人），并嘱乘便向他催询一下配给许可书。外事课长接到请帖，马上慷慨地坐下来签发了一张许可证，配给香槟酒2瓶、啤酒400瓶、日本酒50斤、水果2箱、日本糖果1箱、听头牛奶10罐。比我申请数量还增加了一倍以上。开馆的那一天，王市长来馆道贺，他干了香槟酒后，问我这香槟酒是不是上海带来的。我笑着答道：“这是你们外事课的礼物啊，我正要向你道谢呢！”

同床异梦的两个傀儡政权

伪满当局对汪伪使领馆人员所抱态度，是敬而远之，所取政策是隔离和监视。他们很害怕当地居民和汪伪使领馆人员接近，深恐“王道乐土”的暴政被揭露。当地居民和使领馆来往，常有便衣警察尾随其后，因此一般居民不敢来馆。沈阳英美烟公司华方经理郑岳先是福建人，与领馆馆员王星华因是同乡关系，时相往来。这引起了伪满警察的注意，屡遭传讯盘问，他不堪其扰，只好全家搬往北平居住。

满籍伪官平日也不敢和领馆来往，我到任后，伪满奉天省省长于镜涛和第一军司令官王直佑都不敢公开设宴欢迎，仅在家中设私宴，也不邀外客作陪。在公开宴会上，只有日籍官员和我交谈，而满籍伪官大都对我采取敬而远之的态度，除握手道好外，尽力避免与我多交谈，以免遭日人的疑忌。

伪满当局除对汪伪使领馆人员采取隔离政策外，还实行监视。当领馆一成立，伪满警局即以保护为名，在领馆前增设岗哨以便监视。

伪满奉天市府外事课长（日本人）曾向我推荐二位年轻美貌的日本女职员来馆服务，职务待遇在所不计。我一听就知这是想在领馆内部安插耳目，即以领馆限于人员定额和经费婉言谢绝了。

我的汽车司机老杨，是奉天铁岭人，伪满警局经常秘密传他去打听领馆内部情况及我的行动，并威胁他不许对外声张。可是老杨每次从警局回馆后，就把传讯内容告诉我。所以我平日工作总是格外谨慎小心。

在奉天还有德国总领事馆和法国领事馆，伪满当局对 3 馆领事，抱着 3 种态度：对德国领事（当时德国总领事已请假回国，由领事代理馆务）十分尊敬，配给特别优厚，有时还会自动送上门去。对我则敬而远之，但也不敢过分怠慢，配给虽不自动送上门来，但差不多是有求必应。对法国领事，则取敌视态度，不许其和外界往来，公开宴会概不邀请，配给仅给最低限度的生活必需品，还要经常拖拉误期。

我到任之初，按外交礼节，应由当地外事课长陪同，访驻奉各国领事。当我拜访了德国领事之后，预定接着就去拜访法国领事。可伪满外事课长临时变卦，说市府等着开会，只好改日再去了。后来几次和他联系，终是推三托四，今天有会，明日出差，迟不陪行。我就亲自打电话给他说："如果课长公事忙，不容分身，我就不敢劳驾了，只好直接去拜访！"我怕日子拖得过久，将会失去"到任拜访"的意义。经我这么一激，他立刻回话说："明天上午 10 时，我无论如何抽出时间，陪总领事走一趟。"

翌晨，我带随习领事李一峰（日文翻译）到法国领馆作"到任拜访"。法国领事已等候在门口台阶上，他兴奋地握着我的手说："久无贵客临门，今天十分愉快地见到你，因为我们在这儿相见，是一件很不易的事！"我说："初行到任，特来拜访，以后一切请多加关照。"我又问："领事平日公事忙吗？"他笑着说："足不出户，还有什么公事可办？就忙些柴米油盐！"我问："贵馆人少，配给一定够用吧？"他说："终算过得去，还没挨饿。"谈话之间，他似有满腹牢骚，但有伪满外事课长在座，未便倾吐。刚喝过二三口茶，外事课长就立起身说："府里还有事，我们就此告辞了。"就这样强行结束了我的"到任访问"。

驻奉天总领事馆成立后，因为没有侨民无公可办，只忙些公式化的应酬，例如对汪满伪官来往的迎送，对汪伪官员和团体来奉的招待，出席当地各种公开宴会，参加节日祝贺仪式等。至于日常工作，就是核发通行证。当时伪满对东北人民入关（指山海关，当时伪满和汪伪政府以山海关为界）限制极严，须向伪满警察署领取许可证。在办理时，他们总是百般留难，以致东北人的父母在关内病危不能送终，妻子在关内不能如期结婚者，比比皆是。

原伪北平临时政府天津警察总局督察专员郑承斌，原籍奉天，他因奔父丧，请假回奉料理丧事。假期将满即向当地伪满警局申请"出国"许可证，以便回津销假。伪满警局就打起官腔说："你是满洲国人，应在满洲国供职，不许楚材晋用。"拒绝发给"出国"许可证。郑系当地人，深知伪满警局内幕，就托人代为出面用鱼翅席宴请警局发证主管人员，在酒酣耳热之际，警局发证人开口勒索手续费满币100元。郑料理父丧后手头拮据，而警局认为郑有意装穷，就迟迟不发证。后来郑以假期已过，不便久旷职守，不得已来馆求援于我，我即核发旅行证。他怕警局刁难买不到火车票，我又派主事王星华陪同代为买票并送上火车，才得入关。为虎作伥的伪满警局，对一个同行伪官尚且如此，对一般居民就可想而知了。就是领到了证，限期也很短，必须保证如期回满，否则唯铺保是问。

我一到奉天，就有许多居民和团体要我早日核发旅行证，以便往来。当我们总领馆发了旅行证后，当地居民都感到很方便。第一天，就有1000多人来馆申请，领馆门前热闹得像庙会。因为我们随到随发，手续比较简便，而且有效时间规定3个月，回来不回来，我们是不问的。不久就引起了伪满警局的嫉视，指责我放走了许多劳工、逃犯和游击队员，破坏了他们的“国策”。我以国际间任何一国的驻外领事，均有签证的职权，核发旅行证是南京“外交部”交给我的主要职责，如果有人横加干涉，妨碍我执行公务，我只有辞职回国，而破坏双方关系的责任则应由他们负。伪满警察当局因负不起这个责任，公开指责才有所收敛。后来事情闹到伪满外交部，我坚持在没有奉到南京“外交部”停止核发的命令以前，我馆照常核发。伪满外交部以没有法律根据，同时双方刚刚“建交”，不愿搞坏关系，也就暂作沉默。领事馆核发了一年有余，共放行5万多人。

1945年春，伪满国务院正式颁布了“出国”许可证的法令，规定凡“满洲国”人民要出国（主要指入关）一律须向当地警察局请领出国许可证，否则以偷越国境论罪，并通令满铁各车站，凡没有出国许可证者，不得卖车票。这样一来，领馆所发旅行证，因买不到车票而失去了效力。这场风波才告平息。

伪满报纸的各项消息，大都转载日本方面的，而且非常迟缓简略，尤其是关于南京方面的消息，很少刊载。因此，我在奉天领馆的日子里，孤陋寡闻，如井底之蛙。关于汪精卫病死日本的消息，事前竟一无所闻。

1944年一天深夜，我接到南京伪外交部的加急官电：“汪主席逝世，下半旗3天，臂缠黑纱一月，各馆择日举行公祭，接受外宾吊唁。”翌晨我即向当地政府各部门分送讣告，并通知定于第二天上午10时在本馆举行公祭，一面发动全体馆员，着手布置公祭礼堂，堂中在交叉悬挂的汪伪国旗下，挂着汪精卫像，供桌前满列当地各馆厅所送的花圈，两壁满悬挽联。到了那天上午，当地正副省长、正副市长，第一军司令，城防司令，警察署长以及其他各机关主管长官，德法领事80余人均到馆举行公祭。

1945年5月2日，苏军攻克柏林；希特勒自杀的消息，伪满报纸4日才稍有透露。是日傍晚，我接到德国领事馆的希特勒讣告，才证实了这个消息。

5月5日上午10时，驻奉天德国总领事馆和旅奉全体德侨在馆举行告别式，我按照国际外交礼节前往吊唁。

没有几个月，日本投降，苏军开入奉天，驻奉天总领事馆宣告垮台。从此，所有在日军卵翼下的傀儡组织，全部瓦解。

汪伪警政部概况

梅文杰*

1940年春天，汪精卫与日本军国主义首脑分子相勾结，发出了伪国民政府“还都”的声明。不久，他的伪组织机构及其部属都到了南京，正式宣布成立了伪国民政府。但当时南京有一个“维新政府”，主席叫梁鸿志。据说，他过去是段祺瑞政府的秘书长。汪伪政府成立后，“维新政府”宣布撤销，梁鸿志便加入了汪伪政府，担任伪监察院院长。当时我刚到“维新政府”教育部直属的“南京国立女子模范中学”担任历史、日语教师。同年9月间，留日同学杨寿章在汪伪警政部当专员，他把我介绍到该部去工作。名义上是伪警政部第一科一等科员，实际工作是担任总务司的外交工作。他叫我不要辞去学校教师职务，只要每天下课后去上班就行了，不一定要按时上班。我考虑后，同意了杨寿章的建议，10月份开始就去伪警政部报到上班了。

我到伪警政部时，当时伪部长是周佛海兼任的，李士群是伪政务次长，邓祖禹是伪常务次长。下设伪总务司、伪保安司，伪总务司长陈光中、伪保安司长沈同。陈光中是浙江人，上海持志大学毕业。此外，另设伪特种警察

---

* 作者时任伪汪国民政府警政部第一科一等科员。

署和伪政治警察署。伪特种警察署署长苏成德，他兼伪首都警察厅厅长。伪政治警察署署长马啸天。听说，他在灵隐路 21 号，设了一个政治警察机构，1945 年日本投降后，这个人不知去向。

1941 年春天，周佛海兼任伪行政院副院长，感到工作太忙，无暇兼顾伪警政部工作，因此辞去伪警政部长之职。由伪政务次长李士群接任伪部长职务。原伪常务次长邓祖禹调任为伪政务次长，新来的唐惠民担任伪常务次长，其他人员照旧不动。

我接受了伪警政部的工作之后，感到去莫愁路“模范女子中学”（即现在五中）上课太远。于是请求调动去“模范男子中学”（现在竺桥二女中）兼课。双方校长都同意了。调动以后，我的日常工作是上午 8 点到 10 点去珠江路竺桥“模范男中”上课。下课后，从珠江路竺桥去伪警政部（现在的成贤街图书馆）上班，大概一刻钟就可到达。伪警政部的日常工作大致分两部分：内部工作，即处理有关日本人到伪总务司的来往信笺。例如，日本机关干部调动工作时，他们都要本人来访或辞行，还有的通信来辞行等等。这些信笺，首先要译成中文给陈光中司长看一下，然后写回信给日本人；外部工作，即整个伪警政部的电灯、电话等，要经常去“华东水电”联系，找他们来维修。此外，到过年、过节时，还要招待日本人吃饭。

1943 年春天，伪警政部长李士群在南京马台街筹备“清乡委员会”，汪精卫担任委员长，李士群担任秘书长。当时伪总务司长陈光中，把我临时调去帮忙了几个星期，主要是联系装电灯、电话。同年夏天，“清乡委员会”宣告成立。成立后，李士群辞去了伪警政部长职务，去苏州就任了伪江苏省省长之职。当时伪江苏省会设在苏州。同时他把“清乡委员会”迁往苏州，在苏州地区开始清乡工作。这时伪警政部总务司长陈光中找我谈话。他说：“李部长就任江苏省长以后，我也要去苏州省政府担任建设厅长。我想，带你去苏州，在建设厅工作。”我回答说，到苏州去搞清乡工作，我不是军人出身，干不了这种工作，也不想去，请司长另找别人。以后我就离开了伪警政部。

1943 年秋天，我的一个亲戚担任了伪镇江地区经济局长，我到伪镇江地区经济局当了科长，时间 3 个月左右。后来我的亲戚调走了，我也同时离开了镇江。

李士群在苏州当伪省长，不到一年，就在吃请时，被日本军人毒死了。

听说，陈光中在抗战胜利国民政府由重庆回宁后，被逮捕。他妻子花钱活动，获释后去了香港。

枣宜会战

欧战爆发后之枣宜战役

李宗仁*

敌人自在随枣地区受创之后，短期内无力再犯，我方亦得一喘息机会，军事委员会乃将第五、第六两战区作战地境略作调整。

第五战区在当时辖地最广。不特在敌后的大别山地区仍归我直接指挥，即鲁南、苏北名义上亦属第五战区战斗序列之内。但是自武汉失守，第六战区司令长官陈诚因素为蒋先生所宠信而身兼数要职，然事实上未能坐镇前方，指挥作战。军委会乃将其辖区分割，另成立第九战区，任命薛岳为司令长官。另将宜昌以下的江防，由第五战区划出，改归陈诚指挥。第五战区重心既已北移，则襄樊已不是中心所在。民国二十八年秋，我乃将第五战区司令长官部迁往光化县的老河口。

迁老河口后的第一项设施，便是在市外约 5 里地的杨林铺成立第五战区干部训练班，由我担任主任。调本战区校官以上各级军官前来受训，旨在提高战斗精神，检讨作战经验，增进战斗技术，并联络感情，收效极宏。另于襄河西岸距老河口约 90 里地的草店成立中央陆军军官学校第八分校。校址设于武当山下诸宫殿式建筑的驿站中。该校除招收知识青年外，并调各军下

---

* 作者时任第五战区司令长官。

级干部前来受训，故有学生队与学员队之分。因抗战已过3年，全国军队久经战斗，下级军官伤亡甚巨，亟待补充之故。

第八分校校长名义上为蒋委员长兼任，实际上，设一教育长负其全责。第一期，我呈请中央调桂林绥靖公署中将参谋长张任民为教育长。第二期，调第五战区参谋长徐祖贻中将担任。徐的遗缺则由副参谋长王鸿韶接替。徐、王二人都是我国军界难得的人才，各有所长。然二人在长官部工作，意见时时相左，此亦中外所恒有的人事问题，足使身为主管长官的，有难为左右袒之苦，适祖贻有意担任斯职，我乃特为举荐，以作一事两全的安排。

此时在敌我对峙的休战状态中，我乃用全副精神主持干部训练班事宜。

民国二十八年9月初，希特勒忽出兵侵略波兰，英、法两国与波兰缔有军事同盟条约，遂被迫对德宣战。欧战爆发了。为应付这个突如其来的新局面，蒋委员长特地在重庆召集军事会议，加以商讨。我便应召赴渝。其实在会上所讨论的，仍然只是一些国内战事的问题罢了。

在重庆会毕，我乘机向蒋告假半月，回桂林省亲。因家母年高多病，很想看看我。军事委员会乃特地为我预备一架小飞机，直飞桂林。这是七七事变后我第一次返乡。桂林各界欢迎的热烈，与母子相见的欢愉，自不待言。

我自桂林回到老河口不久，便接获可靠情报，敌人受德国闪电战胜利的刺激，也预备和我们来一个闪电战。二十八年9月，敌方成立所谓“对华派遣军总司令部”，以西尾寿造为总司令、板垣征四郎为总参谋长。二十九年4月中旬，集中了六七个师团的兵力，要再到随枣地区来“扫荡”我第五战区。

我方的部署，大致是:（一）以精锐的黄琪翔第十一集团军第八十四军守襄花公路正面;（二）以川军第二十九集团军王缵绪（许绍宗代总司令）部守襄河以东地区;（三）以张自忠的第三十三集团军守襄河西岸;（四）以孙连仲的第二集团军守北线桐柏山以北地区。

战事于5月1日开始。敌军仍分三路西进，大致如前次随枣会战时的姿态。不过，此次敌方对我正面只是佯攻，以吸引我主力。另以重兵配以坦克100余辆和飞机七八十架，自襄河东岸北进，猛攻我许绍宗部。许部不支，退入大洪山核心。敌遂长驱直入，直捣双沟，拟与北部会师，对我方主力进行大包围的歼灭战。我即令黄琪翔迅速北撤，以免被围。敌于 5 月 8 日冲入枣阳，与我掩护撤退的第一七三师发生激战。我方以众寡不敌，且战且走，节节抵抗。第一七三师自师长钟毅以下，大半于新野县境殉国。而我方主力却赖以撤出敌人包围圈。敌人既扑一个空，我军乃自外线实行反包围，由两翼将敌军向中央压缩，加以歼灭。双方战斗至为激烈。至 11 日，敌卒不支，向东南撤退。16 日，我军且一度克复枣阳。

此时我方防守襄河西岸的第三十三集团军尚有一部未参战，我乃电令张总司令自忠"派有力部队，迅速渡河，向敌后出击"，以便将襄河东岸之敌拦腰斩断。自忠乃亲率其总司令部直属的特务营和七十四师的两个团，遵令渡河。于南瓜店附近一举将敌军截为两段。敌军被斩，乃密集重兵，自南北两路向张部夹攻。大兵万余人，如潮涌而来。自忠所部仅两团一营，断不能抵御，随行参谋人员暨俄顾问都劝自忠迅速脱离战场。孰知自忠已下必死决心，欲将敌军拖住，以便友军反攻，坚持直至所部将士伤亡殆尽，自忠亦受重伤倒地，才对身旁卫士说："对国家、对民族、对长官，良心平安。大家要杀敌报仇！"遂壮烈殉国，为抗战八年中，集团军总司令督战殉国唯一的一人。

自忠在奉命渡河时，曾有亲笔信致该集团军副总司令冯治安，略谓："因战区全面战争关系，及本身的责任，均须过河与敌一拼。如不能与各师取得联络，本着最后之目标（死），往北迈进。无论做好做坏，一切求良心得此安慰，以后公私，请弟负责。由现在起，或暂别，或永别，不得而知。"足见自忠在渡河前已抱必死的决心。

回忆抗战开始时，自忠自北平南下，在南京几被人诬为汉奸而遭受审判。我当时只觉得不应冤枉好人，故设法加以解脱，绝未稍存望报之心。孰知张自忠竟是这样一位血性汉子，一旦沉冤获雪，便决心以死报国。在他瞑目前的一刹那，"国家""民族"之外，对我这位"司令长官"犹念念不忘。我国古代的仁人志士都以"杀身报国"，以及以"死"来报答"知己"为最高德性，张自忠将军实兼而有之了。

张自忠死后，我方虽损一员能将，然敌在随枣一带，终不得逞。各路敌军与我军均陷入胶着状态。

敌人在第五战区既无法越雷池一步，乃在6月初再度增援，舍开第五战区正面，在襄河下游强渡，向第六战区采取攻势，与陈诚将军展开宜昌争夺战。6月1日，敌人一度侵入襄阳、樊城。经我们自外线反击，敌人不敢死守，乃将襄樊焚毁一空，于6月2日向南窜撤。我军乃于6月3日连克襄樊与枣阳。唯第六战区方面之敌，于6月14日侵入宜昌（据查，宜昌失陷应是6月12日——编者注），踞城死守，我军屡攻不克，宜昌遂为敌所有。

自此我第五战区通往重庆后方的水路被阻，以后只有自老河口翻越崇山峻岭，改走巴东一线了。

敌人虽占有宜昌，然襄、樊和大洪山一带，我军对其威胁始终无法解除。二十九年9月我军为策应长沙会战，曾对宜昌之敌发动反攻，以牵制其兵力。故敌人对随、枣一带我军根据地，终视为眼中钉，必去之而后快。是年11月，汪精卫在南京组织的伪政府正式获得敌方承认。敌人以军事配合政治，又以几个师团兵力再向随枣地区进攻。自11月24日至30日，经7昼夜的苦战，襄花路上敌遗尸数千具，仍一无所获而返。

枣宜会战纪实

莫树杰*

随枣会战结束后，第八十四军调整人事，我于1939年冬调该军接替覃连芳任军长。到职不久，1940年3月初，又爆发了枣宜会战（或叫第二次随枣会战、鄂北会战），历时将近20天。这一战役，联系面广，战斗激烈，我方参加作战的部队，有孙震的第二十二集团军，孙连仲的第二集团军，黄琪翔的第十一集团军，张自忠的第三十三集团军，王缵绪的第二十九集团军等，兵力将近20万。还有汤恩伯的第三十一集团军，摆在桐柏山北面第一、五战区之间，作机动兵团。第五战区司令长官司令部，是这一战役的最高指挥机构，司令长官李宗仁是最高指挥官。在反敌人“扫荡”前提下，各部队各有攻守具体任务和战斗过程，难于全面综述。现着重就第八十四军参与这一战役经过和有关见闻，概述如后。

会战前敌我态势和战略部署

1938年10月下旬武汉失守后，第五战区长官部由鄂东宋埠移枣阳

* 作者时任第五战区第十一集团军第八十四军军长。

（1938 年 11 月），不久，移樊城（1939 年春），最后，移老河口（1939 年秋）。战区司令长官部移驻樊城时，司令长官李宗仁把在武汉保卫战中突围出来的几个集团军残部重新整补起来，做准备随时反攻武汉的部署。

日军为了确保武汉与平汉线南段外围据点，就必须把我桐柏山、大洪山两个前线基地加以摧毁，不断集结兵力，找寻五战区主力，进行“扫荡”。其最高目的和要求是进占襄（阳）樊（城）、沙市、荆门、老河口和南阳等重镇，压迫我军进入贫瘠的鄂西山区。

1939 年 5 月的随枣会战，就是敌人执行上述战略计划的初步尝试。这一战役，敌人的计划没有得逞，相反遭到我军的有力反击，敌人不得不退守原来阵地，只占领了一个随县县城。后来，五战区长官部对这一战役的总结，认为：如果汤恩伯兵团执行战区作战计划，从桐柏山南插入随县地区，合击进至唐县镇、枣阳地区之敌，就会出现台儿庄那样的胜利。但当时汤恩伯拒不执行这一作战计划，李宗仁亦无可奈何。

敌军第一次“扫荡”未能达到其预期目的，并不甘休，为了确保其占领武汉及平汉线南段的安全，于是再次对我五战区来了个希特勒在当时欧洲使用过的“闪电扫荡”。于 1940 年 4 月间，调集了 5 个师团兵力（包括随枣会战的第三师团），加骑兵部队，仍以随枣地区为“扫荡”重点，分三路进犯：一路从信阳西进，牵制桐柏山北面我军；一路从正面沿襄（阳）花（园）公路推进；一路沿京（山）钟（祥）公路疾进。其意图是采取迂回包围战术，围歼随枣地区我十一集团军的主力八十四军和三十九军之后，继续向西纵横“扫荡”，压迫我们进入鄂西贫瘠山区，占领北自南阳经老河口、襄樊至荆门、沙市之线，拉开了枣宜会战的序幕。

前次随枣会战后，五战区长官部对武汉和平汉线南段之敌的作战计划作了如下部署：（一）仍以黄琪翔第十一集团军的八十四军（3 个师）守备襄花线上的随枣地区，刘和鼎的三十九军摆在八十四军的后右侧，作为集团军的预备部队。（二）王缵绪的二十九集团军摆在十一集团军的右翼，以大洪山为基地，守备汉水以东钟祥以北地区。（三）孙连仲的第二集团军守备桐柏山北线地区。（四）张自忠的三十三集团军守备汉水以西沙市、荆门一带地区。（五）孙震的二十二集团军作总预备队。

八十四军按照战区长官部部署以及十一集团军总部的指示，作了如下具体布置：（一）以一七四、一八九两个师为第一线部队，面对随县、应山方面之敌进行防守。（二）一八九师部署高城左前缘大竹山至滚山一带，师司令部及直属部队位于杜家湾。（三）一七四师摆在一八九师右翼经滚山至凉水沟之线，师部及直属部队位置于厉山镇附近。（四）一七三师为总预备队，摆在第二线，部署在净明铺前端公路两侧高地，师部及直属部队位置于净明铺附近的乔家水寨一带。（五）军司令部及直属部队驻唐县镇附近的夏家湾。

会战开始后的战斗经过

在八十四军正面，战斗于 5 月 2 日开始，敌军一个步兵师团配合骑兵部队，以坦克作掩护，从应山、随县城分向我一八九师和一七四师阵地猛扑，敌机则对我地面阵地轮番滥炸。同时敌军一部压迫我均川、安居地区友军后退，其左翼部队也配备了坦克群和数十架飞机加骑兵部队，从孝感、云梦、应城、安陆方面沿汉水东岸京（山）钟（祥）公路进犯我二十九集团军。二十九集团军因装备较差，抵挡不住，向大洪山中心基地撤退。

我八十四军的一八九、一七四师，战斗一开始，在敌机械化部队不断冲击和敌机轮番滥炸的恶战中，伤亡惨重，几次发生了动摇。我严令全军，非有命令，即使到最后一人，也不能擅自撤离阵地，违者军法从事。他们坚持在阵地上与敌搏斗了两昼夜，曾一度击溃敌人的进攻。有的士兵见到敌军坦克横冲直撞，如入无人之境，气愤不过，便跳出战壕，爬上敌坦克，往车里扔投手榴弹。有的当敌步兵在坦克掩护下，冲到我战壕边，我们无法用火力制止，或因弹药用尽时，便在阵地上同敌人进行白刃战，虽伤亡很大，仍不退后一步。战斗进行到第 3 天（5 月 4 日），敌人由于经过两天猛烈攻击，未能突破我阵地，便改变攻击路线与攻击目标，专从山地向我大竹山、滚山两重要据点进行地空联合轮番猛袭，战壕全被夷平，防守大竹山的一个营伤亡过半，守滚山的一个营伤亡殆尽，终以劣势装备无法阻挡，被迫于当晚撤入第二线阵地应战（净明铺至厉山一带）。

为了执行上级指示，正面要坚持7天的战斗任务，我命令一七四、一八九师立即组织突击队进行夜袭，企图收复大竹山、滚山等重要据点未果。翌晨（5月5日），敌联合兵种继续向我第二线阵地进攻，此时又发现敌骑兵已由我一八九师左翼向高城地区疾进，企图截击我一八九师后路，该师又被迫放弃第二线阵地，向军部所在地夏家湾附近撤退。一七三、一七四师主力亦同时被迫后撤至唐县镇之线。与此同时，据悉我左翼桐柏山北友军阵地已被突破，敌骑向西疾进。我们判断，这显然是企图与正面进攻随枣地区之敌相呼应，围歼我军于枣阳地区。由于上述敌情的判断，我军为了迅速摆脱敌包围圈，决定以一七三师为后卫，掩护军主力先向枣阳集中，再作下一步行动计划。随县地区我军防守战，至此结束，进入枣阳地区的战斗阶段。

军部及一八九师之一部沿桐柏山南侧经鹿头镇于5月6日到达枣阳东地区附近集结，一七四师及一八九师之一部沿襄花公路经唐县镇、随阳店向枣阳转进，同日到达枣阳附近。军部和一七四、一八九师到达枣阳集结后，接战区长官部电令，着我军即在枣阳城郊占领阵地，拒止当面西进之敌，确保襄樊。

5月6日，敌联合兵种在唐县镇一带向我军后卫部队一七三师猛袭，虽经该师正面部队（凌云上之五一七团）坚强抵抗，屡挫敌锋，终因不能阻止敌优势装备的猛烈攻击，阵地被突破，该师被迫向北转移。敌机械化部队在敌机掩护下，继续沿襄花公路向枣阳疾进。5月7日中午，枣阳城南公路上和城西北地区，均已发现有敌坦克数十辆和大批骑兵活动，并开始向枣阳城西郊我守军阵地攻击。但敌军对我城西阵地的攻击，只是牵制，其意图是集中优势兵力，摆在城北面，将我军围歼于枣阳附近地区。我军部对敌情作出了如上判断之后，当即命令守城部队迅速脱离火线，于当日下午全军主力（缺一七三师，当时军部与该师已失去联系）经杨家当、苍台（新野县属）地区向新野、邓县（均河南属）方向撤退。5月8日，枣阳沦于敌手。

我军主力从枣阳撤退，虽已基本脱离了敌包围圈线，但担任后卫的一七四师周敬初团（五二二团）和一八九师白勉初团（补充团），于撤退对被敌截击或冲散，未能随主力转移。还有一七三师自唐县镇掩护军主力向枣阳撤退任务完成后，即被敌压迫北向鹿头镇转移，同时与军部失却联络。后来才知道，该师自唐县镇脱离火线后，未见敌军尾追，料敌主力一定直指枣阳，并有抄袭我军可能，该师乃决定分两路纵队由鹿头镇经清凉寺、小河街、太平镇等地区向吕堰驿以北附近集结待命。午后开始行动，不料该师钟毅师长直接指挥的左翼纵队（五一八团、五一九团及直属部队），行进至枣阳北太平镇与苍台之间地带时，便与敌遭遇被冲散，陷于各自为战状态，处境十分险恶。师长钟毅在距苍台五六里处河曲中与敌力战，壮烈殉国，所属随员及卫士数十人，绝大部分亦同时牺牲；该师五一八团团长李俊雄率领该团一部，在太平镇唐河东岸被敌围攻，李团长亲自督率所部与敌搏斗，终以弹尽援绝，李俊雄团长以下官兵数十人被俘。该师伍文湘的五一九团，在苍台北十余里唐河东岸被敌拦头迎击，经过激烈战斗，当晚主力向北突围。该师右翼纵队五一七团以及左翼五一八团主力（由副团长彭挺华率领），均因未能突出敌包围线，于次日午前退入祈义镇（河南属）以南山地休整待命。枣阳地区我军反包围战，至此告一段落。

军主力在枣阳西北地区敌后，当日深夜陆续到达河东岸杨家当附近宿营，次日（8 日）拂晓越唐白河向邓县撤退，9 日、10 日先后到达光化（距老河口战区长官部约六七里）附近集中，旋即投入反击战，卫护战区长官部的安全。

5 月 11 日（或 12 日），敌骑 2000 余越唐白河直扑老河口，企图冲击我战区最高指挥机关——长官部。由于长官部先已料到敌军这一行动，除派部队驰赴老河口东面约四五十里处竹林桥一带布防阻击外，并着八十四军即派有力部队（两个团）驰援，以便掩护战区长官部的安全，并做后撤的准备（其实，自八十四军越唐白河后撤时，战区长官部除作战处外，大都已越襄河向石花街转移。光化、老河口两镇居民亦已进行了紧急疏散，社会秩序非常慌乱）。越唐白河之敌，经我猛烈阻击，使其犯老河口企图未能得逞，退回唐白河东岸后，旋集结兵力转向双沟、张家湾之间，强渡唐白河，进袭樊城。

襄樊保卫战开始，我军奉令派一八九师驰援。这是，5 月 13 日、14 日的事。

当时，十一集团军总司令黄琪翔正在樊城直接指挥所属刘和鼎的三十九军（两个师）与敌在唐白河隔岸对战中，由于敌联合兵种的猛烈攻势，我三十九军阵地已呈动摇时，八十四军之一八九师星夜赶到，加入战斗后，我方阵地甫告稳定。不意三十九军当发现小股敌人在其炮火掩护下，强渡唐白河西岸活动后，便乱了阵脚，既不坚持抵抗，又不事先通知一八九师，便悄悄地陆续向樊城东郊撤退，使我一八九师突陷于孤军作战的危险境地。在这紧急情势之下，黄琪翔总司令才命令一八九师迅即转移樊城北面布防，负确保樊城及十一集团军总部安全之责。一八九师开始向樊城北面阵地转移时，虽已接近傍晚，但敌人仍衔尾追击，对我樊城守军展开全面攻击。战斗很激烈，右面之三十九军节节后退。夜半，十一集团军总部仓惶撤离樊城，向老河口方面去了。当一八九师发现右翼三十九军阵地战火沉寂，派员入城进行联系时，才知道樊城已是空城。而敌军则不知城内虚实，不敢入城，有由城北面空隙西窜模样。我一八九师根据这一敌情，为了避免敌军对该师的抄袭和对老河口的威胁（此时该师与十一集团军总部和三十九军已失去联系），当即派部队疾先占据樊城西面竹条铺公路附近，以便掩护全师向太平镇撤退。当该师先头部队到达太平镇时，接战区长官部电示，着即掉转队头，向樊城疾进，于是我军主力一七四师（缺五二二团）、一七三师一部，随即向樊城推进。与此同时，在桐柏山北面的汤恩伯兵团（一、五战区机动部队）一部向随枣之线推进，被敌截击留在敌后之我一七三师五一七团、五一八团主力和一七四师之五二二团，以及一八九师的白勉初团一部，则奉令继续在敌后不断向随枣地区、襄花公路敌交通运输线进行袭击。其他方面友军兵团，亦同时奉命对敌进行反攻。这就是五战区长官部“部署对敌反攻”的开始。时间是 5 月 14 日、15 日。

当我军樊城疾进时，犯樊城之敌正掉头转沿襄河左岸退去，在宜城附近强渡汉水，与钟祥西进之敌协同配合江南敌军，于 6 月中旬攻占我鄂西重镇宜昌市。但与此同时，进据枣阳之敌因受我各路反攻部队压迫，于 5 月 15 日放弃枣阳，向随县匆忙退去。16 日我军收复枣阳后，继续向前推进，基本恢复了原来阵线，枣宜会战遂告结束。

两件令人啼笑皆非的插曲

八十四军主力在枣阳西北地区脱敌后向老河口转移中，5 月 8 日傍晚，当部队陆续到达邓县县城，正在安营造饭的时候，城外忽响起阵阵枪声（其中杂有日本三八式步枪的枪弹声音），我们又以为是敌军追击来了，当即派少数部队登城还击，掩护其余部队分向西北城门撤退。因事出仓促，兼时入暮夜，秩序非常混乱，部队纷纷夺路向老河口方面退走，致有不少枪炮弹药和扛抬的辎重被遗弃，事后知道这是一场虚惊。事情是这样的：我们在行军中，没有同地方团队（河南内乡别廷芳控制的地方民团）取得联系，以致双方发生误会，别部以为我们是敌军，我们则将别部当作了日军所致。事情过后，别廷芳来信赔礼道歉了事。但此事足以说明“兵败如山倒”的士气问题。

当我各路军向襄花公路之线进逼时，进据枣阳之敌被迫放弃枣阳城向随县退去，在撤离的前一天，敌军将无法运走的一部分军用物资（包括占作仓库的民房）纵火焚烧，三十一集团军汤恩伯部便认为敌军已退出枣阳，一面发出该部反攻“克复枣阳”的捷报，一面向枣阳进发。不料当汤部到达距枣阳北数十里太平镇附近时，侦悉枣阳城内仍有敌军盘踞，于是汤部便悄悄回师。与此同时，八十四军之一部正由樊城向枣阳推进，获悉枣阳之敌当日（5 月 15 日）撤离枣阳，我便命部队兼程进驻枣阳城，并向长官部发出收复枣阳的电报。以致汤部的“克复枣阳”与我军的“收复枣阳”战报同时公布，谁虚谁实？使得各界人士特别是新闻界都莫名其妙起来。

一些经验教训

枣宜战役结束后，凡是参战部队，包括师、军以至战区长官部都曾集会，讨论会战的得失和经验教训，概分为 6 个问题。其中，关于战争双方的得失，关于掌握敌情和通讯联系，以至保存实力和战略部署与战术条件不协调的问题，议论很多，莫衷一是。现就回忆所及，谈谈自己亲身经历的当时军政关系和军民关系问题。

关于军政配合方面，在此次会战中，在八十四军防区内，随县、枣阳两个县政府及其所辖的乡保基层组织，同前次会战那样，一般都能配合部队作战的需要，动员群众进行侦探敌情、担任各种军需品的运输、伤员的抢运等工作。特别是随县县政府对我军留在敌后打游击受伤较重的人员 80 余人，虽然该县政府此时已转驻桐柏山中，在恶劣环境条件下，给伤员延医悉心治疗，使其全部复原归队，体现了军政配合一致的精神。

可是军民关系方面，表现很差。就整个战区来说，军民关系搞得不好，确是普遍存在的现象，只是程度上不同而已。据说在整个战区的几个集团军中，以汤恩伯三十一集团军军纪最坏。就是我带领的八十四军，军队风纪的败坏程度，也非我到任前所料及的。我当初到八十四军时，就察觉到这个军的军队风纪已非抗战初期可比，欺压民众者有之，嫖赌之风尤盛。所以我到职后，对整饬军队风纪相当注意，虽曾枪决了一个欺压老百姓的士兵，禁闭了几个聚赌的官兵。但积重难返，官兵嫖赌之风仍不能刹住，只是稍敛一时而已。平时同驻地居民，表面上还能相安，但一到战时，军民就分家了。尤其是当战争对我不利撤退时，军队风纪的败坏更显得突出，军民合作关系荡然无存，军队经过村庄，群众大都纷纷逃避，于是强拉民夫、掳掠人民财物等不法行为都发生了。所以在随枣会战过后，在桐柏、泌阳、唐河、新野一带，就流传有个民谣：“发，扬，光，大”，“奸，掳，烧，杀”（当时八十四军军部和各师臂章代号，军部是“发”，一七三师是“扬”字，一七四师是“光”字，一八九师是“大”字）。据我所知，奸掳是有的，烧杀则未发现。在八十四军，嫖赌，不但官兵搞，连政工人员也搞。一七四师政治部，上自主任，下至秘书、科长、科员，除极少数能洁身自好外，大都在防地凉水沟一带窝有姘妇，还半公开地聚赌（麻将、扑克）。军队风纪的败坏程度，可想而知。

记随北、枣阳、樊城战斗

凌压西*

一、战场的纵横形势

1940年5月，随枣第二次会战与1939年5月随枣第一次会战，虽时隔一个年头，而战场形势并无多大变动。第一次会战时仅随县城陷敌手，左翼仍由桐柏山东麓之小林店起，经天河口、高城、厉山跨越襄花（襄樊至花园）公路经安居、均川，沿大洪山东南前缘之柳林店、三阳店，右翼与襄河区第三十三集团军张自忠守备钟祥部队连接，全长约120公里，所有桐柏、大洪两山脉，既可作我左右翼的靠背，又是我阵线上最坚固的两大据点，左右并列于襄花公路随枣段两侧，并向西北绵延至枣阳东南，纵深均匀40公里，形成左右护卫，而且我第一线又占领在这两大山脉的东南边缘，阵地前面地形均较平坦，射界宽广，虽间有一些小山，亦不过是标高不大的丘陵地带，火力都易于控制。在地形上论，第一线除襄花公路正面较为薄弱外都属有利于我而不利于敌的。实际上我们已占进可攻、退可守的优势地位，但是为什么随枣第一、二次会战，都被日军击败狼狈后退呢？这就关系到战区

* 作者时任第五战区第十一集团军第八十四军副军长兼第一八九师师长。

和集团军高级指挥官的思想和机智问题，其中原因容后叙述。

二、会战前我敌动态

1939年5月间的随枣第一次会战，日军采用中间突破战术，集中主力向襄花路正面第八十四军（笔者时任该军副军长兼第一八九师师长）阵地猛烈攻击，所有左翼第三十一集团军汤恩伯部和右翼第二十二集团军孙震部的守备地区，均属佯攻牵制，并无激烈战斗。因此，在会战中，他们的阵地既无多大变动，人员亦少损伤，直至第二次会战时仍是各守原阵地。只有第八十四军单独与敌激战10余日，溃败向后撤退，途中又被敌骑兵和坦克袭击，迫使各师分途转进，至5月底始集中休整。第一八九师之第五六六旅第一一〇五团、第一一〇七团，因副师长兼旅长李宝琏投敌，被包围于大洪山，到6月中旬才由谢、周两团长率领归队。

全军集中樊城休整约两个月，第一八九师调枣阳归第二十二集团军指挥，担任襄花正面的警戒和轮流整训。军部和第一七四师驻樊城附近，第一七三师仍驻双沟、张家湾补充训练。

1940年3月间（日期已忘），全军集中枣阳，进出随县北面高城、厉山之线，接替第三十一集团军汤恩伯部的守备任务（第三十一集团军北移缩短守备地区）。日本华中派遣军藤田第三师团约2万人，自1939年5月第一次会战，集中主力击溃第八十四军，追击至枣阳后，因侦知襄花公路两侧之桐柏、大洪两大山脉仍为我第三十一和第二十二集团军占领，恐被我军左右夹击截断其后路的危险，只盘踞10余天，即自动退回随县，其主力仍分驻马坪港、应山和安陆一带休整，并委新投降之李宝琏为司令（番号不明）收编沦陷区汉奸、土匪约数百人，协助防守随县城，直至1940年第二次会战前，始将这些伪军调往平汉路花园以东地区驻扎。当这些汉奸部队尚驻随县时，我曾利用黄学会会员引导我军便探入城与李宝琏联系，得到一些敌方情报，李还对我便探说，他是身投敌心不投敌，必定将他知道的情况，忠实相告。不过日军对李宝琏并不是十分相信，所以他的活动范围，也只限于随县附近，有关敌方的重要情况，仍无法得到。而且日军在准备第二次会战时，就先将他调走，怕他泄漏机密。在李宝琏调到新地区后，我以为他深居敌后，知道的情况会更多，仍继续派遣便探向他收集情报，结果大失所望，据说李宝琏自调到新地区后，已不负任何作战和警戒任务。日军要他专门从事训练，活动范围，比在随县时更为狭窄，连日军的官兵都很少见到，敌情就更不清楚了。由此可见，日军对伪军是防而不信的，以上是随枣第一次会战以来我、敌的动态。

三、会战时敌我的军事部署

（一）敌情：这次会战是日军发动的，敌调动了华中派遣军的大部兵力，企图歼灭我第五战区主力，侵占襄、樊，消除武汉威胁。自 1940 年 4 月间，就发觉第一次会战时返回休整的藤田第三师团陆续向马坪港和随县城郊增加兵力，并由武汉增调来了两个师团（番号不明）。及至 5 月中旬会战爆发时，所有从信阳地区经岩子河、平靖关、应山、马坪港、安陆、京山和襄河区的钟祥前面等各要点，兵力共约 6 万多人，有步、骑、炮、工、辎和坦克等兵种，还有空军和系留气球等助战部队，其主力则集结于应山、马坪港、安陆等地区。

（二）我军：我军的作战部署，与第一次会战无甚差异，第三十一集团军汤恩伯部第十、第十三军两个军和骑兵、炮兵各一部，占领桐柏山东麓之小林店、祝林铺、天河口间之线。

第十一集团军黄琪翔部的第八十四军，占领高城、厉山之线。

第二十二集团军孙震部的第四十一、第四十五军两个军和炮兵一营，占领随县西北之安居、均川沿大洪山东南麓柳林店、三阳店，右翼与襄河区第三十三集团军张自忠部连接。

第八十四军（军长莫树杰）于 3 月间在枣阳集中后，即向随县北面推进，在接替第三十一集团军高城、厉山之线的防务时，即作以下的战斗部署：

1. 以第一七四、第一八九师两师为第一线部队，第一七三师为第二线部队。

第一八九师师长凌压西率该师第五六五团（团长谢振东）、第五六六团（团长王佐民）、第五六七团（团长周天柱）和补充团（团长白勉初）占领高城左前方约 3 里之村庄（地名已忘）前沿向右经大竹山至滚山之线为左地区守备队，师部及直属队位置于杜家湾附近。第一七四师师长张光玮率领该师第五二一团（团长苏武扬）、第五二二团（团长周敬初）、第五二〇团（团长陆龙）和补充团（团长秦汉）占领左接第一八九师右翼经滚山至凉水沟之线为右地区守备队，师部及直属队位置于厉山附近。第一七三师师长钟毅率领该师第五一七团（团长凌云上）、第五一八团（团长李俊雄）、第五一九团（团长伍文湘）为第二线部队，占领净明铺前端公路两侧高地，师部及直属队位置于净明铺附近（该师缺补充团）。

2. 各师进入阵地后，即从速构筑野战工事并逐步加固，同时架设前后方的通讯网。

3. 军部位置于夏家湾，各师须派出联络人员与军部联系并认识军部与师部间的交通路线。

第八十四军的任务，是接替第三十一集团军这一段防务，但在我军到达阵地前两日，第三十一集团军的部队已向天河口撤走了，未按两相交接的规定执行，如果敌人乘机入侵，对整个战区的影响，那是不堪设想了。

四、会战爆发和随北第一线战斗

第八十四军自 1940 年 3 月间接防后，至 5 月上旬的两个月中，前线并未与敌接触，日军虽在 4 月下旬就陆续由其后方增兵，但均未迫近我阵地，每日只有一些飞机和高悬空中的系留气球向我阵地前后方侦察和监视，我们虽根据探报知道敌人最近要发动大战了，但除了督促前线部队加强工事和提高警惕、日夜严密监视外，便没有什么可以准备的，后方也没有部队和装备调拨补充，只凭原有的人员装备和全体官兵坚强的战斗意志去迎击即将向我进攻的敌人。

5 月中旬一天（应为 5 月 1 日——编者注）的拂晓，会战的序幕终于揭开了，天一放亮，敌人的炮兵先以密集炮火向我阵地前后轰击，与此同时，敌骑兵和坦克掩护其步兵纷纷向我全线阵地进攻，一时枪炮声震耳欲聋，很快就进入剧战阶段。天大亮后，敌机分批轮番在我前后方侦察和轰炸，系留气球也特别接近我战线前方上空监视，战况颇为紧张。但我前线官兵在旬日以来已预知敌人要发动这次大战，精神上早有准备，故在战况转入剧烈的情形下尚能沉着应战，虽伤亡迭出，全线仍毫不动摇。根据当前战况判断，敌人同第一次会战一样，又采取了中间突破的打法。因为第八十四军这一段阵地，不独在地形上是一个薄弱环节，就兵种兵力配备上，也是一个薄弱部分。不但敌人认为是直接夺取襄、樊的捷径，就是我方也早已料到了。敌人不攻则已，攻则必踏着他去年的旧脚印而来。加之在开战后得悉是左、右翼友军的第三十一和第二十二两集团军的正面，敌人还是采取虚张声势、佯攻牵制的打法，这就更证实了我们的判断是正确的。但是，战区和集团军的指挥者，竟毫不在意。因而在第八十四军接防后，请求调派工兵部队、拨发工事材料、构筑半永久性的防御工事，以补救地形的缺点，并加配炮兵部队等，均未得到批准。在开战后，他们只知一再以严厉的命令，责成第一线的官兵要与阵地共存亡。第八十四军的阵地是唯一薄弱点，既无险要可凭借，又无强固工事可利用。只靠单纯的步兵火器去抵抗敌人的步兵、骑兵、坦克和飞机大炮的联合攻击，因此，在开战的第一日下午，第一八九师守备地区，通过田基之一段阵地，就被敌人的炮火轰击和坦克、骑兵冲破了两个缺口，幸赖我侧防火力交叉扫射，敌才不敢深入，夜里遂自行退出，我始得乘夜修复已破之缺口。

第一七四师阵地，自拂晓至下午，也同第一八九师正面一样，遭到敌人各兵种的联合攻击，战况非常激烈，但伤亡不大，阵地也尚安全。本日敌人的攻击重点，是左守备地区的第一八九师方面，所以第一八九师的伤亡比第一七四师大。开战的第二日，敌人改变了攻击路线，专由山地窜进，袭击我重要据点。如右守备地区第一七四师之滚山，第一八九师之大竹山，均为敌的攻击重点。战况比昨日更加惨烈，敌专以大炮为其主要攻击武器，炮声竟如机枪声一样稠密，加之敌机又轮番轰炸，敌炮确是对我们的致命打击。因为其系留气球是炮兵最优越的观测所，我全线掩体内的重机枪，只要一射击，就会被敌炮击中。阵地后的迫击炮（第八十四军未配属有炮兵）亦被敌人系留气球发现而受到敌炮火的损害。因此，在敌炮轰击、敌人尚未接近我前沿时，我阵地上步、机枪和迫击炮全部停止射击，待敌炮火延伸射程时，则出敌不意迅猛射击。果然使敌人仰马翻，死伤惨重。敌坦克虽仍继续前进，但在攀登我阵地前人工削成之陡坡时，即被我手榴弹所阻止，并以急转弯向后逃走。这一仗敌人以步、骑、炮、空、坦克联合攻击，企图一鼓作气夺取我阵地之主要据点（大竹山），结果被我击退了。但是，日军是不甘心失败的，大约在当日下午2时左右，当我守兵正在修复被毁阵地时，敌炮兵又复炮击，炮弹竟如雨点般落在我阵地上，未及两小时，我大部分战壕被填平或被炸成漏斗状，阵前人工切削的陡坡亦被炸平，我守兵的伤亡亦惨重，因不能阻止敌人的突袭而撤回第二线阵地。幸时已入夜，敌占我据点后，未向我追击，我残存的守兵得以安全进入第二线阵地。

第一七四师守备地区由滚山至凉水沟之线，拂晓后亦同样遭受日军的步、骑、炮、空和坦克的联合攻击，损失惨重。当第一八九师转入第二线阵地时，该师亦先后转移到厉山前面之第二线阵地。

第一八九师转入第二线阵地后，认为日军不善夜战，即由预备队选派战斗意志旺盛和勇敢的官兵，组成夜袭队，向敌夜袭，企图收复已失之大竹山重要据点。日军虽不善夜间攻击，但是依靠其优越的装备，夜间防御仍相当坚强。且在占领我阵地后，很快将我阵地改造而为他所利用，当我夜袭队接近据点时，日军的火力十分稠密，加之其有探照灯和照明弹，使我军无法突进，乃乘夜退回。

战斗的第三天天亮后，敌人仍如昨天一样，向我第二线阵地进攻，然我军的战斗力则与昨日大不相同了，因第二线阵地只有一些散兵坑，既无战壕供掩蔽，更无交通沟可资运动。官兵看到敌阵内的气球升起，就好似敌人已站在头顶上一样，加之单靠步兵火器，抵抗各兵种具齐和装备优越的敌人苦战了两昼夜，左、右集团的友军又不支援，后方又无部队增援，官兵则产生了畏敌心理，战斗意志也随之低落了。所以本日前线无激战，敌人节节进迫，我军步步后退。至中午时，两师第一线的部队都退到各师师部附近，第一八九师师部所在地的杜家湾，已受敌炮轰击。不久，敌人的机关枪亦向师部扫射了。与此同时，还发现敌骑已由我左翼向高城前进，几将第一八九师的后路截断。当此紧急情况下，我即以电话向军长请示转进路线和尔后集结地点，电话尚未接通，前线部队已纷纷退过师部两侧。我即令第五六五团为后卫，向军部所在地之夏家湾撤退。此后，随军部沿桐柏山南侧经刘家河、吴山店鹿头镇、太平镇向枣阳转进。第五六六、第五六七团和补充团则与第一七四师沿襄花公路经净明铺、唐县镇、唐王店、随阳店至枣阳集中。

第一七三师原为第二线部队，在净明铺附近已构筑有野战工事，负有在第一线阵地失守时即展开战斗阻击敌人的任务。但由于师长钟毅思想麻痹警惕性不高，只派一些哨兵在工事地区警戒，当第一线部队退到净明铺时，敌人的坦克和骑兵又衔尾追至，该师的部队竟不能展开进入阵地，即随第一线退下的部队撤回唐县镇，改为掩护队，掩护军主力转进，与来追之敌激战甚烈，虽能达成任务掩护军部安全撤退，但在脱敌转进时，秩序混乱，队伍掌握不住，师部和各团分为四路转进，致被敌人包围各个击破，钟毅师长阵亡，第五一八团团长李俊雄被俘，损失很大。

第八十四军由随北战线退下的部队，除第一七三师外，军部及第一七四师、第一八九师，在脱离战场后的第二日都先后到达枣阳集中。

五、枣阳阻击战

1940 年大约是 5 月 21 日，第八十四军（缺第一七三师）集结枣阳时，即接到第五战区长官李宗仁的命令，着即就枣阳城郊占领阵地，拒止西进之敌，确保襄、樊之安全。军部奉命后即召集到达枣阳部队营长以上的军官会议，传达命令和分担任务。因敌情紧急和时间短促，来不及构筑工事，只利用城墙和东、西郊的自然物为掩体进行阻击。在军部到达枣阳的第三日中午，枣阳城南门外和公路上，已发现敌人的坦克和骑兵，但只往来侦察，并未向我攻击，我城上的守兵向敌射击，亦未还击。入夜后有一些间歇性的步、机枪声，这是由于我守兵在新败后惧敌心理的影响，风吹草动，即疑是敌人来袭，便以枪声壮胆。翌日（即到达枣阳的第四日）拂晓，敌人才以坦克、步、骑、炮联合向我阵地攻击。战斗开始后，敌对枣阳城只以飞机轰炸和炮火轰击，主力则集中攻西郊我山坡上的阵地，企图绕过城北截断我城内守兵退路，包围歼灭。我初在山坡下与敌激战，因地势缓斜，致被敌骑兵和坦克很快冲进阵地，迫使我节节后退。幸半山以上，山势转陡，敌人的快速部队因受地形限制无法攀登，我军才站住了脚，并且占了顶界线，居高临下发挥了机枪和手榴弹的威力，把敌压制于半山下，成对峙状态。下午 1 时左右，发现敌骑兵约六七千人，坦克三四十辆，由枣阳东北之吉家河向我左后方急进，其先头已接近军部附近，几将我军包围于枣阳地区。为此，不得不急令守城和城外部队迅速撤退。当前线部队尚未完全退出阵地时，第一八九师师部已被敌骑兵袭击，秩序混乱，于是军部和第一七四、第一八九师遂沿唐河左岸迅速后退，直至杨家垱附近渡过唐河后，始跳出了敌人的包围圈，当晚即在离唐河西约 4 公里之村落宿营。第一七三师自唐县镇掩护军主力转进后，即与军部失却联系，情况不明。第一七四师之周敬初团、第一八九师白勉初团和门国安营均于枣阳撤退时被敌冲散未随主力转进。这些部队沿途都与军、师部联系不上，直至我们转进到老河口时，始知第一七三师自唐县镇脱敌后，分两纵队向唐河西岸吕堰驿撤退，在枣阳东北与敌遭遇被击散，团长李俊雄退至唐河东岸无法渡河被敌俘去，钟毅师长只率护卫兵 20 余人逃至苍台镇被敌围击阵亡。第五一七团和第五一八团残部转入祁仪山，周敬初团和白勉初团之一营亦在该山内与第一七三师之两团会合，后与长官部电台取得了联系，旋由长官部直接指挥，在敌后进行游击战，收到了一定的效果。只有第五一九团在唐县镇先行撤退，未被包围截击，但队伍仍极散乱，分批退回光化。

军主力在唐河西岸宿营一夜后，次日拂晓即决定向邓县转进，在邓县收容集结队伍，再开回老河口，不料在下午 6 时左右，大部分队伍已进入邓县城正在分配宿营地的时候，忽闻城外枪声四起，当时刚进城的部队，即迅速登上城楼还击，城内部队均以为是敌人追到，不及抵抗，即纷纷向西北退走，人多街窄，秩序十分混乱，所有驮载之步兵炮、重机枪和扛抬的辎重，多数被遗弃街道上，队伍退出县城后，已是晚上八九时，天黑加下小雨，实际情况一时无从探悉。由西门出城的部队取道林扒、孟家楼回老河口，从北门出城的部队则绕道村回老河口，在离邓县的第二日下午和第三日中午先后到达光化城附近集中。

在离邓县城之翌晨，始接到我后卫部队被袭击的报告，才知道昨日下午突然向我袭击的不是日军，而是河南内乡地方主义别廷芳的民团。部队集中后，各官兵对此非常愤恨，主张立刻派队围剿，以靖后方。后来由长官部向邓县县长交涉交还被收缴的武器和辎重了事。

六、樊城近郊激战

第八十四军在枣阳阻击战失利退却时，尾追的敌人，既不入侵新野，也不向邓县追击，只以大队骑兵（据说约 2000 多人）由排子河附近渡河，竟向老河口东面约 40 余里地区突进，企图将李宗仁长官一军。幸长官部预先看到了敌人这一步棋，派出警卫团先到该处（地点记不起）阻击，及第一八九师到达老河口时又急派我率两团驰往增援。及我率队赶到时，敌骑已被击退，并打死敌战马 10 余匹。日军见这一军将不倒后，仍退回唐白河东岸，增加兵力再由双沟、张家湾之间强渡唐白河，袭击樊城。长官部复令第一八九师驰援，由第十一集团军总司令黄琪翔直接指挥作战。第一八九师星夜开到樊城时，天已大亮，黄琪翔即令直开唐白河前线协助友军拒止敌人渡唐白河，巩固襄、樊。当我继续率队到达战地时，已闻炮声隆隆，敌人与我友军正在隔河对战中，战况已相当激烈，友军第三十九军指挥官对我们很客气地说：“你们远道乘夜开来，官兵已相当辛苦了，请在阵线后方暂为休息，必要时再请加入作战。”约在当日下午 2 时左右，接到友军通知，敌人已强渡唐白河，在河岸下占领阵地，借其东岸炮兵掩护，猛向我军突击，要我师加入战线中部战斗，以便友军左右移动，增强两翼兵力。当我师部队加入战斗时，敌因受我新增火力的猛烈射击，均隐伏在河岸下一时不敢前进。但友军自我师加入火线后，不是向左右移动增厚两翼兵力，而是陆续向两翼撤退，陷我师于孤军作战，使敌人乘机向我左右翼突进，形成对我师的包围态势，我虽以预备队增加两翼，但在敌众我寡情况下，仅支持了两小时，约在下午 4 时即随友军之后，向樊城近郊撤退。队伍到达樊城附近时，已近黄昏，旋有第十一集团军派来传达命令的参谋，传黄琪翔总司令的命令，着第一八九师即在樊城北面约四五公里之森林边缘占领阵地，迅速构筑工事，坚决抵抗敌人，保卫樊城。衔接第一八九师右翼跨过公路至襄河边一线为友军第三十九军防守。第一八九师刚展开进入阵地，即发现来追之敌出没于我前方，敌骑左右驰骋往来侦察，正当日暮时，敌人即以小迫击炮向我阵地轰击，步、机枪亦同时发射，我方即予以还击，一时枪、炮声甚密，战况似属顿趋激烈。时东门外（友军阵地离东门仍有 5 公里多）枪声更加稠密，而且越响越近。约夜里 10 点钟左右我派人向友军联络，得悉，友军方面被敌人夜袭，战况十分激烈，已向东门后退，距离城门尚有七八华里。当夜约 11 时许，总司令部参谋长打电话给第一八九师师长，传达总司令黄琪翔的口授命令说：第一八九师的任务是确保樊城拱卫总司令部，无论如何都不能撤退，总司令坐镇樊城，情况紧张时，还要亲到你们阵地去巡视。我即对师部参谋长和各处长说："总司令很镇定，坚决要固守樊城，情况这样紧张，敌人离我近，总部不但不转移，总司令还说要到我们阵地来巡视，我们必须迅速将此情况转告前线官兵，要坚决固守阵地，保卫樊城，才能对得起总司令。"但我心内考虑，樊城城内战斗部队只有总部一个特务营，又未构筑有城防工事，右翼友军的战斗力，比在随枣两次战败的部队还弱，在这种条件下，樊城能够固守吗？约深夜 1 时，忽据与右翼友军联系之副官报告，东门外情况十分紧张，友军不能阻止敌人进攻，现已退到东门附近，东门城楼原是总部特务营防守，现城楼上已空无一人。我即将情况转报总司令，但电话不通，以为线路发生故障，即派通讯兵沿线路检查，不久，查线兵来电话说：线路并不坏，但总部总机已拆除，总司令部不知迁移到什么地方去了。

当时我甚感奇怪，总部是直接指挥我们的机构，转移为什么不通知我们，战况又如此紧张，今后如何联系？当时一面以无线电向总部联系，一面复派参谋一人率武装士兵一班，迅速入城了解总部去向，约个半小时，侦察人员回报，证实总部已转移。据附近居民说："约夜 12 时，总部就全部出城，沿公路向老河口方向去了。"到了次晨 3 时左右，据联络员报告，友军已由樊城南门外渡襄河退到襄阳去了，但敌人既不追击，也不进城，现正由城外向西门方面前进。我据当前情况判断，敌企图将我师包围歼灭。如果敌先占公路（樊城通老河口）直向太平店窜进，不独第一八九师无退路，即长官部也要受到直接的威胁。当即派出师总预备队的一个营，迅速占领竹条铺公路附近，阻击敌向我军侧后窜进。在危急中，总司令部的无线电又联系不上，即决定先向太平店转移。当我先头部队将到太平店时，即遇长官部派人来通知：第一八九师不能再向老河口撤退，在太平店集结队伍后，仍向樊城前进，坚决阻击来追的日军，长官部已决定派部队增援。于是，第一八九师即复向樊城前进，当晚在竹条铺附近宿营，次日继续向樊城探索前进，始悉敌人已于昨日下午由襄河左岸向钟祥方面退走。长官部派来所谓增援部队，即第八十四军军部及第一七四师与第一七三师之一部，也因敌已远退，不加追击，即分驻樊城附近，从事休整。随枣第二次会战遂告结束。

宜昌战役经过

方 靖 杨伯涛*

日本侵略军于1938年冬侵占武汉后，为巩固这一战略重镇的盘踞，并开拓其外围阵地，西向江汉平原、南下粤汉铁路继续向我进攻。1939年冬，我第五战区曾发动一次规模巨大的攻势，由信阳、桐柏亘汉水下游全线一齐出击。这次攻势激战近月，虽然以准备不周，部署有失，未能取得重大战果，但日军方面也严重陷于被动挨打的局面。

1940年，日军亟思改变这种不利局面，遂于当年春季对我军发动攻势，一度肆虐襄樊、湘北地区，终以失败而退，敌之被动局面毫未改变。于是敌又改变战略目标，调集兵力夺取宜昌。

宜昌这座依山傍水的城市，是陪都重庆的门户，雄踞长江上游，俯瞰江汉平原，人口众多，物产丰富，绾毂南北交通，便于大兵团运动，是一座进可以战、退可以守的战略要地，无疑应该以重兵据守，确保安全。但是由于李宗仁及第五战区司令长官部对敌情判断错误，匆忙将守备宜昌江防的两个主力军调离宜昌，“举军而争利，则不及”，以致宜昌成为空城，为敌所乘，

---

* 作者方靖时任第五战区长江上游江防军第十八军第十一师师长，杨伯涛时任长江上游江防军第九十四军第一八五师第五五三团团长。

旋踵而失陷。

宜昌的失陷，对于重庆统帅部构成严重威胁。城陷之日，国民政府大为震动，乃仓皇拼挡一切，力图挽回危局。幸赖祖国山河雄伟，关隘险峻，顽敌望而生畏，趑趄不前，重庆统帅部赖以偏安一隅。

方靖、杨伯涛均曾参与宜昌战役，方靖时任长江上游江防军第十八军第十一师师长，杨伯涛时任长江上游江防军第九十四军第一八五师第五五三团团长，继后杨伯涛又曾在陈诚任司令长官的第六战区司令长官部任参谋处处长，和参与宜昌战役友军将领交谈往事时，亦多谈及是役，因此对宜昌失陷前后情况比较了解。

一、武汉失陷后重庆统帅部的应敌计划

武汉失陷后，日军已深入我国腹地，战场广袤，犬牙相错，以武汉为中心的敌我态势，概况如下：

日军方面：武汉以东长江两岸的广济、黄冈、安庆、九江、南昌、黄石、鄂城；武汉以北的黄陂、平汉铁路南段的信阳、广水；武汉以西汉水下游东岸的沔阳、钟祥、随县之线；武汉以南粤汉铁路线的咸宁、岳阳，以上均为日军占领的前沿阵地。

我军方面：除以上所述在江西、安徽、河南、湖北、湖南日军所占领的据点城镇外，广大地区具为我所有；鄂西北的襄阳、樊城、枣阳、宜城、沙洋、潜江为我军有力部队所集结的区域。

根据以上情况，重庆统帅部策定应敌计划，以李宗仁为司令长官的第五战区司令长官部置于襄樊以西的老河口，北与程潜（后卫立煌）第一战区、南与薛岳第九战区联结。第五战区作战地境：南起宜昌、监利、荆沙（含长江沿线），北迄信阳。这个战区的地形良好，依傍汉水的阻绝和大洪山、桐柏山作屏障，进攻退守具有凭借，对日军作战居于有利态势。这一地区的物产也较之其他战区远为丰富，军需供应，不虞匮乏。特别这一地区的人民群众得风气之先，卫国保家情绪甚为激昂。对日作战条件是好的。

当时，第五战区的战斗部队合计有7个集团军、1个江防军，辖20个军，50几个师，4个警备旅；此外，还配属有炮、工、通讯部队等特种兵，全部兵员当在40万人以上。

二、长江上游江防司令部和江防军的编组

1938年武汉会战时，陈诚任武汉卫戍总司令，负责指挥这一战役。在此以前，经过淞沪、南京、徐州几次大战，很多参战部队人员装备损失很大，有一些地方及杂牌部队和军政部挂不上钩，得不到补充，于是有的径向武汉卫戍总部联系。陈诚为了加强守备武汉兵力，乐于收容补充。郭忏（时任武汉警备司令兼武汉卫戍总部参谋长）的第九十四军就是这时成立的，其属下各师情况如下：原属韩复榘的第五十五师，派柳际明为师长，后李及兰继任；原武汉警备旅扩编为第一八五师，派方天为师长；第一二一师是贵州地方部队改编，师长牟廷芳，团、营长多是黄埔学生。

武汉撤退后，郭忏任长江上游江防司令，参谋长杨业孔，司令部设于宜昌，看守重庆大门。担任江防守备任务的部队，先是周嵒第七十五军，下属沈澄年第六师、朱鼎卿（先为方靖）第十三师、傅正模预备第四师。第七十五军和第九十四军当时成为江防军的骨干。以后再加入肖之楚第二十六军，下属王修身第三十二师、丁治磐第四十一师、陈永第四十四师。正在整补的李延年第二军，下属张琼第九师、王凌云第七十六师、张世希新编第三十三师，控置于巴东、秭归附近以为声援。

这时，我国的军事工业，仅能生产少数步枪、机枪、手榴弹、迫击炮等轻武器，坦克、大炮等重武器俱付阙如。如江防军所属石牌要塞，杨伯涛曾到封锁长江航道的炮兵阵地参观，这样一个要点，只配备苏联援助的野炮数门，而这几门炮又都是第一次世界大战时的产品。整个江防军除迫击炮外，连山炮都没有一门，和装备优良的日军作战，主要是靠民族气节。

江防军共辖有4个军、12个师，约8万余人。

三、以巩固宜昌为核心的江防军作战计划

1940年春，江防军的作战地境为长阳、宜都、沙市、潜江、岳口之线，右与薛岳第九战区相联结，以南有第九战区的彭位仁第七十三军、周翔初第八十七军，位置于公安、石首地区。江防军左与张自忠第三十三集团军相联结，其作战地境为荆门、钟祥、旧口之线。江防军第一线阵地是以汉水为屏障，与敌隔河对峙，右自潜江沿汉水西岸经沙洋至旧口。以肖之楚第二十六军担任潜江至兴隆庙之线的守备；以第九十四军一个师担任由兴隆庙迤北经沙洋至旧口汉水西岸的守备；一个师位置于当阳附近；以一个师担任宜昌附近工事的构筑。这时郭忏仍兼军长，军部与江防部一起办公。周嵒第七十五军位于荆门、当阳地区并担任工事的构筑；李延年第二军仍在巴东、秭归整训。江防军当面之敌为日军第十三师团及骑兵第四旅团的一部。

江防军作战计划：主要是凭借汉水水深不能徒涉所形成的地障，阻止敌人不得渡河西进。右地区潜江至沙市一带湖沼密布，是水网地带，敌人不易活动，因而把重点保持在左地区第九十四军守备的沙洋、旧口方面。这一地区靠汉水西岸是平原，向西10余里是丘陵地带，有几条公路通向宜昌，再往西则是山岳地带。江防军除了重构筑汉水前线阵地外，还在沙市、建阳驿与荆门之线构筑第二线阵地；在当阳沮河、漳河之线构筑第三线阵地。在宜昌城周围构核心阵地，特别在靠近城北的镇境山、东山寺构筑半永久性工事。此外，还考虑到万一宜昌不保，日军如进窥西蜀，长江以北有大巴山脉，基本不能用兵；陆路只有由宜昌西岸安安庙经木桥溪、野三关至恩施的一条路可以入川。故在宜昌西岸曾家畈、王胡子冲、北斗山依托长江构筑预备阵地；再往西经野三关通恩施的道路上，则选择要点构筑骨干工事，如盛天观、槐树店等设独立据点。在1940年前后，江防军各部抽调一部兵力专任阵地工事构筑的任务，所有纵深阵地线的工事，都是正面向东，没有考虑到敌人万一从北面南下的问题，也就没有构筑守势对北面的钩形阵地。

四、宜昌会战前的日军态势

宜昌会战之前，江防军当面的敌人仍是日军第十三师团和骑兵第四旅团的一部，其他区日军，根据当时不完全的情况通报，计有位置于信阳、广水间的第六师团，位置于随县、应山地区的第三师团，位置于天门、孝感、黄陂、武汉附近的第三十九师团、一一四师团，骑兵第四旅团及其他师团的位置番号不明。第五战区当面敌军的兵力，总计不超过 6 个师团，再加特种部队，约 20 万人。日军的装备则占有优势，几乎每个联队（团）都有小钢炮和配属的山炮兵；师团有野炮。每次战斗，都先是一阵炮击，替步兵开路。在公路和便于运动的平坦地上，则使用轻型坦克，但数量不多（不超过 10 辆）。日军使用的都是 15 吨以下的轻型坦克，装甲不厚，重机关枪对之近距离成直角水平射击，并用破甲弹，子弹初速大，可以贯穿甲板；集束手榴弹爆炸履带，也很有效。日军空军则占有绝对优势，制空权完全为其掌握。当敌机发现我军部队，就轮番投弹扫射，纠缠不已。我军对日机肆虐，非常头疼。如 1939 年江防军发动襄河冬季攻势中，攻击受挫，部队撤退时，在汉水长垴渊架了一座浮桥，被日军侦察机发现，招来一队轰炸机，对我渡河的密集部队投弹轰炸，使我遭受很大伤亡。当时杨伯涛任第九十四军第一八五师第五五三团团长，于完成攻击任务后奉命撤退，率队刚跨过浮桥，后续部队还很多，争先恐后拥挤不堪，浮桥被炸毁，多人溺水毙命，蹶状甚惨。杨伯涛受命掩护，命令全团不顾一切，将所有机枪、步枪一齐向低空飞行的日机瞄准开火，呼啸的子弹在空中组成弹幕，日机终被驱散，停止了攻击，因而得以修复浮桥，渡过全军。

宜昌战役之前，日军以近 6 个师团的兵力，占领湘北和湖北大部以及河南的一部土地，对如此广阔的地区，不能处处设防，分散兵力，都是选择津要构筑坚固据点，互相策应。在江防军正面的日军，也是依托汉水，就岳口、张港镇、多宝湾、旧口亘钟祥之线，占领据点，构成第一线阵地。日间，敌派遣小部队在两个据点的空隙中巡逻。其后方钟祥至京山公路、汉宜公路等地，则稀稀疏疏占了一些要点，保护交通。因此我军进入敌后的游击部队，活动范围很大，日军为了应付我军袭击，也不得安闲。

日军对付我游击部队，有一套呆板式的分进合击战术，决不让一个据点的部队单独离开据点对我游击部队作战，而在感到受游击队威胁时，采取数据点出兵、分进合击的态势，企图一举歼灭。我们游击部队只要掌握了日军这个规律，就可以从容对付而不受损失。如 1939 年 5 月，杨伯涛的第五五三团受命渡过汉水，挺进汉宜公路，破坏敌后交通。在守备部队牟廷芳第一二一师的协助下，由沙洋东岸敌据点罗汉寺与多宝湾的间隙，在夜间一举渡过汉水，进入汉宜公路两侧袭击运输车辆，破坏通讯设施。部队每天在夜暗时，变换宿营位置，使敌军捉摸不定。

为了不受分进合击的敌人所包围，杨伯涛团选定宿营的位置，不在敌据点群中心，大胆地靠近敌人据点一侧附近，敌人知道了也不敢出来打，纵然出来，我们已摆好口袋，正好揍他。这样拖了 20 多天，天天跑路，部队是很疲劳的。杨伯涛感到部队有休息之必要，选定了倒灌溪这个有利地形。倒灌溪位于京山和汉宜公路上瓦庙集之间，在东西延绵的山地，中有小盆地，水不能外流，只通向地下河流走，故称倒灌溪。只有两条窄隘的蹬道能通行人马，可以固守。全团整整休息了 3 天，第 4 天敌人果然来了，由东、南、西三面向倒灌溪我阵地进攻，但限于地形，只能在南面的两条隘路前和东面连绵的山地展开攻击，不能形成四面包围。敌人先是一阵炮击，然后步兵向我军发起冲锋，在敌进入隘口时，我阵地排枪齐发，打死了一些敌人获步枪 10 余支；南面的敌人三次冲锋，都被打退，没有前进一步。东面的敌人受我制高点阵地的瞰制射击，敌人兵力也不多，无所施其技，与我成对峙状态。双方激战至下午 4 时，当面敌人既不继续积极进攻，也无撤退模样，相持至夜，仍保持接触。杨伯涛判断：必定是敌人在等待北面京（山）钟（祥）公路上据点的敌人，一道前来合围，我军蹲在这里挨打很不利，决定乘夜向北转移。为了不愿向敌人示弱，并造成敌阵的混乱，特选派一名周排长，带一排人下山，绕道至南面敌之宿营地，施行夜袭。敌军顿时手慌脚乱，起来打枪打炮。我们这一排夜袭敌军勇士也未深入恋战，安全撤退。

6 月 20 日晚，第五五三团向京钟公路以北山地转移，拂晓后回头一望，

4架敌机正在倒灌溪上空盘旋，不断投弹扫射，地面炮声隆隆，不由得付之一笑。以后日军虽知我军位置，但未积极进攻，只是面对崇山峻岭中的险要地形，打一阵炮就走了。我搞破坏，敌搞修补，各行其是而已。

五、日军发动探索性的春季攻势

1940年2月，日军对桐柏山区、江汉平原、鄂西北重镇襄（阳）樊（城）发动了一次攻势。我军担任桐柏山、襄樊、随枣、大洪山区守备任务的是黄琪翔第十一集团军、孙震第二十二集团军、汤恩伯第三十一集团军；担任宜城沿汉水西岸至荆门守备的是王缵绪第二十九集团军、张自忠第三十三集团军，这两支部队由张自忠统一指挥。这次战役，日军攻击的重点是襄樊，曾在随枣地区发生激烈战斗，由于日军攻势猛烈，我军纷纷后撤，很快丢失了襄樊。这时守备汉水西岸的张自忠将军，抗日意志坚强，在作战指挥上进取心甚为旺盛。看到日军主力到了襄樊，后方空虚，有机可乘，决心转移攻势。命令所指挥的两个集团军全线出击，并亲自率领第三十三集团军的主力，跨过汉水东岸，进出钟祥以北洋梓镇、长寿店地区，向日军侧背猛攻。日军后方感到重大威胁，出乎其意料之外，于是放弃襄阳，退守随县之线。这次战役的迅速结束，张自忠将军实有大功。而在日军方面，则从这次探索性攻势中摸清了地形，了解到李宗仁第五战区的作战部署，为尔后宜昌大会战取得了经验。

六、日军声东击西展开宜昌战役

1940年5月，日军为了彻底肃清我军在江汉地区的扰袭，免受牵制，节约守军，便于运转兵力，并抢劫资源，以确保武汉的安宁，企图将我军驱逐于大巴山以西，而将谷口封闭，以窒息我军，从而改变战场态势，使能居于主宰战场的有利地位。为此，敌以攻占宜昌为其唯一目标。

日军开始对宜昌的攻势，表面上仍然是循春季攻势的老路，首先向襄樊进攻，连续破击我在桐柏山地区的孙连仲第二集团军、随枣地区的汤恩伯第三十一集团军，占领了襄阳、樊城，故作声势，陈师耀兵，以示大有继续西进，直捣老河口、均县，摧毁第五战区李宗仁长官部的模样。日军对于其南翼岳口、旧口、钟祥沿汉水之线则故作守势，按兵不动。对我江防军正面平静无事，以示无意于此。但日军在阵地的后方天门、京山等地，则秘密控置有力部队，窥伺时机，引弦待发。这种声东击西的阴谋诡计，隐蔽得相当巧妙。我方竟受其蒙蔽，追随于敌之后尾，使日军侥幸获逞。

七、宜昌失陷的作战经过

襄樊失守，老河口震动　李宗仁第五战区官部对于这次日军展开的新攻势，作了极为保守的敌情判断：认为这次攻势是上次春季攻势的再版，战略目标仍然是夺取襄樊，以侵占整个江汉平原，斩断第五、第九南北两战区的联系为目标，以致大大低估了日军有甚于此的企图：在情报上没有竭力侦察搜索，未能发现有异的情况；在作战计划、兵力配备上，虽有修改变动，但实质上没有根本性的改变。因此，长官部完全没有制订关于日军可能采取其他行动的方案和对策，而把战区兵力配备的重点，集中到襄樊一隅，加强了随枣前线的力量，形成第一线防御阵地带。在汉水襄樊、唐白河之线积极构筑工事，严整战备，作为第二线防御地带，准备在这一地区与敌决战。

5 月初，日军击退我前进警戒部队，推进至随枣前线，激烈战斗开始。敌人凭借炮火优势猛轰我军，并以坦克开路，飞机助战。我军奋力抵抗，但伤亡惨重，阵地相继丢失，有的部队被打得相当残破，失去战力。5 月 10 日，日军已逼近汉水襄樊、唐白河之线附近，前线部队指挥官纷纷向李宗仁司令长官告急。李宗仁认为日军将乘势西进，长官部所在地老河口距前线只有 100 多公里，为此惴惴不安。

江防军驰援襄樊　由于李宗仁长官部认为日军这次攻势比春季攻势更猛，决心不惜一切在襄樊、新野地区与敌决战。他眼看江防军正面没有动静，就不考虑江防司令郭忏的意见，严令江防军抽调两个军，迅速由汉水渡河，取捷径至襄樊以北、新野附近集结。江防军只好派周嵒第七十五军和李及兰第九十四军前往。第九十四军除将杨勃第五十五师的汉水西岸前线的阵地守备任务，交肖之楚第二十六军延伸接替，而将该师置于建阳驿、拾回桥第二线阵地，以备意外。李及兰率该军之牟廷芳第一二一师、方天第一八五师向新野前进。第七十五军离开荆门、当阳向襄樊前进。郭忏请准重庆统帅部，以驻巴东、秭归的李延年第二军，进驻荆门、当阳地区。这时，宜昌虽构有防御工事，却无兵守备，成了一座空城。李宗仁长官部鉴于襄樊以北新野地区，在地形上是战区转移攻势最有利方面，决定使用这两个军，相机转移攻势，乃严令两个军即刻趱行，侧击向襄樊西进之敌。时当初夏，天气晴朗，我们服装已经换季，穿上草绿色单军服，行军敏捷，由宜城渡汉水经襄樊附近，抵达唐白河指定地区。我们积极侦察地形，准备战斗，并和友军联系，了解情况，大大忙碌了一阵。但进攻日军的北翼部队，并没有向唐白河地区深入，我们江防两个军都没有看见敌人，未发生过战斗。

张自忠挺进汉水东岸，壮烈殉国　正当日军进攻襄樊之际，第三十三集团军总司令张自忠将军亲自率领部队，由宜城附近渡过汉水，迳向日军展开猛攻。日军鉴于春季攻势时，以全力攻占襄樊，其南翼侧背没有控置适当兵力，以致被张自忠将军打得狼狈不堪，不得不自襄樊退击，所以这次进攻，日军先头攻击部队缓缓而进，不再以主力抢先占领襄樊，而在直后布置有力部队，等待时机，择肥而噬。张自忠将军率部攻至新集、平林附近，正与强敌相遇。日军迎面反击，并将前线攻击部队之一部，转锋而南，向第三十三集团军北侧攻击，致第三十三集团军陷于两面对敌。战斗至为激烈，官兵伤亡惨重。张自忠将军亲临南瓜店前线督战，不肯后退一步，两军肉搏，张将军竟于5月16日壮烈殉国！而日军则因此解除了后顾之忧，顿即加强攻势，迅速推进。5月19日到达襄阳附近及双沟南北之线，乘势在襄阳以南王家集、方家集、欧家庙之线，强渡汉水。守备这一线阵地的是王缵绪第二十九集团军的4个警备旅，装备训练都差，在日军一阵炮击下，一见日军橡皮舟似箭飞来，即放弃阵地向后奔逃。日军渡河成功后，继续向汉水西岸架设浮桥，迅速前进，扩张战果。我襄阳守军一个师亦被迫而退。至此，日军南翼占领襄阳及其以南的汉水，北翼占领樊城以北的双沟、埠口沿唐河东岸之线。我军部队混乱，不仅没有攻击能力，也没有完整的阵地线；而日军居于绝对优势。

日军主力突破汉水，蹈隙疾进　日军于 6 月 1 日轻取襄阳。此时，重庆统帅部和第五战区长官部，对敌情的判断都完全错误，以为敌军势将长驱西进，乃忙于收容整顿前线各部队，积极组织新的抵抗阵线，准备再战。不料日军于突破汉水防线占领襄樊后，前线一片沉寂，并未再兴攻势，暗中却采取水鸟政策，迅速调整部署，将主力军转移于汉水西岸，6 月 3 日进占南漳，以南漳为轴，来一个左旋回转锋向南急进。日军的战略目标，这时才显露出来：其发动此次大攻势的战略目标，是夺取雄踞大巴山谷口、扼长江咽喉、绾毂川鄂豫湘四省通衢的宜昌。日军为集中优势兵力，自动放弃襄阳，进占南漳、远安等地后，也随即放弃，以全力进攻宜昌。北翼日军，则逐次撤回原所经营的随县地区据点。战事的重心迅速转移到长江上游江防军方面。

郭忏江防军当面的情况是：左翼的当阳、荆门以北之远安、南漳等县，是不设防的后方城镇，未作任何战备，因此日军如入无人之境。防守宜昌的主力周嵒第七十五军、李及兰第九十四军（欠第五十五师），会战之初就被李宗仁抽调走了，江防空虚，没有控置部队以资补救。郭忏只得将经重庆统帅部准许驻巴东、秭归的李延年第二军调到荆门、当阳地区，担任迎击北来之敌的任务。这时日军分两路前进：主力沿汉水西岸襄阳、宜城、荆门的公路南下，企图直捣我守备汉水西岸阵地的肖之楚第二十六军的侧背；另一股日军有力部队，循南漳巡检司、远安之道，向当阳、荆门我侧背攻击。冯治安继任总司令的第三十三集团军和王缵绪第二十九集团军，虽奋力抵抗，终被压迫退向以西山地。重庆统帅部认为形势严重，命令薛岳第九战区派郑洞国第八军，由湖南远道开赴宜昌，增强江防军兵力。但未到达，宜昌即已失陷。

江防军两个军回援宜昌　1940 年 6 月初，日军北翼襄阳亘唐白河之线部队，已向后撤退，日军作战行动方向已经明显。第五战区长官部乃将注意力转移到江防军方面。加以江防司令郭忏的迭电请求，急令第七十五军和第九十四军以急行军归回江防军序列。第七十五军在先头行进，第九十四军随后跟进。第七十五军经过襄樊附近时，是否被日军阻击，不了解。第九十四军第一八五师为先头部队，第一二一师殿后。行经襄阳东南方家集附近，第一八五师刚过，第一二一师被日军截击。双方展开激战。第一八五师闻后面枪炮声大作，即原地停止，与第一二一师联络，询问情况，并以一部回头，以为策应。后经牟廷芳、方天两师长同军部商定：我们主要任务是火速归回江防军，参加保卫宜昌的作战，不能被日军在这里拖住，延误时间，有失战机，决定由第一二一师以一部与截击的日军周旋，掩护两个师继续兼程前进。日军虽向我掩护部队猛攻，我军利用地形且战且走，甩开敌人，赶回大部队。日军攻占南漳后，稍事停留，即继续向南压迫我军。第七十五军行至南漳以南约 40 公里处的肖埝、耘头湾附近，赶上日军后卫及辎重部队。该军预备第四师师长傅正模机警地指挥部队赶到日军行军纵队的侧面，占领有利地形，向在前进中的日军猛烈袭击，使日军遭受重大伤亡，并有俘获。该军第六师师长张珙（后沈澄年）、第十三师师长朱鼎卿所部都曾与敌接触，由于日军增兵反扑，始脱离战斗，径向宜昌前进。当第九十四军行经此处时，见到战场河沟里躺了很多日军人马的尸体，天气炎热发出腐臭，人皆掩鼻而过。经过 10 余日行军，第七十五、第九十四两个军约于 6 月 9 日到达宜昌、当阳地区以北，部队陆续集结。这时宜昌形势，已呈现巨大的变化。

江防军宜昌、当阳的阵地工事，是由第九十四、第七十五两个军修建的，原先的作战计划方案，也是预定这两个军担任守备，并策应汉水前线的战斗。现在这两个军远道归来，已来不及进入宜昌、当阳。原订作战计划，不能执行。日军主力沿襄沙公路前进，迫近荆门；从南漳南下的日军一部，已达当阳东北观音阁之线；汉水东岸与我对阵的日军，同时配合呼应，炮击强渡，颇为活跃。李延年第二军首先在荆门、观音阁之线，迎击东、北两面前来的日军，展开激烈的战斗。守备汉水阵地的肖之楚第二十六军，感受侧背的威胁更大，不得不放弃汉水第一线阵地，改变新阵地占领沙市、后港、拾回桥、建阳驿第二线既设阵地，左与第九十四军之杨勃第五十五师相衔接，杨师是不久前调驻河溶的。第二十六军匆忙撤退下来又匆忙进入新阵地，原构筑专向东正面的工事，多不适用，兵力配备、火网组织具未经过实地侦察与周密计划，情况相当混乱，难以固守。经过几天的激战，我军伤亡颇大，勉力支持。至 6 月 6 日，我李延年第二军被压迫至远安附近，荆门观音寺失守。日军继又进攻当阳。

守当阳的我军，是原属第十八军的第十一师（师长方靖）。该师是新近由第九战区调来，由长沙出发经常德、津澧地区，长途跋涉，于 5 月中旬抵达当阳。因汉水前线日趋紧张，江防司令部认为当阳地当要冲，是保卫宜昌的屏障，必需固守，即令第十一师担任当阳的守备任务。该师的阵地配备为：第三十三团占据当阳南正面；第三十一团占据当阳北正面及西北的九子山高地；第三十二团占据当阳东正面；以补充团为师预备队，控置于当阳至城西长坂坡间。该师各部队按指定任务行动，加强原构筑的防御工事，各种设施相当周密。师长方靖，激励官兵，严阵以待准备迎击敌人。工事进程至 5 月底大致完成。第十一师奉命归李延年军长指挥，与第二军部队协同战斗。

6 月 9 日，我第二军第七十六师在观音寺被敌压迫西撤，当面日军于凌晨向当阳第十一师阵地发动攻击，第十一师奋起抵抗。下午 2 时，方靖接到第二十六军军长肖之楚电话，略谓：第五十五师河溶以东的阵地被日军击破，他与该师师长杨勃的电话已中断；日军正由河溶西面向鸦雀岭方向急进。第二十六军正面，激战甚烈，亦难以支持，希你（指第十一师）自己掌握。这时，日军对当阳攻击甚猛，已进入阵地据点的争夺战，尤其当阳西北的九子山高地，争夺最为激烈。相持到黄昏，因左、右两翼友军俱已撤退，当阳成为孤城，第十一师乃奉令放弃当阳，转移至大峡口、风洞河一带山地占领阵地，联系第二军部队，继续拒敌深入。肖之楚的第二十六军，此时按理应顺路向宜昌退却，利用既设阵地，逐次抵抗敌人，赢取时间。但肖军并不如此，而是利用长江沙市至宜都间船舶，命令该军所有部队，在沿江董市、白洋、红花套、古老背等渡口，渡过长江到南岸，脱离了战场，致使沙市至宜昌间地区，成为真空，宜昌全然裸露，敞开大道让日军长驱直入，使刚到的第十八军（属第十八师、第一九九师，欠第十一师）甫进宜昌，即行接战，使日军赢得了进攻的战机；而由重庆仓促赶来的我第十八军，没有喘息和熟悉地形及加强工事的时机，即投入战斗，完全陷于被动。

陈诚临危受命，负责指挥宜昌战局　江防军在指挥系统上属于第五战区序列，由李宗仁司令长官统一指挥。按会战前情况，第五战区以襄樊为主战场，宜昌为分战场，把兵力重点，配备在襄樊方面。在我国历史上争夺襄阳早有先例，似乎是无可非议的。随着战况的变化，日军于击破我襄樊主力军后，战事重心转移到宜昌方面。而第五战区长官部远在老河口、草店，鞭长莫及，指挥失灵，甚至瞬息即变的部队战况也得不到，急得手足无措。重庆统帅部对于第五战区指挥失灵的混乱状况，甚为了解和焦虑，为了挽救这一危局，决定另设指挥所，命陈诚担任这一方面的作战指挥官。陈诚受命后，迅即调用一些必要人员和通讯部队，组成临时指挥机构，于6月7日进驻宜昌附近的三游洞，开始执行任务。后以敌机轰炸频繁，不便于人员往来和通讯指挥，指挥所往后移了一些，移至三斗坪附近。陈的第一个措施，请准重庆统帅部，将驻重庆整训的第十八军（军长彭善）两个师，动用到宜昌前线；其次是，归他指挥的前线部队所需要的粮秣弹药等后勤任务，改由重庆方面直接负责补给。

仓促应战，宜昌失陷　1940年6月3日，第十八军奉重庆统帅部紧急命令，着该军船运宜昌，担任宜昌守备任务。军的行军次序是：第十八师、军部及直属部队、第一九九师。6月5日，第十八师由北碚乘木船驶至重庆码头，改乘轮船顺江而下，6月8日深夜到达宜昌码头下船，进入市区。第一九九师师长罗树甲已调任该军副军长，新任师长宋瑞珂于部队出发时到职，该师继第十八师之后到达宜昌。第十八军军长彭善的作战部署是：以第十八师担任宜昌城的守备；以第一九九师置于宜昌西北南津关、小溪塔地区，掩护第十八师左侧和机动使用。该军军部驻川江隘口南津关附近。第十八师师长罗广文和参谋长赵秀昆，夜以继日地勘察宜昌城郊周围地形，作出了阵地配备方案：以第五十四团守城区，并作巷战准备；以第五十二、第五十三两团担任宜昌前沿阵地的守备，右自长江江岸，左到镇境山之线。镇境山是一独立高地，有瞰制四面之利，其西南是飞机场，成为宜昌阵地的要点。山上筑有半永久工事，师指挥所即位置于此。在 6 月 9、10 日的两天里，该师按既定的兵力配备，积极加强阵地工事。

6 月 10 日，日军自古老背、鸦雀岭、双莲寺三路进兵，逐渐迫近第十八师阵地，小部队窜扰，打枪打炮，进行侦察，战场至为活跃。11 日拂晓，敌向我宜昌城郊阵地展开全面攻击，开始以猛烈炮火轰击和飞机轮番投弹扫射，继之以步兵向我阵地猛扑，战况激烈。10 时许，我右翼第五十二团阵地，城郊至镇境山中间一段被敌突破，敌利用此突破口，向位于城西北的飞机场发展，致使我守城部队和镇境山部队的联络被隔绝，形成各自为战。在镇境山的师长罗广文对守城的第五十四团失去掌握，第五十四团团长皮宣猷首先潜逃，军中无主，部队各自寻找出路，纷纷夺取船舶、木板渡江，有的甚至泅渡，逃向宜昌南岸，溺毙者不少，事后收容仅余四五百人。靠近城郊飞机场部队，被迫向黄柏河西岸撤退。只镇境山师指挥所率第五十三团团长张涤瑕仍在固守。军长彭善命令师长罗广文转移至黄柏河西岸收容部队；命令参谋长赵秀昆指挥第五十三团固守镇境山；命令第一九九师自小溪塔以南地区向敌逆袭，但未能夺回宜昌。黄昏前，敌集中火力，猛攻镇境山，赵秀昆以敌军使用毒气弹，率第五十三团撤至黄柏河西岸。至此，宜昌只经过一天的战斗，就陷于敌手。城陷后，军长彭善仍奋力督促第一九九师连续几天进行反攻，在日军强大火力下，徒遭伤亡，均无成果，宜昌的争夺战斗遂以沉寂。

我军在宜昌失陷前后兴起的阻击和攻势　当陈诚指挥所刚一建立，陈即商得薛岳第九战区同意，将驻常德、桃源、津澧、公安、石首的宋肯堂第三十二军、彭位仁第七十三军、周翔初第八十七军，及驻湘北的郑洞国第八军，暂归陈诚指挥，共同作战。但为长江天堑所阻，又在日军沿江设防和敌机的整日监视下，不能渡过长江北岸参加战斗，仅能确保长江南岸，阻止日军向南窜犯，不能直接参加宜昌会战。

陈诚虽然了解到我军前线各部队都遭受不同程度的伤亡，而且激战月余，人马十分疲惫，继续战斗困难重重，但仍激励官兵，调整阵容，积极对深入的日军采取攻势。其作战措施是：将王缵绪第二十九集团军、冯治安第三十三集团军缩短正面，主力集结远安以西，稍事休息，补充粮弹，准备对付可能继进的日军第二梯队；商得李宗仁同意，将汤恩伯第三十一集团军调到荆门西北地区，准备向驻守荆门之敌攻击；对其他各军都指定各自攻击的目标，进行敌情地形的侦察，待命行动。这时的态势如下：

长江北岸——第十八军：宜昌西北南津关、小溪塔地区，所属第十一师归还该军建制。第七十五军：土门垭以北地区。第九十四军：鸦雀岭以北双莲寺附近，所属第五十五师归回该军建制。第二军：当阳西北地区。第二十九集团军：远安西北。第三十一集团军：荆门西北地区。第三十三集团军：远安以西。

长江南岸——第二十六军：宜昌对岸北斗山、安安庙、五龙口沿江之线。第七十三军：宜都、松滋太平口沿江之线。第八十七军：公安、石首、津澧之线。

日军于 6 月 12 日攻占宜昌后的态势是：南阵地线，由宜昌至沙市沿江地区，为日军第十三师团及第三十九师团一部。北阵地线，由宜昌西北南天山、镇境山、双莲寺、龙泉铺、当阳、荆门至钟祥之线，为日军第三师团、第一一四师团和骑兵部队及坦克部队。主力布置在宜昌至沙洋汉宜公路上，保持公路的畅通和随时策应各方的战斗。日军飞机则不断在上空飞行，但活动半径不大，我第一线后方集结的部队并未受到威胁，仍能自由运动。

6 月 11 日，我各部队依照陈诚指挥所的命令，进入攻击准备位置。12 日，展开前哨战，杨伯涛所在的第九十四军第一八五师第五五三团，展开于双莲寺西北，阵地是绵亘的山地，日军阵地则是丘陵地带。杨用望远镜观察，见日军在双莲寺以西早已摆好阵式，其炮兵向我所占的山头稀稀疏疏打炮；其步兵则就原地不动，没有前进攻击的模样。原来当面日军主要是掩护其进攻宜昌部队的后方交通。我军居高临下，以迫击炮对准目标轰击，步兵开始攻击前进。日军兵力虽少，但火力甚猛，激战至下午 3 时，日军后撤。6 月 13 日，我军以截断汉宜公路日军后方交通之目的，拂晓向鸦雀岭攻击前进。我第一八五师涂焕陶第五五四团首先到达公路时，未发现敌人，即在公路上占领阵地。不到一小时，日军即由东、西两面向该团扑来，顿时枪炮声大作。第五五三团正在第五五四团左侧前进，即在第五五四团左翼延伸，靠公路北侧占领有利地形，对当面的日军以炽盛火力向之侧击。于是东面日军停止向第五五四团攻击，掉转方向来对付第五五三团，旋即招来轻型坦克 6 辆，企图突破该团阵地。杨伯涛当即命令第二营重机关枪连，派出两挺重机关枪，由山头上转移到山脚，作好射击准备，俟敌坦克驶近约 300 米处，奋起猛射。日军坦克并不害怕我在山顶上的重机关枪射击，因为子弹和坦克成锐角形，发生跳弹，对坦克危害不大，所以敌坦克一直隆隆迫近我阵地。但经我预伏在山脚下的重机关枪射击，子弹和坦克成直角，初速大，穿透力强，能够贯穿坦克的下部和履带薄弱部分。其先头一辆，被命中后趴地不动，后面的坦克即利用地形，停止不进，跟在坦克后面的敌步兵约 100 余人，也退回到公路那边去了。双方互相轰击，都不能前进。我第五五四团此时也把阵地移至公路北侧，相持至夜，第五五三团副团长罗绍昌中弹阵亡，以下伤亡官兵数十人。第一八五师师长方天、副师长石祖黄、参谋长李仲辛，随第五五三团行动，袁樾人第五五五团则布置在后面没有参加战斗。战斗打得正激烈时，方天、石祖黄等就在阵地后面 100 多米处小山头上。在情况缓和时，杨抽空到那里报告战况，他们忙于写电稿向军部报告请示。到晚上 9 点，杨在阵地瞭望，但见日军由宜昌方面来的汽车一辆辆衔尾向东疾驰，车上灯光忽明忽暗闪动，煞像一条蜿蜒翻滚的长蛇。杨伯涛叫迫击炮轰击，因没有在白天测距，夜间匆忙开炮，距离不准确，收效不大。正在调整射程之际，奉到师长命令，部队即刻撤退，杨赶快把部队编成行军纵队，开始向北后撤时，已是午夜 12 点多钟了。夜色黑暗，凭指北针和北斗星判断方位，摸索前进。队伍刚掉过头，走不到 5 里，听到前面左侧人语马嘶，仔细一听，是日军口音。杨处在这种情况下颇感踌躇，要是开枪射击，不知敌人确实位置，打不着敌人，反把自己队伍搞乱了。于是杨横了一条心，命令队伍若无其事地照样前进，我们和日军几乎肩擦肩地走了几十米路程，然后各自分开。日军也如此老实，没有动作。杨想，可能日军也和我们有同样心理：奔路要紧。

第九十四军第一八五师这一攻势就这样结束。此后只是一些小战斗，杨团在伏击日军侦察兵时俘日兵 2 人，其他无足叙述。以后始知，14 日我军占领鸦雀岭公路时，日军一度从宜昌撤退，可惜我军不能坚持顽强的攻势，15 日日军又返回占领宜昌。

6 月 13 日起向占领宜昌镇境山日军攻击的第十八军第十一师，师长方靖于 14 日接到军长彭善的电话："宜昌城之敌已纷纷向后撤退，你师立即组织追击队，准备追击。"第十一师正准备就绪，其后又接到通报："敌人于 15 日又转回宜昌。"大家空喜欢一场。其他各军的具体战况，我们不甚了解，只听说进攻当阳日军的李延年第二军所属张世希新编第三十三师，作战不力，张被撤职，师长以杨宝毂继任。

我全盘攻势没有取得进展，而日军则因忙于巩固宜昌的占领和对汉宜公路的维护，积极构筑工事，为长久之计，亦未向我军发动攻势。两军形成相持态势。至 6 月 23 日，历时两月的宜昌会战，至此终局。

战后的一次功过检查会议　宜昌会战结束后，重庆统帅部为了拱卫战时首都，特成立第六战区，以陈诚为司令长官驻节恩施。陈诚在三斗坪召开全体将领会议，对这次作战经验作了总结。对作战人员，凭照功过进行赏罚。第七十五军军长周嵒作战有功，升任第二十六集团军总司令；长江上游江防司令郭忏，失守宜昌有责，将其撤职，交军法审讯；第二十六军军长肖之楚，作战不力，免去军长职，遗缺以该军第四十一师师长丁治磐继任。

狮子山战斗

栾升堂*

敌我双方的基本情况

第五战区右翼兵团总司令兼第三十三集团军总司令张自忠将军在宜城县殉职后，重庆军委会任命第三十八师师长黄维纲升任第五十九军军长（张自忠将军殉职前兼任第五十九军军长），并命令该军继续留在襄河东岸对日军作战，牵制敌军进犯襄樊，稳定第五战区。

张自忠领导的第三十三集团军在鄂西有群众基础，第五十九军留在河东，可以得到群众的充分支持和协助，这是有利的。作者时任第五十九军第三十八师第一一四团第三营营长。第五十九军失去了张自忠，无疑是一大损失，但是全军官兵，化悲痛为力量，大家一致表示，誓与日寇血战到底，为张自忠将军复仇，从这一方面来说，第五十九军的战斗力仍不可侮。抗战以来，该军多次与强敌对垒，多次打过大仗、硬仗，习惯于大兵团作战，习惯于阵地战，至于小分队作战、打游击战，则是这个军的弱点。

敌人在鄂西侵占了襄河以东的大片领土后，积极强化占领地区。当时襄

* 作者时任第五战区右翼兵团第三十三集团军第五十九军第三十八师第一一四团第三营营长。

河以东只有黄维纲领导的一个军，活动在枣阳、宜城两个县的广大地区。敌人视为眼中钉，必欲除之而后快。

第五战区长官部的命令及黄维纲的部署

1940 年 5 月下旬，第五十九军军长黄维纲接到第三十三集团军总司令冯治安转来第五战区长官部的命令，敌军已占领双沟镇，其先头部队不断窜扰张家湾以东地区，着第五十九军切断双沟镇日军后方补给线，相机占领双沟镇。黄维纲奉命后，命令第三十八师为第一梯队，以第一一四团为前卫，第三营（我任营长）为前卫营，向双沟镇以东地区搜索前进；以第一一二团为右侧卫，对东方严密监视搜索前进，掩护军部右翼的安全；以第一一三团为本队，在军直属部队后跟进，派一部兵力为左侧卫，掩护军部左翼的安全，并与第一七九师取得联系。命令第一七九师为第二梯队，在第一梯队后面行进，与第一梯队保持相当距离搜索前进，对于左、右、后各方要严加警戒，准备随时能应付战斗。

我营前进到狮子山附近时，接到团部转军部命令，要旨如下："敌情有新的变化，着该营就地停止，在当地选择有利地形，占领阵地，构筑工事，务于×日拂晓前作好一切作战准备，敌如来犯，该营立即予以迎头痛击。"

我接到命令后，采取了如下措施：一、着各连迅速派出警戒哨，对敌方实行严密警戒，并在现场划分了各连的警戒区域；二、带着各连连长一同侦察地形，研究阵地配备，规定各连的任务；三、根据侦察结果，决定工事构筑计划，并对防空防敌炮轰击作了相应的安排。

狮子山附近的地形，完全是高山峻岭，其中以狮子山为最高，该地易守难攻，是比较理想的防御阵地。我根据当地地形前低后高的特点，决定采取纵深配备，第一线各连以一线、二线、三线式占领阵地，构筑工事，加强防御力量，避免、减少敌炮火的伤亡。命令第七连王占元连（附重机枪 1 排）在狮子山的北面，面向北方占领阵地，构筑工事；命令第八连闻庭山连（附重机枪 1 排）面向东方占领阵地，构筑工事，由该连派一个步兵排（附重机枪 1 挺）占领东北方向约 1 里许的制高点，作为前进阵地，消灭第七、第八两个连阵地前的死角；命令第九连谷在德连为营的预备队，该连派一个步兵排占领狮子山的最高点。各连、排的工事限第二天拂晓前先完成跪射掩体及匍匐交通壕，尔后逐步加深。

第二天天明，没有发现新情况，各连、排的工事，都已按计划完成。我命令各连、排继续加强工事，并指示各连的班以上干部都要熟悉全营的地形，都要在各自的阵地前利用地物，标明射击距离。当天下午 1 时许，我接到团长的电话说，军部通知：据谍报人员报称，双沟镇敌人到附近各村抓人，抢运军用物资，似有军事行动的可能，敌人意图还没有调查清楚，正在继续侦察中，各部要加强戒备，加强侦察，发现情况，立即报告军部。直到天黑，没有发现新的情况。第二天早 4 时，我第四连派出的武装便衣汇报说，敌人的先头部队已进抵山下各村，看到手电筒乱照，能听到敲门声，妇女喊叫声和小孩子的哭嚎声，人声嘈杂，骡马嘶叫。根据声音判断，敌人为数不少。我即将以上情况用电话向团长作了详细汇报，并请求把迫击炮连迅速派到第一线来，配合我营作战。迫击炮连到达后，配置在第七连的第一线阵地上。就在这个时候，我又接到另一组武装便衣的汇报说，敌人的大部队分头在山下几个村庄的空地上集结，看样子似在等待分配驻地。我询问了敌人几个集结点的具体位置，对照了原先标定的射击距离，指示迫击炮连连长，立即向敌人的集结点射击。这一突然的炮轰，使敌人猝不及防，村边上有一些稻草堆被炮弹打着了，等于投下了照明弹，只见敌人到处乱跑。位于前进阵地的马攀会排，把敌人的逃窜情形看得清清楚楚，等到敌人进入该排有效射程以内时，轻重机枪一齐开火，敌人四散奔逃，伤亡重大。两小时以后，敌军榴弹炮向我前进阵地马攀会排发起轰击。马排长判断敌人吃了亏，必然要报复，这一次炮轰可能时间要长，他留下监视哨，对士兵说：“敌人这一次炮击时间可能要长一些，我们要用新的打法，消灭敌人……”当敌 200 多步兵攻击前进时，马排没有还击，迨敌人进至马排阵地前五六十米时，看不到马排的动静。就在这个时候，马攀会一声令下，只见一排排手榴弹飞到敌群中爆炸，重机枪也开始在一旁侧射，敌人死伤累累，血肉横飞。

剩下的敌人回头就跑，我轻重机枪发出了炽盛的火力，横扫了逃跑的敌人，这 200 多进犯的日寇，绝大部分被马排消灭了。

上午 9 时许，敌人出动步兵 500 多名，在 10 门榴弹炮的掩护下，向我前进阵地及第七连阵地同时发起进攻。我军沉着应战，迨敌进至我有效射程以内时，我轻重机枪及迫击炮一齐向敌人发射，经过一个多小时的激战，敌人又被我军击退。中午 12 时刚过，敌又从山下各村抽调步兵 600 多人，向我阵地发动第三次攻击，敌以猛烈炮火轰击我固守的几个山头，敌步兵一次又一次地向我阵地猛扑，双方发生了激烈的战斗，经过将近 3 小时的激战，敌人又被我军打退了。狮子山的争夺战，共打死打伤敌人 500 多人，我营伤亡官兵 70 多人，缴获步枪 30 多支，子弹 4000 多发。

侦知敌情全军撤退

敌人三次攻击我营失败后，我趁机到马攀会排看了一下，我的意图是能守就守，不能守就放弃前进阵地，以便集中兵力，固守狮子山。马攀会排长说，全排伤亡不到一半，排里都是老兵，能各自为战，轻伤员都不下火线，这个前进阵地很重要，不能撤退。我看到全排精神旺盛，当场表扬了他们，并给该排补充了子弹和手榴弹。我刚走到第七连阵地时，看到一个老乡从敌方一个山间小路跑过来，他一面跑一面叫喊不要打枪，七连连长王占元要打倒他，被我制止了。第一线的士兵把那个老乡带到我的跟前，他见我就说：“官长，这是张总司令的队伍吧？”我说：“是。”那个老乡一听说是张自忠的队伍，马上跪下向我叩头。我立即扶起来请他坐下说话。老乡说，他姓张，今年 65 岁，是双沟镇人，他家里有儿子、儿媳，一个孙子，共 4 口人。儿子是双沟镇民团的团丁，5 月初日军第一次闯进双沟镇时，有一天晚上两个日本兵酒后调戏妇女，民团们收拾掉那两个日军，惹了大祸，日军见了男人就杀，他的儿子被杀了，儿媳抱着孩子向西逃跑，也被日军乱枪打死了。老乡接着说，他被日军抓到要枪杀，幸亏一个乡亲的翻译官认识，翻译说了几句好话，没有被杀死，留在师团部里当马夫，这一次趁日军失败的机会，他一个人逃出来，给张自忠总司令的队伍送个信。老人边说边哭，求我救救他。我问他，你怎么知道这里有张总司令的队伍呢？老乡说，我是听到汉奸们说的。我又问，敌人是哪一部分？有多少人？老乡说，敌人是第三十九师团，来的日军很多，附近的村子里都住满了。汉奸们说，最近要打大仗，怎么打法汉奸们不知道。我马上安排老乡吃了饭，遂即派人把他送到军部。过了一个多小时，黄维纲军长给我打电话说："你们送来的那个老乡，参谋处审问过了，他所提供的情况和军部侦知的情况基本相符，我军右后方 30 多里的上下王家集渡口已被敌军占领，我后方补给线被切断；现在一一二团的正面发现了敌情，并有小接触；南面一七九师也发现了敌情，你们那里有什么变化没有？"我回答说："各连阵地上都很沉寂，我们正严阵以待，随时注视着敌情的变化。"黄维纲说："你安排一下，马上来军部一趟。"

我稍事安排后，即到了军部。黄维纲说："根据各方面的情报综合分析，敌人似有包围我军的企图，当前在我军控制的地区内，所有渡口都被敌人占领了。我们后方几十里以内都是大山，山地里便于和敌人绕圈子，但是这一带没有住户，水源很缺，打响以后，补给上不来，伤兵运不下去，困难就大了。我有两种打算，第一，先拿下上下王家集这个渡口，打通后方的通路，敌人如果全力对付我们，看情况实在支持不住时，我们就撤到襄河以西。我已经把上述打算报告了总司令部，现在还没有回电。"我建议说："张总司令孤军渡河奋战，遭到那么大的损失，我们不能再蹈那一次的覆辙。依我看来，迟退不如早退。"黄维纲笑了一笑说："我也考虑过迟退不如早退，第一要等总司令部的回电，再说，就是现在撤退，已经无路可走了。"我说："在狮子山的左侧有一条路，直通到刘家集渡口，咱们可以从那里撤退。"黄说："从地图上看没有这条路嘛！"我说："军长使用的是十万分之一的地图，那上面没有显示这条路，我们营里用的是五万分之一的地图，图上显示了这条路，我已经派便衣侦察过了，路在山沟里，路面不窄，大军可以通行。据我所知，敌军没有五万分之一的地图，他们不知道山沟里有这一条路。"我一面向黄维纲汇报，一面取出地图来呈给黄维纲看。黄维纲对我说，你先回去，坚决把狮子山守住，我调整一下部署，等总司令部回电后，咱们再决定撤退，这件事暂时保密，不要向外声张。

我回到营指挥所，了解到敌人正以小部队施行威力侦察，全营阵地上没有大的战斗。下午3时30分，黄维纲给我打电话说："总司令部回了电报，同意我军撤退，军里决定下午4时开始行动，让一七九师先走（一七九师不是五十九军的建制部队），军部走在中间，三十八师在军部后面，派你这个营担任掩护，必须掩护到明晨5点你们才能撤退。当前敌情紧张，渡口上船只又少，撤退需要时间，你们这个营任务艰巨，两个师能否安全渡过襄河，全靠你们这个营，希望你和官兵们讲清楚，一定要尽最大努力完成，这是个光荣的任务。"我说："谢谢军长信任。我们绝对不辜负军长和两师官兵的嘱托，请军长放心。"下午6时许，黄军长带着队伍经过我营阵地，派人把我找去，黄对我说："抗战以来，你这个营打过多次硬仗，正因为是这样，往往派你营攻击在前，撤退殿后，你这个营我是信得过的。军事上有很多牺牲少数保护多数的例子，现在情况紧急，为了全军安全撤退，我不得不把重担子交付给你们。军部拨给你们一部电台，到必要时你们自己想办法，愿意到哪里就到哪里，到达安全地方以后，再用电台和军部联系，咱们再见吧！"黄军长说到这里，眼睛里充满了热泪。我郑重地对他说："一切请军长放心，我们一定能够胜利完成任务！"

黄维纲走后不久，敌人开炮向我营第一线阵地轰击。从炮声里判断，敌炮兵阵地距我营有18里，参战的大炮有10门左右，炮轰了1小时之久。敌步兵利用黄昏时间，逐步向我营阵地接近，迨敌人接近到我有效射程以内时，我营守军即予以迎头痛击，共打死打伤敌人100多人，获轻机枪2挺，步枪23支，我营士兵受伤16名。夜11时许，敌炮10多门又向第七连阵地轰击。七连排长吴凤阁早已把士兵们带入安全地点，留在阵地上的3名监视哨全被炮弹片炸伤，但没有一个人离开岗位。等到敌炮停止轰击时，我们迅速进入阵地，每人把所带的手榴弹全部打开保险盖，等敌人接近我阵地四五十米时，一齐投掷手榴弹，配属的重机枪、轻机枪，都布置在阵地的两翼（事先已选好位置），开始射击，把没有炸掉的敌人全部予以射倒。敌人遗弃在阵地上的死尸就有70多具，第七连缴获轻机枪3挺，步枪60多支，士兵们在敌尸上捡到手表 30 多块，把敌人的子弹盒摘下来挂在自己的皮带上，大家要求把收缴的小战利品留在连里使用。我说，你们连里只受伤 3 名士兵，获得这么大的胜利，实在可嘉，这次特别奖励，除去武器上缴以外，所有收缴的小战利品，谁收缴的归谁所有，下不为例。

凌晨 3 点多钟，敌人又向第七、第八两个连的阵地炮击，40 多分钟以后，敌步兵向我阵地作试探性的攻击。当时已 4 点多钟，我命令第一线各排以有效的火力向敌射击，压制住敌人的进攻，然后逐步向狮子山以西转移。命令第九连两个排固守狮子山，另以一个排阻塞通往后方的道路，借以迟滞敌人前进。命令第七、第八两个连的队伍迅速撤退到指定的地点集结。不久，接到军部撤退命令。当全营部署撤退时，敌炮兵又向我狮子山顶部轰击，敌步兵在狮子山以北绕攻狮子山的尾部，企图切断我营第一线部队的退路。在敌人绕道向狮子山尾部前进时，我营的第一线部队已经后撤，第九连在山顶上看清了敌人的行动，俟敌人前进到狮子山尾部时，该连阵地上的轻重机枪猛烈开火，给予这股敌人以重大杀伤，敌不支退走。一个多小时以后，敌炮兵又向我营第九连阵地轰击，九连马上发射了 3 颗红色信号弹，敌人发现我信号弹以后，误认为我军要发起反攻，敌炮兵立即停止射击，趁此时机，九连迅速撤下了狮子山，全营脱离战场，安全奔赴河滩渡河点。

（韩立才整理）

张自忠将军殉国

回忆张自忠总司令壮烈殉国的战斗

董升堂*

1940年5月，日军分三路大举窜犯襄（阳）樊（城）、宜昌，一路是敌第三师团、第三十九师团由豫南、鄂北沿随（县）枣（阳）公路向西窜犯襄樊；一路是敌第十三师团附临时配属的两个联队，由京（山）钟（祥）公路沿襄河东岸向北窜犯襄樊；一路沿长江北岸西上，窜犯宜昌。

我军第三十三集团军兼第五战区右翼兵团总司令张自忠以策应襄樊方面我大军作战之目的，于1940年5月7日乘夜半率领第五十五军第七十四师、第五十九军第三十八师（笔者时任该师第一一四旅旅长）、第七十七军第三十七师和骑兵一部，由宜城附近渡襄河而东，袭击向北窜犯的日军左侧背。5月8、9两日，在宜城东南亭子山、耗子岗等地区与日军连日激战大捷，毙敌很多，俘敌松井部100余名、战马100余匹，毁敌橡皮船200余只，并截断了敌人的后方联络和补给线。

我军于5月10日继续进展到襄（阳）枣（阳）间的峪山、黄龙垱一带，我第五十五军第七十四师在峪山与敌激战甚烈。北窜之敌，感到左侧背大受威胁，就调回向北窜犯之敌的大部兵力，返回头来分三股向我猛扑。此

* 作者时任第五十九军第三十八师第一一四旅旅长。

时，张总司令奉到长官部电令：“当面之敌已经退却，务要猛力截击，勿令窜回。”张总司令认为这是歼灭敌人的大好战机，积极鼓励第七十四师全体官兵说：“敌人已经回窜，我襄樊方面的友军，一定跟踪向南追击，我们有夹击敌人的可能。”经过一昼夜的战斗，日军伤亡1000余人，残敌大部仍继续向东退窜。

5月11日午后，张总司令又奉长官部电令：“敌人已经东窜，务即率部向东截击。”张总司令奉令后，不顾连日激战的疲劳，即三十八师在前、总司令部在中央、七十四师在后，星夜冒雨向枣阳方面追击东窜之敌。

5月12日拂晓前，我三十八师先头部队到达枣阳梅东、高庙以东地区，发现有由北向南退窜之敌约七八千名，而敌人并未发现由西向东前进的我军，所以我三十八师就先敌展开迅雷不及掩耳的行动，把由北向南退窜之敌，照准腰背猛扎一刀，给予日军严重打击，敌人伤亡惨重，我军缴获战利品很多。

我军原拟继续向枣阳追击前进，但于5月13日又奉到长官部电令：“敌人第十三师团企图向南逃窜，该总司令应即率部向南截击。”因此，我军立即放弃了东窜的敌人，回头来截击南窜之敌，并把我部队重新划分为两个纵队，张总司令带领七十四师和骑兵一部为右纵队，经罐子口、南瓜店向丰乐河、方家集一带前进，截击由襄樊南窜之敌。黄维纲师长率领三十八师和三十七师为左纵队，经新街向田家集、长寿店一带前进，截击由襄樊南窜之敌。

5月14日拂晓，右纵队到达方家集附近，与南窜之敌发生战斗，张总司令即令七十四师迅速攻击占领方家集，并令骑兵绕到西南山口截击向南逃窜的大部敌人，就此敌我双方在方家集发生了激烈的争夺战。张总司令身先士卒，亲自督战，士气百倍，杀声震天，经过多次的奋勇冲锋，我七十四师占领了方家集。南窜之敌感到不能安全退却，就折回头来增援，并附飞机20架、炮十数门，空中轰炸和机枪扫射，地上用密集炮火轰击，我军伤亡很大，官兵疲劳异常，粮弹已渐感缺乏。此时，张总司令认为，我军的任务是截击南窜之敌，决不能让敌人跑掉了，现在敌人既返回头来，正好达成我军的截击任务，所以不顾一切就决心连夜指向西南，截击南窜之敌，当夜到达目的地罐子口。

5 月 15 日，日军以一部在罐子口附近与我军对战，大部仍沿襄河东岸向南退窜，因当时许多山头已为我军占领，故敌人通过困难，迫使日军不得不作困兽斗。所以在罐子口附近山地里，与敌人继续激战了一天，敌人知道逃窜不了，就一面顽强抵抗，一面从各方面抽调部队来增援。我军左纵队三十八师与三十七师，正在新街附近与敌激战，张总司令不肯调他们前来增援，以致形成敌我众寡过于悬殊之势。当晚，总司令部由罐子口移到南瓜店附近一个小村子里。

5 月 16 日，天气阴霾悲惨，拂晓就开始剧烈战斗，旋接报告："我军右翼鸡鸣山制高点被敌攻占。"张总司令急令七十四师迅速派一部增援固守第二个山头。同时大批敌机轰炸扫射，敌炮兵也集中火力向我轰击，在第二个山头上敌我也发生了剧烈的争夺战，敌军几次冲到山顶，都被我七十四师郑团长亲自督战，用机关枪将敌人打退了。但敌众我寡，我军右翼逐渐被敌人形成弧形包围。张总司令乃一面令骑兵由我左翼出击，绕击敌人的右侧背，一面亲自跑上杏儿山督战。当面之敌凶恶异常，又集中炮火轰击杏儿山，我军正面仅七十四师的一个补充团，多是新兵，子弹又缺，频频告急。张总司令乃亲自到山顶督战，并派手枪队一连增援，这个山头阵地才暂时稳住。张总司令立即严令：死守阵地，没有子弹了，用手榴弹炸，用刺刀刺，用大刀砍，用石头投，用拳打脚踢，最后用牙咬，要坚决与敌人拼个你死我活！此时，敌人仍继续向我两翼延伸增加，我军右翼旋又受到包围。这时敌人已攻到距我 800 米的山头。

正午 12 时左右，张总司令的左臂被敌步枪打伤，总司令并不裹扎，继续大声疾呼地督战，但我军伤亡惨重，战况越加惨苦艰难。5 月 16 日午后 1 时左右，我军赴襄河西岸抬送伤兵的人被敌人俘虏，讯知我张总司令在杏儿山督战，敌人就集中山炮在距杏儿山 1500 米的山头上，对杏儿山疯狂轰击。炮弹如同雨点一般落在张总司令前后左右，步枪和机关枪弹，也在山头上乱飞。始而他的随从副官阵亡，参谋处处长吴光辽两腿受重伤，敌人的包围圈也逐渐形成马蹄形。

张总司令令随行幕僚疏散，他个人仍偕同高级参谋张敬，来往散兵线上督战，高呼“总司令在此地，谁也不准退！”总司令神色严肃，威仪凛然，的确极大地鼓励了全线官兵的勇气。到了午后3时左右，我阵地正面最近的一个小山头，因我守军官兵全部牺牲，终于被敌攻占。张总司令怒吼一声，冲上前去！当时左右两面山头上的敌人，仅距我300米，正与我仅余的一部分手枪队官兵肉搏拼战中，战况万分惨烈。就在这刹那紧急忙乱间，张总司令全身中了6处机关枪伤，其中一处右胸洞穿是致命伤。总司令自知伤重，不能救，临死之前大呼：“我对国家、对民族、对良心，都可告无愧！”遂气绝瞑目。高级参谋张敬被敌刺伤好几处，还用手枪打死敌人多名才死。副官马孝堂受了三处重伤，抬回后死去。上校副官洪进田、少校副官贾玉彬和总司令部的官佐、卫士等共三百余人一同壮烈牺牲。

张自忠将军杀敌报国纪实

李宪谟*

1940年4月中旬，侵华日军集中了大约6个师团兵力，配以炮兵联队和坦克100余辆，飞机七八十架，分三路向我军随（县）枣（阳）地区进攻，窥其意图，似在“扫荡”我第五战区主力，以解除我对武汉的威胁。

当时，我第五战区长官部驻鄂北老河口，对随枣地区的兵力部署是：以第十一集团军黄琪翔部之第八十四军守备襄（阳）花（园）公路正面；第二十九集团军王缵绪之第六十七军守备襄河以东地区；第三十三集团军张自忠守备襄河西岸，南起钟祥对岸的牌楼岗，北至宜城县北河镇；前沿阵地延伸到襄河东岸，留驻第一八〇师、第一七九师和骑兵第九师，游动牵制敌人；第二集团军孙连仲部防守北线桐柏山以北地区。

此次敌军发动的进攻随枣之战，于5月1日全面展开，沿襄河北进之敌，当天即与我第三十三集团军留置襄东部队发生激战，第一八〇师经过整天苦战，不支，脱离了战场，与集团军总部亦失去联系。同时，日军又以主力分向第十一集团军之第八十四军及第三十九集团军之许绍宗部猛攻，许部败退大洪山区。于是日军更为急进，拟与北路敌军会合，对第五战区主力进行大

---

* 作者时任第三十三集团军总司令张自忠随行参谋。

包围歼灭之势。

当敌军逼近枣阳之时，第五战区长官部命令第十一集团军迅速北撤，以免被敌包围，而担任掩护后撤之第一七三师师长钟毅则在众寡悬殊的激战中壮烈殉国。由于钟毅师长殉国，侵入枣阳之敌扑空，为第五战区主力部队撤离敌军包围圈赢得时间。第五战区长官部根据敌情判断，命令各兵团自外线对北窜敌军实行反包围，由两翼将日军向中央压缩，加以歼灭。

此时，防守襄河西岸的张自忠第三十三集团军，有一部分部队尚未参战。5 月 2 日晚，第五战区长官部对第三十三集团军总部下达命令："敌分三路向老河口进犯，先头部队抵达邓县孟家楼一线，为我阻击回窜。该集团军派有力部队，迅速渡河，向敌后出击，断敌后路，与孙（连仲）汤（恩伯）两集团军紧缩包围圈，聚歼来犯之敌于随（县）枣（阳）地区璩湾附近。"

张自忠总司令接命令后，决心渡河，为国效忠，坚决执行长官部的部署截击围歼敌军。我当时担任张自忠总司令的中校随行参谋，主管地图，并写阵中日记，也随总部出发。由于部队布防分散，时间紧迫，一时不易收拢，张总司令乃亲率总司令部直属的特务营、五十九军军部特务营和五十五军七十四师的两个团，率先挺进，奔赴前线，其他部队跟进，于南瓜店附近将襄河东岸之敌，拦腰斩断。

5 月 3 日拂晓，星斗满天，张总司令率领部队踏着残月，蒙着薄雾，偕同苏联两位顾问（一系工兵顾问，一系炮兵顾问）在宜城县南侧向我方凸出部，渡过襄河（汉水）。此时，我先遣部队已驱逐了河东岸马头山上之敌，占领了制高点，掩护大部队渡河。晨 7 时许，总部进驻南瓜店。不料在屋内俘获一名酣睡的日军。经审问得知，此战俘系由汉口来犯之敌，已三昼夜未得休息，大部队先头北窜，后续部队、炮兵联队早上刚刚过去，他是出来找点心吃的，因疲劳过度，睡熟掉队被俘，并企图自杀。经过对该战俘进行宣传优待战俘政策后，并将他送至后方安置。

在南瓜店吃过早饭，总部率大部队继续北进，尾追北窜之敌。薄暮时进抵黄龙垱南 10 多里处休息。是日白天阴雨，路滑泥泞，稻田小道，部队行动异常困难。前锋已经和敌人接近，刚及黄昏，黄龙垱的敌人已将房屋、草垛点燃，浓烟滚滚，火光烛天，与方家集敌人据点的火堆，遥相呼应，以作联络信号。总部派人侦察得知了敌人两垛据点相距仅 10 华里，中间空隙不时有敌人小部队巡逻。要迂回包抄敌人，必须赶在敌人前头，大部队要从间隙处通过，还要不使敌人发觉，确非易事。张总司令当机立断，对先头部队下达了行军令：

（一）一个跟着一个，不准掉队拉长距离；

（二）用白毛巾缠在左臂上，以作自己人识别记号；

（三）不准抽烟，不准说话，不准有撞击声响；

（四）用手握住刺刀柄，肩枪迅速前进；

（五）遇到敌人，没有命令，任何人不许开枪射击。

命令下达后，部队稍事整理，随即有秩序地出发，全体官兵严格执行命令，人衔枚，马衔环，肃静前进。蒙蒙细雨，湿透上衣。初夏雨夜，凉风飕飕，虽然在急行军，但也略感寒意袭人。天黑路滑，不时有人和马匹掉进水稻田里，发出摔倒的声响，浑身像泥猴，爬起来了又默默地前进。穿过黄龙垱敌封锁线时，曾遇到日军少数巡逻队，看到我系大部队整装前进，畏我军威，慌忙躲开。我方也没有射击，互作警戒动作，安全通过了封锁线。又穿过一个村庄，到达一处高坡空旷地，此处视界辽阔，部队又异常疲劳，张总司令给总部下令，周围放出警戒，围坐休息。张将军站在中央高台上，讲了些战斗行军应注意事项，然后叫大家背依背假寐，不准有鼾息声音。

5 月 4 日，天刚拂晓，左前方忽然传来稀疏的枪声，哨兵前来报告说："二郎庙方向，我先头部队已和敌人接触。"二郎庙离我总部不远，张自忠将军当即命令特务营增援，总部直属迫击炮营，放列射击，并指定袁世超参谋指挥。不久，一阵激烈的战斗号音传来，我军发起了冲锋，经过一阵激战，二郎庙的日军被驱逐，我大部队乘胜继续前进。激战整日，绪战结束。检查战果，我一七九师击溃敌补给部队，缴获大批翻毛图囊、草黄色呢子大衣、防毒面具等战利品。

5 月 5 日，我大部队继续向随枣地区璩家湾方向攻击前进。

5 月 7 日，在杨家湾战斗，仍获小胜，击毙日军少数骑兵。

休息 3 天后，又接到长官部命令：“敌进攻老河口受挫南窜，集团军迅速回击败退之敌。” 13 日，我部重新部署，由北进改为南进。

5 月 14 日，我部进抵方家集附近，战局突变，我部原为追击部队，突变为受敌主攻的对象。那时因为北犯的日军，窜到老河口郊区时，我孙（连仲）汤（恩伯）两集团军奉调从南阳、方城赶来投入战斗，我兵力急增。经激烈战斗后，日军受挫南撤，敌后卫改为先头尖兵，全力反扑我追击兵团。日军万余兵力，倾注到我三十三集团军总部头上，使我总部处境险恶，态势十分不利。张总司令率先渡河，兵力单薄，只带有两个特务营和一个特务团，左侧大部队由黄维纲军长指挥。日军被腰斩，乃纠集万余重兵，在飞机、大炮配合下，自南北两路如潮涌而来，向我总部夹攻，我后方补给线被敌切断，补给困难，无法后送伤员，暴露了总部行动位置。又加转进时判断敌情失误，认为当此敌军既受挫南窜之时，不能以大部队靠近襄河撤退，把军队主力，一个军另两个师放在左侧由黄维纲军长指挥，总部附近，仅有特务团、总部两个特务营，七十四师（欠二团）和一个骑兵师，靠近襄河转进，恰巧遇上敌人主力部队，与敌作战，陷入被动。

5 月 14 日，开始了方家集战斗，敌机 4 架，掩护日军炮兵联队，先于我军到达方家集，正在集结回头出发南窜。张总司令率骑兵师先头部队赶到方家集东端，双方展开激战，经过反复冲击，日军支撑不住，西撤隔水布阵。日军南窜部队，又折返回来，掩护炮兵联队，敌人援军亦纷纷赶来，兵力大大加强，我方处于两面受到夹击状态。我军巩固住方家集东端高地，张总司令和李文田参谋长、张敬高级参谋、夏参议、苏联两名顾问、几位高级指挥人员，在三间草屋内休息。此时敌炮弹命中草屋起火，幸好没有伤人。把火扑灭后，张总司令仍坚持不愿离开。为了了解敌情，我曾在高处观察，亲眼看到敌机两架盘旋侦察，敌炮兵联队，接连不断地射击，封锁隘路。我七十四师被敌军击垮，最后把工兵连增加上去，未通过方家集村就死伤过半，冲击受挫。中午战斗尤为激烈，张总司令等高级指挥人员，简单地吃了些煮豌豆角充饥，午饭断炊，我们随行人员，只得自寻了点青麦、桑葚算是午餐。夜幕快要降临时，战斗稍歇，李文田参谋长建议向罐子口骑兵第九师靠拢转移。张敬高级参谋派便衣侦察通路，回来报告说：“敌炮兵连夜继续南进，掩护部队已撤走，方家集以南公路两侧无敌踪。”张总司令乃下令：“向罐子口骑九师靠拢。”

5 月 14 日晚饭后，张总司令踏着月色，亲率总部两个特务营为先头部队出发，接着是参谋处、秘书处、副官处、电器台、迫炮营的序列跟进。

张总司令率先头部队沿方家集南去公路急速前进，刚过去不远，我们参谋处正在行进中，被突来之日军发现，机步枪从公路西侧密集地向我们射来，顿时枪声大作，子弹飕飕，拖着曳光，弹着公路东侧高地，我们被压制在公路上，抬不起头来。乘射击间隙，我们几个随从人员，跃过公路东侧高地，在低洼处分散南进。紧跑了一程，喘息未定，忽听到前面近处喊问“口令”，我急答“总参”，听口音是自家人。走到跟前一看，原来是李文田参谋长带着几名特务营的士兵，我们会合后，李参谋长说：“我落在总座后头，参谋处、秘书处遭到袭击，迫炮营虽然较为笨重，但有点自卫能力，电台和伤病员恐有损失，天亮再来统计吧。”接着命令我带两名士兵，搜索前进。我把两名士兵分开 50 米间隙跟进。又前进了一程，忽然尖兵回来报告说：“前面是小村庄，村头有哨兵。”我带着士兵探明，原来是张敬高参带一排人在村上休息。我派人把情况报告给李参谋长后，参谋长当即赶来，从而得知：张总司令伴同夏参议及两位苏联顾问，奔赴骑九师去了。此时将近天亮，大家都很疲劳，临时决定，等天亮后再去找他们，先就地休息。

5 月 15 日，东方尚未发白，我们正在熟睡中，被枪声惊醒，村头警卫前来报告说：“日军正在村庄搜索前进，警卫发觉，鸣枪报告。”李参谋长、张高参带领我们总部官兵，急速离开村庄。奔向罐子口，早饭时到达骑九师师部，喜见总司令一行已于昨晚安抵师部。我们简要地向张总司令汇报昨晚遭袭击、部队被冲散、电台下落不明、我方损失较重等情况。

我们饭后，正在小憩，发现了敌情：日军跟踪进山。日军何以来得如此迅速？事后查知，七十四师特务团在方家集战斗中伤亡惨重，我无后方依托，伤员随军转移，在 14 日夜袭战斗中掉队，被敌俘获，从而探知我们一行系集团军总部，故紧紧尾追不放。张总司令命令骑九师张德顺师长留守原地，就地阻击日军前进。总司令本人只带随行人员和两个特务营、一个特务团进发。在敌机两架低空盘旋跟踪侦察下，我总部弃公路抄山间便道向初来的渡河点南瓜店转进。计划 15 日渡河，仍回河西原阵地。是日天气炎热，人困马乏，山路陡峭狭窄，行动缓慢。5 月 15 日，太阳快要落山时，发现前进道路上有几个村庄着火，浓烟冲天，张总司令停止在大洪山的一个山头上，命令侦察连派人前去侦察。不久回来报告说："着火的两个村庄，没有敌军，也找不到村民。火势正在蔓延。"我们坐在总司令身边，也可以看到远处的火焰。此时，我们的电台已于 14 日夜丢失，联络断绝，不仅与长官部，也与左梯队黄维纲军长失去联系，与相距很近的小洪山内之友军李先念的游击部队，也无法取得联系。在敌情不明的情况下，张总司令改变了 15 日晚渡河计划，下命令在山下附近村庄驻下。总部设在长山南麓几十户人家的一个小村庄内，这一夜在此度过。

5 月 16 日，天刚拂晓，敌人炮兵已开始向这个小村庄射击，传骑排的马匹受到炮击脱缰惊逃。硝烟弥漫山村空际。距小村庄仅隔两个山坡，有一道山沟，约 2000 米的距离，特务团首先在此与敌接战。特务团原属于七十四师马贯一旅四四〇团（曾在方家集战斗中损失很大），过河时改为特务团随总部行动。战斗一开始就很激烈，一阵阵枪炮声，夹杂着隐约可闻的肉搏战呐喊声，从西南角山谷上空时断时续地传来，我们随行人员，也都作好迎接战斗的准备。特务营增援上去，投入战斗。我看到敌人把大炮抬上山头制高点，对准小村向我总部轰击，连炮口火焰都清晰可见。我特务营士兵，多系河南、山东的青壮年，虽然身强力壮，作战勇敢，但每人只携带二十响自来德手枪一支、大刀片一把，不适合野战，火力压不住敌人，牺牲较大。上午 10 时，日军又越过一个山坡，隔河两坡对峙，向我最后一道防线发动猛攻。我方不断伤亡减员，前沿突出部，有的被突破，情况异常紧急。总司令当即叫张敏高参到前面山坡上督战，并嘱咐他："没有我命令，任何人不许后退一步。"张高参带人走后，张总司令又亲自鼓励特务营张连长说："我是总司令，如果是连长，这几个毛贼子不够我一连人打的！"张连长闻听，二话没说，甩掉上衣，赤膊挥刀，大喊一声："一排跟我上！"一排人猛冲过去，一阵砍杀格斗，把日军赶回原来的山坡去了。此排伤亡很大，血染战服，仍坚持战斗。经过这场拼杀，我军阵地暂时巩固，情况稍有缓和。

少停，敌人喘息过后，又发起了新的冲击，在一阵激烈的枪炮声中，张高参和张连长先后阵亡，长眠于长山脚下。

张高参阵亡的消息传来，11 时许，张总司令立即召集参、秘两处随行人员说："情况如大家亲眼看到的这样，我看算不了什么，现已与黄维纲军长取得联系。他至迟午后 4 时就可以赶来解围，大家相信我张某人，直到最后一个人，也绝不单独离开你们。"他用手指着东北高山说："那就是长山，黄军长就从那个方向过来，现在三面都是敌人，你们可以分散开来，各自找一个隐蔽所在，不要乱动！"说完，张总司令就带几个人到前山坡，亲自指挥去了。

我在附近找了一个单人掩体，隐蔽起来，日军又一次发起更为剧烈的进攻，敌炮倾注在前面立坡和小村庄上，炮弹的爆炸声，如六月的滚雷，震得大地都在颤动，尘土硝烟弥漫空际，太阳也变成了昏黄色的圆盘，整个阵地笼罩在铁和血的火海之中。突然一颗炮弹，正落在高级人员的临时指挥所附近，一声巨响，我的单人掩体几乎被震翻过来。参谋处长吴光辽的大腿被炸伤，流血不止。此时，敌炮忽然稀疏起来，攻击顿挫。只见张总司令从前方高地走回来，他不让传令兵接近他身边，传令兵指着他已被鲜血渗透呢子制服负伤的左肩说："总司令！"张总司令这才用手摸了摸衣服上的血迹说："没什么，不要大惊小怪的！"张总司令看到吴处长腿部，流血不止，大声询问："参谋处有人吗？把你处长扶下去！"我就近跑过来，应声答道："有！"张总司令看了看我说："你一个恐怕不行，程参谋，你俩分在两边，各架一只胳膊，吴处长也要忍点痛，你们往东北方向翻过长山走吧！"他不顾个人生命的危险，还如此体贴入微地照顾部下，我们感动万分，尤其正是在这生死存亡的关头，我们都不愿离开总司令。而他一再催促我们，甚至要发火了，我们才一步一回头地恋恋不舍地离开了张总司令。谁知，此地一别，竟成永诀！我看了一下手表，时针正指着中午 12 点。他那山东临清口音“往东北方向，翻过长山走吧”的声音，至今仍缭绕在耳际。

我和程参谋架着吴处长，一步一拐地走开，暂时脱离了战场。当我们绕过小村庄背后，刚刚爬到半山腰时，枪炮声骤起，一阵阵喊杀声传来，最后一道山坡防线被突破，日军向小村庄扑来，总部人员纷纷逃离村庄，向东北长山方向撤退。步枪声和手榴弹的爆炸声，响成一片。敌大炮已延伸射程，有的在我们山腰近处爆炸，有的超越高山，弹着在山后。我回头看时，冲出村外的总部人员，相继阵亡，几乎无一幸免。此时正是5月16日13点15分，也就是张自忠总司令在长山脚下壮烈殉国的时间。

我们在日军炮火中翻越过长山，到达山背后，扶着吴处长艰难地行进。吴处长腿中的炮弹皮没有取出，不断地呻吟，疼痛难忍，时走时停。16日的傍晚，到达一个小山村，在小山村的一角场上，已集结了失散的二三百人，其中有负伤的战斗员、伤病员、非战斗人员、勤杂人员、副官处长、苏联顾问，特务团郑万良团长也在内。经询问，大家都不知张总司令的下落。当晚，我们收听到武汉敌台广播：“击毙支那三十三集团军总司令张自忠。”虽然大家心虽明白，根据情况判断，总司令恐怕凶多吉少。但大家都希望不是真的。阴沉沉的夜晚，周围不断传来枪声，村庄在燃烧，大家的情绪都很消沉忧虑。

苏联顾问提出建议说：“此地不能久留，可能是今天晚上，最迟明晨，敌人就会前来攻击，我俩系国际友人，苏日关系尚未断绝，如在战场上被俘，恐将引起国际交涉，给我俩和翻译员 3 支手枪，另派 3 位弟兄，我们要即时离开此地。”直到 5 月底他们转了一个大弯，经老河口到重庆去了。以后再也没有见到顾问。顾问一行 6 人走后，吴处长临时指定所有集结人员，归郑万良团长和副团长指挥。当晚郑团长亲自带着士兵，分别指定警戒位置，在庄村的四周走了一圈，回到场上。但派出的警戒人员，有的很快就折回来了。郑团长看到如此混乱，不听指挥，发火地说：“集合好，离开此地！”好不容易找到一位本地人带路，我和程参谋找到了一匹马，扶着吴处长骑上，沿着山村小路出发了。走了整整一夜路，17 日天亮时一看，迷了路，仍然又回到了昨晚离开的场上，一看情景，果然如苏联顾问判断的那样，敌人曾向我集结处攻击，许多人被敌杀害。

5 月 19 日晚，我们渡过襄河，住河口镇二十九集团军招待所。20 日天刚亮，从河东驶来一艘载满了人员的大船靠岸，许多汽车来迎接，问后始知张总司令的遗体从河东运来了。我们急忙迎上前去。稍停，我们遂同车返回快活铺三十三集团军总部。

在车上听到有人在议论说：“马副官已用担架送往后方医院，王副官的伤轻些，也同在车上。”我们当即找到王副官，他向我们述说了当时张总司令殉国的经过。情况是这样的：5 月 16 日，当敌人的炮弹命中小村庄上高级人员临时指挥所，吴光辽处长受重伤，由两位参谋搀扶着走下火线不久，日军又翻过前方的小山坡，距临时指挥所仅 200 多米。这时参议、顾问等已经走散。李文田参谋长的随从副官抢上去背着参谋长，向敌人来攻的方向闯过去，躲进乱草丛中。王副官也抢上去背着总司令向小村庄东北方向跑去。马副官紧紧跟着，刚到小村庄东端麦场里，王副官受伤，总司令便叫马副官替背，没有数步，马副官也负了伤。看到敌人已占领长山脚下，架着机枪扫射过来，总司令叫马副官把他放下来，安稳地躺在地上，张总司令气绝前还对身旁的马副官说：“对国家、对民族、对长官，良心平安，大家要杀敌报仇！”马副官这时自己也只得躺卧在总司令身旁血泊中佯死。王副官带着伤自己爬到麦垛堆里躲起来。一小队日军托枪围了上来，踢了马副官一脚，认出他未死，就举起战刀对头上劈了下来，马副官当时晕死过去。敌人看到总司令身穿呢子制服，又从马副官带的相簿上，检查后确认是张自忠总司令，当即将小队集合起来，向总司令遗体肃立静默，表示敬意。

敌军走后不久，村上的人回来，发现了张总司令的遗体，把马副官救起，又把王副官从麦垛里抬出来。许多民众自发地找些白布把总司令遗体裹起来，掩埋好。午后两点多钟，黄维纲军长的援军赶到解围，经过小的战斗，将敌人驱走。黄维纲军长向王副官询明了总司令殉国情况后，亲自护送总司令遗体，于 19 日晚到达河对岸，20 日晨过河，运来后方总部。随后又由快活铺运往宜昌，专轮转运重庆安葬。

为国捐躯的张自忠将军

刘景岳*

我和张自忠将军的关系，可以说既是师生之谊，也是长官属下之分。1927 年他任国民革命军第二集团军军官学校校长时，我是该校第一期步兵科学生。1928 年冬，他调任陆军第二十五师师长时，我在军校已毕业，又分配在陆军第二十五师任排连长，一直到抗日战争中期的 1940 年 5 月，张自忠与日寇作战殉国止，我始终在他的部队里任参谋、团附、营长、旅参谋长、师参谋处长、军作战科长等职，一直在他属下工作，相随十三四年之久；同时我又是他直接领导的五十九军最后一任参谋长，所以对他各方面的情况，有所了解。兹就回忆所及，将张自忠将军壮烈殉国前后的情况，撰写成文，以资纪念，如有不当之处，尚希知者给以指正。

1938 年 10 月 25 日日寇侵占武汉后，继续集结兵力向第五战区侵扰。时张自忠驻节鄂西荆门，升任第五战区右翼兵团总司令，除其三十三集团军外，战区右翼各军均归其指挥。

1939 年 4 月 29 日，豫南鄂北之敌，分头向我进犯，同时襄河东岸之敌十三、十六两个师团及骑兵第二旅团，与我右翼兵团展开了激烈战斗。张自

---

* 作者时任第五十九军第三十八师参谋处长。

忠率两团兵力，渡河指挥，追击北窜之敌。在亭子山、耗子岗一带，出敌不意，连战皆捷，生擒敌松井部队300余名，获战马100余匹，并烧毁敌橡皮船100余艘，切断了敌人增援和补给线。经此一役，使战区各大军完成了对敌之包围，因而造成了第一次豫鄂会战之大捷。

其后，张自忠以所指挥的右翼兵团，驻守于襄河（汉水在襄樊以下称襄河）两岸，并时常派出以营团为基干的轻装奇袭部队，对京山、大洪山、随县方面之敌进行袭扰。当时张的总司令部即设在襄河西宜城以南的快活铺。至于枣阳、桐柏山和襄樊一带，则由我中央兵团黄琪翔部防守；豫南之唐河、方城、南阳一带，则由我左翼兵团李品仙部防守。当时敌第三师团在豫南信阳、泌阳一带，敌三十九师团在随县附近，敌十三师团在京山、钟祥附近，敌十六师团在天门、岳口附近，与我第五战区形成对峙状态。因其兵力较小，自1939年下半年以来，未敢大举进犯，却经常遭到我军之袭击。

1940年4月以后，日寇为了平汉路之安全和巩固武汉战略要地的目的，由湖北、湖南、江西三省抽调大部兵力，发动5月攻势，企图由信阳、随县、钟祥分三路会攻襄樊，进而威胁老河口李宗仁之第五战区司令部。而张自忠之右翼兵团，实首当其冲。战争胜败，关系全局。张将军有鉴及此，当即召集所属部队的军师旅长、参谋长到总部开会。他首先将当面敌人动态及企图作了说明后，然后说（大意）：

今日之事，我与弟等只有两条路可走，第一条路是敷衍，我对弟等敷衍，弟等对部下敷衍。敌人未来时我们敷敷衍衍的布置，敌人来了以后我们也敷敷衍衍抵抗一下。这样的做法，看起来似乎聪明，其实最笨；似乎容易，其实更难；似乎讨便宜，其实更吃亏。因为今天不打，明天还要打；在前面不打，到后面还要打。完是一样的完，牺牲是一样的牺牲，不过徒然丢人现眼而已。所以这条路的结果，一定是身败名裂。不但国家因此败坏在我们之手，就连我们的生命也为我们自己所断送。这就是等于自杀。所以这条路是死路，是沉沦灭亡之路。我与弟等同生死、共患难十余年，论感情过于骨肉，论义气重于同胞，我实不忍令弟等走这条灭亡的死路。弟等夙识大体，明大义，谅自己也不肯走这条路。无疑的，我们只有走另一条路，就是拼。我们奉命守住这条线，我们就决心在这条线上拼，与其退到后面也要拼，我们就不如在这条线上，拼得有价值，有意义。我们这一次一定要同敌人在这一条线上拼到底。拼完算完，不奉命令，决不后退。如果我们的拼能挡住了敌人，我们全军就享受着无上的光荣，我们的官兵也永远保持着光荣的地位。万一不幸而拼完了，我与弟等也对得起国家，对得起四万万同胞。我们没有辜负他们的供养，我们也不枉作了一世的军人。所以这一条路，是光明磊落的路，是我们唯一无二的该走的路。我与弟等参加抗战以来，已经受了千辛万苦，现在到了最后一个时期，为山九仞，何忍功亏一篑？故唯有盼弟等打起精神，咬紧牙关，激励部下，拼这一仗！

此一悲壮激昂的讲话，实由于多年来张将军忠于国家，忠于人民，郁于内而抒发于外的精神，舍死御敌的坚强意志的结晶。

在序战开始时，我军曾在襄河以东建立了一个西南至东北间的弧形阵地，目的是阻止京钟方面之敌北窜，同时监视随县方面之敌西犯。自 5 月 1 日以来，各路敌军开始向我进犯，我襄河东岸阵地守备部队，与由钟祥、洋梓北进之敌发生激战。张自忠立即命令七十七军之一七九师进出于长寿店以北以东地区，令五十九军之三十八师当晚由流水沟附近渡河，控制在丰乐河及其以东地区，以支援长寿店之一八〇师之作战，同时命令襄河右岸守备队作好应战死守准备。张将军于当日给五十九军各师长、旅长、团长及参谋长写了一封亲笔信，内容如下：

> 看最近之情况，敌人或要再来碰一下钉子，只要敌来犯，兄即到河东与弟等共同去牺牲。国家到了如此地步，除我等为其死，毫无其他办法。更相信：只要我等能本此决心，我们的国家及我五千年历史之民族，决不致亡于区区三岛倭奴之手。为国家民族死之决心，海不枯，石不烂，决不半点改变。愿与诸弟共勉之。

同时又给三十三集团军副总司令兼七十七军军长冯治安一信，大略如下：

佟（麟阁）、赵（登禹）死于南苑，宋（哲元）又死于四川。只余你我与刘（汝明）、石（友三）四人矣。我等亦不知几时也要永别。我等应再下一次决心，趁未死之先，决为国家民族尽最大努力，不死不已！

此外，在同一天还给当时在重庆的萧振瀛复了一封信，原信如下：

当面之敌，最近或有积极之企图。我部业已预备妥当，来则痛击之。弟仍本久决之心，在不死之前，出战则尽力整理。到战争开始，就以必死之决心，与倭寇相周旋，以报国家民族及领袖之大恩大德。专此布复，顺颂近好。

从张自忠在这一天中写给部下、同事和友人的 3 封亲笔信来看，张将军每天自己所想的是国家民族。他勉励部下和告慰友人的，还是国家民族。他的国家观念之深，民族气节之隆，于此可以想见了。

5 月 4 日，由钟祥北犯之敌十三、十六两师团，分四路向我长寿店普门冲阵地开始猛攻。我守军一八〇师、一三二师坚强抵抗，浴血奋战，敌终未得逞。敌鉴正面突破不易，改由两翼迂回前进，又遭我三十八师和一七九师的截击。我一七九师在长寿店东北地区将北窜之敌冲为数段，歼灭敌人数千名，击毁敌车数十辆。我三十八师在流水沟东南地区与敌激战，将敌压迫至耗子岗附近，此时我一三二师将长寿店之交通切断，阻敌退路。我一八〇师及骑九师之一部，追击敌人至田家集一带。此时敌人见后路已被我切断，遂与我陷于胶着苦战状态。当时随县之敌，正沿着襄汉公路大举西犯，信阳之敌连陷桐柏、唐河，直驱新野，与我中央兵团黄琪翔部和左翼兵团李品仙部血战正酣。张自忠自感本身之责任重大。于 5 月 6 日遂决心亲自渡河，统帅各部队截击敌军。当即下令各河防部队，坚守阵地，并晓以个人行动，以便联系。这时又给三十三集团军副总司令冯治安写了一封亲笔信。内容如下：

因为战区全面战争之关系，及本身之责任，均须过河与敌一拼。现已决定于今晚往襄河东岸进发。到河东后，如能与三八师、一七九师取得联络，即率该两师与马师，不顾一切，向北进之敌死拼。设若与一七九师、三八师取不上联络，即带马之三个团，奔着我们最终之目标（死）迈进。无论作好作坏，一定求良心得到安慰。以后公私均得请我弟负责。由现在起，以后或暂别，或永离，不得而知。

这既是一个通报，又是一个遗嘱。实际上于5月7日夜在宜城以北渡河的，只有当时勉强拼凑的七十四师的三团和总部手枪营而已。

渡过襄河后张将军决心经南瓜店新街向枣阳攻击前进，以尾追北窜之敌，同时截击由枣阳西犯之敌，同时命令三十八师继续跟进向枣阳进发，令一七九师在长寿店东北地区截止敌人后，亦向枣阳方面前进。5月8日进抵南瓜店，据报前方已发现敌情，张立即下令攻击前进，并指示七十四师，对敌人这些为维持联络的小据点，能消灭的即行消灭，不能立即消灭的决不可久战被其牵制，应继续攻击前进。沿路攻打，非常顺利，9日到达田家集，10日到达枣阳西南之峪山、黄龙示垱一带。在峪山附近因已尾追上北窜之敌主力，我七十四师当即与敌发生激战，给敌人以极大威胁。敌当时即调转兵力，分三路向我反扑，战斗异常激烈。当时张将军又接到长官的电令，说敌人已退却，务猛力截击，勿使窜回。张认为这是一个歼灭敌人的好机会，虽然我们的兵力较小，但只要肯牺牲，一定可以把敌人消灭的，当即激励七十四师说："敌既已窜回，北面友军一定跟踪追击，这样就形成了前后夹攻之势了，我后面还有三个师即可赶到，只要我们肯牺牲，定能把敌人消灭。"七十四师过去虽非将军直接统辖部队，但其将领都是将军当营长时的干部，所以非常服从。官兵无不义愤填膺，以一当百，在一昼夜之间与敌肉搏十数次，将军又亲临前线督战，终将敌击败，歼敌3000余人，残敌向东溃逃了。

至5月11日下午，张自忠奉长官部令，追击东退之敌。此时将军已两昼夜未眠，但奉到命令，立即下令出发，并说"兵贵神速，稍纵即逝"。此时五十九军三十八师黄维纲部已全部赶到，即令三十八师在前，七十四师在后，将军自带手枪营居中，星夜向枣阳方面追击。当天晚上还下小雨，天黑路烂，行进艰难，将军还不时催促加快速度。这样走了一夜到了枣阳附近之梅家高庙。据三十八师黄师长报告说：“前方已发现敌情，约七八千之敌，正由北向南窜。我军正由西向东进，敌人尚未发现我们。”张自忠立即命三十八师成南北线展开，猛攻敌之侧背，同时令后续部队火速前进。敌猝不及防，伤亡甚众。敌见无法脱身，遂即右转向我反攻。我亦不断进击，一时杀声震天，战况非常激烈。张将军来到第一线督战，并不住高喊：“不要让敌人跑掉！”时七十四师已赶到，将军即令由左翼迂回包围，激战终日，敌伤亡惨重。

至 5 月 13 日，正拟继续向枣阳进击时，又奉到李长官电令，谓敌十三师团主力企图南窜，望该总司令即率部向南截击。于是不得不放弃枣阳之敌，转过头截击南窜之敌。此时一七九师也赶到。张将军立即下令分成两个纵队，由黄维纲率三十八师、一七九师为左纵队，向田家集新街一带截击；张自忠亲率七十四师及骑兵一部和手枪营为右纵队，向方家集南瓜店一带截击。因为在梅家高庙消灭的是敌十三师团的一部，其大部主力由东面又转向南窜，已将我背后之方家集、新街及襄河东岸各据点都占领了。当时敌人又到处放火，鸡犬不留，因此我们靠后方补给根本不可能了，而当地又无从采购，东进时自行携带的，经过这七八天的激烈战斗，粮弹消耗很大，剩余的也不多了，当前我们最大的困难，就是粮弹两缺，但是我们的士气还是非常旺盛的。

5 月 14 日拂晓将抵方家集时，就听到枪声大作。后接报告，说方家集有一部分敌人盘踞，大部敌人仍企图向西南窜，张自忠立令七十四师攻下方家集，令骑兵绕至西南山口，截击敌人。最初敌人可能只有一二门炮，后来就听不见炮声了，大概是撤走了。但方家集敌人的抵抗非常顽强，有时竟以攻为守，不断拿着机关枪向我冲锋。当时我们的机枪和迫击炮也发挥了最大威力，张将军又站在高坡上亲自督战，官兵奋勇冲杀，于午前终将这股敌人消灭了，并占领了方家集。据事后得知，敌企图乘虚强渡襄河，进攻荆（门）宜（昌），不料我蓦然返回，因恐遭我前后夹击，其渡河企图只好告吹了。当时我右纵队兵力，七十四师还剩约 2000 人，骑兵只有五六百人，加上总部手枪营，总共不过3000多人。起初敌人并不把我们放在眼里，及见我夺取方家集，又极力向其主力冲击，敌人才感到这部分队伍非同小可，所以才转回头来，向我大举反扑，并增加了十几门大炮，又调来了20几架飞机。一时大炮不断地轰鸣，飞机不住地投弹并低空扫射，闹得天空乌烟瘴气，地下形成一片火海，大有非把我全部消灭而不止之势。我们除了迫击炮、机关枪、手榴弹外，还靠官兵视死如归的精神和不怕牺牲的血肉，与敌一来一往地争夺厮杀，当天下午就变成了苦战状态。此时张将军带着手枪营增加到第一线，并高呼："截住他们，弟兄们不要让敌人跑了！"官兵们见了他，就好像我们也添了无数的飞机大炮和增援了大批生力军一样，无不意气风发，精神百倍。敌人的凶猛反击，都被一一杀退。到了下午三四点钟左右，敌见力攻不逞，又以密集炮火向我轰击，将军周围竟落了几十发炮弹。此时张自忠正和几个高级幕僚在那里吃豆子，享受这一天来唯一的"大餐"。时手枪营营长杜兰喆跑来，请总司令换个地方隐蔽一下，将军未加可否，笑了笑说："你也来吃些豆子，这豆子真好吃。"杜营长见将军泰然自若的样子，不好再往下说，只好对将军笑了笑，抓了一把豆子就走开了。

到了这天薄暮，战况沉寂了，接到左纵队黄维纲的报告说，敌人的左翼仍有向西南撤退模样。将军和几个高级幕僚商议，认为我们的任务是截击敌人，决不能让敌人跑掉，当即决定留一小部乘夜暗去袭击当面之敌，以行牵制，限15日黎明前要赶到罐子口，其余连夜向西南的罐子口进发，并且规定遇村庄绕道而行。在夜间行进，仓促遇敌，立即卧倒，不许乱跑，不许说话，更不准乱放枪。就这样未伤一人一马，从容不迫的于15日黎明前到达罐子口附近。侦察到敌人果以一部留在罐子口，大部向西南窜。我军立即向罐子口之敌进攻，并派一部向南窜之敌尾击。敌见逃窜不易，一面和我们抵抗，一方面各方抽调援军，向我反扑。这样在罐子口附近山地，又继续恶战了一天。当时曾想把三十八师和一七九师调来增援，但此时他们正在新街方面与敌激战，张自忠不愿让那方面敌人跑掉，故不肯把他们调过来，这就造成了兵力上的众寡悬殊的局面。当天晚上乘战况稍沉寂一点，我军从罐子口移向南瓜店。这是一个只有两家人的小村子，因为几夜未睡，就在夜幕的场地上睡着了。

5 月 16 日黎明，就被枪声惊醒了。据报我右翼鸡鸣山已被敌占领，距将军所在地还隔两个山头，张自忠立即命令七十四师速派一部增援第二个山头。这时敌机也来了，到处投弹扫射，敌炮也猛烈轰击，同时对我右翼第二山头的争夺也非常激烈，敌人曾几次冲上山顶，均经我七十四师郑万良团长亲自用机枪打退了。到上午 10 时敌又从西南方面攻击，对我形成一个弧形包围。当时张自忠令骑兵由左翼出击，绕袭敌的侧背。同时又亲率手枪营一连到南面的杏儿山去督战。这个杏儿山除了南面有一部分连着其他山峰，其余都是平地，守这个山头的部队，是七十四师的补充团，多是新兵，子弹又缺，眼看就维持不住，见张将军亲自来督战，并增援了一连手枪队，才略趋稳定。但是敌兵甚多，不断向两翼延伸，北面又被敌包围了，当时张自忠又下山赶到北面去，并派杜兰喆营长带一连手枪队舍死忘生地冲杀，才又把北面的战线稳住。

正午 12 时，忽然将军左臂中弹受伤，但他并不肯包扎，只是用右手按了几按，意思是不让他多流血，还继续大声喊着督战。这时我们的部队伤亡越来越多，战况更加惨烈了。到了午后 1 时，敌更将山炮排列在距我们不到 1500 米的山上，向我疯狂地发射，炮弹落在张将军身旁，一个随从副官阵亡了，代理参谋处长吴光辽两条腿受了伤。左右都劝将军向东北山脚下移一移，而将军坚决不肯，并说：“我奉命截击敌人，决不能自己退却。”叫左右的人都散开，他带着高级参谋张敬，在战地上来回督战。当时张敬一会儿这边，一会儿那边，高呼：“总司令在此地，谁也不许退！”将军此时的神色，比往常更严肃了，他的神威，确实给全线官兵增加了不少勇气，任凭敌人攻击凶猛，也很少有人退下来。到了下午 2 点，南面的山头因我官兵全部牺牲，终于被敌人占领了。这时将军怒吼一声，立时跃过我们所在的山坡，冲上前去，谁也拉他不住。当时南面山头的敌人距我们只有不到 500 米，机枪猛烈地扫射，南面山脚下的敌人和我们仅有的手枪队肉搏着，战况惨烈万分。就在这一刹那间，将军全身中了 6 处机枪伤，其中最致命的是右胸洞穿。当时将军自知伤中要害，最后说："我对国家、对民族、对长官，良心都平安。"不久就气绝了。张敬高参已被敌人砍伤好几处，还用手枪打死了好几个敌人以后才死。上校副官洪进田、少校副官贾玉彬，都同时牺牲了。随从副官马孝堂身中三处重伤，抬回来不久也死了。随同殉难官长、卫士等共达三百余人。

当5月16日敌人围攻最急之际，张自忠犹向蒋介石及李宗仁长官作如下的报告：

> 职率七十四师及骑九师一部和特务营与南窜之敌，连日激战，删晨敌增飞机30余架，炮20余门助战，现在方家集以南之南瓜店正激战中，又三十八师铣日将敌击溃占领新街。敌数千因我到处堵截，企图沿襄河东岸南窜，已饬属努力追击中。职张自忠叩铣。

此最后一电竟无一语一字述及个人所处的困境。他只知国家之安危，不计个人之得失，其内心之坦荡，精神之伟大，均于此见之矣。

事后日寇将张将军遗体冲洗包扎，用棺装殓埋于方家集附近，并立一大木牌，上书"支那军总司令张自忠之墓"。时我左纵队占领新街之后，即令一七九师尾追逃窜之敌，黄维纲即率三十八师驰援南瓜店，于5月17日开始反攻。时我中央兵团和左翼兵团已将枣阳之敌包围，我三十八师经过一昼夜激战，于5月18日完全收复了南瓜店、方家集一带地区。在方家集西土坡，找到了将军的忠骸，派队护送至快活铺总司令部。查此次豫鄂会战，张自忠将军虽以身殉国，但终将日寇进攻襄樊、威胁河口之企图彻底粉碎，使战局转危为安，亦可谓功勋卓著，彪炳日月了。

将军遗体于20日运到快活铺后，将将军伤口重新冲洗包扎，换了内衣，穿上军服，挂上了上将领章（此时接到重庆军事委员会电报，张自忠晋级为陆军上将），佩上了短剑，在哭声雷动中慢慢地放进了楠木棺材，然后盖了棺盖。从此，一代英雄，永别人间了。自副总司令冯治安以下，以至士兵群众，均痛哭失声，在无限悲哀中举行了公祭仪式。

后奉令辗转后运，于5月28日到达重庆，蒋介石、冯玉祥、孔祥熙、宋子文、孙科等以及其他当时政府要人和各界人士数百人，均臂着黑纱在江岸迎候，下船时并亲为执绋。当天下午 3 时又运至北碚双柏树暂厝于梅花山之麓。

张将军功在国家，政府除将张将军生平事迹宣付国史馆外，并决定举行国葬，以慰英灵而昭懋典。呜呼，烈矣！

第二次粤北战役

我参加第二次粤北战役的回忆

黎天荣*

1938 年 10 月下旬日军占据广州之后，于 1939 年 12 月及 1940 年 4 月先后两次大举进犯粤北，企图夺取广东战时省会、华南战略要地粤北曲江，均未得逞。

第一次粤北战役之前，我任第六十六军参谋处长，随第六十六军参加昆仑关战役（桂南战役）对日军作战。当听到敌人大举进犯粤北时，军长陈骥曾对叶肇（第三十七集团军总司令）说："敌人知道第六十六军调离了粤北，才敢于进犯粤北，而且与我们打过交道的近卫师团也调来了。"谁料昆仑关战役结束后，第六十六军以"违命避战"被取消番号，军长陈骥被免职。陈骥要我回曲江办理军部结束事务。后余汉谋即派我任第一八六师少将参谋长。

我于 1940 年 3 月间随新任师长李卓元到新丰梅坑接事（原第一八六师师长赵一肩在第一次粤北战役因守良口阵地遇优势之敌攻击，未经激烈战斗，便率曾潜英旅溃退到后方坝子墟，而被撤职。该师张泽深旅则在沙田继续抵抗敌人，战后升副师长）。当时第一八六师作为第六十三军的预备队在

* 作者时任第六十三军第一八六师参谋长。

梅坑整训。

4月间日军又第二次进犯粤北，我随第一八六师参加了这次战役。

一、战斗前敌我态势

自1939年12月中旬至1940年1月上旬第一次粤北战役结束后，进犯粤北之敌败退广州之后，其主力仍盘踞广州市及郊区一带，并以一部据守增城中新、福和，从化神岗、太平场、花县两龙、军田、三水芦苞等外围据点（敌军兵力番号记不起）。我们第七战区所辖第十二集团军仍固守粤北增城、从化、佛冈、清远之线既设阵地，以阻止敌人进犯，确保粤北安全。当时判断敌人主力可能沿广从公路来犯，故将兵力重点放在左地区，以备应战。其兵力部署如下：

第六十五军（军长缪培南）为右地区队，守备清远、潖江、佛冈、水头之线；

第六十三军（军长张瑞贵）为左地区队，守备增城车洞、派潭，从化良口、牛背脊之线；

第六十二军（军长黄涛）为总预备队，位于翁源、青塘一带整训；

第十二集团军总部（总司令余汉谋、副总司令王俊、参谋长张达）位于三华；

第一五一师（师长林伟俦）及第十二集团军教导团（团长谢义）构筑韶关守备工事并准备对付敌伞兵部队空降。

以上第一线各军与总预备队军规定每年互换任务，以便一面守备，一面整训。

守备左地区之第六十三军兵力部署如下：

第一五三师（师长欧鸿）守备增城车洞、派潭为左地区，师部位于小杉；

第一五二师（师长陈章）守备从化良口、牛背脊为右地区，师部位于塘肚；

第一八六师（师长李卓元）为军预备队，位于新丰梅坑整训；

军部位于蒲昌。并在增城东洞设军指挥所，以第一五三师步兵指挥官李荣梧为指挥官，军部情报科长李功宝为情报主任。指挥官除指挥守备增城前线部队外，还组织随军杀敌队，以潜入敌后搜集情报及袭击敌人。

二、作战经过

战役序幕——良口鏖战　1940 年 4 月间，第六十三军东洞指挥所得到情报，敌军第一〇四师团集结于从化太平场及增城一带，扬言分五路进犯粤北。第十二集团军总部及第七战区长官部获悉后，未作出判断和处理。4 月下旬敌军主力沿广从公路北进，与我第一五二师守良口前线部队第四五六团发生激战。敌军来势凶猛，在飞机大炮掩护下向我第一五二师良口以南一带阵地猛烈攻击，我方利用既设阵地，英勇奋战，给来犯之敌迎头痛击，敌人伤亡惨重，我第一五二师官兵亦牺牲很大。经过两昼夜的激烈战斗，我第一五二师第一线阵地被突破，敌人进占了良口。我方退据亚夷山、石榴花顶第二线阵地，继续顽强抵抗。石榴花顶是良口阵地制高点，形势险要，为粤北屏障。陈章师长下令死守阵地，保卫亚夷山，以待援军到达反攻。凶残的敌人在飞机大炮掩护下，继续向石榴花顶发起一次又一次进攻，我第四五六团第三营营长廖益金率领全营并指挥第五、第六两连英勇顽强抗击敌人，战况十分激烈，容瑞廷、李第长两连长负重伤不下火线，仍坚持战斗。嗣后由师部及时将枪榴弹送到阵地，增强近战火力，击退敌人一次又一次的冲锋。敌人又转向第一营阵地猛烈攻击，我第三营即以轻重机火力侧击敌人，又把敌人击退。石榴花顶始终在我第一五二师手中，屹然不动。在奉命增援之第一八六师进出溪头、鸭洞口侧击良口之敌右翼，第六十五军第一五八师由上下岳进出民乐墟侧击良口麻村之敌左侧的同时，陈章即命令第四五六团派廖益金营夜袭矿山之敌。是夜 23 时我军抵达山顶敌阵地前沿，受敌猛烈火力射击，伤亡很大，被迫退回半山腰。次晨第四五六团集中迫击炮向敌炮兵阵地轰击，此时敌人军心动摇，趁此时机，第四五六团吹起冲锋号，我部队迅速冲锋，至下午 1 时占领矿山一带阵地。敌人从矿山向良口撤走后，3 架敌机向矿山一带轰炸 20 分钟之久。经过约旬日战斗，占据良口之敌人在我军三面痛击下，最后不得不撤退。

拊敌侧背——挺进鸭洞口　当第一五二师在良口对敌激战的第 3 天晚上，第一八六师接到第十二集团军总部命令，着该师迅速由梅坑出发，经吕田进出良口附近支援第一五二师作战。第一八六师接到命令后即于次晨由梅坑出发按指定路线前进。当时因春雨连绵，公路已破坏，道路泥泞，行军非常困难。“救兵如救火”，全师官兵为了火速支援兄弟师抗击敌人，不怕困难，仍以急行军的速度于当晚抵达画眉堂宿营。随即接到第十二集团军总部命令，着第一八六师师长李卓元率领全师进出广从公路，由太平场以南直至广州，沿广从公路，以步兵连为单位，布置伏兵，以阻击敌人援兵及截断敌军后方联络线。我当时即向师长李卓元说，这样分散使用兵力，不但不能截断敌人后方联络线，而且有被敌人各个击破的危险。我援引了第六十六军在昆仑关对敌作战的事例：第一六〇师在绿龙岭对敌作战时，曾派出步兵连沿昆仑关通南宁公路埋伏，企图阻击敌人，结果受南宁敌人派出部队猛烈攻击，全连官兵壮烈牺牲，生还者仅士兵数人。李卓元同意我的意见。他说：“这是王俊（副总司令）的纸上谈兵。”我们研究了应如何部署第一八六师，才能有力地痛击敌人，以支援第一五二师作战。并准备向总部建议。但当时师与总部未能通电话，正在犹豫不决的时候，忽接军长张瑞贵电令，着第一八六师派副师长张泽深率两团为先遣队，经溪头进出鸭洞口向占据良口之敌侧背攻击，师主力跟进。师长李卓元和我完全同意执行军长的命令，认为这样部署，才能有力地打击敌人。但军部与总部的命令前后下达有矛盾，应如何处理呢？按执行上级命令，如在时间上前后有矛盾，应执行后者（即军部命令）；但如上下级有矛盾，应执行上一级命令（即总部命令）。于是由师长李卓元向军长张瑞贵接通电话请示并陈述意见，军长答复，由军长负责，执行他的命令。

师长李卓元即按军长命令派副师长张泽深率第五五七、第五五八两团依照军长所指示方向进出。张泽深当即派第五五八团（团长凌育旺）打前锋，该团进出溪头以后，发现敌人侧翼掩护部队，即展开攻击，经过一昼夜激烈战斗，突破了敌人掩护阵地，而进出鸭洞口。当第五五八团与敌一接触即有一排长（姓名已忘，系军校毕业）临阵退缩向后方逃跑，为亲自督战的张泽深所发觉，张立即拔出左轮手枪将其处决。

当第一八六师前锋部队进出鸭洞口以后，发现占据良口之敌在其东南方高地（高地名记不起）占领掩护阵地，张泽深即派第五五七团（团长李克煌）向该敌进行夜袭。李克煌接受命令后，即命该团第二营为右翼队经某地向某高地敌阵夜袭；李克煌亲率团主力为左翼队经某地向某高地夜袭（所经小道、高地地名全记不起）。团主力部队一抵达山麓就在朦胧夜色中向敌阵展开攻击，我第一、第三营两营部队在营长严珠甫、李裕章指挥下，猛冲至敌阵前沿，受到敌人猛烈火力射击，进攻被阻。我部队退至半山腰，团长李克煌整顿队伍后再进行第二次猛烈攻击，终因敌人占领制高点，居高临下，仰攻非常困难，攻击再次受阻，部队被迫退回山麓，重新整顿，候机再发动进攻。此时团长李克煌向师部发来电报，大意是第二营营长（姓名忘了）率领该营以夜间迷失方向为借口，实则畏敌避战，相隔数里没有及时参加战斗，致使团主力孤军奋战，未能克敌制胜，部队伤亡过半，全团官兵仅存 600 余人。而第二营营长畏敌避战，拟予撤职查办，遗缺以少校团副叶景台代理。师长李卓元接电报后说，第五五七团与敌战斗一夜，就损失了三分之二，是团长指挥失当所致。我解释说，没有做充分侦察准备，进行夜袭，对敌仰攻，难免相当数量的伤亡，但绝不致损失三分之二，依我判断，多数是在敌人猛烈火力射击下纷乱退下散失的，加上部队在夜间作战容易脱离指挥官的掌握，而在本国土内作战，散失的人员很快就可以收容回来的。果然不出所料，李克煌发来的第二个电报说，全团经过收容整顿已有 1200 余人，正在准备迎接新的战斗任务。

李克煌团夜袭敌阵，虽因准备不充分，遭受较大损失，而又未能攻破敌阵而占领之，但给占领良口之敌右侧背威胁很大。在此同时，我第六十五军第一五八师一个团由上下岳进出民乐圩向良口麻村之敌左侧背攻击，这样我第一八六、第一五八两师分别向敌军主力的两翼，形成钳形攻击，使占据良口之敌三面受击，经过旬日昼夜的激烈战斗，敌人被迫撤退。

追击残敌——血战鸡笼岗　约经 10 天战斗，我第一八六师前线部队发现敌人向后撤退。师长李卓元即抓住战机，命令以第五五七团为追击队从现地出发，追击败退之敌。该团以第二营为前卫，代营长叶景台率该营追击至鸡笼岗附近，发现敌人后卫部队正在向南逃窜。为了截断敌人退路，叶景台勇敢机智地率领全营绕道跑步抢先占领前面鸡笼岗高地，以火力封锁敌人退路。此时敌后卫大队长见退路已绝，便狗急跳墙，亲押敌兵向我军占领的鸡笼岗高地疯狂猛扑。我第二营官兵在代营长叶景台的英勇沉着指挥下，利用有利地形，居高临下，轻重机枪、步枪齐发，用猛烈的火力痛击敌人，予敌重创。一群残敌在敌大队长的督战下冲至我火线前沿，乱喊乱叫，做垂死的挣扎，我军则越战越勇，用刺刀手榴弹杀伤敌人，喊杀之声惊天动地，一场短兵相接的肉搏战开始了。战斗结局，毙敌大队长以下 100 余人，缴获步机枪百数十支、新式通讯器材双耳机一部（这是当时敌军大队部用的新式通讯器材）及其他战利品甚多。我伤亡官兵数十人，战后清理战场埋葬敌人尸体 100 余具。

与此同时，我第六十三军第一五三师派出补充团经石坑袭击在从化温泉的敌人前进指挥所，缴获军用品和罐头食品甚多。当时敌人在锅中煮熟米饭，热气腾腾，来不及吃就慌忙逃窜了。

第一五二师在良口敌人败退时，即出击包围残敌 10 余人在良口附近村庄，并喊话：“缴枪投降不杀！”敌人不听，仍顽固抵抗，陈章即下令集中炮火把它全部歼灭。

此次战役战束后，第一五二师与第一八六师交替任务，第一五二师调梅坑整训为军预备队，第一八六师接替守备从化良口、牛背脊主阵地任务。嗣后第七战区政治部剧宣队到我从化塘肚师部及良口前线来慰问。当时剧宣队有位共产党员荷子同志谱写了粤北抗战歌曲，其中有《良口峰烟》《石榴花顶石榴花》《血战鸡笼岗》等。这些歌曲给广大群众以极大的爱国主义教育，所以流传很广，舞鼓了人心士气。现据我的老伴陈慧华回忆，粤北战役时，她在曲江仲元中学念书，曾唱过这几首当时流行的抗战歌曲，只因时日过久，记忆得不完整，遗忘之处不少。兹凭她记忆所及《石榴花顶石榴花》的歌词是这样的：“石榴花呀石榴花！石榴花顶上开着石榴花，它红过珊瑚，红过琥珀，红过血也红过硃砂。……你要曲江，我要广州，任你凶残的敌人，飞机、大炮、毒气都不怕，左来左打，右来右打，打！打！打！打到敌人回老家。石榴花呀石榴花，石榴花顶上开着石榴花，它红过珊瑚，红过琥珀，红过血也红过硃砂，它吸收了敌人血的精华！”

战后，苏联顾问（姓名记不起）也到良口前线慰问。他站在石榴花顶山麓第六十三军烈士坟前，满怀崇敬与感动，对英勇牺牲的烈士默默凭吊！他对满山遍野的红花，感怀壮烈赋诗。犹忆当时由翻译念出，其大意如下：石榴花顶石榴花，遍山鲜花映红霞。民族英雄烈士血，卫国忠魂万古存。

望到底、佛公坳、耀洞之战

黄 涛 林伟俦 邓洪焜*

敌我概况

自1939年12月第一次粤北战役后，日本侵略军第一〇四师团、第三十八师团、板田旅团等盘踞广州，其外围据点在增城福和、从化神冈、花县两龙、军田、三水芦苞之线。

1940年5月上旬，第六十三军得该军派驻增城东洞情报所情报说，敌军第一〇四师团纷纷集结于从化太平场和增城一带，扬言分五路侵犯粤北。军部将敌情转报第十二集团军总部和第四战区长官部后，当时有人认为敌军可能是换防，有人认为敌军可能是准备二次侵犯粤北，对敌情没有正确判断和处理。由于第四战区长官部的情报工作做得很差，干这项工作的人员只图走私牟利，把刺探敌情放在次要，对敌军企图和调动多少兵力及其番号，一无所知。

第十二集团军所辖部队，除独立第九旅、第二十旅在粤东外，第六十二

* 作者黄涛时任第六十二军军长，林伟俦时任第六十三军第一五一师师长，邓洪焜时任第六十二军第一五七师第九三八团副团长。

军、第六十三军、第六十五军、教导团在粤北。以龙门地派、从化牛背脊、佛冈水头、清远潖江口为主阵地，阵线长约 100 多华里；并以龙门永汉、增城东洞、从化良口、佛冈鳌头、清远源潭为阵地前缘，作纵深配备。在阵地前缘和敌军前线据点相距约三四十华里为游击地带。这个地带形成了半沦陷区状态，敌军经常在日间派队到各村庄借口搜查便衣队乘机抢劫物资、粮食、牲口，及拉捕壮丁，强奸妇女，屠杀人民。同时国民党军队也经常在夜间派队袭击日军小据点，不管有无斩获，天亮前即退回。对当地居民没有任何组织，孤立作战。

当地县长，则在该县沦陷以前，即龟缩于该县的偏僻山区，经常派队到所属半沦陷区征粮派款。当地乡、保长有两个组织：一个是敌伪“治安维持会”，一个是国民党“乡、保长办公处”，对敌我两面逢迎，两面交粮缴款。

第四战区司令长官部还在粤北的北江选择流水较缓的清远石角圩和横石圩附近为两重水上封锁线。在石角圩为第一封锁线，距阵地前约 20 华里，部队未能用火力掩护，虽沉下了许多民船和敷设了水雷，但敌汽艇横入无阻；在横石圩为第二封锁线，在阵地后约 10 华里，曾扣留了大批民船，对外佯言为架桥之用，以欺骗船民，实则准备遇事炸沉塞江。按当时情况，两重水上封锁作用不大，既不能阻敌侵犯，又危害了人民。

守备粤北军事部署

第四战区副司令长官余汉谋，曾经在 1940 年春召集一个军事会议，出席人员是长官部和第十二集团军总部各处长，各军、师长，广东省政府主席和各厅长，还有苏联顾问等参加。在会议上除讨论了征兵、征粮外，主要的是参谋处报告广州敌军情况，提出两个方案：第一个是“反攻广州”；第二个是“守备粤北”，以主力占领龙门、从化、佛冈、清远之线既设阵地，拒止敌人北进，以确保粤北为目的。并且判断敌人主力可能沿广从公路来犯，将兵力重点保持在左，以备应战。在两个方案报告完毕后，余汉谋在会议上不作出任何决定，散会后，另行召集各军、师长在机密地图室开会研究。对

"反攻广州"方案没有任何人作出积极主张，只能成为纸上谈兵；对第二个"守备粤北"方案，一致同意了。将原有各部队位置重新作出兵力部署，以第六十三军守备龙门地派至从化牛背脊之线；第六十五军守备佛冈水头至清远滘江口之线；第六十二军为总预备队，位置于翁源青塘一带并从事整训；第一五一师及教导团构筑韶关守备工事，并准备对付敌伞兵部队空降的战斗；第十二集团军总部位置翁源三华（尔后移曲江大塘）。而且规定各军每一年互换任务，以便一面守备，一面整训，作长期抗战的打算。

在机密地图室开会时，余汉谋并没有邀请苏联顾问参加，对军事上决策，也不给他详细知道。因此，苏联顾问只能每天派翻译人员到参谋处听取情报，虽屡次要求到粤北主阵地线视察，都被余汉谋借口前线情况紧急，交通不便推辞了。经过顾问多次要求，余汉谋只有两次派些高级参谋带他们到预备队位置走一遍，从不带他们到主阵地线去看。这是当时余汉谋对苏联顾问所采取的应付态度。

作战经过

猛攻望到底　1940 年 5 月上旬，发现敌军沿广从公路北进，与第十三军第一五二师在良口前线部队发生战斗的同时，第四战区长官所在地韶关，连日遭到敌军飞机不断轰炸，有时整天不能解除空袭警报。于是韶关采取紧急疏散人口和物资，省政府机关及企业单位纷纷迁移连县，各部队家属纷纷向始兴和南雄县疏散。当敌军到达良口地区时，有一部占领"望到底"及其西南高地，掩护它的主力向良口第一五二师阵地攻击，来势凶猛。该师已判明敌人不是小规模的扰敌性袭击，而是大规模的进犯。经过一天一夜激战，被敌突破，节节抵抗，急求救援。

第六十二军第一五七师原驻青塘整训，奉命火速进至良口附近支援第一五二师作战。该师不及集中，即以一团为单位出发前进，当先头部队——第九三八团到达良口以北地区，已闻良口方面枪炮声，继而发现敌军在望到底高地占领阵地。该团为了策应第一五二师作战立即展开向望到底敌军进攻。望到底是一个很高的高地，仰攻是非常困难的。但该团一鼓作气冲至敌军阵地前缘突出部并占领之，因受敌军猛烈反击，该团站不住脚退回半山腰，整顿队伍后重新攻击，再接再厉，结果未能完全攻占敌军阵地。同时在第九三八团右侧的第一八七师一团，在石床铺附近向敌军侧翼掩护部队攻击。这两个团经过两日的激烈战斗，伤亡很大，自动撤离既得的敌军阵地，占领有利地形，调整队伍，迎击敌人。

激战佛公坳、耀洞　当敌军攻占良口以后，经过我军迎头痛击，其主力不再北犯而转向西进，企图包围歼灭我军在佛冈水头圩以南的第一线守备部队。这时第六十二军军部已由青塘进出烟岭附近，第一五七师第九四〇团奉命进出水头圩占领佛公坳阵地，第九四一团占领佛公坳左翼后的猪仔粮顶阵地，成了梯次配备迎击敌人。第九四〇团刚进入阵地，敌军在飞机和炮兵掩护下即开始进攻，来势凶猛。激战一昼夜，我军伤亡甚大，连排级干部伤亡过半，阵地部分被敌突入，即抽调兵力反击夺回，但情势非常危急，该团即向师部请援。第一五七师部即派第九三七团一个营前往增援，但该营因地形不熟，又在夜间行动，迷失了方向，天明后仍失联络。当时敌军继续猛攻，阵地多处被敌突入，第九四〇团入夜由佛公坳转移耀洞南侧高地占领阵地，第九四一团由猪仔粮顶转移耀洞北侧占领阵地，共同抵抗敌人。经过一夜的激战，敌军来势锐减，陷于兵疲力竭状态，我军乘时进行反击。同时第六十五军第一五八师第九四二团由上下岳进出民乐圩向良口麻村之敌左翼侧击，经过两天两夜激战，再由第六十三军第一八六师从梅坑进出吕田和溪头向良口之敌右翼攻击；第一五三师补充团进出石坑圩袭击从化温泉敌军前线指挥所。这时敌军受到三面痛击，全部败退从化米埗到街口圩而至太平场西岸过河而走，未敢沿公路退神岗。第一五七师一个团和第一八六师一个团沿流溪河两岸追击到良口以南及从化温泉附近的鸡笼岗而止。

此次战役，第六十二军第一五七师在佛公坳、耀洞与敌军战斗，俘虏敌兵 1 名（经过审讯后，证实敌军番号为第一〇四师团），又缴获战马 5 匹，13 厘米机关炮 1 门及其他武器和弹药。在佛公坳敌军遗留一大堆骨灰和未及处理的尸体。第六十三军第一五三师补充团攻入从化温泉敌军前线指挥所时，缴获军用物品和罐头食品、纸烟等甚多，锅中煮熟的米饭热腾腾的，足见敌军来不及吃而慌忙逃窜。第一五二师在敌军败退时，包围了约有 10 多个敌人于良口附近村庄房屋内，经过喊话叫他们缴械投降而不听，仍然顽强抵抗，即集中炮火把他们全部消灭。也足见当时敌军是陷于混乱而狼狈溃退的。此次战役，国民党军是处于被动应战，逐次使用兵力，未能积极地彻底围歼侵犯粤北之敌，经过六七日的战斗而告结束。

夜袭增城官塘日军旅团指挥部

钟钧衡　魏策新*

福和地区的战略地位

福和地区位于广东增城以西，境内鹧鸪峰高达 793 米，雄峙于增城、从化两县交界处，离广州仅 40 多公里。连绵不断的山脉，构成了大小群峰，屏障广州市西北，形势险要。广汕公路，中新至福和、福和至从化太平场的公路，纵横交错，福和地区腹地成为交通要冲，历来是兵家必争之地。驻兵那里，可控制广汕公路这条大动脉。广东进入抗日备战阶段后，即曾在广汕公路沿线的福和地段挖战壕，构筑防御工事，作为广州外围防线的重要阵地之一。

我们是福和地区本地人，第二次粤北战役时，我们分别是第六十三军随军杀敌队第一大队第一中队（钟钧衡）、第三中队（魏策新）中队长，参加了夜袭增城官塘日军旅团指挥部的战斗，现将经过情况回忆如下。

---

* 作者钟钧衡时任第六十三军随军杀敌队第一大队第一中队中队长，魏策新时任第三中队中队长。

福和沦陷后敌防御部署

1938 年 10 月 12 日，日军在海空军的掩护下在大亚湾登陆，相继攻陷惠阳、博罗、增城、广州。以福和地区形势险要，又濒广州外围，乃分兵盘踞广州第一防线——广汕公路增城段，新塘至中新、中新至福和以及从化太平场和北江西南地区的公路沿线。而福和官塘属重要据点之一，驻有旅团番号的指挥机关（一个加强机炮团），旅团长为井野。日军为了确保其广州大本营的安全，将附近的白苏塘、鹤田、福新圩、福和圩及云霞岭、山塘、官塘（村内有 18 条自然村）、塘尾、大塘、江瓦窑等村庄烧毁拆除，并强拉民夫将木材、砖瓦运到官塘敌营部，加固防御碉堡，致使 3000 多人无家可归，逃亡异乡。另一方面，日军自进驻福和地区后，为了免受我军突然袭击，从增城到福和至从化太平场，就建起了长达 30 多公里、宽 20 多公里的封锁线，严禁群众外出谋生，欲置他们于死地。敌人将封锁线内果木全部砍光，清除视线障碍；又在封锁线上围上铁丝网，挂上各种罐头空壳，以监听越界者碰着发出的声响；敌人在封锁界上，每隔 300 米至 500 米建筑一个碉堡，经常派出官兵带着狼狗巡逻。

日军为了加强其统治，还逼迫福和地区各乡村成立维持会，胁迫官塘村人郭满福充任伪维持会长，妄图通过汉奸走狗，维持其统治地位。

三方抗战力量

福和地区在增城陷敌前夕就由当地中共党员、爱国青年、进步力量组成了抗日常备自卫中队。增城陷敌后于 1939 年春，改编为第十二集团军第六十六军随军杀敌队第十一中队，由魏友相、李东林任正副中队长。这个队深入敌后发动组织群众，扩大武装队伍，曾于 1938 年冬至 1939 年春在福和境内的乌石尾坳、大鱼头山截击进犯之敌。1940 年春，中共先后在增城正果地区建立增城县委会、增龙博中心县委会，随后又在增城西南沦陷区建立沦陷区工作委员会。

时值国共第二次合作时期，福和地区爱国军民在中共抗日民族统一战线的倡导下，拿起武器，把原第十一中队扩编为第六十三军（第六十六军已调防）随军杀敌队第一大队，由魏友相任大队长，钟冠英任副大队长，钟钧衡、郭豪务和魏策新分别任第一、二、三中队长（以下简称“魏友相大队”）。这个大队会同友军驰骋于增、从、番三县边区，纵横 100 华里，到处袭击敌伪，屡建奇功。

自增城大部分地区陷敌后，第十二集团军第六十六军第一五一师、第六十三军第一五三师先后在增城以北，龙门、从化边境地区，集结兵力，扼守正面战场。鉴于福和地区是敌军的重要据点之一，将来反攻广州，首先要拔掉这个前哨据点；另一方面那里已有抗日游击队活动，可相机开辟敌后战场。因此，第一五三师第四五九团及其他部队，派出机动部队深入该地区与当地抗日武装联合进击日军。这段期间，双方共同对敌，合作得很好。

翁源县大刀队原是会道门组织，它设坛礼拜，画符念咒，操练大刀快耙，迷信枪炮打不入，属过去义和团之类的信徒。自广州沦陷后，目击敌人到处焚烧杀戮，激起民族仇恨，非报仇雪耻不可。大刀队派了 1 个中队约 80 人，为首的为黄谦、莫雄，率队到从化太平场一带活动，伺机袭击敌伪。这个队同第六十三军部队和魏友相大队在对敌作战方面是联系在一起的。

战斗部署

要在福和地区开展抗日斗争的活动，深入广州近郊歼灭敌伪，必须迅速消灭驻守在官塘的井野旅团的指挥部。在敌强我弱的对峙下，必须利用夜间以迅雷不及掩耳之势，突然袭击，以大刀为主斩敌首级，达到全歼敌人的目的。因此经三方面抗日力量密商决定：由第六十三军第一五三师第四五九团派 1 个营、魏友相大队的 3 个中队和在增从边区活动的翁源大刀队的 1 个中队，共同组成的战斗队，执行这次战斗任务。

魏友相大队的情报人员负责深入敌区侦察，确切掌握敌情及其兵力部署，以利于部署全局战斗。

被敌人逼迫出任官塘伪维持会长的郭满福，一则鉴于抗日武装力量的蓬勃发展，认识到为虎作伥将来没有好下场；二则看到日军残忍对待民众，良心不安；加以魏友相大队常派员做其转化工作，因而他能为我方提供准确情报和在我军进袭时为内应。

战斗的进行

掌握战机　自 1940 年 5 月间，华南日军又第二次倾巢进犯粤北，而官塘的敌人，在旅团长井野率领下也调去了六七成的兵力，仅留下五六百人，由代理旅团长冈田负责指挥。留守的部队除 300 人有战斗力外，其余都是医务人员、文职官佐和炊事兵等非战斗人员。战斗连队驻在林柏坊据点，余则分散到黄村、竹山下、下新屋、官山、大书房、柏木等驻守营地，兵力较为空虚，是我方进击的好时机。为了一举歼灭敌人主力，选定林柏坊为袭击目标。这个作战计划，是根据我方情报人员侦察及伪维持会长郭满福向魏友相大队指挥部提供的情报而拟定的。

作战方案的下达　我方已掌握了歼敌的好时机，当即召集第六十三军第一五三师第四五九团刘进麟营长，杀敌大队的主要负责人魏友相、钟若潮、钟钧衡、李利华、魏树芬、张锦旺等，翁源大刀队的负责人黄谦、莫雄等，共商作战计划。具体战斗任务如下：魏友相大队的 3 个中队抽调精干的指战员，组成几个分队担任外围警戒，并伺机歼灭外围岗哨之敌；翁源大刀队派出 80 人（内女性 25 人）在魏友相大队配合下主攻林柏坊敌营，全部用大刀斩敌，不到必要时不准投掷手榴弹或开枪射击；第六十三军刘进麟部派 1 个机炮排（内六〇炮 1 门，重机枪 1 挺，轻机枪 2 挺）和另一个排兵力配合，掩护、支援入营斩敌战士，第六十三军刘进麟部其余的兵力则负责外围警戒。指挥机关设在濠迳庙后山，魏友相、刘进麟及钟若潮等人负责总指挥。

全面进军　1940 年旧历八月十二日下午，作战命令下达后，魏策新即按魏大队的指示，挑选出第三中队的精干人马，有小队长魏必基，分队长魏光富、郑荣西，队员魏记秀、袁记才、袁育光、曾运新、曾七南等 40 名，由魏策新亲自带领到达二龙圩，会同第一五三师第四五九团刘进麟一个营和翁源大刀队80人，途经大坑、青迳、联安、坳头到双塘魏友相大队总部，听候命令。黑夜降临，正中秋时节，皓月当空，沿途的大小村落静悄悄的，不时听到稀疏的犬吠声。三支战斗队伍集合在一个打谷场上，魏友相大队长下达作战命令：第三中队由魏策新带领40名战士，配合第六十三军刘进麟部李世仙1个连埋伏在福和圩敌据点外围；另由魏光富、魏增添、魏海泉等带领大刀队勇士25人，待零时信号枪发出后，即剪断敌人外围的铁丝网直插观音庙、下排和婴堂3个据点，把守敌斩尽；魏大队的第一、第二中队配合第六十三军两个连，由魏友相大队长、刘进麟营长指挥，在林柏坊敌人驻地外围担任警戒任务；由第二中队的郭球、郭运钦带领大刀队50多名，主攻官塘林柏坊日敌巢穴。命令下达后，即兵分两路出发。深夜，月也分外明，队伍沿着羊肠小道前进。守敌正在酣睡中。

血溅敌营　主攻部队在接敌前又作具体分工和布置：直接指挥入营斩敌的魏友相、第一中队长钟钧衡、大刀队长黄谦和魏大队军事干部张锦旺的指挥位置在官塘东北角的水背山；入营斩敌的大刀队副队长莫雄任队长，魏大队的郭南、钟章友任副队长，亲自带队入营。为了便于指挥，又编成3个小队：尖兵队人数20人，均用大刀、手榴弹和手枪，其任务是摸索前进，扫清敌人障碍；尖兵战士主要由熟悉地形情况的魏大队的战士组成，队长郭球作战勇敢；其他两个小队，男女混合编成，各队人数均有50人，内又各分3个小组，以利指挥和行动。这些勇士每人佩1把大刀，4个手榴弹，小组长以上佩驳壳手枪1支，他们挥舞着大刀冲上敌人营地。

尖兵队由队长郭球带领由里汾河西向凌云寺方向，沿河湾背向林柏坊主攻目标前进。前进到文笔塔（林柏坊敌人联队派出的班哨点）时，已到午夜，忽然天空中一道闪光，指挥部的进攻信号枪发射了，该尖兵队如饿虎擒羊，即将敌人班哨的两个门卫一刀两断。战士们迅速冲入哨所内，但见13个敌人正裸体酣睡，毫不犹豫像斩西瓜似的结果了他们。队长郭球又立即用电光信号催促两个小队跟上。

冲入敌营的两个小队会合于文笔塔后，即由领队莫雄迅速布置，一路由郭润林带路先解决郭宗文屋的敌人主力；另一路由郭南引路火速消灭郭伯魁屋的岗田联队长和警卫排。在未动手前，严密监视敌人联队队部动静。

随后，一队、二队分别前进，不久一路冲进郭宗文屋的敌人主力连队，只见敌人和往常一样，全部搭好枪架，光着身子赤条条睡着。战士们抡起大刀像斩西瓜似的，一刀一个，其中手快的斩了 4 个，手慢的也斩了两个。战士们冲进营房不到 25 分钟就消灭了敌人这个主力连，共斩敌 156 人。

二路（三队）进攻的目标遇到麻烦，因该联队队部的警卫排都是不规则的睡眠，横七竖八，难以下刀，怕斩一个，惊动其他。将此情向队长反映，得到领队莫雄同意，先投掷几个手榴弹，在浓烟中迅速冲进敌联队长岗田的睡房，这个穷凶极恶的敌酋也变作了刀下鬼。这一路消灭敌联队长及其卫士共 5 人，警卫排士兵约 40 人。

另一方面，开赴福和圩敌据点担任警戒和消灭敌岗哨的魏大队第三中队和部分大刀队员，当进攻的信号弹发出后，把观音庙、下排、婴堂 3 个据点之敌全部歼灭，计砍死敌人 70 多名，胜利地结束了这场战斗。

夜袭官塘战役，据统计歼灭敌人人数，在文笔塔 15 人，郭宗文屋 156 人，联队部及警卫排约 45 人，福和圩三据点约 70 人，合共约 286 人。

日军自 1938 年 10 月入侵增城以来，不断受到我军民反击，这次所遭到的损失是最大的一次。

上述歼敌的数字是根据当时各路兵马统计出来的，也对照了当时伪维持会长郭满福所提供的数字。因为敌人不愿将失败惨状暴露，影响军心，连夜将尸体运往他处火化，并命令伪维持会负此火化责任，由郭满福找人将尸体拖上车，一个个都由他过目，这个数字是准确的。

敌人垂死挣扎　在这次夜袭官塘的战斗中，我方取得了重大的战果。但由于是突然袭击行动，又在黑夜，任务完成后即匆忙撤出，没有认真打扫战场，辨别哪些已死或未死。因此在集队撤离时，郭伯魁屋两个尚爬得动的敌人拿轻机枪从窗口对准我们集合的队伍发射了一梭子弹，结果在排尾的 7 个战士中弹伤亡（内有两个女战士），造成了不应有的损失。

不遭敌辱，义冲云霄　在这次夜袭官塘战斗中，由于 3 支战斗队伍的指战员们，抱着誓灭日敌的决心，个个英勇顽强，在不足一个小时内就解决了战斗，全胜收兵，不愧为中华的好儿女。在主攻队伍里，大刀队的女队员原是出于迷信而参加仙教神打的，但在民族垂危、生死关头，她们觉醒起来，奋勇杀敌，并不逊于须眉。当主攻部队歼灭了敌人行将收兵的时候，残敌开枪还击，有两个女大刀队员，一个当场饮弹牺牲，一个身负重伤。当时我方队伍怕时间拖长，遭到增援日军反击，迅速撤出敌营。受伤的女队员跛着脚，拐着腰，蹒跚地跟着队伍走。由于她是翁源人，地形不熟，跟不上队伍，但敌人已尾追上来，眼看逃不脱魔掌，思忖自己是一个妇道人家，绝不能遭敌侮辱，更不能死在敌人手下，最后投井就义。翌日当敌人将她尸体捞起时，她的腰间皮带还挂着一个日军的头颅，把围着看的日本兵吓得目瞪口呆。她这种民族气节，英雄胆识，真是气壮山河，义冲霄汉。

结束语

夜袭官塘敌营虽不是一场很大的战斗，但它是在国共合作时期，在增城福和地区共同抗日取得胜利的范例；面对着强大的敌人，只有军民紧密团结共同对敌，投入这场战斗，才能战胜强敌。这是反侵略战争中取胜的根本保证。

夜袭官塘敌营，我军民以全歼敌人旅团指挥部而扬名增城地区，它震撼广州敌伪，威慑增城守敌。从此日军困守几个孤立据点，不敢再三三两两随便进出，甚至连白天也很少结队进村骚扰。经过这一战役后，福和地区抗日进步力量得到了进一步发展。

（陈冠中整理）

陈嘉庚访问延安

陈嘉庚在延安毕生难忘的九天

张楚琨[*]

我曾任陈嘉庚抗战时期创办的新加坡《南洋商报》的副刊主编兼评论员，又跟随陈嘉庚组织的南洋华侨回国慰劳考察团回祖国访问（当时我为该团秘书）。现将陈嘉庚组织南洋华侨筹赈祖国难民总会和回国访问延安的主要情况，简要回忆如下。

陈嘉庚从事抗日救国活动，从 1923 年创办《南洋商报》鼓吹抵制日货起，就在华侨社会产生很大影响。1928 年组织山东惨祸筹赈会，担任会长，第一次把华侨抗日力量团结起来，培养和训练一批爱国筹赈的骨干分子。七七事变，全面抗战展开，他又被选为南洋华侨筹赈祖国难民总会（简称"南侨总会"）主席，华侨领袖地位从此确立。

1938 年成立的南侨总会是代表当时全南洋 800 万华侨抗日救国的统一组织，名义上称为"筹赈祖国难民"，实则以财力、物力、人力支援祖国抗战。为适应当地环境，遵守当地法律，筹赈会采用了慈善性质的名义。陈嘉庚应菲律宾侨领李清泉、吧城（今印尼首都雅加达）侨领庄西言的要求和国民政府行政院长孔祥熙的委托，10 月 10 日在新加坡召开南洋华侨筹赈祖

* 作者时任新加坡《南洋商报》副刊主编兼评论员、南洋华侨回国慰劳考察团秘书。

国代表大会，到会代表有英属香港、马来亚、缅甸、北婆罗洲，荷属爪哇、苏门答腊、西婆罗洲、西里伯，美属菲律宾，法属越南及泰国各地区45埠168人，陈嘉庚被选为领导机关主席，他致词阐明召开大会的“第一义”说：“抗战严重期间，凡我侨胞自应精诚团结，集思广益，俾能加紧出钱出力，增强后方工作。”

南侨总会的成立标志着华侨爱国大团结的新阶段。南洋各属各埠的筹赈会加入南侨总会者达80多所，各属各埠的筹赈会又设分会千百所。参加筹赈会者有各帮（闽帮、粤帮、潮帮、客帮、琼帮、三江帮等），各行业（各种同业公会），各团体（工会、妇女会、同乡会、宗亲会、学生会、青年组织、文化组织等），选为领导成员者有侨领、社会名流、记者、教师和基层群众代表。有了这样广泛的抗日统一战线的组织，加上德高望重的华侨领袖担任领导人，华侨筹赈救亡工作遂在全南洋范围内形成波澜壮阔的群众运动，取得辉煌成就。

最大的贡献当然是募集巨款援助祖国抗战。以1939年而言，抗战军费为国币18亿元，华侨汇回祖国之款就有11亿元，其中捐款达1亿多元，而捐款中南侨总会抗战义捐约占70%，主要依靠群众用各种方式劝募，有特别捐、常月捐、节日献金捐、货物助赈捐、纪念日劝捐、卖花卖物捐、游艺演剧球赛捐、舟车小贩助赈捐、迎神拜香演戏捐等等，是一点一滴积起来的群众血汗！陈嘉庚在重庆报告中说：“富侨虽多，所捐者亦属有限”，“而劳动界颇踊跃，虽辛苦所得工资，亦能按月捐出多少，故能集腋成裘。”

派遣机工回国服务，是华侨支援抗战的另一大事。当时沿海口岸都被日军占领，只有越南和滇缅路还能通行。由于缺乏司机和修理技工，对外运输感到困难。国民党官办“西南运输公司”委托陈嘉庚代为招聘。南侨总会六号通告发出后，热诚报名回国者达3200余人，出现了极为动人的父送子、妻送夫的场面，对于支援前线起了显著作用。终因行政腐败，管理太差，严重挫伤了这些爱国志士的热情和积极性，不断有投诉书寄回，甚至有逃回来的。这使陈嘉庚寝食难安，日夕思考着：这是为什么？

陈嘉庚在南侨总会成立不久，向重庆国民党对敌妥协派打了最响亮的一枪，这便是震动中外的反对汪精卫对日主和的提案。在广州、武汉相继陷落的紧急情势下，国民党副总裁汪精卫公然发表对日和平谈话，一时妥协气氛弥漫重庆，出现了抗日统一战线中的最大危险。陈嘉庚和汪精卫有旧，曾拟聘其为厦门大学校长，后不果。他这时不顾私谊，以南侨总会主席名义打了一封电报给汪，指出“和平绝不可能”；汪复电称“和平条件如无害于中国之独立生存，何必拒绝”。往还数电，眼见无可挽回。恰好重庆国民参政会开会，陈嘉庚以参政员身份向大会提出“敌未出国土前言和即汉奸”的提案，会上一致通过。邹韬奋称这寥寥 11 个大字是“古今中外最伟大的一个提案！”汪逃往香港发表“艳电”，赞成日本首相近卫声明三原则，陈嘉庚致电蒋介石强烈要求“宣布其罪，通缉归案，以正国法，而定人心”。看到只开除汪贼国民党党籍，未宣布国法处分，又致电追究到底：“今日前方将士浴血挥戈，后方民众卧薪尝胆……而独容汪贼与其党羽逍遥法外，实南洋八百万侨众所莫解！”接着南侨总会发出通告第二十号：“揭发国贼汪精卫之罪恶，请侨胞毋为妖言所惑。”陈嘉庚就是这样敢怒、敢骂、敢斗争、除恶务尽，表现了他的民族气节。

1940 年 3 月，陈嘉庚亲自率领南侨总会所组织的南洋华侨回国慰劳考察团（简称“南侨慰劳团”）回到祖国，这是他一生的大转折，思想认识出现了飞跃的变化。从 1927 年到 1940 年回重庆之前，他是坚决的“拥蒋派”，曾任马来亚华侨购机寿蒋会主席，接受蒋介石为表彰其兴学功绩而赠予的二等采玉章，南洋各属华侨筹赈祖国难民代表大会宣言称“中国最高领袖蒋委员长乃中国国内外四万万七千万同胞共同拥戴之唯一领袖”，“蒋委员长之意志，即中国全国国民之意志”，抗战义捐悉数汇交国民政府行政院。然而，他尊重事实，明辨是非，访问重庆与延安之后，醒悟过来了，分清谁是谁非。从而把民族的命运寄希望于中国共产党身上。

访问延安是陈嘉庚政治生活的里程碑。不管蒋介石怎样捧他，拉拢他，随后又怎样干扰他和中共领导人接触，阻挠他前往陕北，都不能动摇他探索国共摩擦真相，劝说国共两党团结抗战的决心。在南侨总会秘书李铁民和侯西反的陪同下，陈嘉庚于 1940 年 5 月 31 日抵达延安，下榻于设在窑洞的招待所。

恰巧李铁民触车碰伤住院，陈嘉庚在延安过了毕生难忘的 9 天。在这期间，会见了毛泽东主席、朱德总司令，进行多次深入的交谈；参观女子大学和第四军校；与财政、公安、司法负责人（均福建籍）谈话；广泛接触集美学校和厦门大学的校友以及归侨男女青年；出席延安各界欢迎会和欢送会；参观安塞县的铁工厂、印刷厂。根据所见所闻，断定“中国的希望在延安”，“毛主席是中华民族的大救星”。后来他在《南侨回忆录》弁言上写道：“耳闻目睹各事实，见其勤劳诚朴，忠勇奉公，务以利民福国为前提，并实行民主化，在收复区诸乡村推广实施，与民众辛苦协作，同仇敌忾，奠胜利维新之基础。余观感之余，衷心无限兴奋，梦寐神驰，为我大中华民族庆祝也。”

怀着“喜慰莫可言喻，如拨云雾而见青天”的心情，陈嘉庚决定凭良心和人格说话，不待到南洋，出了延安界，如有人问，一定据实报告。6 月 24 日在重庆应国民外交协会的邀请，他讲演《西北的观感》，介绍了在延安所见所闻：“那里自抗战以后，土地革命已经停止了，一切抗日的人都很自由。民众生活也很好，不痛苦，说到教育，也很好……他们进行了大规模的开荒运动，一年之内开垦了百多万亩田地，这些都是事实。”在国民党控制下的“陪都”，一个无党派的爱国人士讲了这样坦率的老实话和公道话，当然使大后方人民耳目一新，受到极大鼓舞。国民党反动派非常不满，叫侯西反出来扮演说客（侯早些时候已被拉到三青团中央当小头头），陈嘉庚对这个有数十年交谊的旧友说：“你和我同行，我哪句话不是事实？共党果有良好政治，外间毁誉算不了什么！贵党应该实行良好政治与之竞赛才对！我绝不能昧良指鹿为马！”蒋介石亲自出马了，一见面就“面红气盛，声色俱厉”，大骂“抗战要望胜利，必须先消灭共产党”。第二天，又请陈嘉庚吃午饭，要求陈嘉庚谈谈“对国民党有何感想”。陈嘉庚不畏强暴，把海外国民党员的丑行照实说了。其威武不能屈也如此！

陈嘉庚继续视察，历经云南、贵州、广西、湖南、江西、浙江，进入福建，回到阔别 19 年的家乡集美，到处都可以看到国民党当局“上下贪污，猫鼠同眠，误民弊政，无所忌惮”的现象，尤其使他痛心、愤慨不已的是福建省当局苛政祸闽的大量罪行，他要求各地同乡："万不可坐视不救，袖手旁观！"原集美学校校长叶渊这时任广西省关税局长，劝陈嘉庚说："这里官员对国民党有很深的印象，凡不利于国民党的话，请注意别说。"陈嘉庚回答："他们不问，我一定不说；若问，我必须表白是非，不能谄谀敷衍，应酬了事！"

陈嘉庚从仰光，经马来亚回到新加坡。一路上受到侨胞空前热烈的欢迎。他揭露国民党政府贪污腐化的本质，称颂中国共产党、毛泽东的英明领导及其英勇抗敌的功绩，断言："国民党必败，共产党必胜。"国民党派吴铁城专程到新加坡、马来亚搞"倒陈"活动，用尽一切鬼蜮手段，不能动陈嘉庚一根毫毛，其破坏团结、制造分裂的阴谋始终未能得逞。陈嘉庚在第二届南侨大会仍当选为南侨总会主席。大会《宣言》对陈嘉庚的评价是："公忠谋国，一生如一日。""识足以辨奸，才足以服众，德望足为群伦矜式。"大会认为"抗战期间，南洋华侨不能无筹赈总会之组织，则不能无陈主席之领导。"

陈嘉庚为民请命，领导一个斗争又一个斗争，继南侨大会之后召开南洋闽侨大会，揭露国民党闽省当局种种祸闽暴政，要求采取行动解闽民于倒悬。大会选举陈嘉庚为闽侨总会主席，电请中央政府认真查处，反暴政斗争取得了部分胜利。

陈嘉庚访问延安

王唯真[*]

陈嘉庚先生于1940年5月31日黄昏时刻到达延安，6月8日清晨离开。他原定访问延安3天，因随行的李铁民先生6月1日头部在汽车上碰破流血，住院治疗，在延安多住了4天。在这期间，嘉庚先生参加了4次群众性集会，同毛泽东、朱德和其他党政领导人多次会晤，参观了延安女子大学、延安抗日军政大学、延安市容和安塞钢铁厂等，并同延安各界人士和归国华侨青年进行了多次接触和亲切的座谈。当时我是新华社记者，以下是我对当时情况的一些回忆。

陈嘉庚先生访问延安，是需要一定胆略的。当时延安临近前方，经常受到空袭，新建的窑洞也有被炸塌的，空袭警报的枪声不时破空而起。就在嘉庚先生访延安前的四五月份，王震将军刚率领359旅粉碎了日寇对晋西北河防的六路进攻；山西全境的八路军配合晋西北战场大破日军，歼敌伪军5万余名。在陕甘宁边区，"保卫大延安"的战备大演习刚刚结束，我们留延安的200多名华侨青年也在各自的学校、机关参加了演习，随时准备行军打仗。

* 作者时任新华社记者。

当时的国际形势也很紧张，希特勒德军进占荷兰、比利时、卢森堡，大破法德边境的马奇诺防线，兵临巴黎城下。英法百万联军兵败如山倒。对英、法、荷在南洋殖民地垂涎已久的日本军国主义者兴高采烈，公然暴露要进占南洋的野心，引起美、英、法当局的一片恐慌，也引起南洋各地华侨的强烈愤怒。在这样的形势下，留延华侨青年对嘉庚先生这次访问延安，自然感到特别关切。

5 月 31 日下午 5 时半，延安城南门外人群沸腾，5000 多名来自各单位、学校、商店的干部、学生、职工、八路军官兵、民众自卫队和市民等，群集城南公路两旁。当嘉庚先生和同行的李铁民、侯西反先生走下汽车的时候，“欢迎陈嘉庚先生莅临延安！”“向陈嘉庚先生致敬！”“向海外爱国侨胞致敬！”等口号腾空而起。这时，陕甘宁边区政府副主席高自立、边区卫戍司令萧劲光和吴玉章等迎向前去，同陈嘉庚先生等一一握手，然后陪同陈嘉庚先生一行，穿过欢迎群众，到边区政府交际处稍歇。在这短暂的时间里，欢迎群众有秩序地走进公路东侧的南门外广场，排列整齐地站在临时搭起的欢迎台前边。站在最前列正中的是留延华侨青年的队伍，他们无论男女都穿上八路军的灰军装，和国内同志没有两样，队伍前面打着一个横幅上写着“归国华侨留延办事处”，它是当时延安“归国华侨联合会”对外的称号。陈嘉庚先生登上欢迎台和讲话的过程中，群众又长时间地欢呼、鼓掌，并伴以此起彼伏的口号声。5000 名群众的聚会在城市里算不了什么，在当时的延安山城却是很了不起的场面。嘉庚先生深为这种洋溢着群众发自内心的热情场面所打动，不时向欢呼群众鞠躬、挥手致意。

嘉庚先生是在高自立同志致欢迎辞之后用闽南话发表讲话的，由李铁民先生翻译成普通话。他说他早就希望到延安访问，能够实现这愿望感到很高兴。他说他代表南洋 1100 万华侨向大家致意。他说：南洋广大华侨有钱出钱、有力出力，全力支持祖国抗战，仅 1939 年一年中，侨汇就达 11 亿元，占当年重庆政府军费 18 亿元的一大半。现在日寇占领我广大国土，我方内部却不断发生摩擦，汪精卫又叛国当了汉奸，形势可虑，广大华侨迫切希望国共两党坚持合作、坚持抗战，实现这两条，是全国民众和海外侨胞的共同愿望（陈嘉庚先生在后来的两次讲话中也反复阐述这一观点）。

这时候台下报以热烈的口号："坚持团结、反对分裂！""坚持抗战、反对投降！""打倒日本帝国主义！""打倒汉奸汪精卫！"嘉庚先生在满意的微笑中结束了他的讲话。这次欢迎集会原只组织了3000多人，后自动涌来参加的近两千人，其中混进了个别敌特，在会场进行捣乱，当即被扣捕。当晚，高自立、萧劲光同志设宴为陈嘉庚先生一行洗尘。

6月1日晨，一批留延归国华侨男女青年前往交际处看望陈嘉庚先生，其中有延安归侨联合会第一任主席李介夫和卜一、陈明、廖冰、冯志坚、杨诚等同志。廖冰和李铁民先生的女儿在新加坡是同学，同李铁民先生很熟，一见如故。陈嘉庚先生等同他们欢谈甚久，因为讲的是闽南话，陪同到延安的国民党一位科长寿家骏听不懂，陪坐在那里好生没趣，幸而交际处一位北方同志把他拉到一边聊天，才摆脱了尴尬的处境。陈嘉庚先生询问这些华侨青年参加共产党八路军的感受，他们告诉他：蒋介石节节败退，半壁江山被日寇侵占，共产党八路军、新四军节节向敌后推进，给人民带来信心和希望，要抗战救国就得依靠中国共产党，已有几百几千归侨和侨眷投入八路军、新四军，在敌后前线浴血奋战，不少归侨、侨眷已经在血战中付出了他们的生命，如抗日女英雄印尼归侨李林同志的事迹，已传遍延安和敌后战区。陈嘉庚先生频频点头，对华侨子弟为国奋战的精神表示赞赏。归侨青年则劝陈嘉庚先生等在延安多参观几天，把所见所闻转告给海外侨胞。

6月1日下午，陈嘉庚先生一行到延安女子大学参观，国民党寿科长寸步不离。朱总司令和康克清同志在女大迎候陈嘉庚先生，他们是在5月26日从敌后经西安回到延安的。朱总司令表示赞赏陈嘉庚先生"坚持抗战、反对投降""坚持合作、反对摩擦"的立场，他说他这次从前方经西安回延安，任务之一就是同国民党谈判解决摩擦问题，在这方面，陈嘉庚先生的立场同我们是一致的。康克清同志对陈嘉庚先生说，敌后前线急需大量妇女干部去开辟工作，这就是延安女子大学创办的目的，来自全国和海外的先进女青年正在这里加紧学习锻炼，随时准备奔赴敌后战场。

陈嘉庚先生一行在朱总司令和康克清同志陪同下参观了女大同学的生

活、学习情况，观看了她们居住的窑洞和露天上课的情景。还参观了女大附设的缝纫、制鞋车间，边参观边提问题，对延安干部艰苦创业精神感受颇深。当时延安女子大学有 20 多名南洋华侨女学生，其中包括来自新加坡、马来亚、印尼、泰国、缅甸、越南的廖冰、冯志坚、温坚、李树坚、王健华、刘思、康敏、陈洁新、李英岚、余洁、潘懿梅等同志。她们告诉陈嘉庚先生，还有 20 多名华侨青年在延安鲁迅艺术学院学习，陕公、抗大、中央党校、马列学院、政法学院和青干校也都有不少华侨同学。陈嘉庚先生对延安一地就办起那么多学校，如此重视培养抗战人才，如此重视华侨学生，认为这是延安一大长处。

从女大出来上汽车时，李铁民先生头部不幸在车上碰破流血，被急送往延安中央医院住院治疗。陈嘉庚先生、侯西反先生则由朱德同志陪同去杨家岭看望毛主席，畅谈甚久，并共进晚餐。晚餐后，毛泽东主席、朱德总司令陪同陈嘉庚先生等到中央党校校内的中央大礼堂，参加“延安各界欢迎陈嘉庚先生晚会”。由于陈嘉庚先生的翻译李铁民先生进了医院，侯西反先生不会说普通话，在中央党校学习的陈明同志被临时请来给陈嘉庚先生当翻译，我也从延安青干校被调来协助翻译。晚上 7 时左右，毛主席、朱总司令陪同陈嘉庚先生进入礼堂时，我们迎向前去。当时我 17 岁，一身毛孩子气，毛主席见了我，同我握了手，亲切地问我说：“你刚来延安吗？”我说：“是的，刚来不到一年。”侯西反先生也同我握手，用闽南话问我说：“你是新加坡回来的吗？”我说：“不是，从菲律宾回来。”他接着问：“你这么小就出来，家里同意吗？”我说：“起先不同意，我坚持，就同意了。”侯西反先生问：“你父亲叫什么名字，可以告诉我吗？”我说：“叫王雨亭。”陈嘉庚先生在旁边惊讶地望着我说：“王雨亭先生是你父亲！我们很熟悉呀。”我说：“是的，父亲常说起你。”侯西反先生说：“是的，是的，我们都是老朋友了，回去我们告诉他在延安见到你，他一定很高兴。”（当时我父亲受党的委托在南洋各地做华侨统战工作，同陈嘉庚、李铁民、侯西反先生很熟。）接着，陈嘉庚先生被安排坐在毛主席身旁，他们的座位在礼堂中间靠前的木板上。当时整个延安中央大礼堂一把椅子都没有，所有座位都是钉在木桩上的长木板。陈嘉庚先生欣然坐下，毫无拘束。在延安中央党校工作的卜一同志代表留延华侨致欢迎辞后，陈嘉庚先生和侯西反先生先后上台讲话。陈嘉庚先生的讲话同上一次讲的内容大致相同。随后，晚会开始，由鲁迅艺术学院演出《闲话江南》和《黄河大合唱》。

6月2日上午，陈嘉庚先生到医院看望李铁民先生，知道李铁民先生伤势不重，几天就可以出院，感到放心。当时亲自为李铁民先生治伤的，是卫生部长傅连璋同志，他告诉陈嘉庚先生他原是闽西一家天主教医院的院长，红军到达闽西后，他参加红军，经历二万五千里长征到达延安。陈嘉庚先生对他的经历很感兴趣，接连向他提了不少问题。傅连璋同志还向陈嘉庚先生介绍了八路军、新四军在缺少军饷弹药和缺医少药情况下坚持敌后抗战的情况，介绍了白求恩、柯棣华大夫等国际友人在敌后同我军民一起浴血抗战的情景，陈嘉庚、李铁民先生深受感动。在中央医院，正好碰到前去看望李铁民先生的廖冰等同志，陈嘉庚先生又同她们攀谈了好久。

6月2日下午，陈嘉庚先生应邀去延安抗日军政大学第三分校，参加抗大师生欢迎朱总司令返延、欢迎陈嘉庚先生莅延，和欢迎茅盾、张仲实同志从新疆抵延的大会。会前同学们举行了篮球赛。朱总司令脱下灰军上衣，卷起白衬衫袖子，下场参加比赛。他在球场上同小伙子飞奔拼抢，一人投入了4个球。陈嘉庚先生在球场外看呆了，他没想到这位统率千军万马的总司令，在球场上竟也是一员猛将！

在接着举行的欢迎会上，朱总司令、陈嘉庚先生、茅盾、张仲实同志先后讲话。随后举行了游艺晚会。晚会结束前，抗大代表向陈嘉庚先生赠送八路军灰色军衣一套。这套粗布军衣凝聚着敌后浴血抗战的军民，对坚持支援抗战的爱国侨胞的致意。陈嘉庚先生欣然收下。

6月3日至7日，是陈嘉庚先生在延安随意活动的时间。一天早晨，陈嘉庚先生提出要去看看被炸平的延安城。当时的延安城垣，一部分围着延河边的平原市区，另一部分蜿蜒上山围着一片山冈。67岁高龄的陈嘉庚先生拄着手杖，顺着城垣健步上山，居高临下，俯览全城，看到这个原先住有2万多居民的城区，眼下除几间残存平房之外，已成一片废墟。陈嘉庚先生非常愤怒，说：炸吧、炸吧，炸掉旧城，新城一定会建设得更好，那时候我要再来看看。走下城垣，陈嘉庚先生信步来到延河边，看到宝塔山下的延河岸边有一群日本反战同盟的男女盟员在洗衣服。陪同的同志告诉他，这些日本人有的是在前线被八路军俘获后觉悟过来的工农士兵，也有主动投过来的人员。陈嘉庚先生听了非常兴奋，特又走近去看他们，虽然语言不通，但看到他们如此谈笑自如，陈嘉庚先生也微笑了。在延河边，他还看到边区男女自卫队员拿着红缨枪和大刀在列队操练和练习投弹。

陈嘉庚先生在延安不断观察思索，从早到晚，毫无倦容。为了亲眼看看延安的“商业区”，他到延安城南门外唯一的商业街“新市场”察看了好久。那里有私营商店 100 余家，还有一家照相馆，工业品奇缺，但土特产不少。营业自由，当时不收商业税。陈嘉庚先生对于在陕甘宁边区境内和延安市面上看不到乞丐，看不到无业游民和衣着破烂、面黄肌瘦的灾民这一点感到奇怪，一再询问这是为什么？

在这期间，毛主席、朱总司令曾经再一次邀请陈嘉庚先生到毛主席住处晤谈，反复阐述我党政策。毛主席、朱总司令还两次亲临交际处同陈嘉庚先生晤谈，并共进晚餐。应陈嘉庚先生参观边区工业的要求，朱总司令亲自陪同陈嘉庚先生去离延安数十里外的安塞钢铁厂参观，那里兼制前线所需的部分武器弹药。为了满足陈嘉庚先生想加深了解边区的心理，陕甘宁边区政府特邀请一些边区非党民主人士和工商业者到交际处同陈嘉庚先生晤谈。陈嘉庚先生在延安还见到不少闽南、闽西人，除傅连璋同志之外，当时边区财政厅、公安厅、法院等，也都有闽南、闽西同志，他们应陈嘉庚先生的要求，用闽南话回答他所提的各个方面的问题。延安“华侨联合会”也再一次安排一批华侨青年到交际处同陈嘉庚先生举行座谈。陈嘉庚先生同这些华侨子女交谈时显得特别轻松愉快。随着对边区了解的加深，对共产党政策了解的加深，他逐渐解除一些心头的疑虑，敢于说出一些心里话。他有时候是那样的激动，以至于不管那位寿科长在不在场，也不管他听得懂听不懂，就慷慨激昂地讲起来。说实在，这位寿科长在延安精神面前也不是没有一点感触，他有时也不得不附和几句说：“所见所闻，深受感动！”

陈嘉庚先生离延前对我们的同志表示，他这次亲临延安，时间不长，收获良多，经过实地考察，他相信共产党言行是一致的，团结抗战的立场，同侨胞的愿望是一致的。他亲眼看到边区军民一致、官兵一致，认为这是“克敌制胜之本”。反观国民党“大后方”，官员腐败，坐待外援，民众疾苦无人过问，军事节节失利。对比之下，感到中共深知民心侨心。国民党很多负责官员对南洋华侨情况则一无所知。只知华侨捐了巨款支持抗战，不知这些钱大部分是中下层侨胞节衣缩食捐献出来的，现日寇南进野心毕露，华侨抗日热情倍增，谁无视民心侨心，华侨是不会甘心的。他将继续东行，然后向南，到几个战区慰问考察。回南洋后，他将把考察的所见所闻，如实向海外侨胞介绍。陈嘉庚先生这样说，后来他也真是这样做了。

6 月 7 日晚上，延安各界举行集会热烈欢送陈嘉庚先生。李铁民先生伤愈出院参加了集会。朱总司令在会上致欢送辞，接着，陈嘉庚、侯西反、李铁民先生相继致辞。陈嘉庚先生说，他这次访问延安最感满意的是，真正看到中共方面对坚持国共合作、坚持抗战到底，立场坚定，态度诚恳；对边区各界艰苦奋斗的精神尤为感奋。通过这次访问，他对抗战胜利已经有了绝对的信心！

李铁民先生在致辞中心情非常激动，赋诗歌颂延安。他在《告别延安》的诗中写道：

亲爱的延安兄弟姐妹们，再见！
一曲骊歌，诉不完我心中的留恋！
我留恋那四周起伏的山冈，
留恋那一望无际的田野，
还有那锦带般的延河，
窑洞式的医院。
战友的情谊，如兄似弟，
革命奋斗，不畏饥寒。
这一切展现在我眼前，

叫我怎不激动和留恋！
呵，延安的兄弟姐妹们，
愿你们坚持团结、坚持抗战，
奋勇杀敌，
争取中华民族的自由解放。
南洋华侨一定会和你们打成一片！
南洋华侨一定会和你们打成一片！

李铁民先生的这一诗篇，在一定程度上反映了陈嘉庚先生的心声。他的朗诵，博得了听众一阵阵热烈的鼓掌（李铁民先生对陈嘉庚先生访延成功起过相当作用，以至于国民党当局曾经公然警告陈嘉庚先生“勿为李铁民一伙亲共分子所包围”。但嘉庚先生不予置理）。

欢迎会结束前，留延华侨代表向陈嘉庚先生敬献锦旗两面，一书“为国宣劳”，一书“为祖国独立、自由、幸福而战！”

6 月 8 日清晨，陈嘉庚先生等在延安各界夹道欢送下，离延东行，前赴山西战区“慰问考察”。

陈嘉庚与蒋介石决裂经过

庄明理　洪丝丝*

陈嘉庚对蒋介石的认识有个过程，他是由拥蒋转变到坚决反蒋的。

1928 年，南京国民政府成立不久，陈嘉庚认为它是中国正统的中央政府，特地给他所创办的新加坡《南洋商报》订了一条守则，就是要拥护南京国民政府。汪精卫虽然和陈嘉庚很早就有往来，在陈嘉庚创办厦门大学的时候，汪曾答应担任厦门大学的校长，但是在蒋汪争权夺利的斗争中，陈嘉庚始终拥护蒋介石所把持的南京政府。

1936 年，南京政府为了庆祝蒋介石 50 岁诞辰，请陈嘉庚发动华侨捐款购买飞机祝寿，最初只希望马来亚（包括新加坡）的华侨捐 10 万元购买飞机一架，但是陈嘉庚领导马来亚华侨的“购机寿蒋会”，竟捐得国币 130 多万元，可购机 10 多架（当时新加坡币 60 多元等于国币 100 元）。虽然当时陈嘉庚的动机是爱国，目的是要加强中国空军的力量，以抵抗日本的侵略，但亦可看出他当时是拥蒋的。

1937 年七七事变发生以后，中国人民在共产党号召下奋起抗日。这时，

---

* 作者庄明理时任马来亚《现代日报》董事总经理、南侨回国慰问视察团成员；洪丝丝时任新加坡《南侨日报》经理兼社论委员会主席。

陈嘉庚领导南洋华侨组织“南洋华侨筹赈祖国难民总会”（简称“南侨总会”）募捐巨款，支持祖国抗战，仅 1938 年和 1939 年两年，就达国币 1．4 亿元之多，加上 1937 年和 1940 年两年的捐款，总数约达二三亿元。除此以外，陈嘉庚还在南洋主持劝募购买“救国公债”的工作，1938 年，仅在马来亚就募购公债1500万元；又为宋美龄任主席的重庆“难童保育会”和“寒衣募捐会”在马来亚向华侨募捐 500 多万元。

当时中国半壁河山已沦于敌人的铁蹄之下，财政来源大大减少，华侨捐款加上华侨赡家汇款对祖国的财政经济起了很大的作用。据 1940 年国民党军政部长何应钦在国民参政会上的报告：1939 年军费为 18 亿元。同年华侨汇回祖国之款达 11 亿元，其中捐款约占 10%，而南洋华侨捐款占华侨捐款总数的 70%多。陈嘉庚为了抗战救国，领导华侨筹赈，始终是十分努力的。

1940 年 3 月，南侨总会组织的华侨回国慰劳视察团（简称“慰劳团”）回国慰劳抗战军民和视察，陈嘉庚也在当月下旬以南侨总会主席身份回国考察和慰问。蒋介石政府因为陈嘉庚对华侨界有巨大号召力，特别是因为陈嘉庚领导华侨筹赈作出了很大成绩，把他当作一个大财神，因而把欢迎陈嘉庚当作一件大事，动员了有关的党、政、军大员欢迎并接待陈嘉庚。

陈嘉庚虽然常自称是政治的门外汉，可是 1938 年秋，却是他首先揭穿汪精卫妄谈“和平”的阴谋，并且向国民参政会提出一个提案：《敌未出国土前言和即汉奸》。这个提案得到全国爱国人士的热烈赞扬，连国民党的投降派也不敢公然反对。它不但及时揭露了汪精卫一伙汉奸卖国的嘴脸，也使蒋介石在对日求和方面不能不有所顾忌。因此，当时笼罩重庆的企图对敌妥协的气氛顿时消失大半，大大振奋了全国人民抗战到底的决心。邹韬奋在《抗战以来》一书中对陈嘉庚这个提案满腔热情地推崇说：“这寥寥 11 个字，却是几万字的提案所不及其分毫，是古今中外最伟大的一个提案。”由于这些原因，陈嘉庚回国慰劳考察也得到中国共产党和其他各方面爱国人士的欢迎和重视。

国民党当局在蒋介石亲自策划之下，对待陈嘉庚的主要手法，最初是“捧”和“拉”，就是挖空心思地“捧”，千方百计地“拉”。

为了捧陈，蒋政府在重庆一地即准备 8 万元经费，要举行一系列大小宴会，以博取陈嘉庚的欢心。不料陈对这样的奢侈应酬极为反感，他认为在军民艰苦抗战之时，不该如此铺张浪费，并担心引起各地连锁反应，竞相挥霍，因此特地在重庆各报刊登一则启事：“闻政府筹备巨费招待慰劳团，余实深感谢。然慰劳团一切用费已充分带来，不欲消耗政府或民众招待之费……在此抗战中艰难困苦时期，尤当极力节省无谓应酬，免致多延日子，阻碍工作。希望政府及社会原谅！”慰劳团中的国民党人侯西反，说他在重庆 60 多天，无日不被请赴宴，常常一天要赴宴两次。陈嘉庚对国民党官僚这种作风印象很坏。

蒋介石他们认为，如果能把陈嘉庚拉入国民党，不但可以借助于这个大财神，使他们“生财有道”；还可以利用他的威望，为国民党欺骗和引诱广大华侨。因此，在陈嘉庚到达重庆不久，国民党中央组织部部长朱家骅就在一个宴会上宣布：“我们欢迎陈嘉庚先生来共同领导国民党！”陈嘉庚沉默不语，一时宴会上静寂无声，使朱家骅十分尴尬。戴季陶看见陈嘉庚面有不愉之色，赶快起来打圆场说：“陈先生热诚为国家社会服务，入党不入党是一样的。”这才缓和了宴会上的紧张空气。他们原以为当场给陈老一顶高帽子，不难把他拉入党内，哪里知道陈嘉庚不上他们的圈套。

蒋介石在第一次宴请陈嘉庚时，装出一副虚怀若谷的假象，问陈对重庆有何观感。陈嘉庚说：他自己对政治是个门外汉，重庆工厂又还未参观，提不出什么重要的意见，只觉得重庆的人力车和汽车都很脏，不但影响观瞻，也不卫生。蒋介石一听，煞有介事似地把意见记入手册，并下令全市车辆要注意清洁卫生。这只不过是做给陈看，以讨陈的欢心而已。

蒋介石又听说陈嘉庚平素俭朴，所以在嘉陵新村特地只用四五样菜加些面包招待陈嘉庚和慰劳团，以标榜其所谓的“新生活运动”，但重庆达官贵人们花天酒地、挥金若土的情形，瞒不过陈嘉庚的眼睛。在重庆，最令陈嘉庚不满的是政府要员的贪污营私。嘉陵新村富丽堂皇的大官私邸，使他极为惊讶；当他听到那座宏伟新颖的嘉陵宾馆为孔祥熙私人所开时，起初不大相信，后来孔承认确是他所开办，使陈嘉庚为之愕然。他想孔祥熙长期担任财政部长和行政院长，竟公然私营企业，搜刮民脂，可见国民党大官贪污腐化确非虚传。

一次重庆经济学社请陈嘉庚在重庆大学礼堂演讲有关华侨回国投资问题，陈老指出，要华侨回国投资，国民党政府必须先有信用。大会主席马寅初最后讲话，称赞陈老的话切中时弊，并且说："现在国家不幸遭受强敌侵略，危险万状。可是保管外汇的人，却不顾大局，偷窃外汇，而且贪得无厌，获利竟达六七千万元，将留给自己子孙买棺材！"马寅初慷慨激昂，几乎声泪俱下，使陈老深深感动。他说："其忠勇直爽，不怕权威，深为在座千百人所敬仰。"坐在陈老旁边的川康平民银行周季诲悄悄对陈老说："这种话，除了马寅初，谁也不敢说。"陈老因此十分敬佩马寅初，同时对蒋介石政府的贪污腐化有了更深的印象。

陈嘉庚虽然对重庆许多现象感到很失望，但是中国什么地方有光明，他当时还看不出来，所以还寄希望于蒋介石能够改革弊政，使抗战获得最后的胜利。他在重庆出席许多大会，如国民参政会的欢迎会（陈老也是参政员）、重庆军政民各界联合欢迎会、政府各机关欢迎慰劳团的宴会等等，也和许多重要人物谈过话，包括国民政府主席林森、行政院长孔祥熙、立法院长孙科、监察院长于右任、司法院长居正、考试院长戴季陶，以及宋子文、何应钦、白崇禧、陈诚、冯玉祥、邵力子、翁文灏、王世杰等等。他在这期间的发言，主要是报告华侨支持抗战的情况，询问我国抗战中的军事和经济等问题，尤其关心国共两党能否合作抗战到底，对于蒋介石政府的贪污腐化还不曾公开提出抨击，只闷在心里。当时在重庆的中共负责人董必武、林伯渠、叶剑英曾特地去访问陈老，并赠送陕北出产的羊皮衣3件给他。陈老也对他们表示关心国共合作的问题。董必武等3人请他去参加中共驻重庆办事处的欢迎茶会，他在茶会上的讲话主要也是关于南洋华侨支持抗战的情况，希望国共两党以救亡为前提，竭力避免内战，合作抗战到底，以免海外华侨痛心失望。陈老在茶会中问起他如果到延安去访问毛泽东主席，应该从什么地方去，需要多少天，路上交通如何？叶剑英说，陈老如果到了西安，可以去找第十八集团军办事处（当时八路军为第十八集团军），他当通知准备车辆，把陈老送至延安。不久，毛主席就从延安打来一封电报，正式邀请陈老到延安去。

陈嘉庚要访问延安的消息，给了蒋介石很大的震动。于是国民党人对待陈嘉庚，除了“捧”和“拉”的手法以外，还加上“防”，就是千方百计防止他与中共接近，更要防止他倾向中共。

陈嘉庚由重庆到成都的时候，蒋介石因为兼任四川省政府主席，也到了成都。他立即发出请柬，请陈嘉庚参加一个规模盛大的宴会。宴会结束的时候，还约陈嘉庚第二天同进午餐，并在第二天早上就派人送来正式请柬。这一餐午饭，蒋介石还叫宋美龄作陪。吃完饭，陈嘉庚告辞，蒋又留陈老谈话。开始蒋问：“陈先生要从成都到哪里？”陈回答：“要到兰州和西安。”蒋又问：“还要到什么别的地方？”陈老知道蒋的意思，就老老实实地回答：“如果有车可以到延安，也想去。”于是蒋介石大骂共产党，说了中共许多坏话，意思是叫陈嘉庚不要去延安。但是陈老回答说：“我的职责是代表华侨回国慰劳考察，凡是交通没有阻碍的重要地方，我不得不亲自去看看，以尽我的责任，回海外也好据实向华侨报告。”蒋介石看见陈嘉庚坚持要去延安，既没有理由可以阻止他，又不好引起这个“财神”反感，只好说：“要去也可以，但切不可受共产党的欺骗。”他想，陈嘉庚是个资本家，大概不会轻易同情共产党，如果陈不相信共产党的话而能为国民党所利用，倒是一个很好的反共工具。

陈嘉庚由西安去延安的时候，第十八集团军办事处派出大小汽车各一辆，还派来主管招待工作的蒋处长陪同。临行时，陕西省政府一个寿科长又匆匆坐一辆较新的汽车赶来，说省政府派他送陈老赴延安，并要陈老与他同车。他是负有监视陈老行动的任务的。经过洛川的时候，有一些所谓“民众”往陈老车上递了不少诬蔑共产党的“控诉书”，内容大同小异。这种伪造的“民意”骗不了陈嘉庚。他把“控诉书”拿给寿科长看，然后撕碎投弃在路边。陈嘉庚到延安的第二天，第十八集团军的蒋处长去见陈老，说自己坐的车昨晚才到达延安，并且交给陈老一份“控诉书”。原来这份责骂中共的“控诉书”误投到了他的车里，因为“控诉书”写明要交给陈老，所以他带来照交。陈嘉庚对共产党人的光明磊落，留下了很好的印象。

陈嘉庚在延安 8 天。这期间，毛主席到他寓所谈了几次话，并同他吃午饭或晚饭，朱总司令也陪他参观了一些地方。陈老还出席了延安各界的欢迎会，也应邀出席讲演会，并和当时在延安的归侨及厦大、集美两校校友交谈。陈嘉庚发现中共领导人对他的接待和国民党当局有很大不同。同是欢迎，中共领导人朴素而诚恳，而国民党当局却是奢侈而虚伪。他对延安最好的印象有下列几个方面：

第一，没有苛捐杂税，不像国民党统治区捐税多如牛毛。

第二，领导人廉洁，他们的工资和一般干部、士兵相差很小。这同国民党达官贵人的贪污形成鲜明的对照。

第三，没有乞丐，没有妓女，没有失业的人，人民生活过得去，不像国民党统治区民不聊生。

第四，领导与群众平等相处，不像国民党统治区等级森严。

第五，治安好。

第六，男女关系严肃。

第七，朴素成风。

此外，还提倡开荒，鼓励人民生产，并且在陕甘宁边区实行县长民选等等。

陈嘉庚这一次访问延安的结果，发现了当时黑暗的中国有了一片光明，所以他在重庆等地参观慰劳时所产生的一腔悲观失望的心情完全消失，看出中国已经出了救星，这就是中国共产党。关于这一点，他在《南侨回忆录》的弁言中写道："余久居南洋，对国内政治，虽屡有风闻而未知其事实究竟如何。时中共势力尚微，且受片面宣传，更难辨其黑白……及至回国慰劳……并至延安视察……见其勤劳诚朴，忠勇奉公，务以利民福国为前提，并实行民主化，在收复区诸乡村，推广实施，与民众辛苦协作，同仇敌忾，奠胜利维新之基础。余观感之余，衷心无限兴奋，梦寐神驰，为我大中华民族庆祝也。"陈嘉庚访问延安以后，虽然内心这么喜悦兴奋，但是他在延安以及由延安回到重庆初期，并不把这种心情轻易表露出来。他当时还是希望国共合作，抗战到底。

在陈嘉庚从延安回重庆的路上，蒋介石又布置了许多人对他讲共产党的坏话，国民党特务还一连搞出许多骗局，企图继续欺骗陈老。

陈嘉庚在由山西到西安的路程上，又经过洛川，洛川县长对他说共产党在宜君地方暴动，劫杀了许多人，建议陈老不要到宜君去，但陈老不听他的话。一到宜君，县长和几个人对陈老诉说共产党在当地杀了一个人，抢去脚踏车一辆、枪一支、纸币600元；还说共产党主要的目的是要抢劫省政府的一批军械，因军械尚未运到，所以只抢劫了行人。他们并且拉了一个人来作证，说这个人就是死者的兄弟。可是陈老指出，发生抢劫的地方距离中共管辖的边境鄜县很远，中途要经过两个县，中共怎么可能越过这么远的地方来抢劫？陈老让他们列下被抢劫的东西，发现他们写的同所说的不符，更看出他们只是蓄意诬蔑中共。

陈嘉庚回到西安的当天晚上，蒋鼎文和陈立夫就到招待所去见他，陈立夫开口即大骂共产党，蒋鼎文在旁边帮腔。陈嘉庚要由西安乘火车去华阴的时候，蒋鼎文又布置特务以所谓“铁路局长”的名义，设宴为陈老送行。“局长”首先大骂中共“通敌”，利用火车运输“敌货”，还诬蔑中共贪污。接着陪席的人也轮流一个劲地大骂中共。陈嘉庚完全看穿了他们的请客是“醉翁之意不在酒”，主要是企图向他灌迷魂汤。于是他率直地告诉他们：“我代表华侨回国慰劳考察，当然带有自己的眼睛和耳朵，决不致为人蒙蔽，以致辜负华侨的委托。”

陈嘉庚虽然心里十分钦佩中共，但是他在延安没有说过一句歌颂中共的话。一路上也不愿轻易谈论他在延安的观感，不但对监视他的寿科长如此，对陪伴他的朋友侯西反也如此。对于沿途向他大骂中共的人，他也不屑同他们争论，因为他知道这无异于对牛弹琴，而且会打草惊蛇。

当时重庆有个国民外交协会，主席是陈铭枢，侯西反也是这个协会的常务委员。这个协会通过侯西反请陈嘉庚去讲演，讲题是《西北之观感》。陈老欣然接受了这个邀请，他认为藏在心里的许多重要的话已经到了公开的时候了。

这回的讲演会有几百人出席，一个会堂挤得满满的，其中有各界人士，包括新闻记者。陈嘉庚举出他在延安所看到的许多生动的事实，证明延安无论哪方面都有一派新气象。重庆当时 11 家报馆，多数受着国民党控制，所以有 5 家完全不刊登陈老的演词，有 5 家只刊登一点内容，只有中共的机关报《新华日报》全部发表。当时陈老这篇演讲词，在重庆轰动一时，对国民党人来说，无异是爆炸了一颗重型炮弹。许多有正义感的人听了陈老的演讲，仿佛在混浊空气中突然吸到一股新鲜的空气，纷纷奔走相告，一时传遍重庆山城。国民党人纷纷向侯西反表示不满。侯只好向陈嘉庚反映，说陈老以华侨领袖的地位发表这样的演讲，“未免为共产党火上添油”。陈老说：“我所说的都是事实，也是你亲眼所见的。你们说我替共产党说话，那么贵党也应该实行良好的政治，同共产党竞争，这样就抗战必胜，建国必成。”又说：“我是凭良心与人格说话的，我决不能昧着良心，指鹿为马。”

陈嘉庚于 1940 年 7 月底由重庆乘飞机赴昆明，然后经贵州、广西、湖南、广东、江西、浙江，到他的家乡福建。当他离开重庆时，朱家骅代表蒋介石去送行，并说蒋介石要派王泉笙陪陈老到西南各省视察。陈嘉庚意识到蒋介石的用意，在昆明写一封航空信给蒋介石，信里直言不讳地指出蒋派王泉笙去陪他视察，无非是要监视他，怕他沿途说中共的好话。并且警告蒋介石：“至若欲消灭共产党，此系两党内战，南洋千万华侨必不同情……若不幸内战发生，华侨必大失所望，爱国热情必大降减，外汇金钱亦必减缩。”由于陈老戳穿了派王泉笙陪行的阴谋，蒋介石只好命令王泉笙中止出发。

国民党当局不但害怕陈嘉庚在西南各省发表他的观感，更担心他回到南洋报告中共的良好政治和国民党的腐败真相，于是对待陈老的手段，在捧、拉、防、骗之外，又增加了一个字：打！

陈嘉庚视察浙江金华时，收到一位可靠朋友从重庆给他的信，说国民党当局决定对他实行 3 项阴谋：一、以军政部长何应钦的名义打电报给西南各省当局，命令他们注意陈老的行动。二、命令驻新加坡总领事馆向英国殖民政府提出交涉，要求禁止陈老回新加坡，说陈老与中共亲善，有共产党的色彩。三、派吴铁城到南洋，鼓动华侨反对陈老。对第一个阴谋陈老早已知悉。当时西南各省长官中，有的不属蒋的嫡系，为了争取陈老，就把何应钦的电令告诉他。第二个阴谋，后来陈老在新加坡也得到证实，接近新加坡政府的消息灵通人士把国民党的要求告诉了陈老。至于第三个阴谋，后来也暴露无遗。

陈嘉庚在福建50多天，视察更加深入。他亲眼看到福建国民党官僚假借战时统制经济的名义，垄断粮食、交通等业，残酷地剥削人民，米价昂贵，人民陷于水深火热之中。仅福州万寿桥一地，不到一年就有900多个跳闽江自杀的老百姓死尸被捞出，被江水漂流出海的就不知有多少，有的全家老幼同时投江。抓壮丁的惨剧也使老百姓谈虎色变。陈嘉庚在仙游县枫亭，亲眼看见士兵押着100多名壮丁，每七八人或十多人为一队，都用麻绳绑缚成串，以防他们逃走。陈老还亲眼看到官吏的贪污舞弊，如同安县长借口要欢迎陈老，勒派商民缴纳“招待费”3000元，又向各区乡勒派，共搜刮2万余元。同时他还听到，福建田赋一时竟增加好几倍。他为民请命，呼吁福建当局改革这些弊政，但福建当局已经知道蒋介石不满意陈老，自恃有了靠山，完全不听陈老的呼吁。陈老早听到参政会有53名参政员联名指责孔祥熙舞弊，但由于蒋介石的袒护，始终动不了孔祥熙的一根毫毛。陈老自忖要求蒋介石改革福建弊政未弃必有效，但他不忍看见人民的惨遇，所以一连几次致电蒋介石，蒋却久久不予答复。及至陈嘉庚要回新加坡，路经云南芒市时，才接蒋介石一封复电:“来电悉。闽省田赋系中央意旨。闽事可电我知，切勿外扬。”陈老对蒋介石这一复电的评语是:“护恶讳疾。”他对蒋介石已经不存幻想了。

陈嘉庚回到南洋，向侨胞如实报告他在国内视察的见闻及观感，使广大侨胞了解到国民党统治区的黑暗，也看到解放区的光明，把华侨的爱国运动向前推进了一大步。

蒋介石特使吴铁城，以及国民党政府驻新加坡总领事高凌百之流，在南洋煽动华侨反对陈嘉庚，企图破坏华侨的团结，受到陈老和广大爱国侨胞的反击，形成一场尖锐的斗争。

1945年抗日战争胜利后，国内外进步人士要求国民党“还政于民”的呼声极高。当时香港的进步报纸《华商报》特地请陈嘉庚题词，陈老针对当时“还政于民”的呼声，出人意料地题了如下几句：还政于民，谋皮于虎。蜀道崎岖，忧心如捣。

陈老为什么给当时主张“还政于民”的进步人士泼冷水呢？这是因为他在与蒋介石的接触中，早就看出蒋介石的五脏六腑，认定蒋要消灭共产党的阴谋不会打消，也绝不会甘心让出他独裁的政权。陈老听说毛主席要到重庆同蒋介石谈判，很担心毛主席的安全，曾打电报指劝毛主席不要到重庆去。“蜀道崎岖，忧心如捣”，正是表达了他当时内心的焦虑。

这几句题词，有的人理解为陈嘉庚自己不愿再到四川去和蒋介石打交道。这倒也符合陈老当时的心情。总之，这几句题词，表现出陈老反对蒋介石是坚决的。

八路军百团大战

亲历百团大战

聂荣臻*

正太路破袭战

1940年8月，在八路军总部的统一指挥下，组织晋察冀军区、晋冀鲁豫军区部队，进行了以正太铁路为重点的大规模交通破袭战。这就是后来所说的百团大战。

这次战役开始的时候，并没有百团大战的说法，只是进行正太路破袭战。

发动正太路破袭战，是1940年春天，我到晋东南时就酝酿确定的。那一次，我们几个同志在一起议论过正太路破袭战的问题。先后参加议论的有彭德怀、左权、刘伯承、邓小平等同志和我。议论中，有的同志曾提出，想把正太路搞掉，使晋冀鲁豫和晋察冀两个根据地连成一片。我说，这个计划如果能够实现，那当然好；不过，我们要想完全控制正太路，或者把它彻底摧毁掉，恐怕难以实现。因为，日本侵略军为了巩固它的后方，正企图通过巩固交通线，把山东、河北、山西3个地区紧紧连在一

---

* 作者时任八路军晋察冀军区司令员兼政治委员。

起。当时，平绥路到同蒲路还不通车，石家庄到德州这段铁路，虽然日本人正抓紧修，但是由于屡遭我们的破袭，还远没修通。在这种情况下，敌人把正太路看成是连接山西、河北的重要交通命脉，如果丧失对正太路的控制，它在山西的占领军一切运输补给都难以保障，敌人是不会善罢甘休的。就是我们能够在短时间内炸断、摧毁正太路，暂时断绝了它的交通，从敌人具备的技术力量来看，很快可以修复。鉴于这些考虑，在议论中，我的意见是，完全搞掉正太路，将两个区域连在一起，这个想法不够现实。至于对正太路进行破袭，我完全赞成。对敌人交通的破袭战，这是我们在游击战争中经常进行的，几乎天天都在破袭嘛，这有什么不可以！就是这一次，商定了对正太路进行大规模破袭战的问题。

6 月初，我同晋察冀军区南下支队回到了唐县和家庄。7 月 22 日，总部发布了《关于大举破击正太路战役的预备命令》。根据总部下达的任务，晋察冀军区负责破袭正太路石家庄至平定段，袭击重点为娘子关到井陉煤矿段及其两侧地区。另外，总部还要求晋察冀军区对管区内的平汉路、北宁路、津浦路、石德路、沧石路等铁路、公路进行广泛的破击，以阻止敌人向正太路增援。

我们接到总部的命令后，按照要求，抽调了 8 个步兵团、1 个骑兵团又 2 个骑兵营、3 个炮兵连、1 个工兵连和 5 个游击支队，分别组成 3 个纵队：熊伯涛指挥的左纵队，杨成武指挥的中央纵队，郭天民、刘道生指挥的右纵队，还有一支钳制部队和一个总预备队，担负这次作战任务。对平汉路等其他交通线也作了相应的破击部署。

守备正太路沿线的敌人，东段井陉到石家庄两侧地区，是日军独立第八混成旅团；西段娘子关到寿阳一带，是日军独立第四混成旅团；太原、榆次地区，是日军独立第九混成旅团。敌人在沿铁路线的各个据点，都构筑了坚固的堡垒群。各堡垒之间又有交通壕相连，周围设有铁丝网、外壕等障碍物，并且构成严密的火网。仅平定到石家庄两侧，就有敌人据点 40 余个。

这次破袭战，是在相当长的战线上进行的广泛攻坚战。为了达到预期的战役目的，我向晋察冀参战的各部队提出，一定要在战前进行充分准备。各部队抓紧时间，进行攻坚和破路的短期训练，还派出小部队侦察了地形、敌情，完成了进攻道路的选择，爆炸器材的准备，部队和群众的动员，兵站的建立，粮秣的贮存等各项准备工作。应该说，正太路破袭战的战前准备，是很充分、很出色的，这是保证破袭战取得胜利的一个非常重要的方面。

按照总部的规定，正太路破袭战于8月20日晚10时全线发起攻击。在战役开始的前几天，我带着一个精干的指挥班子赶到了前线。我的指挥所设在井陉附近的一个小山村里，这个小山村叫洪河漕，仅十来户人家。发动攻击的那一天，正赶上下雨，部队冒雨穿过山间小路，在黄昏前秘密运动到敌人鼻子底下。由于战前的充分准备和群众密切配合部队封锁消息，敌人始终没有发觉我们的行动。

20日晚，正太路全线准时发起了攻击。3个纵队的任务分工是：右纵队破袭乱柳至娘子关段，奏效后向阳泉方向扩张战果；中央纵队指向娘子关至微水段及井陉煤矿；左纵队攻击微水至石家庄段的据点。我们计划攻击的重点是井陉煤矿和娘子关。我清楚地记得那一时刻的情景，真是壮观得很呀！一颗颗攻击的红色信号弹腾空而起，划破了夜空，各路突击部队简直像猛虎下山，扑向敌人的车站和据点，雷鸣般的爆炸声，一处接着一处，响彻正太路全线。指挥所的几个年轻参谋激动地对我说，他们参军以来，还没见过这样红火的战斗场面。这个时刻，不只我们这里，整个正太路沿线和同蒲路部分地段，都淹没在八路军和人民群众大破袭的火网之中。

这里，我要特别说一说攻占战略要地娘子关和歼灭井陉煤矿敌人的战斗。这是晋察冀军区在战役第一阶段所取得的突出战果。

天险娘子关是正太路上冀、晋两省交界的咽喉。抗战前，国民党军队就在这里构筑了不少国防工事。1937年10月被日军侵占后，敌人又依据险峻的山谷，在旧有的工事上，加修了4个大堡垒。另外，在关下的村子里还驻守了一部分伪军。战斗开始的当夜，担负主要任务的是右纵队5团的部队。他们潜入娘子关村，解决了村里的伪军，然后依托村庄，向据险顽抗的日军进行强攻。在陡峭的山坡上，战士们冒着浓密的火网，前仆后继，向娘子关上敌堡垒仰攻，经过3小时的反复冲击，终于夺取了敌人的堡垒。天近黎明的时候，我军胜利的旗帜已经插上了娘子关头。在侵略军铁蹄下生活了近三年的娘子关地区的同胞，看到八路军的红旗高高地飘在关头上，兴奋得流出泪水。占领娘子关以后，我军乘胜破坏了娘子关东面的铁路桥，收割了大批电线。21 日，日军增援部队赶来。我军破坏了堡垒工事后，主动撤离了娘子关。

中央纵队重点进攻井陉煤矿，担负主攻任务的是 3 团。战斗发起前，攻击部队就同矿区的工人取得了联系，在矿区工人的配合下，首先切断了矿区电源，靠夜幕掩护，向守敌展开猛烈进攻。经过一夜激战，到 21 日黎明即将敌人全部歼灭。有的同志进入井陉矿区后，舍不得撤出来，觉得好不容易攻下来了，想守在那里。我立刻给他们打电话，我说，占领井陉是没有意义的，现在不是占领一两个矿区、城镇的问题，主要任务是消灭敌人，扩充我们自己的力量。接到电话后，部队撤离了井陉。在这一点上，我的思想比较明确，该撤退的时候就要撤退，陷在那里干什么？破袭的任务完成了，就要立刻转移，游击战争就应该是这个样子。

左纵队攻击井陉以东靠近石家庄的岩峰、上安两个铁路据点，因为敌人凭坚固的工事据守，不易攻下。为避免过大的伤亡，最后放弃了攻占这两个据点的计划。

到 8 月底，晋察冀军区部队组织了 4 个团的兵力向盂县、寿阳以北地区出击。这时，日军独立第四混成旅团已经南调，向 129 师反扑。盂县、寿阳以北的敌人兵力很单薄，各据点的守敌慑于我军锐猛的攻势，极度恐慌，当我们的部队逼近时，纷纷放弃据点逃跑。我军乘胜追击，几路逃敌先后被我歼灭。

正太线作战 20 天，据战后的统计，晋察冀军区参战部队共毙、伤、俘敌伪军 900 多名，攻克据点 10 余处，破坏铁路 60 多里，破坏桥梁 18 座，并且缴获大批枪支弹药，其中有火炮 5 门。在晋冀鲁豫军区和晋察冀军区两支部队联合打击下，正太路全线曾一度陷于瘫痪。

到 9 月 10 日，晋察冀军区参战部队，除留下两个团在盂县东北稍事休整，准备配合 129 师行动外，其余部队开始向边区的东北部转移，准备执行第二阶段的作战计划。

扩大战果

晋察冀军区参战部队，离开正太路向边区东北部转移的时候，我们的指挥所也撤离了井陉前线，回到唐县和家庄。

这次战役，从第一阶段结束到第二阶段开始，中间有 10 天的空隙。为了执行好下一步的作战计划，我要求各参战部队，抓紧这短暂的时间进行休整。因为 20 多天来，各部队一直处在极度紧张的战斗之中，已经十分疲劳了。自 3 年前，我们挺进敌后开展游击战争以来，进行这样大规模的破袭战，持续时间又这样长，这还是第一次。部队转移的时候，我的电台始终同各部队的指挥员保持着联系，我嘱咐他们：决不能因胜利而麻痹，因疲劳而松懈，同时，要掩护好参加破路的数万民兵和群众，保证他们的安全。

第二阶段的战斗，是 9 月 20 日开始的。总部赋予我们的任务是：破击涞源、灵丘境内的公路，夺取这两座县城。为此，我们组织了涞灵战役。涞灵战役也是分两段进行的，第一段在涞源，第二段在灵丘，两个阶段的具体指挥分别为杨成武和邓华，参战的主要是 1 分区和 5 分区的部队。为配合涞灵战役的作战行动，冀中军区组织了任（丘）河（间）大（城）肃（宁）战役，各地区还发动了一系列对铁路公路的破袭战。

涞灵地区战略地位极其重要，敌人同我们争夺得相当激烈，它的一些据点已经深入到了边区内部。展开这次战役的目的，就是扫除这些据点，使根据地更加巩固。

当我们出击正太路的时候，涞灵地区的敌人已有所警觉，各据点相继增加了兵力，仅涞源城就增至 500 多人，东团堡、白石口等敌人据点，都增加到 100 人左右。敌人为对付我军的袭击，纷纷加固工事，储备粮弹，严加警戒，这就大大减少了我军突袭成功的机会。

9 月 22 日晚，一分区部队对涞源城发起攻击。经过一夜激战，一团攻占了城关东、西、南三面，大部守敌退进城内防守。进攻其他据点的部队，虽然也取得了一些进展，但遭到敌人猛烈的反击和施放毒气，不得不撤了出来。

第二天，1分区部队报告，根据头晚的作战情况，他们感到攻击涞源及其他外围各据点的我军兵力过于分散，准备改变部署，只留一支部队监视城内敌人，先集中兵力扫除周围各据点，而后再攻涞源城。我立即复电，同意他们的计划。

改变部署后，1团和2团的各一部攻击涞源城东的敌三甲村据点。这个据点工事坚固，守敌有日伪军80余人。23日晚，我军以炮兵配合，猛攻敌人的堡垒，战士们冒着枪林弹雨，越过重重障碍，冲进碉堡，冲进村庄，激战数小时，将守敌全部歼灭。

在这同时，3团在邱蔚团长的指挥下，集中力量攻击东团堡。这里的守敌是由日军士官生组成的井田部队，抵抗十分顽强，并不断施放毒气。我军勇猛冲击，激战到24日夜间，把村周围堡垒全部攻下。残敌退入村中，凭几间房屋死守，并继续施放毒气，组织反扑。参战的干部战士几度苦战，伤亡很大，不少同志中毒，到25日黎明，部队又撤到村边。下午，我军再度发起猛攻，同敌人展开白刃战。经反复冲杀，敌支持不住，又不愿投降，遂将据点所存武器、物资、粮食全部纵火焚烧，然后跳火自尽。东团堡之战，是以顽强对顽强的典型战例，充分显示了我军的战斗力，对敌人震动很大。日军为此作了所谓《大日本皇军驻东团堡井田部队长恨歌》，有“一死遗憾不能歼灭八路军，呜呼团堡”之句，刻于石上。可见东团堡之战，对日本侵略军打击之深。

10月2日，我们又组织了4个团、1个支队另2个营的兵力，向灵丘、浑源、广灵地区出击。灵丘敌人发现我军动向，抽调南坡头、古之河据点的敌军，合击我2团的部队。南坡头敌人调出一部后，我1团1营乘机袭入南坡头据点，一举歼灭日军70余名，这个战斗打得十分干脆漂亮。

当我军进一步展开攻击的时候，灵丘、浑源、广灵地区各重要据点的敌人，会同大同增援的敌人，纷纷向我军反击。同时，其他方向的敌人也在作进攻我根据地的准备。我接到出击部队和各情报站的报告后，估计敌人可能趁我主力在灵丘、浑源、广灵地区作战的时机，向边区大举“扫荡”。因此，我电告参战部队，立即转移至适当位置休整备战。整个战役于 10 月 10 日结束。

涞灵战役进行了 18 天，共歼日伪军 1100 多名，缴获各种枪 290 多支（挺），各种枪弹 4.5 万多发。我军也有较大伤亡。

一个半月接连不断的破袭战，使华北敌人极为震惊，一度陷入混乱状态，伪军也纷纷动摇。敌人为挽救局势，急调华北境内所有能够调遣的兵力，对我军进行疯狂的报复。于是，“扫荡”与“反扫荡”的斗争，便构成了战役的第三阶段。

敌人的“扫荡”，首先由晋东南开始，然后是平西、北岳区和冀中区。为了在“反扫荡”中力争主动，晋察冀军区部队作了这样的部署：留一部分兵力同敌人保持接触；主力在不利于作战的情况下适时地转移，寻找机会，在敌人的各公路据点之间展开破击；各地的游击队、民兵则在主力部队的支持下活跃于外线和内线，以打乱敌人的“扫荡”计划。

敌人对北岳区的“扫荡”，是 11 月 9 日开始的，集结的兵力达 1.2 万多人，先由北向南，然后由东向西，分路平行推进。敌人所到之处，见房便烧，见人便杀，仅就易县 6 个区在“扫荡”后的统计，被烧房屋达 2200 多间。我主力部队和游击队在各地寻找战机，连续不断地给敌人以打击。我们的地方干部和民兵则始终不离开当地。敌人来了，就掩护群众上山，敌人一走，立刻回村抢救被毁坏的财产。那个时候，地方干部和民兵们有一个口号，叫做：“敌人进村我们出村，敌人出村我们进村。”这次“扫荡”过后，平山的同志同我讲过平山下庄民兵在反“扫荡”斗争中的故事。这个村的民兵把石头打上眼，装好药，放在敌人必经的路上，还在山上插上许多草人。敌人遭到石雷轰击后，误以为我大部队在阻击，立即架起机枪、大炮进行攻击，费了好大力气攻上山头，才发现上边原来都是些草人。这个故事，显示了人民群众的聪明才智。

在我军民的英勇打击下，进攻边区内地的敌人到 11 月底开始撤离。他们原指望用反复、连续的合击和疯狂的烧杀来挫伤我军主力，摧毁我根据地，但是，由于边区军民团结一致，相互配合，敌人的企图再一次失败了。

胜利中的问题

从 8 月 20 日开始的这次空前规模的破袭战，前前后后历时 3 个半月。

这次战役，给了日本侵略军以沉重的打击。战役破击的主要目标正太路，经过参战军民夜以继日地炸桥梁，毁隧道，拆铁轨，烧枕木，平路基，割电线，许多地段受到严重破坏。就晋察冀军区负责破袭的石家庄至平定这段线路来看，沿路敌人的守备据点及部队都遭到了致命的打击，大部分桥梁、隧道、水塔、车站等建筑物都被摧毁。连同 129 师部队破坏的平定至榆次线段，使整个正太路全线瘫痪。我们负责破袭的平汉路、北宁路、津浦路以及敌人正在修建的石德路和沧石公路，在冀中、冀东、北岳等军区部队的共同努力下，所有预定要破坏的线段，也都取得了预期的战果。

根据北岳、冀中和平西 3 个地区的战后统计，军区部队在 3 个半月的连续战斗中，作战 330 多次，毙、伤、俘日伪军 4900 多人，缴获各种炮 6 门，长短枪 900 多支，弹药 10 万余发，还有大量军用物资。

兄弟部队的战果也是非常可观的，从整个华北战区统计的数字来看，在这 3 个半月的战斗过程中，各战区军民与敌人进行了大小战斗 1800 多次，毙伤日伪军 2.5 万余人，俘日军 281 人、伪军 1.8 万余人，拔除敌人大小据点 2900 多个，缴获各种炮 53 门，步枪、马枪 5000 余支，轻重机枪 200 余挺及其他大量武器弹药、军用物资，破坏铁路 900 多里，公路 3000 余里，桥梁、车站、隧道等 260 余处，使正太路中断一个月之久，给了华北敌人以沉重打击。1940 年 10 月 15 日，敌华北方面军向日本陆军省提出的报告说："正太路破坏极为严重，规模之大无法形容，敌人采用爆炸、焚烧、破坏等方法，企图对桥梁、轨道、通信网、火车站设施等重要技术设备，予以彻底摧毁。在进行破坏时，隐秘伪装得极为巧妙。"敌华北方面军的作战记录记载说："此次袭击，完全出乎我军意料之外，损失甚大，需要长时期和巨款方能恢复。"

而最重要的战果，则是严重打击了敌人的“囚笼政策”，钳制了敌人大量的兵力，拖住了它进攻正面战场的后腿，遏止了当时妥协投降的暗流。1940 年，正是国际上法西斯势力最猖獗的时候，希特勒用闪击战打垮了欧洲许多国家，气焰极为嚣张。悲观失望、妥协投降的空气，在国民党反共顽固派中弥漫一时。日本侵略军则扬言要进攻西安、昆明、重庆，企图压国民党政府投降，并打击美英在远东的势力，进一步与希特勒相呼应。就在东条英机做好梦的时候，在华北地区 5000 里长的敌后交通线上迸出了战斗的火光，像一声霹雳，出乎意料地给了东条英机当头一棒。日本防卫厅编写的《华北治安战》一书提到百团大战时说：“共军乘其势力的显著增强，突然发动的‘百团大战’，给了华北方面军以极大打击。因而促使方面军，特别是情报工作负责人作了深刻的反省”，“日方从未想到中共势力竟能扩大到如此程度”。

这样一个在我国抗战史上空前大规模的进攻战役，使全国军民莫不感到欢欣鼓舞，大后方许多报纸都发表了庆祝这一胜利的社论，各地群众纷纷来信来电，表示钦敬和慰问。可是，这样一个大仗，在作战中却没有得到国民党军队的任何配合和支援，那些国民党反共顽固派对抗日没有兴趣，而且正在一心策划破坏抗日根据地的阴谋。法西斯头子东条英机在 1941 年对贵族院、众议院所作的军事总结报告中，曾这样说：“昭和十五年（即 1940 年），敌人（指国民党）迄未进行主力的反攻，只有共产军于去年在华北举行大规模的出击。”

这次战役，使我军得到了极大的锻炼，声誉大增。总部和军区在战后的总结中，高度评价了各地参战部队。广大指战员在作战中不仅经受了连续战斗的考验，而且取得了攻据点、破铁路等战术技术经验，创造了许多突出的战例。边区广大民兵英勇参战，群众热烈支前，涌现出无数感人事迹。

当然，这个大规模的战役，事后看也是有教训的。这些年来，对这个战役的评价，曾出现过不同的意见。我的看法是，战果是巨大的，总的来说是应该肯定的。但是，胜利之中也有比较大的欠缺和问题。首先是在宣传上出了毛病。这次战役本来是对正太路和其他主要交通线的破袭战，后来头脑热了，调动的部队越来越多，作战规模越来越大，作战时间也过于集中，对外宣传就成了“百团大战”。毛泽东同志对“百团大战”的宣传很不满意。我们到延安参加整风的时候，毛泽东同志批评了这件事。有种传说，说这个战役事先没有向中央军委报告。经过查对，在进行这次战役之前，八路军总部向中央报告过一个作战计划，那个报告上讲，要两面破袭正太路。破袭正太路，或者破袭平汉路，这是游击战争中经常搞的事情，可以说，这是我们的一种日常工作，不涉及什么战略问题，这样的作战计划，军委是不会反对的。说成是“百团大战”，这就是战略问题了。毛泽东同志批评说，这样宣传，暴露了我们的力量，引起了日本侵略军对我们力量的重新估计，使敌人集中力量来搞我们。同时，使得蒋介石增加了对我们的警惕，你宣传100个团参战，蒋介石很惊慌。他一直有这样一个心理——害怕我们在敌后扩大力量，在他看来，我们的发展，就是对他的威胁。所以，这样宣传“百团大战”，就引起了比较严重的后果。

还有，在战役的第二阶段，讲扩大战果，有时就忘记了在敌后作战的方针，只顾去死啃敌人的坚固据点，我们因此不得不付出了比较大的代价。死啃敌人坚固据点的做法，是违背游击战争作战方针的。

由于宣传“百团大战”，使日本侵略军把主要的进攻矛头指向了共产党和八路军。这次战役之后，敌人迅速抽调大量兵力回师华北，连续对我根据地进行“扫荡”。一方面，是“百团大战”的宣传，引起了敌人的警觉；另一方面，敌人为发动太平洋战争，要肃清后方的抗日力量。于是，敌人大量增兵华北，实行更为残酷和恶毒的“治安强化运动”以及烧光、杀光、抢光的“三光政策”。敌人的“扫荡”，1940年对晋东南，1941年对北岳区，1942年对冀中区和太行区，一个地区一个地区地轮番进行，使敌后各抗日根据地都遭受到极其严重的破坏和摧残。左权同志就是在1942年太行区的“反扫荡”中牺牲的，这是抗战期间我军牺牲的最高级将领。晋东南的地形与晋察冀还有些不同，铁路线紧靠着山边边。晋察冀这里，距铁路线都还有一段距离。晋东南那边他们在山里搞了不少工厂，造出一些东西，敌人分几路来“扫荡”，等敌人逼近了，才安排撤退。那一次，左权同志亲自在后边督队，掩护总部撤退，不幸牺牲。左权同志是我军卓越的高级指挥员，为他的牺牲，全军许多领导同志都流了泪。在红一军团工作期间，我与左权同志长期相处，结下了同甘苦共患难的手足之情。对他的牺牲，我是非常悲痛的。听到这个噩耗，我淌着泪水，写了一篇《祭左权将军》的文章，登在《晋察冀日报》上，寄托我对这位可敬战友的哀思。

震惊中外的这场大规模战役，距今已过去 40 多年了。今天，从它在抗日战争历史上所起的作用来估量，我认为这次大战是不应该否定的。当然，在肯定的前提下也有教训。辉煌的胜利和存在的问题，这两个方面，都不应该被我们所遗忘。

沁源抗战忆事

史直佑*

芦家庄伏击战

1940年冬，侵华日军为了挽回在“百团大战”中遭受的惨重损失，疯狂地向我太岳军区实施报复，在沁源县、沁县西半部，安泽县等地进行灭绝人性的三光“扫荡”（烧光、杀光、抢光）。致使我太岳军区所在地——沁源县一带大部分村庄遭受日寇烧杀，狼烟四起。在韩洪村，日军将抓来的老百姓一百多人关在庙院内，然后堆上木柴，浇上汽油，活活烧死，又将躲在煤窑里的一百八十多名干部群众，用毒气熏死。在曹家沟一个老乡院里，烧死群众一百多人，连婴儿都不能幸免。有一中年妇女怀抱婴儿，也被活活地烧死，另一名妇女急步躲避被鬼子发现用刺刀捅死，小孩趴在妈妈身上大哭也被活活摔死，惨象使人目不忍睹。在韩洪、曹家沟、霍登等村庄，杀害干部群众就达一两千人，数字惊人，令人发指。

面对穷凶极恶的日本侵略者，我抗日军民义愤填膺，和敌人进行了顽

* 作者时为太岳抗日决死第1旅38团特等射手训练队卫生员。

强不屈的斗争。二区区委书记药炎成，区长宋明会，宣传委员张克中，组织委员史直书等同志领导民兵和日本鬼子展开了游击战；他们挖陷阱、布地雷，使敌人走投无路，断水源、藏粮食围困日寇，把敌人饿死渴死。炸炮楼、捉舌头使敌胆战；察敌情、送情报人民支援，配合主力狠狠打击敌人。史直书同志率领民兵对才子坪村岭上的日伪据点进行包围袭击，因山高大，森林茂密，无水源，日伪军只有靠每天下山到村中取水吃，民兵多次伏击，打冷枪，常常使敌人丢下死尸、水桶逃回山梁。敌人再也不敢到村上取水，只有靠岑上庙后半山腰一个小水池供水。史直书同志发现这一情况后，组织民兵，担上大粪，挑上溃烂的死猪、死猫半夜摸上山，将那些“慰劳品”投入池中，断决了日寇水源，使敌人惶惶不可终日，不久，就滚回大据点去了。在这期间，史直书和战友们一百多天未脱衣睡过一个晚上。

日寇扫荡绵上村，将躲在蔡西庙沟里的 200 多名老百姓用机枪打死，其中全家被杀绝的就有四十多户，在聪子峪村枪杀四十多人，其中就有史直书同志的父母（史直书原在河南省电影公司工作，现已离休）。

日寇残暴的对我抗日根据地实行“三光”政策，所到之处杀人放火，制造恐怖，企图扑灭我抗日军民的熊熊烈火，摧毁我抗日力量，征服我中华民族的抗日决心，相反激起了我抗日军民更加坚决消灭日寇的信心，日本侵略军的暴行更加唤起了我军民坚决消灭日寇的怒火。

为了打击敌人在沁源根据地残酷实行“三光”政策的嚣张气焰，我太岳军区党委决定派孙定国副旅长率决 1 旅支援当地人民的反扫荡斗争。一分区党委根据上级党委的指示，制订了反扫荡的计划，乘敌人深入根据地扫荡留城守备力量薄弱之机，立即转移到外线翻越霍县大山到达霍县的敌占区，寻机打击日本军固守同蒲铁路的主要车站。我 38 团 3 连根据上级指示，在胡尚礼连长率领下，经过激烈战斗，攻下了敌人控制铁路线上的一个火车站（站名记不清了），全部消灭日伪军二十余人，缴获了不少战利品。其中有一只马蹄闹钟，从山沟里土生土长，15 岁参加八路军的我，第一次见到，觉得很稀奇。

同时我1营营长姜维英，遵照上级党委指示，率领两个连攻入辛置火车站，结果姜营长身负重伤，攻碉堡的云梯又不够长，无法攻下碉堡，此时天已快亮了，日寇从南面赵城和北面霍县城派铁甲车增援，我军立即撤退，翻越霍县东大山到达了安泽县境内的山沟里修整。

我团袭击同蒲铁路后，使霍县城里的日寇坐卧不安，急令调回扫荡沁源县一带的一部分日军，通过安泽县（今古县）境内的北平镇、辛庄、黄土梁、芦家庄直向西山制高点黄梁据点撤退。此处南、北、西均是大山林立，树木丛生，悬崖绝壁，极难行军。我孙定国副旅长得此情况后，立即率领蔡爱卿任团长的38团所属1、2、3连，急行军到达了芦家庄南山，此时，已近中午，通过树林里可以观察到日本鬼子先头部队已进入芦家庄，中间和后尾还行进在黄土梁、辛庄。孙副旅长命令我2连田大帮下山打冲锋，1连在西侧掩护2连，胡尚礼带领3连紧跟在2连后面在半山腰树林里隐蔽掩护2连冲锋，当2连迂回到山底已快靠近日寇时，孙副旅长命令吹响了冲锋号，轻重武器全面开火射向敌人，田大帮连长早已做好了冲锋的准备，子弹上膛，刺刀出鞘，紧握手榴弹，如同猛虎下山直冲敌阵，打的敌人晕头转向，乱成一团，不可一世的日本侵略者霎时间成了瓮中之鳖。我2连指战员冲入敌阵后，与敌人展开了白刃战，在胡尚礼连长带领的3连用火力掩护下，以风卷残云之势迅速配合2连歼灭敌人。此次战斗进行了一个小时，打死敌人一百余人，缴获很多枪支弹药。此时，南山指挥部发出了撤退的命令，我们撤回南山后受到孙副旅长的表扬。

因扫荡沁源根据地的日寇还没有全部撤退，并在好几个村庄修筑了碉堡，企图全面控制我太岳一分区抗日根据地——沁源县，我部为了彻底粉碎日寇的扫荡，紧接着北上沁源窦壁村一带袭击驻扎在王陶村修筑碉堡的日本侵略者，继续寻机打击日军。

洪崖头伏击战

1940年8月23日，我八路军在朱总司令、彭副总司令及129师刘伯承司令员、邓小平政委率领指挥下，在太行区发动了震惊中外的百团大战，摧毁了日寇占领了的白晋、正太、同蒲等地区的交通和通信设施，使华北日军陷于层层包围，被动挨打之中。我军连续在榆社、辽州（今左权县）、武乡、黎城、襄坦等地取得了反击日寇的巨大胜利。

在榆社、辽州、武乡、黎城、襄坦等地的战斗中，我军先佯攻左权县城，榆社日寇急忙由榆辽公路增援而来，我军诱敌已成，迅速撤出左权之部队，急行军向日寇增援部队的必经之路洪崖头进发，“洪崖头伏击战”就这样开始了。

日寇进入我伏击圈——洪崖头，我军从四面八方将日军层层包围，展开了激烈的伏击战。日寇疯狂地向我军炮击，并发射了催泪毒气弹，企图减弱我军战斗力，我英勇善战的八路军全体指战员，立即想出了救急措施，把自己的毛巾用尿尿湿后，捂住嘴、眼、鼻，继续向敌人发动猛攻。那天原来是北风向南（我阵地）刮，突然转为南风向北（日寇阵地）刮，真是天助我也！敌人立即乱作一团，我军一鼓作气，冲入了日寇阵地，与敌人展开了白刃战，消灭了大量日伪军，取得了洪崖头伏击战的彻底胜利。

关家垴歼灭战

百团大战显示了中国人民的抗日力量，大大鼓舞了抗日军民战胜日寇的决心和信心。同时，大大削弱了日寇的有生力量，沉重地打击了日寇侵略我国的嚣张气焰。

1940 年秋，百团大战进入最后阶段，日寇仍不甘心自己的失败，在部队损失十分惨重的情况下，又纠集数千人，向武乡蟠龙、洪水、关家垴一带实行疯狂扫荡。敌人首先强占了关家垴，当时，我太岳决 1 旅 38 团在柳树垴村山下石门村集合，彭副总司令亲自作战前动员，他说：“我军已将日寇几千人包围在关家垴村，天亮前要发起总攻，这批日本鬼子多次乘我太岳部队参加百团大战之机，疯狂向我太岳地区进行三光扫荡，全团指战员们你们要鼓足勇气，勇往直前，奋勇杀敌，把固守关家垴之日寇坚决彻底消灭干净。我百团大战将士曾狠狠地打击了日寇嚣张气焰，这次你们要夺回日寇的迟（真）弹筒，如果你们冲不上关家垴，消灭不了日寇，我就取消你们团的番号。”团长蔡爱卿，政委刘有光，1营营长肖显旺等首长都分别进行了动员。大家纷纷表示了决心：“绝不辜负各级首长对我们的希望和要求。”部队向关家垴进发前每人发给半小碗煮熟的小麦，这是唯一的干粮。

1营4连连长董金刚，政治指导员司马敏率领全连战士，在炮火的掩护下，迅速通过柳村，半夜后顺利插到离日寇阵地只有三层地（山上梯田）的地方——关家垴。进入阵地后，立即修筑工事，待机向日寇所在地的制高点进攻。第二天上午，2连连长田大帮带领全连战士在我4连阵地左侧向日寇发起了几次冲锋，均未夺占高地。因为敌人火力很猛，天上又有飞机不断狂轰滥炸，我连不断地向日寇射击，这时的天气很热，刚开始，身上还出汗，由于一天多滴水未进，嗓子干的直冒烟，中午时连汗也出不来了。每人的半小碗煮小麦，怎么咽也咽不下去，因离敌人阵地很近，封锁很严，炊事员根本送不上来水和饭，战士们在这样困难的情况下，仍精神振奋，坚守阵地，毫无怨言。这时，班长史先德同志提出：“用自己的尿解渴！”因为一天没喝水了，哪来的尿呢？我费了很大的劲尿了半小碗，全班同志每人喝了一小口，都觉着实在不是味，大家又积极想办法，发现我班阵地上一层梯田上长的是玉米，命令我设法砍几棵玉米秆解渴，他们用火力掩护我，我刚爬上地边，就被敌人发现了，日寇用机枪向我扫射，我的左手中指甲被打伤了，同志们只好艰难的忍受着。

下午约五六点钟时，我军总攻开始了，个个摩拳擦掌，精神振奋，什么口干、肚饿等问题一下子忘得干干净净，同志们在炮火的掩护下，都像猛虎一样协同兄弟部队迅速冲上了关家垴制高点上的日寇阵地。日本鬼子顿时乱作一团，除极少数逃窜外，大部分被歼，缴获了大量战利品，我军取得了胜利。

战斗结束后，我团迅速撤回柳树垴，大家才感到口干肚饿，我和1营营长肖显旺同志走进一家农民院内，发现院内有一水缸，用小碗盛起就喝，刚喝时没感觉出味来，后来越喝越不是滋味，警卫员用手电筒一照，是半缸猪食污水。

关家垴战斗的结束，同时也是百团大战的结束，我军认真进行了战斗总结，总结了经验，表扬了先进，找出了教训，同时又在关家垴进行了战斗演习，从此百团大战胜利地结束了。1941 年元旦，我团奉命返回太岳抗日根据地——沁源县。

我参加了百团大战

陈再道*

德石路破击战结束后，根据 129 师的命令，我（时任冀南军区司令员）和军区其他领导同志率冀南部队参加了百团大战。

百团大战是我军于 1940 年秋，在华北发动的一次大规模的交通破袭战。参战部队共 105 个团，20 余万人，并有 200 多万民兵参加。在彭德怀副总司令统一指挥下，同时向正太、同蒲、平汉、德石等铁路干线出击，展开规模空前的大破袭战。战役是分 3 个阶段进行的，历时 3 个半月。

我们冀南部队先后参加百团大战的有：新 4 旅 10 团、11 团；新 7 旅 19 团、21 团；新 8 旅 22 团、23 团、24 团；新 9 旅 25 团、26 团、27 团。共 10 个团。此外还有各分区和各县武装以及临时归冀南军区指挥的第 18 团。

百团大战第一阶段是从 8 月 20 日开始，9 月 10 日结束。

8 月 6 日，我接到刘师长的命令，指示冀南军区抽出 4 个团和路西新 11 旅 3 个团、新 1 旅 1 个团以及 34 团，于 8 月 20 日至 8 月 25 日对平汉路进行大破击，我和军区几位领导同志研究决定，抽调新 4 旅 10 团、11 团，新 7 旅 19 团，新 8 旅 24 团等 4 个团和路西兄弟部队一起参加破袭平汉路的战

* 作者时任八路军冀南军区司令员。

斗。并决定新 9 旅所辖的 3 个团，对德石路继续进行破击。因为 7 月份冀南部队对德石路的 10 天大破击，虽然给了敌人一定的打击，迟滞了其修路进程。但是，敌人继续增加人力，加快修建速度。到 8 月上旬，路基修至龙华镇，铁轨铺到贾村附近，对我们的威胁越来越大。

8 月 7 日，我们军区发出指示，要求各参战部队抓紧时间，充分做好参战准备工作，深入进行破路教育、准备好破路器材，特别是炸药等物资。同时要做好对铁路沿线敌人的军事、政治情况的侦察工作，强调要由得力干部亲自带队，详细查明各据点日伪军兵力、兵种，沿铁路附近敌之碉堡及强弱程度，铁路两旁道沟情况，敌人火车、装甲车经常停留的地方以及沿线日伪军、自卫团和封建会道门、土匪活动等情况。

8 月 11 日，我向冀南各参战部队下达部署命令，组织了各段破击队。新 4 旅 10 团、11 团，新 7 旅 19 团，为内丘至高邑段破击队。以一个团的兵力位于高邑西南的北高村，打击可能向南来援之敌，掩护其他部队破路的安全。19 日夜，到达柏乡、隆平、尧山之间地区集结，按统一规定的时间发起破击。新 8 旅 24 团，为邢台至沙河段破击队，主要破击邢台至沙河间之中段。新 9 旅部队及 5 分区各县游击队，分别对德石路之贾村至德州段、北獐鹿至青兰段及青兰至故城段公路进行破击。

参战部队情绪饱满，斗志旺盛，战斗中英勇顽强，不怕流血牺牲。26 团 11 连连长两次负伤，仍坚持战斗，最后光荣牺牲。但由于我们经验少、技术差、工具不足，特别是炸药短缺，使破路效果受到一定影响。此外，与地方群众的配合不够有力，部队动员组织群众的工作不细，有些群众看见火车或听到火车笛声就乱跑，以至造成混乱。有些部队注意保护破路群众的安全不够。3 分区 1 大队破路时，遭到敌人袭击，使参加破路的群众伤亡 40 余人。上述情况，我们及时总结了经验教训，通报各部队，以避免再次发生类似问题。

百团大战第一阶段结束到第二阶段开始，有 10 天的间隔时间。我们研究决定，在统一参加百团大战第二阶段的战斗之前，利用这 10 天时间，组织冀南部队再破击德石路。

9月10日，敌人又将德石路铁轨铺到龙华镇附近，东段路基修至周村，西段由衡水修至清凉店。敌之护路队增至400余人，敌汽车每日东西来往巡逻两三次。我们不能让敌人轻而易举地将德石路顺利修成，决心对德石路继续展开破击战。我新9旅26团、27团和5分区部队，从9月13日至9月19日，对德石路进行了7天大破击。与此同时，新8旅24团和23团一部，对邯（郸）大（名）公路之邯郸至肥乡段也进行了破击。

这次破击战中，有两次战斗打得很出色。一次是小德厢伏击战；一次是东高才战斗。

9月13日拂晓，27团一个营于青兰、董故庄之间的小德厢设伏，准备打击由青兰出犯之敌。上午7时许，敌人从青兰出来两辆汽车，向我设伏的方向开来。先头一辆载敌约20余名，有两挺轻机枪、两个掷弹筒。当第一辆汽车驶进我伏击阵地后，战士们跃出阵地冲到敌汽车前，一颗颗手榴弹在敌汽车上爆炸，汽车上的敌人全部被歼。缴获了机枪两挺、掷弹筒一个。后面第二辆汽车见势不妙，窜回青兰。这次战斗打得干净利落，我军无一伤亡。

9月21日下午，敌人为阻止我军破路，又由青兰出动日军100余人、伪军300余人，带有八八式野炮1门、机枪5挺，经董故庄、北岭踪向杨福屯地区“扫荡”。当时敌人不知道北岭踪驻有我部队。我驻北岭踪的19团3营得知敌人向北岭踪开来的情况后，迅速作好工事，准备迎敌。不多时，敌先头部队已接近我阵地，战士们的枪口瞄准了敌人，3营长命令等敌人靠近时再打。敌人扛着“膏药旗”大摇大摆地向前走，距离越来越近。只听一声“打”，我机枪、步枪向敌猛烈开火，顿时敌人死伤一片，后边敌人的大部队如梦初醒，立即停止前进，向我还击。为减少伤亡，3营机动转移到西高才村。敌人进占了北岭踪。

这股出来“扫荡”之敌，对我完成破路任务是个严重威胁。因此，我们决心歼灭该敌。部队重新作了部署。25团团长李林率1、3营进驻东高才村，2营进驻南岭踪，正面堵击进犯的敌人。19团团长李定灼率该团进驻西高才村。26团团长赵鹤亭率该团进驻饮马河村，侧击敌人。27团团长陈耀元率该团驻崔庄，作预备队。这次战斗由新 9 旅旅长桂干生统一指挥，指挥所设在大李庄。

9 月 22 日早 7 时，北岭踪之敌开始向我驻南岭踪之 25 团 2 营进攻。尹里之敌向我驻东高才之 25 团 1、3 营进攻。两路敌人分别被我击退。敌人向西迂回，企图从我侧翼突破。19 团、26 团分别由西高才、饮马河出击，25 团 1、3 营从东高才出击。我各路部队向敌发起猛冲。经激战，敌人乱成一团，伤亡惨重，火炮也顾不得要了，纷纷溃逃。这次战斗共歼日伪军 200 余人，缴获八八式野炮 1 门，还有许多枪支弹药。

我听到部队缴获了敌人的八八式野炮，心里非常高兴，立即向参战部队表示祝贺。那时我们部队的重武器非常少，特别是像这样大口径的火炮，我们根本没有。在抗日战争时期能缴获这样的炮可不简单，当时成了一件大喜事。

25 团将八八式野炮拉到垂杨侯疃村。由于炮身较长，只好放在街上。附近几个村庄的群众，听说我军缴获了敌人的大炮，兴高采烈，奔走相告。像赶庙会一样，成群结队地来观看，一饱眼福，共享胜利的喜悦。新 9 旅还专门召开祝捷大会，把大炮拉到会场。后来，由于敌人“扫荡”，我们让部队将大炮拆散分别掩埋起来。敌人从景县、阜城、武邑、衡水等处，抽调日伪军 200 余人，专门南下寻找这门大炮。敌人费了九牛二虎的力气，也没找到大炮的影子。

东西高才战斗结束的第二天，我们冀南部队又投入百团大战第二阶段的战斗。部队虽然没有休息，但指战员的士气旺盛，只要听说有仗打，劲头就来了，真可以说“一天不打仗，手就发痒”。

根据集总的命令和 129 师的统一部署，冀南部队在百团大战第二阶段中的任务，是配合总的战役继续破击德石路和邯（郸）大（名）公路。

新 9 旅 3 个团和新 7 旅 19 团破击德石路，临时编成两个破击队，以 26 团、27 团为第一破击队，由桂干生、赵鹤亭同志指挥；19 团、25 团为第二破击队，由易良品、杨宏明同志指挥。赵义京同志指挥 5 分区部队，予以配合。

新8旅22团、24团和独立18团破击邯（郸）大（名）公路。22团、24团为第一破击队，由萧永智、王近山同志指挥，破击邯火公路之邯郸至广平段；独立18团为第二破击队，破击广平至大名段。

这次破路比第一次进步很大。从思想上讲，认识更深刻了，信心更足了。在组织工作上较前严密多了，经验和技术方面也大有提高。过去是除少数部队阻击、牵制敌人外，大部队和群众一齐上路，把铁轨、枕木拆卸下来运走，这样费时、费力，效率很低。这次集中群众智慧，采取了新的方法，即将一大段铁路分成若干小段，一左一右各挖半边路基，把铁轨从中分开。组织人站住被挖空的一边的铁轨上，用力向下压，在相对的未挖空的一边用棍子向上撬，这样铁轨一下子就翻起来。这种破法省时、省力，同时给敌人修复工作增加不少困难。敌人重新修复时，必须首先将没有破的一段路基挖掉，统一填土夯实，才能铺铁轨。否则，路基两边承受力不同，即使铺上铁轨也无法行车。这样一来，我们若破坏了路基左边一段，敌人自己还得挖掉相对的右边一段。尽管敌人投入了巨大的人力、物力，并派出大量部队掩护、督修，但修路的进度非常慢。我们每破坏一次，整个铁路线在很长时间内便处于瘫痪或半瘫痪状态。公路线破坏得也彻底。一段段公路全被挖成深沟，敌人的汽车根本无法行驶。

百团大战的第一、第二两阶段，我军取得了重大胜利，给敌人的“囚笼政策”以沉重打击，进一步鼓舞了华北地区抗日军民的抗战热情和胜利信心。同时，也振奋了敌占区人民，使华北的日伪军陷入混乱之中。敌人为了挽回危局，不得不调集重兵，转向我华北各抗日根据地，疯狂地报复性地进行“扫荡”。因此，“反扫荡”作战成为百团大战第三阶段的主要任务。

我们冀南部队经过短时间休整后，又投入了百团大战第三阶段的斗争。根据129师的命令，我们的任务是一方面进行“反扫荡”作战，同时配合太行部队作战，牵制平汉线敌人，再次破击平汉路和德石路。

10月7日。曲周日军约一个中队兵力，附山炮一门，向曲周东南之大连寨地区“扫荡”。我新8旅22团、24团刚移驻曲周东南大韩围、大连寨一带，得知敌人进犯的情报后，决心消灭这股敌人。下午1时左右，当敌人进到大连寨附近时，我两个团同时出击，将敌压缩到南里岳地区，我军遂向敌发起猛烈攻击，毙伤敌 70 余人，包括日军中队长 1 名。余敌逃回曲周县城。这次战斗打得迅速、勇猛。缴获山炮一门及枪支弹药一部。这门山炮也是比较大的炮，是用马拉的。战士们看着缴获的大炮，高兴得连蹦带跳，连声喊：“大炮得来了！大炮得来了！”在这次大连寨战斗中，22 团团长田厚义和营长曹丕堂负了重伤，3 营教导员沙延春不幸牺牲了。

11 月 1 日，25 团团长李林在李秦村战斗中不幸牺牲。李林同志牺牲时仅 26 岁。他曾担任冀南分区司令员，作战一向勇敢顽强。在多次破击德石路的战斗中，打了不少漂亮仗。他指挥的 25 团，曾受到 129 师和八路军总部的通令嘉奖。

李林同志牺牲后，新 9 旅召开了追悼大会。当时，我正指挥部队进行紧张、激烈的“反扫荡”斗争，未能抽出时间参加。地方党和政府以及广大群众，为李林同志的牺牲感到巨大悲痛。在追悼会上，向李林烈士敬送了挽联，上联是“平原嘶战马，三年搏斗，谁料想黑云一片吞皎月”；下联是“北地传英风，千载永存，真乃是血花万朵满青山”。李秦村的群众为悼念他，将李秦村改为李林村，并为李林烈士立了碑。

1940 年 12 月 5 日，百团大战第三阶段胜利结束。

冀南部队在整个百团大战中，共作战 175 次。毙伤日伪军 1790 余人、俘 240 人，伪军反正 57 人。缴获长短枪 270 余支、轻重机枪 7 挺、炮 2 门、掷弹筒 4 个；破坏铁路 40 余华里、路基 100 华里、铁轨长 6 华里、铁桥 1 座，炸毁火车头 1 台；破坏公路总长 1120 多华里；砍电线杆 4320 多根。我军伤 900 余人、牺牲 400 余人。在破路斗争中，参战群众达 25 万多人次。

我军发动的百团大战，给敌人以沉重打击。据战后日本防卫厅战史室编写的《华北治安战》一书记载：“此次袭击，完全出乎我军意料之外，损失甚大，需要长期和巨款方能恢复。”当时的侵华日军供认：“八路军的抗战士气甚为旺盛，共产地区的居民，一齐动手支援八路军，连妇女儿童也用竹篓帮助运送手榴弹。我方有的部队，往往冷不防被手执大刀的敌人包围袭击而陷于苦战。”

新八师配合八路军打百团大战

熊先煜[*]

1940年，在山西省南部坚持敌后抗战的所有的国民政府军队，均归第一战区司令长官部指挥，与敌人形成一个犬牙交错的战场。而与八路军对日作战的地境线为洪（洞）屯（留）公路，以南属第一战区，以北属八路军。

我驻晋东南的第九十三军，辖3个师：第十师、第一六六师、新编第八师（其时我任该师参谋处参谋主任）。其主要任务是在洪屯公路以南的安泽、浮山、翼城、沁水、阳城、高平、长子等县境内，沿沁河两岸向盘踞上述各县之日伪军开展游击战或"反扫荡"战。我第九十三军和晋西其他友军并肩战斗，保卫国土，挫败敌人企图渡过黄河侵犯中原和西北的阴谋；与洪屯公路以北坚持敌后抗战的八路军部队邻近，关系不错，互通情报，联合作战。

此时，日军已占领同蒲铁路、洪屯公路、白（城子）晋（城）公路和曲（沃）高（平）公路等交通线及其沿线各县县城和重要村镇，对我第九十三军形成包围圈，并不断进行"扫荡"，骚扰百姓，实行"三光（烧光、杀光、抢光）"政策。特别是在沁水与高平间，还设有旧高平关、高平关、大野川、

---

* 作者时任第九十三军新编第八师参谋处参谋主任。

小野川等据点，封锁并截断第九十三军的后方补给线，企图窒息我军，终不得逞。

1940 年 8 月 20 日，八路军在晋、冀、察三省出动 100 多个团的兵力，对华北日军发动总攻，打得敌人土崩瓦解，这就是震撼日军、举世闻名的百团大战。

第一战区司令长官卫立煌，为了配合八路军的百团大战，命令在晋南的所属军队对日军发动攻势，全面出击。其中第九十三军主要打击晋东南地区之敌，以牵制敌人不能沿白晋公路北援正（定）太（原）铁路沿线之敌，以支援八路军的作战。

第九十三军当时的作战部署是：选定沁水以东至高平及高平以北至长治公路线各据点之敌为攻击重点。以我新编第八师担任主攻，并将军部仅有的山炮一门配属我师；以第一六六师袭击安泽、浮山境内之敌；以在阳城县境内之第十师袭击阳城之敌。

我新编第八师当时驻在长子县境内十里村一带。接到军部命令后，积极组织战斗。除以第二十四团向长子方面之敌袭扰，掩护马壁之第九十三军军部及本师之侧翼安全；以第二十二团、第二十三团担任主攻。选定沁水县至高平县公路上的旧高平关、高平关及高平县至长治公路的寺庄镇和高平县城西北的大野川、小野川各据点之敌为攻击目标，采取包围、夜袭和各个击破的战法，从西向东依次攻击之。当攻击某一据点时，并于该据点两侧公路上选定地形，破坏交通，布置相当兵力以截断、打击来援之敌。若因敌工事坚固或其他原因夜袭未能奏效时，则于白昼以炮兵的猛烈火力摧毁敌之工事，掩护步兵攻击之。

8 月 21 日晚间，我新八师所属各团到达指定位置并发起攻击。首先由第二十二团攻击旧高平关之敌，旗开得胜。继而，攻击高平关之敌，予敌重创。两次激战中，炮兵也显示出强大威力。然后，以第二十三团攻击寺庄镇及大、小野川之敌。寺庄镇乃长治到高平之间交通要道，为敌主要据点，位于该镇后面山腰上，构筑有永久性工事。我炮兵发弹 200 余发，打得据点起火，守敌东逃西窜，伤亡惨重。长治方面之敌闻讯，于当日下午 5 时左右调来火炮二门增援，向我炮兵阵地及师指挥部发弹 100 余发。我炮兵转移迅速，毫无损失。入夜，又令第二十三团第三营夜袭大、小野川之敌。营长黄映清身先士卒，带领官兵与敌展开白刃交锋，反复搏斗，杀声震天，夜袭终于成功，而黄营长却壮烈殉国了。黄是贵州三穗县人，其骨灰曾护送回原籍安葬，遗有一子名河年。

此役由新八师师长陈牧农（湖南桑植人，黄埔军校一期毕业）、参谋长傅砚农（贵州开阳人，日本骑兵学校毕业）指挥，连续作战 10 余日，毙伤敌 100 余人，圆满完成战斗任务。

百团大战中的兴道歼灭战

刘东纪*

1940年百团大战中，我晋察冀2分区19团在盂县兴道村打了一个漂亮的歼灭战，消灭日伪军六百余名（其中伪军百余名），成为盂县八年抗战中，消灭敌人最多的一次战斗。

1940年9月，我十九团完成了正太铁路娘子关段的破击任务之后，奉命挥戈北上，消灭盂县境内之敌。经过三昼夜急行军，于9月4日晚，部队到达上社以东5公里的张城堡村，准备当晚出击攻打上社镇敌据点。

上社镇是日寇在盂县北部地区的一个重要据点，为切断八路军通往五台的道路，敌人在海拔一千三百余米的风坡山修筑了炮楼，经常驻着一个中队，加上伪军共计三百余人，日军中队长是个奸淫抢掠、杀人不眨眼的刽子手。打起仗来，凶猛鲁莽，群众骂他“二百五”中队长。

在张城堡村的一个老乡家里，19团政委黄文和我不顾长途行军疲劳，正面对挂在墙上的一张地图，借着忽闪的松油灯光，聚精会神地研究作战计划。忽然，侦察参谋领进一位地方干部报告说：“中社、北会里三据点的敌人，今天下午已全部集中到上社镇了，一共有五百多个鬼子，百余个伪军，

---

* 作者时任晋察冀军区第2军分区19团副团长。

有大炮十几门，敌人意图暂时还没有查明。”这个突然的新情况，一下引起了黄政委和我更多的思索：敌人为什么要集中？集中了又要干啥？是想在我19团立脚未稳，给我军当头一击呢？还是要和我们顽抗到底呢？疑问接踵而来。这时黄文对侦察参谋说：“下去尽快摸清敌人企图，速来报告！”

侦察参谋领着地方干部走后，黄政委和团部首长们经过细致的分析研究，其结论是：由于敌人侵占的正太铁路被破坏，盂县东部地区的牛村、东会里据点之敌，已被我军消灭，西部地区的西烟镇、河东一带据点的敌人，也正在被我友军部队攻打中。特别是我地方基游队和广大民兵，已切断了上社通往盂县城的公路和电话线，下社以北的敌人已受到我特务营的攻击，这就使上社之敌陷入孤军无援境地。因此，敌人只有往一起集中兵力。很明显，敌人集中，是惊慌不定企图逃跑的表现。不管敌人如何行动，我军今晚一定要攻打上社镇敌据点，绝不能让敌人逃走！虽然敌人集中后，兵力多，火力猛，又有风坡山的碉堡、炮楼掩护，但敌人孤军无援，军心恐慌，我军经过正太铁路破击战的胜利鼓舞，士气旺盛，斗志昂扬，对歼灭上社镇的敌人信心很足。当时遇到一个问题是，我军强攻上社镇据点呢？还是把敌人引到工事外消灭呢？最后团部决定：还是设法把敌人引出来消灭，对我军有利。决心下定，立即进行战斗部署：我当即命令1营连夜跑步前进，越过徐峪沟大山，在当晚零时以前必须赶到上社镇以南15公里的神泉村，占领有利地形，严密隐蔽。如果上社镇敌人南逃时，要予以堵击，配合全团主力，在神泉村以北、兴道村以南的河滩里歼灭敌人。如果敌人不离开工事，2、3营做好战斗准备，在夜间12点整，用少量兵力佯攻上社据点，诱敌出逃，把敌人引到兴道村河滩予以歼灭。

当晚10时许，全团3个营遵命出发，分头前进。这时滚滚的乌云吞没了满天的繁星，紧接着雷鸣电闪，大雨倾盆。19团战士们冒着大雨出发了。这次战斗，是19团抗战以来投入全团兵力的第一次大仗，而且又处在团长牺牲不久，部队没有休整的情况下，因此，黄政委和我的心情很沉重。夜里冒雨行军，黑得伸手不见五指，只能借闪电的曳光看一下前进的方向和道路。但是部队的前进速度非常快，2、3营的指战员们很快到达了上社镇。

在离上社敌据点 3 里的白藏村河边，停止前进，并立即召开各营连干部会议，布置强攻上社镇据点。正在这时，侦察排排长冒着大雨滚着一身泥巴跑来了，他还没有站稳，就前气不接后气地说："刘副团长，敌人已经在上社村北的炮楼底下集中，动向不明，留下侦查员监视敌人，我跑来特向首长报告，请首长决定！"政委黄文听了后说："这好哇！敌人出了窝，更有利于我军歼灭它，这得'谢谢'二百五中队长。"

趁着各营连干部在场，我当机立断，随即具体布置了战斗任务：命令两个连，在上社镇东西两面向敌人进行佯攻，其余 4 个连由北向南，立即发起攻击，这样三面夹攻，就一定迫使敌人南逃到兴道村河滩，无论如何，不能让敌人返回炮楼。各营连都作了简短的动员，便按照命令，分头行动起来。但部队进村后，除了雷鸣闪电和瓢泼大雨外，一点动静没有。原来敌人已向南逃跑了。19 团的战士们就向南追击，到了柴庄村发现敌人脚印忽然转向西烟方向去了。黄政委和我立即命令部队在柴庄南面的岔路口停止前进。经过分析，敌人肯定是向南经兴道村要往盂县城逃跑，因为去西烟一带的道路狭窄，翻山越岭，黑夜行军不好走，况且西烟镇的敌人已被我友军正在围攻，狡猾的"二百五"绝不会自讨苦吃。当时由于敌情一下弄不明，想找老乡查问，但村里连个人影也没有。老百姓早已逃出村外去了。正在着急之际，侦察参谋又跑来了，浑身湿漉漉的往下滴泥水。他报告说："看见邀童来村的南面河里有灯光，还听见了马叫声"。原来敌人为了甩掉我军的追击，大部队从河水里走过去，只有小股日军走向西南，专门踩下脚印企图迷惑我军。当晚由于大雨，敌人以为甩掉了我军追击部队，只逃在兴道村就不走了。这时我军就先在兴道村外选择有利地形把敌人包围，等天明以后，一举歼灭。

雨哗哗地下着，地面的稀泥被雨一泡，成了稀泥浆又粘又滑，战士们在急行军中不断摔跤。摔倒了立即爬起来再跑，一点也没有影响行军速度。等我军到达兴道村时，雨也停了，天也晴了。侦查员回来报告说："敌人在兴道村停下了，正在拆房烧火做饭！"

兴道村是龙华河上游的一个大村子，有四百多户人家，上社镇通往盂县城的公路穿街而过，村南有座小庙，庙前是一块开阔河滩地，对面二三公里就是神泉村，1营就埋伏在这里，并配有较强火力。兴道村的东西两面都是大山，按照地形，把2营的3个连分别布置在两端的高山上，3营两个连堵住兴道村的北口，1个连作为机动，等战斗打响时，准备随时投入战斗最要紧的地方，同时把2、3营保卫兴道村敌人的情况迅速通知了事前埋伏在神泉村准备堵击敌人南逃的一营。这样就在兴道村的河滩上形成了一个口袋，把敌人装了进去，管叫他有腿难逃，插翅难飞。

战斗布置就绪以后，天快亮了。各连阵地上的战士们穿着湿漉漉的衣服，一夜的急行军，没有合合眼又累又饿，但一个个精神焕发，情绪很高。战士们有的擦枪上的水珠，有得检查手榴弹导火线，战士们都把刺刀擦得亮闪闪的，准备和日军拼刺。

我军的指战员们，自从完成了正太铁路的破击任务后，部队情绪一天比一天高，特别在沿铁路线上，看到日寇残杀我国人民的种种罪行，更激起了指导员们对日寇的愤恨，恨不得一口把鬼子吞掉，为死去的中国人报仇，因此，一说打仗，各连都抢着担负硬任务。4连连长跑到指挥所，要求担任正面攻击，他说：“我们连去年在兴道村住过熟悉地形，了解情况。”提出好多理由，要担负主攻任务，4连长是个四川人，细高个子，年方20出头，都叫他“娃娃连长”，别看他年轻，还参加过长征，非常精明能干，说起话来简短有力，提出问题，理真据确。团首长听了他的请求说：“团里早考虑到了这一点，留你们为机动，就是为把钢使在刀刃上。回去吧，做好硬战准备。”

5日凌晨，东方渐渐地出现了鱼肚白，天空红彤彤的阳光射出了地平线，19团首长们在兴道村东北一个高地上临时挖成的掩体里，等待着敌人的行动。6点、7点，离8点只有10分钟了，还不见敌人出来，这时，确实有点着急。一直到8点多钟，敌人才出了村。几百个鬼子在公路上蠕动，好像一条草绿色的毒蛇，弯弯曲曲一长溜向前爬行。当敌人后尾离村已有1公里远时，我军立即下达战斗命令。一声号响，4连像一群猛虎，立即抢战了土地庙高地，一场残杀拼刺的恶战开始了。

全团所有的轻重机枪，从东西两边的山头射向敌群，犹如天崩地裂。成群成群的鬼子横七竖八地躺在河滩上；受了伤的狼嚎鬼哭，活着地踏着伤病拼命奔跑。这时，4连长带领战士们追着敌人猛冲、猛打，首先缴获了敌人还驮在马背上的几门大炮。

敌人受到突然攻击，一时摸不着头脑，乱作一团，只顾拼命地向道旁的高粱地里钻。我军集中火力一直猛烈扫射，但敌人凭借高粱和地埂掩护，正在组织兵力，企图反扑。4连长看透了这一点，一声高喊："同志们，上刺刀！跟我来！"随着喊声冲进了高粱地。立刻，在这块三亩大的高粱地里杀声四起，炮火连天；你刺我杀，刀光闪闪；像拉锯似的杀进去，杀出来，手榴弹轰响，炸得石片乱飞。正冲杀得难解难分时，日军"二百五"中队长组织了三十多个鬼子，隐蔽在一条地埂下，用两挺歪把子机枪向我军扫射。三营长马上命令各连集中火力，向敌猛射。7连的4班长带领全班战士，冒着弹雨，匍匐前进，接近了敌人，用手榴弹把敌人的机枪炸哑，同时，把"二百五"中队长也击毙了。

这时，在一营的阵地上枪声杀声也混成一片，这是敌人向盂县城逃跑途中，被我军切断了退路。这是一场生死之争，敌我之间进行恶战更加激烈。

在高粱地里，4班长跟在连长的身旁，横冲直戳，一气就拼倒6个鬼子。敌人伊伊呀呀地反扑来，把全连压在一条地埂下，4班战士一跃而起冲上去。鬼子看见4班长厉害，过来3个鬼子拼他一个，4班长先拼倒一个，又结果了左边那个的性命，另一个自感不是对手转身想逃，被4班长一枪打倒在地。正在紧张冲杀之际，4连长负了重伤，两个鬼子冲来，一前一后把他夹住。就在身后那个鬼子刺他的一刹那，4连长结果了前边那个的狗命，但4连长也壮烈牺牲了。4班长一看红了眼，一个箭步抢上去，一枪打倒了4连长身后的那个鬼子，高喊这："同志们，冲呀！为英勇牺牲的连长报仇！"带领战士们杀过一高粱地，又冲进一块谷子地，在他们身后，横躺着几十具污血乱流的日本强盗的尸体。

就这样经过两个多小时的激烈战斗结束了。这一歼灭战全歼日伪军六百多人（其中伪军百多人），缴获迫击炮5门、山炮6门、轻重机枪20挺、三八步枪三百余枝，生俘日军 6 人、随军妓女 4 人、战马 14 匹，还有很多军需品。

这时，周围村庄的乡亲们带着鸡蛋、猪肉、白面等从四面八方涌到了兴道村南河滩，把慰劳品交给 19 团指战员。军民共庆兴道村大捷的欢呼声、锣鼓声和口号声震动了龙华河上游的山川……

鲁西南秋季反“扫荡”

运河支队在反“扫荡”前后

邵剑秋*

运河支队是八路军第115师罗荣桓政委亲自批准，于1940年元旦正式成立的。孙伯龙任支队长，朱道南任政治委员，我任副支队长。运河支队建立后，指战员怀着满腔打日本、保家乡的民族义愤，连续打了几次胜仗，更加激发起运河南北两岸人民的抗日情绪。下面讲讲1940年反“扫荡”前后的战斗情况。

反“扫荡”前的几次战斗

首战杜庄获胜　1940年新春刚过，运河支队在运河以南活动时，第1大队第3中队（辖两个分队），配轻机枪一挺，由中队长丁瑞庭带领进驻杜庄（台儿庄区涧头集西北角）。日伪军从贾汪出动500多人（300多日军，200多伪军）“扫荡”运南，拂晓时趁大雾窜到杜庄，与我第3中队两个分队发生激战。日军以猛烈炮火轰击我阵地，并多次组织冲锋，均被我粉碎，日军伤亡很大。战斗到中午，敌人三次惨无人道地发射毒气弹，我指战员急

* 作者时任八路军运河支队副支队长。

中生智，以尿解毒，坚决抵抗。激战终日，直到天黑我阵地屹立未动，日伪军黔驴技穷，窜回贾汪。此役共击毙、击伤敌60余人。据说，日军强拉群众牛车7辆，装载死尸和伤兵而归。我军牺牲6位同志，乘日落西山月牙亮时，高唱凯歌走出杜庄。

长埠桥伏击战　1940年3月，日军于津浦铁路韩庄、沙沟集结1000余人，向我运北周营一带“扫荡”，与我峄县支队激战终日。我运河支队驻运河南岸，估计敌人可能会由阴平集窜回韩庄车站，就以两个中队渡过运河，于黄昏时进到敌人必经之路长埠桥（韩庄车站东5华里），在大路北一排民房内埋伏。天色刚笼上黑幕，敌兵如同一条长蛇过长埠桥经居民门前的大路向韩庄蠕动。我埋伏部队距大路只10多米，全体同志屏息待命，当发现一些骑马的日军时，判断敌指挥官到了。我指挥员喊声打，机关枪、步枪、手榴弹齐发。遭到突然袭击的日伪军，顿时大乱。敌人乱放枪炮和照明弹，一直闹了一夜，天明时才窜回韩庄车站。我部胜利撤出阵地，回到预定地点。据战斗后调查，此役击毙敌酋广田中佐和彭松十郎副部队长。群众传奇地说，八路军是神兵天降。

夜袭利国驿铁矿　津浦路利国驿铁矿，是日军占领该地后，为执行其“以战养战，以华制华”的侵略方针，于1940年春筹备建立矿场开采铁矿。矿场在利国驿火车站西侧，矿内有4个日本人，即矿长1人，工程技术人员3人，还有工作人员10余人，矿警队一个分队30余人，矿工300余人。距火车站碉堡50米远驻有日军一个小队。7月，我运河支队第1大队第3、5两个中队事先利用地方关系做好侦察和串通好内线人员，定出联络记号，组织突击队，由第5中队队长陈荣坡、第3中队1排副排长王华堂任突击队长，各持驳壳枪和大刀，于深夜12时许，乘敌沉睡之际，在内线人员配合下，突进敌住室，杀死矿长和工程人员一吉、嘎么三、乔木3人，打死伪矿警1人，一个分队点伪矿警全部就俘；缴获轻机枪1挺、驳壳枪2支、步枪20余支、信号枪1支。此战迫使日本人开采铁矿的时间往后推迟了一年。

奇袭塘湖日军据点　抗日战争前，津浦路上没有塘湖车站，韩庄车站与沙沟车站之间有40余华里。日军占领津浦路后，我军曾在沙沟、韩庄间的塘湖（洼地）附近破坏铁路，袭击日军火车，日军为保护其南北大动脉，除装甲车在铁路上来往巡逻外，在塘湖的周庄建立据点，驻日军一个小队，给我部队通往路西微山湖增加了障碍。运河支队第 1 大队第 1 中队派分队长龚连升等人化装成农民，与附近村庄农民一起进据点以送鸡鱼酒肉为名侦察敌情，联系内线。然后带领突击组，化装成农民，采用白天奇袭的办法，乘日军吃午饭的时候，杀死门前的日军哨兵，闯进据点，抢先占领日军存放武器的房屋。敌人手持刺刀、木棒顽抗，与我突击组扭成一团。在这千钧一发的时刻，中队长华新乙、指导员郑林昌率后续部队赶到。这一仗日军除小队长一人从碉堡上跳墙逃往韩庄车站外，一个小队全部被歼。我军缴获轻机枪 1 挺、三八式步枪 10 余支及弹药军用物品一批，并摧毁了据点工事。

独角湖打坦克　1940 年 7 月，徐州日军 500 余人，配备坦克两辆，向我黄邱套南部的南、北许阳“扫荡”，我运河支队第 2 大队在涧溪一线阻击。第 1 大队闻讯从旺庄出击，与日军战于独角湖。我军战士们勇敢冲锋，痛打敌人，袭击坦克。太阳西落时，日军向贾汪北退窜，我部队乘胜追击。自此贾汪日军不敢轻易出动。

一次反顽战斗的胜利　1940 年 7 月，驻在不老河两岸的国民党顽固派部队，有号称苏鲁边区游击司令的韩治隆部、第五战区游击第三支队司令梁继璐部、军委会别动总队华北五十支队第三梯队副司令刘毅生部、国民党峄县县长陈鉴海及峄县抗敌自卫团司令龙希贞部，共约 3000 多人。他们敌视我八路军运河支队的抗日活动，公推韩治隆为总指挥，向我黄邱套、旺庄一线进犯。我们运河支队根据“人不犯我，我不犯人，人若犯我，我必犯人”的自卫原则，与兄弟部队苏鲁支队第 3 营配合，于凌晨 3 时许向顽军反击，经过两个小时战斗，顽军向不老河方向溃退。此役生俘峄县抗敌自卫团司令龙希贞，韩治隆部第二营营长邢焕章、机要科科长胡大庆以下 50 余人。

战后总结会上，朱道南政委对峄滕铜邳的斗争形势作了具体分析，指出当前正处于抗日相持阶段，今后的斗争是长期的、艰巨的、复杂的，为了今后长期在此地坚持抗战，要发展进步势力，争取中间势力，打击最顽固的势力。他对各派势力作了具体分析，本着有理、有利、有节的原则，争取韩治隆暂守中立。因韩与我运河支队参谋长胡大勋有旧交，经胡大勋同邢焕章、胡大庆等谈话后，释放他们回去，并给韩治隆写了私人信。后来韩治隆向我们表示道歉，承认他上了陈鉴海等人的当。此后较长一段时期，韩没有公开反对我们。龙希贞老少三辈在运河线上的龙口称霸。龙希贞被俘后，其父托人说客，缴来轻机枪 2 挺、步枪 250 支、驳壳枪 20 支、战马 4 匹。运河支队最后释放了龙希贞并予留用（龙后来叛变投敌，任日伪峄县第六区区长兼伪军第六大队长，在涧头集安设据点，对我们危害甚大，这是后话），人们称之为“捉放龙”。

随着军事上的胜利，运河支队在党的统一领导下，把这块敌寇占领区解放，建起来我们的区、乡政权，组织了工、农、青、妇、儿童团各种群众团体和民兵组织。我们在距日军据点、火车站 3 华里外，可召开群众大会，公演抗日节目，到处能听到抗日歌声，村村有儿童站岗放哨，俨然像一个老革命根据地。

反“扫荡”严重受挫

但运河支队毕竟是一支年轻的抗日队伍，对抗日战争的持久性和艰巨性、对游击战争在抗日战争中的战略地位还不懂，也不善于运用游击战术，加之连续打了几次胜仗，产生了盲目自满情绪，因此在 1940 年秋末冬初，日寇大举向我游击根据地残酷“扫荡”时，受到了严重挫折。

1940 年 10 月我苏鲁支队第 3 营，运河支队第 1、2 大队，驻涧头集一带时间已较长，目标很大。10 月 9 日，贾汪日军约 100 人北扰，经杜安、泉源、官庄，到达侯孟东徐塘西之周庄，与苏鲁支队第 3 营、运河支队第 2 大队发生战斗，敌人很快撤退。我两支部队麻痹大意，把敌人的武装侦察后撤退，错认为是敌人怯阵而逃。

10 月 10 日晚，我们在涧头集举行军民庆祝晚会，演出文艺节目，直到深夜，两支部队未作移动。11 日拂晓，敌驻徐州之二十一师团 2000 多人经由贾汪分两路向运南我军驻地“扫荡”。一路由贾汪东行，经宗庄、上黄邱，于拂晓时到下黄邱库山南头，与驻金楼的我运河支队第 2 大队第 3 中队接火；我驻徐楼的苏鲁支队第 3 营和运河支队特务队闻讯增援。敌人以炮火掩护向库山上冲锋，由陇海路大许家据点出动之日军 1000 余人也赶到对我部队夹击。我军撤下库山向北转移，黄昏时撤到运河南岸花石场，连夜渡运河北去。

12 日运河支队支队长孙伯龙、作战参谋褚雅青和警卫部队随库山战斗撤下来的第 1 大队至朱阳沟，与韩庄出动之敌遭遇，被包围于朱阳沟村。日军穷凶极恶，施放毒气、燃烧弹，硝烟弥漫，激战终日，我部队黄昏突围。孙伯龙带领支队机关、特务队、第 4 中队，与我带领的第 1、2、3 中队会合，连夜北撤到周营以北刘家河口等村。另一路敌人经侯孟东进，在郑庄、后楼与我第 2 大队接火，激战终日。下半夜（12 日凌晨）我军撤出战斗，在巨梁桥渡口附近北渡运河。第 2 大队渡过运河后，被韩庄出动之敌堵截，又返回运河，受到南北敌人的夹击，损失甚大，几将覆没，大队政治部主任陈诚一等 28 人，在巨梁桥闸口被汉奸刘善云部俘去，交日军用刺刀捅死推进运河，壮烈牺牲。

至此敌人在运河南北铺开“清剿”，敌伪铁蹄踏遍运河南北村庄。10 月 15 日夜我和文立正带第 1 大队 4 个中队（欠第 5 中队），转移到津浦路西距沙沟车站仅 8 里路的郗山（微山湖东岸），17 日我得沙沟、临城、韩庄情报，敌在集结兵力，知道目标已暴露，乃乘船夜渡微山湖，在利国驿、韩庄之间南陇子上岸，拂晓前渡过津浦路，打到运南去。

运河支队又出现在运南大地上，晚上发动群众，白天游行，高唱反“扫荡”歌曲，打击伪军，安定人心。

在敌人继续“扫荡”运南的情况下，10 月 23 日我带第 1 大队开到运北，与支队部朱道南政委、孙伯龙支队长会合。11 月初鲁南军区命令运河支队除留下小部队坚持运河南、北战斗外，其余开进鲁南山区休整。留下朱道南和我、作战参谋褚雅青带第 1 中队和一部分区队在运北坚持；参谋长胡大勋带第 5、8 中队在运南游击活动；其余部队统由孙伯龙支队长、文立正副政委带领进山。

敌人连续“扫荡”山外，11月9日朱道南、我和褚雅青所带部队在湾槐树村被围，我们坚守在几百平方米的一片居民区内，凭借屋墙、院墙与日军激战终日，敌发射炮弹60余发，房屋全被炸倒，阵地上硝烟弥漫，暗无天日，干部战士均成黑人，互不认识。日军一天3次施放毒气、10多次冲锋，我指战员用尿解毒，与冲锋敌人拼刺刀，血战终日。天黑时，我们用轻机枪开路，伤员在后，终于突围。此役我们伤亡40余人，作战参谋褚雅青、中队长华新乙负伤。当夜部队宿于大明山前的半山寺，安排好伤员，配备了弹药。次日夜，朱道南和我率40余人枪、轻机枪两挺，开进抱犊崮山区鲁南军区所在地埠阳一带。第1大队政委宋学敏叛变投敌，去徐州当了日特。至此除胡大勋参谋长带第5、8中队在运南游击外，运河支队部和第1大队全部进山，当地党、政机关干部人员也同时入山。日伪在各地增设许多据点，运河线八闸口被封锁，运河北暂时全部日伪化。

重新建立游击根据地

运河支队进山后，朱道南调任峄县县长（潘振武他调）；为实行一元化领导，峄县县委书记孙振华兼任运河支队政委，文立正任副政委，我任支队长（孙伯龙调鲁南军区另行分配工作）。军区命令运河支队靠近教导2旅第5团休整。

12月下旬来通知，叫我去师部汇报工作。我到沂蒙山区荣幸地见到罗政委、陈代师长、陈参谋长，汇报了运河支队和战斗情况。我在师部度过了1941年的元旦，听了山东分局书记朱瑞和第115师政治部主任萧华新年形势报告，很受教育。

元旦过后，陈、罗首长找我谈话，对我讲了形势，讲了山外峄滕铜邳地区的重要性，要运河支队仍返回原地。罗政委指示：“前一阶段你们虽打了胜仗，但却暴露了力量，引起敌人的注意。那个地方是敌人必争之地，你们好比在鬼子头上跳舞，鬼子能让你们跳吗？敌人集中较大的兵力连续‘扫荡’，你们受了很大损失，应引为教训。你们回去改穿便衣，要分散活动，适当集中，不要与鬼子打硬仗，要保存自己的力量。你们能保持 500 人的精干部队，坚持到最后胜利，将来作为我军反攻徐州的前进阵地，就算完成任务了。你看有什么困难？”我说：“运河南北地区，已被日伪统治，碉堡林立，运河支队又编给主力一部分，现有力量很小，回去困难大。”陈、罗首长好像看透了我的心思，便说：我们已考虑到这些情况，决定由鲁南军区和教导 2 旅派部队协助你们出山，到山外打下几个据点，就可以打开局面了。

1941 年 1 月我回到鲁南军区，军区已接到师部电报，鲁南区党委书记赵镈、军区司令员张光中、政委邝任农决定由孙振华、朱道南和我带运河支队出山，派教导 2 旅第 5 团副团长王根培带第 3 营协助运河支队，暂归支队统一指挥。

1941 年农历正月十五日部队越枣台铁路宿营于放马场隐蔽，正月十六日凌晨 4 时奔袭伪峄县第四区公所、伪据点周营，活捉了伪区长兼伪军大队长孙景义，缴获长短枪约 300 支，俘虏伪军 200 余人，击毙击伤数十人。出山首战告捷，大获全胜。中午韩庄车站日军到周营支援，因我部队已撤离，扑了空。

农历正月十七日夜，我部前进到运河，渡船已被日伪军扣留，因东方已明，过运河困难，随宿新闸子。早饭后台儿庄的日军乘汽轮来犯，激战至中午，敌人败逃台儿庄。我部队沿运河南堤尾追至六里石闸口，六里石据点伪军抽掉闸口跳板，战斗到黄昏，我部队未能接近。遂动员部队发扬红军强渡大渡河泸定桥的精神，请群众支援门板，在闸口搭跳板强攻，攻克了六里石据点，当夜发动群众拆除工事。新闸子和六里石战斗，我们伤 12 位同志，第 5 团第 11 连王连长牺牲。正月十八日拂晓，部队进入黄邱山套与胡大勋、胡大毅所带领的部队会合。

运河支队回师运南后，很快建起黄邱、旺庄、新河 3 个区政权；又派第 1 大队大队长邵子真、教导员唐铭钦到微山湖一带活动发展部队；第 2 大队大队长胡大毅、教导员曹杰带队在运南随支队部活动；王根培带第 5 团第 3 营返回鲁南山区归还原建制。运河支队又站起来了，开始了新的战斗。

魏家堡伏击战

杨国夫*

1940年，日军利用鲁西我八路军主力在博兴东部、广饶北部进行反顽战斗的时机，修起了高（苑）青（城）公路，扩大了高苑、青城的敌占区，不断地对根据地进行“扫荡”，妄图在国民党顽固派配合下，围歼我军于小清河北。清西（清河抗日根据地清西地区）敌我斗争形势，这时又紧张起来。

我军将主力集结隐蔽到清西地区，1940年9月21日在高青公路魏家堡段打了场有名的伏击战，破坏敌人的“扫荡”，这就是魏家堡伏击战。其时，我任八路军山东纵队第3支队司令员，是此战的指挥员。

战前，我们在高苑北部的太平魏村开了个作战会议，把伏击地点选在高青公路上的魏家堡。

高青公路当时是日本侵略军在清西地区的交通要道，这条由东南向西北的公路从魏家堡西侧穿过，路西有一片乱坟地，路东就是魏家堡。日军汽车不时从这里通过，是伏击歼敌的理想阵地。打好这一仗，可切断日军在高苑县境内的南北交通，使高苑二、三区连成一片，扩大我军的活动地区和政治

---

* 作者时任八路军山东纵队第3支队司令员。

影响。

9 月 18 日，我们在魏家堡东北不远的大李、大张向部队作了动员。

我说：“今天是九一八纪念日，10 年前，日本强盗侵占了我国东北三省，大家要牢牢记住民族的深仇大恨，激发起更大的抗日热忱。这次伏击，要像上次东路部队血战东王文那样，打出我军的威风，向小清河北的人民再献上一份厚礼……”大家齐声说：“坚决打胜这一仗。”有的说：“让鬼子认识认识八路军吧，这不是 10 年前的九一八了。”看到同志们这股坚决勇敢的劲头，我心里越发喜欢这支部队。

为防止有人蛮干，我接着又说：“抗日打仗是要花本钱的，但这本钱是党的，是人民的，是我们中华民族的，要加倍珍惜，赔本的事不能干，要动脑子，战术要灵活，才能取胜。”

这一时期，抗日军民经常夜间挖掘公路，剪断电话线，第二天日军必然出动抢修和“扫荡”，这已成为规律。为了确保伏击战胜利，我们根据日军这一活动规律，制订了周密的作战方案：

一是先由高苑三区武工队组织群众破袭高青公路大王家至魏家堡一段公路，引蛇出洞。

二是李丕功（基干 1 营副营长）、韩万煜（基干 1 营分支书记）等同志指挥基干 1 营 1、3 连头天夜里埋伏在魏家堡村内，并占领魏家堡西侧公路两旁的有利地形，摆成口袋阵，准备伏击敌人。

三是陈乙斋等同志指挥 3 营在魏家堡东南的高苑方向担任警戒，准备打援，并佯攻魏家堡西北的田镇之敌，迷惑敌人。

按照这一作战方案，破路的武工队和民工在夜幕掩护下破坏公路，截断电话线。敌人的电话中断了，汽车也无法通过。

我在指挥所命令部队迅速开进伏击地点，沉住气，注意隐蔽，诱敌上钩。

9 月 21 日天刚亮，日伪军分乘两辆汽车前来抢修公路和电话线路，汽车开到我方在公路上挖好的横截沟时，被迫停下来。敌人纷纷下车，先去抢架电话线。日本人按照惯例，认为“土八路”早跑了，万没想到钻进了我们布下的口袋阵。

“打！”我军三面开火，公路上立即硝烟弥漫，日本人的两辆汽车着了火。敌人拼命向我军1连阵地冲击，如果这边阵地被敌人突破，作战目的即难以实现，此时形势特别危急。

这时，3连从侧后攻击敌人，日军遭我军前后夹击，队形大乱。“冲啊！”1连2排张排长，带领战士们冲上了公路。

日军借着硝烟和尘土的掩护，退守到魏家堡南边的一所独立院子里。院里有南北两座各三间的平顶民房，东边筑了一道墙，西边是场院屋子。日军占领北屋后，立即关闭屋门，在墙上打了射击孔，妄图顽抗待援。

此时，徐斌洲政委到了第一线指挥战斗，调整兵力，组织攻击。他令3连控制独立院外围有利地形，令1连迅速发起攻击。1连立即将独立院落包围。这时，连里的文化教员（可惜，我忘了他的名字）一跃跑到最前头，大声进行阵地鼓动，他说：“同志们，鬼子就在那个院子里，我看到了，冲啊，立功的时候到了！”他的话音刚落，就被日军的子弹射中，这位不满20岁，平时少言寡语，腼腆得像个大姑娘似的文化教员，横倒在血泊中。

“为战友报仇，冲啊！”同志们满怀悲痛和仇恨，向敌人发起一次又一次攻击。1连指导员刘竹溪带机枪射手爬到南屋顶上，想通过射击和投弹打开北屋门，没有成功。1连2排张排长抡起大刀冲上去，想在南屋顶机枪的火力掩护下劈开北屋门。屋门虽然劈开了，但张排长却不幸牺牲！“为排长报仇，冲啊！”2排战士乘势发起冲锋，但日军又将北屋门堵住，架起机枪疯狂扫射，我军冲锋再次受挫。

这时，我接到情报，日军从高苑城、田镇出动增援部队，企图解魏家堡之围。我当即下达“5分钟结束战斗”的命令。几名战士从屋后爬上屋顶，掀开屋顶向里面扔手榴弹，接着又弄来柴草围起屋子，用火烧。顿时，浓烟烈火漫卷了这所房子。

日军虽然顽固，终究顶不住我军的强攻猛烧，只得撤出小屋，夺路逃命。我军立即围歼，与日军展开了一场短兵相接的肉搏战。最后，全歼日军永田六部酒见小队，并俘虏了日军上等兵卫生员滨本正南和一名朝鲜翻译，烧毁敌汽车 2 辆，缴获轻机枪 2 挺、掷弹筒 2 门、三八大盖枪 30 余支和一些弹药。

此后，敌伪被迫从蒲台城、小营、史家口、田镇、阎家庄等据点撤走。

魏家堡伏击战之所以成功，在于情况明，决心大，计划周密，严格封锁消息，集中优势兵力，英勇搏斗，才达到速决歼敌的目标。

魏家堡战斗是清河地区首次全歼日军的战斗，使广大群众进一步认识到八路军是真正抗日的队伍，军民很受鼓舞，送来了各种慰问食品。接着，我军又在高（苑）青（城）公路和蒲（台）博（兴）公路上伏击日军，成功粉碎了日军 1000 多人对博兴、广（饶）北的“扫荡”。连续的胜利，巩固了清西抗日根据地，打开了小清河北的抗战新局面。

亲历鲁西反“扫荡”

孙洪业*

抗战前期，地处鲁西的濮县、范县、观城中心区已成为比较巩固的抗日根据地，群众基础很好，抗战热情高涨，鲁西地区党政军领导机关都在这一带活动，地方武装也发展到了一定规模。

鲁西根据地的不断发展壮大，像一把钢刀插入敌伪统治的要害地带。因此，冀鲁豫三省的敌人惊恐不安，多次进行残酷“扫荡”。其中，1940 年的“秋季大扫荡”对我鲁西根据地造成较大损失，也是我参加八路军后记忆尤为深刻的一次战斗。

1940 年秋季，1 万余名日伪军同时从寿张、阳谷、朝城、濮阳、鄄城等地分兵出动，突然向范县一带实施“铁壁合围”。鲁西抗大分校、筑先学院的师生和我所在的新民主剧团以及行署机关部分干部，还有一部分群众，约数千人在马集与敌人遭遇。由于主力部队都在外线，能够与敌作战的只有军区特务连和行署警卫连。在这危急时刻，军区特务连立即就地构筑阵地，并凭借土圩子阻击敌人，行署警卫连掩护机关和群众转移。战斗整整持续了一天，顶住了敌人无数次疯狂进攻，特务连的同志伤亡过半，而敌人也没有占

* 作者时为八路军战士。

到便宜。据战后群众报告，光日军的尸体和伤兵就拉走了 5 卡车。

恼羞成怒的敌人又连夜形成新的包围圈。我行署机关、地方政府及后方工厂、医院的工作人员，在敌人穷凶极恶的追赶下，被迫转移到黄河故道上。四面八方的老百姓也被敌人逼得无家可归、无处藏身，队伍走一步，老百姓跟一步，队伍走到哪里，老百姓就拥向哪里，到处都挤满了人，男女老少，人山人海。在这最危险的时刻，这种生死与共、患难相依、血肉相连的军民关系，更加令人感动，终生难忘！

为了掩护机关和群众突围，直属部队和地方武装趁敌人立足未稳，向较为薄弱的东南方向突围，所有的武器一齐喷出愤怒的火焰。地方干部和后勤人员也拿起铁锹、扁担，老乡们紧紧跟在队伍后面，抗日军民同时发出震天的吼声，齐心协力冲向敌人阵地！猝不及防的日军被这种大义凛然的气概和铺天盖地的气势惊呆了，纷纷跳出阵地逃跑，来不及跑掉的日军也被洪水般的人群踩死在阵地上。经过浴血奋战，大部分机关人员和群众终于突围成功。突围中，一颗炮弹在不远处爆炸，我被震昏了过去，醒来时发现腿部受了伤。就在这时，一群老乡发现了我，其中有一位恰巧是我以前的房东。他立即给我换上老百姓的衣服，搀着我继续前行。刚走出不远，一队日军冲了过来，在人群中搜查八路军战士。有个日本兵见我受了伤，一枪托把我顶了个趔趄，大喝一声“什么的干活！”房东大哥赶紧向他打手势，为我作掩护。日本兵打量了我一番，大概看我年龄小，便没再纠缠，拨开人群闯了过去。后来，我在房东一家精心照顾下养好了伤，在观城县找到了部队。

这场反“扫荡”战斗，我鲁西根据地虽然付出很大的代价，但在我抗日军民团结一心、英勇无畏、顽强抗击下，日寇妄想一举消灭鲁西根据地的图谋彻底失败了。

（张树军、高令涛整理）

日军在宁波进行细菌战和在各地的暴行

宁波鼠疫试验场真相

黄可泰　吴元章*

1991 年 8 月 12 日，以森正孝为团长、成员崎祈美子和糟川良谷组成的“日本侵华军细菌实验战调查团”一行 3 人，专程来宁波，本文作者参加了接待工作和调查活动。

13 日上午在华侨饭店向调查团介绍 1940 年宁波发生鼠疫的经过情况，请年逾古稀的鼠疫幸存者钱贵法讲述当年亲身的遭遇，他说：“当年我才 16 岁，在中山东路 256 号元泰酒店当学徒。不料祸从天降，店里 20 人中，竟有 7 人感染鼠疫，我也是其中之一。他们 6 人不幸先后相继死去，我被送入设在同顺提庄内的临时甲部隔离医院，历尽疫魔的痛苦折磨，才得死里逃生。如今重提往事，悲愤难消。一定要把日本军国主义侵略者使用细菌战来屠杀宁波人民的真相大白于天下，不许惨无人道的旧事重现。”然后我们一起到鼠疫场遗址进行实地考察。调查团还核对了他们在日本所搜集到的史料，认为日本侵华军细菌实验战在宁波的暴行铁证如山，罪不容诛。

---

*　本文系作者根据“日军侵华军细菌实验战调查团”调查资料整理而成。

灾难的发生

1940年10月27日，距宁波沦陷前6个月，也是日军首次在镇海县登陆被击退后的3个月。早晨7时，一架日本飞机侵入宁波上空，散下传单。传单上有漫画，并写有“重庆在闹饥荒，日本人民则丰衣足食，有余粮来接济你们……”等内容。下午2时20分，又有一架日机入侵，撒下大批面粉、麦粒，开明街的上空顿呈一片淡黄色云雾。日机过后，当地居民立即发觉跳蚤骤增，血红的颜色，种类各异。后来才知道这些跳蚤就是吸饱了鼠疫病人的血液，体内充满着亿万个鼠疫杆菌的疫蚤。而鼠疫病人来源，则是日本七三一细菌战部队在我国哈尔滨市郊外的荒堡中，将鼠疫杆菌注入中国平民体内所造成的人为鼠疫患者（被折磨染病而牺牲的达3000余人之多）。该部队的支队又遍布我国各地。例如，南京的荣一六四四部队也是一个培育疫蚤的基地。据日本战犯供认，在宁波空投了一批鼠疫，就是以荣一六四四部队作为出击地。

时隔两天，就有人染疫发病。10月30日，开明街口的滋泉豆浆店的赖福生夫妻俩首先暴死。接着，隔壁的开明街王顺兴大饼店和中山东路的元泰酒店、久和祥烟纸店、宝昌祥内衣店等都相继死了人。至11月3日，患者36人中，死亡16人。次日又死7人。一天后，再死20人。呼天抢地的哀号声此起彼伏，丧服裹身者比比皆是，愁云惨雾，骇人听闻。天公也洒下了痛惜之泪，在干旱季节，意外地下了一场大雨，把麦粒和疫蚤等从屋瓦上冲洗下来，漂浮于住户的水缸水面上，免使疫蚤外逸。未几，从水缸旁的石板缝里长出了麦苗，成为细菌战的见证。

据查证，这场鼠疫有姓名、地址可查的死亡人数有103人，其中宝昌祥户主蒋阿宝及其家属、职工共15人，仅幸存1人；全家死绝的有12户，计45人。绝大多数深埋于南郊老龙湾的土地上。

病原体的确诊

疫情发生后，鄞县县立中心医院（今宁波市第一医院）院长张方庆医师，奉命率领医务人员至疫区查诊。见患者有高热、头痛、步态蹒跚、神志时有不清等症状，初误诊为恶性疟疾。因疫势凶猛，病情险恶，旋即疑及鼠疫（宁波过去从未发生过鼠疫）。11 月初，县立中心医院医师孙金鉐对该院职工武顺泉的父亲武春元（住中山东路 256 号上海书店）抽血作涂片镜检，华美医院（今市第二医院）院长丁立成医师对东后街 167 号的王仁林患者作淋巴结穿刺液的涂片镜检，都找到了典型的鼠疫杆菌。丁立成还把鼠疫疑似患者俞元德（住东后街 134 号）的血液和淋巴结穿刺液，注入豚鼠体内作动物试验，2 只豚鼠均于 24 小时内死亡。取其腹股沟淋巴结液作细菌培养和涂片镜检，又找到了鼠疫杆菌。标本送交浙江省卫生试验所，经吴昌丰技正作最后鉴定，确诊为鼠疫杆菌。

第二次世界大战结束后，1949 年 12 月在伯力军事法庭上，原日本关东军第七三一部队教育部长西俊英军医中佐招供："我曾经看到过 1940 年 731 部队的派遣队，到中国中部活动情况秘密映画。飞机仓装载一些特殊容器，在飞机机翼下安装了播撒器，把内盛染菌鼠蚤的特殊容器放入播撒器中，然后飞机升空向目标地飞去。接着，就出现了中国军队在移动和农村等场面。从机翼下冒出烟雾来，表明已经播撒了鼠蚤。飞机回来，银幕上便映出'作终了'字样。飞机着陆后，人员离机，最先出现的是石井四郎中将和碇常重少佐。消毒人员赶去消毒飞机。待'结果'两字出现后，就映出中国报纸和日文翻译，说明在宁波突然暴发了鼠疫。最后映出中国的卫生兵和医生前往疫区进行消毒处理。我看了映画以后，完全明白日军在宁波试用了细菌武器。"

七三一部队制造部课长柄泽十三夫军医少佐，也于 1949 年 12 月在伯力军事法庭上供认，是他奉命将杀人细菌装入特殊容器的，由远征队带走。按地理条件，选择南京的荣一六四四部队作为出击基地。细菌在那里培育，投毒飞机也从南京出发。这次在宁波投下的毒物有疫蚤 5 公斤、伤寒杆菌 70 公斤和霍乱弧菌 50 公斤。

1894 年，日本细菌学家北里柴三郎和瑞士细菌学家耶辛在香港发现了引起鼠疫的病原体——鼠疫杆菌。此后，不少科学家和医学家纷纷探索防治鼠疫的途径。可是，丧心病狂的日本侵略者却利用鼠疫杆菌这个凶恶的疫魔，将中国人民作为试验品，进行屠杀。宁波市区（旧为鄞县城关）的开明街一带成为最早的一个人为鼠疫肆虐的试验场。

宁波细菌战幸存者的自述

郑　黎　　李　稳*

1940 年秋，臭名昭著的日本七三一部队在中国东海边的港城宁波制造了灭绝人性的细菌战。

1940 年 10 月 27 日下午，侵华日军飞机在宁波市开明街一带上空，空投染有鼠疫杆菌的疫蛋及麦粒、粟米、面粉等物。3 天后这一地区即发生强烈鼠疫，短短数日内有 112 人死亡。

宁波市鄞州区退休教师胡鼎阳就是当年细菌战的受害者。提起当年日军犯下的滔天罪行，胡鼎阳激愤难平。就在那一次惨祸中，他一家 7 口人死了 4 口，家破人亡。

日机掠过城市上空，灾祸顷刻从天而降

胡鼎阳回忆说，10 月 27 日早上 7 点钟左右，空袭警报突然响起，一架日本飞机窜入市区上空，散下一片片传单。传单上写着："重庆正在闹饥荒，民不聊生，日本人民则丰衣足食，尚有余粮来接济你们……" 侵我国土，烧

* 本文系作者根据采访当事人口述资料整理而成。

杀抢掠，无恶不作，还说要好心接济？当时大人们说，这是黄鼠狼给鸡拜年，别理他。

当天下午 2 点左右，日机再次入侵。伴随着天空中呈现的一片淡黄色云雾，这次日机投下的不是传单，而是麦粒、面粉等物，散落在开明街、东后街、太平巷一带。日机过后，大家发现，跳蚤突然间多了起来，而且只只都是红色的。后来证实，它们都是吸饱了鼠疫试验者血液的疫蚤，同时投下的麦粒、面粉也是染有鼠疫杆菌的。

当天晚上下了一场大雨，雨水把房顶上的麦粒、面粉冲到了屋檐下的水缸里。当时宁波大多数家庭的生活用水，就是这种留存在缸里的“天落水”。一般市民不知道日军空投了鼠疫杆菌，没有任何防备，照样取水烧饭。

胡鼎阳悲愤地说：“死神很快来临了。10 月 30 日，我家房客、滋泉豆浆店店主赖福生夫妇突然发病，第二天晚上夫妇俩便暴死。我看到他们死的形状就像火烤过的对虾，惨不忍睹。接着两天里，我们家附近不断有死尸抬出来。开明街、东后街、太平巷这几条街巷哭声不绝。又过了几天，我们开明街一带几乎成了死亡之街。母亲告诉说，已经死的至少有几十个人。”

疫情发生后，当时的地方政府将发病的人送到宁波华美医院诊治，又在东后街同顺提庄（旧时的杂货铺）临时搭建起棚屋作为隔离病房收了许多病人。经华美医院化验，确诊为鼠疫。政府发布告示，疫区内的居民根据不同症状被分 3 处隔离。

我家 7 口死了 4 人，不少人家成了绝户

人越死越多，恐怖气氛散布在疫区每一个角落。11 月 1 日夜里，胡鼎阳 16 岁的姑姑和 7 岁的小叔也出现头痛眩晕、畏寒发热症状。他们吓坏了。第二天清早，全家 6 口人乘小船逃回了鄞县陈婆渡乡下老家。

但逃离疫区逃脱不了死神的威胁。当天中午午饭还没来得及吃，姑姑就全身发烫、红肿，变得神志不清，一会儿就咽气了。“我们把姑姑草草安葬在老家附近的河塘边。又隔了一天，我们发现年幼的小叔也出现了姑姑的症

状，两眼充血，伴随抽搐，不多时也死了。”

过了几天，政府组织的搜查队找到胡鼎阳家里来，把他们母子带回宁波。防治组的消毒人员用硫磺烟反复熏蒸后，把他们安置到隔离医院诊疗，注射了预防鼠疫菌苗，接受观察，不准外出。接着，搜查队又先后接来了奶奶和大叔。一家隔离医院共收容了 193 人。到了 11 月下旬，医院确诊他们这些人鼠疫没有发作，注射了预防鼠疫的防疫血清后，开具证明释放出来。胡鼎阳和母亲、大叔终于死里逃生，捡回了性命。

“我们从隔离医院出来后才知道，就在我们到乡下逃避瘟疫的日子里，爷爷因医治无效，惨死在一家隔离医院。没隔几天，奶奶也发病死亡，同样被装进灵柩深埋在老龙湾。”

“这样短短 10 天时间里，我家里 4 名亲人相继死亡。后来据资料证实，在开明街一带的鼠疫大暴发中，一共有 112 人死于鼠疫，有不少人家全家遭难成了‘绝户头’。日本鬼子给中国人民造成的灾难，罄竹难书。”

国恨家仇永远铭记

解放后胡鼎阳当了中学教师。1997 年他从陈婆渡中学退休。当时胡鼎阳想，作为鼠疫的幸存者，应利用晚年时间为死难者做些事。他还利用空余时间搜集资料。2000 年，胡鼎阳成为鄞县退休教师协会爱国主义讲师团一员，到学校作报告，让年轻一代铭记这段血淋淋的历史。

“我的大叔胡贤忠也是鼠疫幸存者，他和我一样，也在搜集宁波细菌战的资料，工作比我有成效。前些年王选组建侵华日军中国受害者民间诉讼团，共有 180 人，他也是其中之一。1998 年 2 月，应日本友好人士出资邀请，他与王选、王丽君 3 位作为代表，站到了日本的法庭上，控诉日军细菌战的法西斯暴行。2004 年 12 月，他自筹旅费，再一次来到东京高等法院，向国际社会揭露宁波细菌战的真相。但让人愤怒的是，日本法庭无视事实，判决不道歉、不赔款。”

“我以为，对日民间索赔的道路虽然很艰巨，但索赔过程本身意义重大。

通过索赔诉讼，我们可以让历史真相得到揭露，让正义声音广为传播，让法庭见证战争的罪恶，让日本正视其战争犯罪的事实，还受难者应有的尊严。”胡鼎阳说。

日机三次轰炸南充纪实

唐文山*

自从国民政府由南京迁到重庆后，侵华日军不断自武汉、宜昌等地派出飞机对我国后方城市日夜轰炸，妄图迫我屈服。当时南充县政府机关也成立了所谓防空委员会，并设置了防空监视队、哨，但一切都流于形式，既未修防空洞，又未疏散人口，甚至空袭时临时疏散的道路都无安排，仅有一点自制的消防器具，亦是简陋不堪，至于高射枪、炮等防空武器，只不过闻其名而已。在南充城内，只见一些政府机关，纷纷把他们的办公地点连同家属远迁四郊，安顿得甚是妥善。而一般民众只有临时逃跑，听天由命了。1940年至1941年间，日机先后3次轰炸南充，我当时在南充县城工作，目睹了第二次日机轰炸和抢救工作，听闻了第一、三次日军轰炸情况。

1940年农历四月十二日（5月18日）中午11时许，18架日机从城南上空俯冲下来，对南充城区进行了第一次轰炸。据官方记载，这次是日机试探性的演习轰炸，投弹25枚，被炸中心是城北郊外，炸死14人，伤3人，毁房4幢。

1940年9月3日，天气晴朗，万里无云。南充县城人民像往常一样忙着

* 作者当时在南充县城工作，亲历了日军轰炸。

生产、生活。11时左右，城内德合丝厂的汽笛已连续发出3次空袭警报（即敌机入川预备警报、向本地区飞行空袭警报、敌机快要临空紧急警报）。城内人民见此情景，便预感今天形势不好，恐怕大祸即将临头。要想走，出城要道仅有四五条，通过狭窄的城门时不免受阻碍（城门口进出旧道一直未加扩展），故多徘徊不决。南充城地势平坦，西北郊是山谷，东南方则为河流，且当敌机飞来航向，因之西北角遂成为躲避空袭的好去处。城中有钱人家，早已在远僻的乡间租有疏散住房，家中雇有人、车，一遇有警，则将贵重什物运走，人随之而去。临时收拾仓猝出城逃命的平民，毕竟为数不多。大多数小摊小贩，因货物搬运费力，且存侥幸心理，每闻警报，仍照常营业，一无所虑，迨紧急警报发出，敌机临空，出城实已不及，只好隐蔽家中，或随便找一偏街僻巷，与同辈饮茶、酒。还有一些从乡村进城买卖东西的人，不知轰炸的厉害，闻警若无其事，更因县长唐锦柏曾拉空袭警报演练，有的人不知就里，闻警以为又是演练。所以这次轰炸，炸死炸伤的，大都是这些人。

中午12时许，36架标有太阳旗的日机由东南方向飞临南充上空，先纵横绕城30里左右飞行3圈，然后下降低飞。每3架为1小队，成“品”字形，3个小队组成1个中队，3个中队组成1个大队。自小南门顺嘉陵江而上，随即散开成3列：一列在河街直至五里店上空，一列在正南街（解放街）、药王街上空，一列在大北街、小西街、小西门上空，可以说是满布城区上空。日机先用机枪密集扫射，继则投掷大量的炸弹和燃烧弹。顷刻硝烟弥漫，到处起火，房屋倒塌之声、炸弹爆炸之声有如山崩地裂，全城顿成一片火海。各街巷死者累累，伤者呻吟不绝，血肉模糊，令人惨不忍睹。

日机轰炸的同时，还投下了大量的传单。所投传单大致可分3种：第一种传单上方印有“轰炸到底”4个红色大字，下方画有几个巨型炸弹，写上投掷地点：重庆、成都、雅安、昆明。第二种传单上画一漫画，前面1人是蒋介石，身后1人写明“共产党”，正拿刀刺蒋，而蒋的脚下土地四分五裂，暗示蒋的江山四分五裂，寿命不长了。显然这是一幅挑拨国共两党关系，破坏抗日民族统一战线，对蒋介石施行政治诱降的宣传画。第三种传单印的是“小申报”，是上海出版的8开小报。内容是说：沦陷区如何繁荣安乐，人民生活如何美好，并大肆宣扬日本军国主义刺刀下的“王道乐土”如何昌盛。

日机肆虐完毕，便由城区向东飞去，轰炸时间不过 20 分钟，有些热心青年即回城内救火，先发动群众把小西门、西栅子、大西门一带的火势扑灭。城中正南街、四桂坊、鸡市口和仪凤街、平城街等处，虽皆中弹燃烧，因及时抢救未至蔓延。

至于炸死炸伤的人，那就太多了。有全家死尽的，如簧墙街谭卑儿弟兄和鸡市口张成义、费老大等，都是开饮食店的，全被炸死；有部分炸死的，如新城门开药店的罗世顺及其母子3人，只余其妻1人，妻因家中遭此惨祸，神经受刺激而疯癫，不久也去世了。也有农村或外地来此遇难的，多得无法列举。尸体触目皆是，特别是大东街的酒、油市，三公庙的鸡鸭市，外五显和过煤楼的米市及茧市街、小西门一带，被机枪、炸弹打死炸死的成群成堆，难以数计。仅大南门外的城壕边就横列着 200 多具焦黑尸体，分不出男女老少。更伤心惨目的是大东街和二府街以及果山公园的杨槐树上，有的挂着头首，有的挂着四肢，有的挂着血淋淋的内脏或皮肉，死者姓甚名谁，谁也无法查考。唯闻子呼其父，妻哭其夫，兄寻其弟，号啕之声，遍及全城。

侥幸未死于机枪扫射、炸弹轰炸、房屋倒压、宅室烧毁中的人，在敌机离城、惊魂略定后，纷纷从火里、灰里和倒塌的房屋里爬出来，满身满面都是泥尘，有的皮肉受伤，有的神经受震，目瞪口呆，语言凄切，非常可怜。

接着清查死亡人数和投弹多少及落弹地方。当天只清了几条大街和几个集市，明显摆出来的尸体，就登记了 1000 余具，因天快黑了，只好暂停，准备明天再继续清查其他街巷并挖掘埋藏在火里、灰里和墙屋瓦砾堆中的尸体。不料忽传县政府接到省政府来电，说是日机炸死人数，上报时最多不准超过 500 人，多报了就要将地方官吏一律撤职。于是政府不许清点，群众亦不敢再过问，究竟这次轰炸一共死伤多少人，当时说不出一个准确数字。至于敌机投弹多少，据当天初步调查，各街巷、地段登记的有迹可寻的数目，就有近 300 处，有些炸弹深陷土中，尚未爆炸，弹坑深数尺至丈余。后有铁工拟将炸弹取出，触发雷管，又炸伤一些人，有的甚至成了残废。至于投下的燃烧弹，多已消化无形，更难于统计。

据有关史料记载，这次轰炸，损失巨大。据不完全统计：共炸死民众1000余人，炸伤1000余人，投掷各种炸弹288枚，毁坏房屋800多幢。而官方统计的灾情仅是：死亡453人，伤251人，损毁400幢。

1941年7月27日上午10时许，防空警报萦绕南充县城上空，城内居民吸取了第二次日机轰炸的惨痛教训，闻警后纷纷逃到郊外躲避。只有部分居民及营业摊点存侥幸心理，不愿离去。11时许，紧急警报刚过，日机27架由城南方向飞临南充城，离地面约300米高度，分三路投弹轰炸。轰炸的主要目标为嘉陵江上交通线。炸弹多数投在沿江两岸，有的投入江中，掀起了3米多高的浪柱。部分炸弹投入城内，落到孔迩街、黉墙街、药王街、东学院街等地。据亲历者回忆，这次轰炸，日机飞得很低，就像在头上一样，位于黉墙街和孔迩街转角处的茶馆“贤馆阁”被炸后，楼阁垮塌，瓦砾遍地，屋内喝茶者数人被炸死，有的尸骨残碎，惨不忍睹。落在药王街和东学院街转角处的炸弹，将1人的头盖掀去，尸体躺在瓦砾上，脑髓飞溅四处，血肉模糊。10分钟后，日机轰炸完毕，向城东南方飞去。

南充县长唐锦柏将此次轰炸造成的损失和抚恤情况，向省府写了报告。其内容是：“民国三十三年七月二十七日，（南充）被敌机轰炸损害情形为：共炸死18人，伤16人；死者每人补助60元（法币，下同），重伤者每人补助40元，轻伤者每人补助15元；民营事业财产损失共8792元，住户财产损失共63400元”。又据有关史料记载，这次轰炸，日机共投弹28枚，毁房7幢，炸死民众数十人，炸伤数十人。

日机3次轰炸南充县城，共出动轰炸机81架，投弹341枚，炸死1000余人，炸伤近2000人，炸毁房屋850多幢。各种物质损失不计其数。昔日繁华的果城南充在不到一年的时间里，连续3次遭此厄运，街毁人亡，萧条破败。直到1949年12月10日南充县城解放，被炸过的街道虽有部分修复，但断壁残垣，仍可看见。原云集在沿河一带和下半城主要街道上的商号店铺，也多向模范街一带迁移。

（李东整理）

杨家洲大屠杀

张继明*

1940年春，日伪军窜入湖北，窃踞随县、枣阳，侵入宜城。日本侵略军占领宜城县之后，所到之处，奸掳烧杀，无恶不作，逼得广大百姓，扶老携幼，逃往异乡，受尽了折磨。农历四月二十九日（6月4日），驻宜城县城的日伪军，兵分两路，向南进军：一路沿襄沙公路，奔向荆州地区；一路沿汉水大堤，经璞河镇外的杨家大洲，向钟祥县进攻。我的家乡是璞河镇轩家庄，仅就我亲身经历和耳闻目睹之事实，日军在杨家大洲所犯的罪行，是惊心惨目的。

杨家大洲，位于璞河镇约10余华里，南与钟祥县芝麻滩相连，北接郭角村，西距八角庙有3华里，东靠汉水，全长10多华里，宽约4华里。解放前，此洲芦苇茂密，茅草丛生，是一个偏僻地方。过去很多人到这里砍芦苇编席子，卖钱维持生活，一遇兵荒马乱，老百姓就逃此洲避乱。所以璞河镇周围的人听说日寇要来，各家各户，扶老携幼，带着简易行李，少量充饥干粮，锁上家门，纷纷逃往杨家大洲，躲避灾难。

农历四月二十九日一早，听说日寇要来时，父母带领着我逃到杨家洲滩

* 作者时为当地村民。

上，当时我还不满12岁，见到了一些伯伯、叔叔和婶婶们，也带着孩子上了洲。我们进了芦苇，刚坐下草地，突然从汉水大堤上下来一群恶狼似的日本兵，摆着一个柳簸阵，横排盖来，怒吼声、厮杀声，朝着满洲无辜的百姓追来，伸出魔爪，手持屠刀，施行大屠杀。据解放后走访幸存未死的杜大空、杨道爽等7位老人和我自己的回忆，日寇真是罪恶滔天。

杜大空说："我们杜家湾营子里，逃到大洲上去的有100多人，有的一家被杀绝了，有的一家被杀死四五人。杜大朝和他的三弟、五弟，杜永柯和他不满12岁的儿子都被杀死了，剩下两个寡妇，后来改嫁了，这家被害绝了。杜高斌当时有病，他的妻子把他用毛驴驮上到沙洲避乱，日本鬼子见到也杀，妻子为了掩护丈夫，躺在丈夫身上，丧尽天良的日本鬼子，将夫妻二人一齐杀死。日本鬼子走了后，乡亲们来收尸，还有杜大恒、杜大正等4人的尸首没有找到，可能跳到大河里淹死了。我当时也被捅了4刀，用双手握着敌人的刺刀挣脱，才跑出来。"

杨道爽说："我哥哥被日军捉到后要杀，跪在日军面前，吓得痛哭，连声向日军求饶，但日军不惜善良百姓，用刺刀活活捅死。夜晚日军还到杨家洲营子里，抢老百姓的耕牛、牲猪杀肉吃，更令人痛恨的，将好好的耕牛，用刺刀只割下屁股两边的肉吃，使牛活活的疼死了。还逼着老百姓送鸡、送鸭、送蛋，他们吃了还杀人。见到妇女就强奸，我们营子里鲁长贵的妻子和她18岁的妹妹，两人都被奸污了。杨生贵的一家被杀死4人，无人安葬，还是邻居帮助埋的。当时的情景，真是惨不忍睹。"

66岁的任玉山说："我们任家河有个叫朱美清的，她一家逃到大洲上，老少8人，被日军杀死了7人，只剩下她一个女的，事后将家人的尸体收拾后，请人用牛车拉回去埋的。"

不仅这些人亲眼目睹了当时的惨状，同时我的父亲也深受其害，那时我和父母也逃在这个洲上，遭受日军屠刀的残害。当时我虽年幼，但记忆犹新：日军用大刀猛的一砍，我父亲用胳膊一拦，将左胳膊砍伤，他用力将日军打倒了，奋不顾身地奔跑，日军又用步枪刺刀朝着我父亲背后捅了3刀，由于我父亲身强力壮，跑出了虎口，跑到葛藤塆亲戚家，我的表叔们将他抬回家，医治半年才痊愈。

还有我家门一个姐夫叫吕敬成，原籍钟祥县，为躲国民党壮丁，搬到我们营子里住，也逃在大洲上，当时我在身旁，看到他向日军跪倒求饶，万恶的日军，用刺刀将他活活捅死在地。更恶毒的是用步枪探条，将我营子里一个姓赵的从耳朵孔里穿过去，当时未死，抬回家后，化脓腐烂了，不会说话，哼了几天几夜，慢慢疼死了。

当时我自己被那杀人的惨状吓痴了，不省人事，倒在被杀害的尸体中间，被死人遮掩住了，才侥幸逃过了日军的屠刀。日军过去了，我慢慢清醒过来，才从尸首堆里爬出来。这时我也不知父母跑到何方，生死如何。喊天天不应，哭地地无门。正在这时，从麦棵里走出来一个人，一看是我的家门伯父，他一见我，用双手将我抱住，伯侄两人痛哭，边哭着连夜送我回了家。

根据走访和亲身经历的情况，被日军杀死的无辜百姓，这一次大约 400 多人，被杀伤致残的 200 多人，被逼逃命跳到襄河里的不知其数。这是日本帝国主义侵略我国在宜城所犯的滔天罪行的一部分。广大中国人民，对日本帝国主义的滔天罪恶，是永世难忘的。

玉泉寺罹难纪实

张明洪*

“放下屠刀，立地成佛”，事实上侵略者是不会放下屠刀的，他们也决不可能立地成佛。1940 年，玉泉寺的僧众惨遭灭顶之灾。我是玉泉寺的僧众之一，惨案的幸存者，现将这一亲历亲见的历史事件写下来，借以教育后代。

1940年6月10日，当阳沦陷后，几名日军军官驱车来到玉泉寺察看阵地，顺便进入寺内观光。有一名日本军官自称是佛教徒，向僧众表示，要保护寺庙不受侵扰，并用日文出示布告，告喻部下不得进入寺观内破坏寺庙。我们这些老老实实的僧众竟为其表面现象所迷惑，以为侵略军真的发了慈悲心。

同年阴历七月十六日（8 月 19 日），日军官兵一行 4 骑人马，从县城来玉泉寺筹组维持会，哪知此事被民间自发组织的游击队蒋和笙侦知，事先带其部队隐蔽于寺庙后山密林中，待日军接近寺庙时就开枪射击，但日军并未受到伤亡，也未还击，听到枪声就掉转马头退回县城了。

当天下午，日军就从附近的穿心店、双莲、干溪等 3 个据点调集兵力数百人，包抄玉泉寺。只是放枪的人早就逃避了。我们认为此事与寺庙无涉，

* 作者时为玉泉寺僧众之一。

以为“法力”真的可以“无边”，还照常身披袈裟在殿堂里念经拜佛，祈祷神祖保佑。正当钟鼓齐鸣，法乐齐奏时，前面厅堂里枪声响了，我们僧众听到枪声，便四处寻找躲藏的地方，有些人打开寺庙后门，翻过院墙上了山，躲在密林中了。

一伙日本兵闯进庙内，他们气势汹汹。监院和尚法朗号圆成，为了保护寺内人身安全和寺庙完整，便挺身而出，企图与日本谈判交涉。他来到日本兵面前，合掌顶礼，刚刚叫了一声“太君”，就被日军刺刀捅死，倒在毗卢殿阶前。

日军杀了僧人法朗，继续在寺内搜查捕捉，先后有 24 名僧众及执事被搜出，他们被带往长店子下面的扫帚坡，用机枪射杀了。

此次惨案罹难的僧俗有 25 人，玉泉寺本寺有：

藏经楼老和尚果仙号印峰，他的徒弟辈僧人常仁号慈岸、常忠号智岸、常田号勤岸、常教号登岸、常权、常孝、常惠；

般若堂老和尚监院法朗号圆成；

圆通阁僧人广明号佛义、广宽；

玉泉退院僧人常宝号一乘、广灿号佛禅；

小关庙僧人宽园；

毗卢殿点酌蔡传忠、何元守、袁光丙、刘德容、吴盛兰、陈梓昂（都是安分守己、专心修行的人）。

到玉泉寺挂单的外地僧人有：松滋陡山寺僧人果一号心一，松滋白塔寺僧人了尘，当阳县城城隍庙僧人金声，宜昌龙王庙僧人湛惠，荆门仙居寺僧人心真。

玉泉寺僧人常忠被枪伤数日后才死；小僧隆青年仅 17 岁，重伤未死，虽幸存下来，但已成终身残废。

日军除杀害僧俗 25 人外，还沿途枪杀无辜百姓 5 人，纵火烧毁玉泉寺毗卢殿方丈寮。

（张启明整理）

活川口惨案亲历记

韩承杰　韩凤英*

1940 年秋季，八路军组织的百团大战沉重地打击了日军，穷凶极恶的日军调兵遣将，对我抗日根据地进行了报复性的大“扫荡”，山西盂县活川口村惨案就发生在这一时期。

活川口村坐落在滹沱河畔，位于通往河北省的要道上，是八路军重要的抗日根据地之一，当地人民抗日活动搞得非常出色，曾被誉为抗日模范村。我俩是活川口村人，当时韩凤英是区妇联会干部，韩承杰是村儿童团长，我们都是这一惨案的亲历者。

1940 年农历八月二十一日（9 月 22 日）晚，占据盂城的日军侦知我抗日党政机关已迁居活川口一带时，便会同井陉、阳泉出发的敌人共 1000 多人，沿檀山沟小路悄悄包围了活川口村。当时约摸晚上 7 点多钟，村干部正召集自卫队分派任务，多数老百姓还没入睡。等到人们发觉时日军已进了村。我公安局干部李树生急中生智朝天放了一枪，多数群众才趁黑逃脱。没来得及逃脱的群众大都是行动迟缓的妇孺老弱和不知情况的人们，他们有的被杀，有的被抓。

---

* 作者韩承杰时任盂县活川口村儿童团长，韩凤英时为盂县区妇联会干部。

第二天，敌人将抓来的30多个村民（大都是妇女儿童和老人）集中在一起，进行严刑拷问，妄图探知我县区干部和八路军的去向。尽管敌人把无辜的人们打得死去活来，也没有一个吐露真情的。后来敌人又把这些人驱赶到村外的山凹沟，寻找搜查抗日干部和八路军，还是一无所获。这时气得发了疯的敌人就把群众赶在一起，向人群中连扔了几颗手榴弹，当场炸死20多人，有几个人受伤未死，挣扎爬起，敌人见后又用刺刀活活捅死。只有14岁的刘明义装死熬到天黑才死里逃生。

这次惨遭杀害的乡亲们中，有得全家人都被杀绝，韩万珍祖孙三代11口人无一幸免。令人惨不忍睹的是韩万珍被日军用刀砍得除个脑袋和半条胳膊，只剩下一摊肉泥，其妻崔三妮被绑在枣树上用刺刀开膛破腹而死，其母梁二改被砍掉四肢，浑身血流如注，倒在血泊中死去。韩万保全家7口人也是一个没留全被杀害，其13岁的孙子竟被敌人把腿砍断而惨死，就连正住在娘家的女儿韩香妮和两个外孙也没一个逃脱的，母子3人都被敌人用刺刀活活捅死了。更惨不忍睹的是崔双凤被日寇轮奸后，把两个奶头割掉，又用刺刀把阴户捅个稀烂而死。刘金全、韩承荣等4人被抓后，捆住双手押着游街，走一步，敌人捅一刀，全身刀口斑斑，血似泉涌，直到气绝身亡。死难中还有我交通站长韩万明同志，他因病躲藏不及，被抓后，在敌人严刑拷打下闭口不言，敌人恼羞成怒，将韩万明活活摔死在地窖里。刚坚正直的李根昌老人见日寇那样惨无人道，气愤不过，破口大骂，竟被敌人活活烧死……日寇屠杀村民的残暴手段，真是无所不用其极，实在令人发指。

那些惨无人道的野兽从八月二十一日晚进村后，见人就杀，见房就烧，见物就抢，从当天晚上一直烧杀抢掠到二十三日早上整整一天两夜。106位无辜老百姓惨遭杀害，一个仅有100多户、400多口人的活川口村就有四分之一的人惨死在日寇的屠刀之下。死难者中，全家被杀的有3户，一家被杀两口以上的有4户；全村400多间房屋焚为灰烬，50余头大牲畜和100余只羊被宰杀，粮食衣物被抢劫一空。一个好端端的活川口村变得阴森恐怖，尸骸遍地，到处血迹斑斑，家家房毁屋空，户户家破人亡，制造了一起骇人听闻的大惨案。

时隔一年，即 1941 年秋，日寇除不断向我根据地进行大扫荡外，又竟施用了杀人不见血的灭绝人性的细菌战。这时，活川口群众又遭受了一次大灾难，全村因日寇施放细菌而死于伤寒等病的有 141 人。

一年间，在一个只有 400 多口人的小山庄中，竟有 240 多人惨遭日寇杀害。日寇暴行惨无人道，血海深仇倾诉不尽。

日军在济南的杀人刑场“万人坑”

刘献林*

1937年七七事变之后，日本侵略军给中华民族带来了深重的灾难，犯下了不可饶恕的罪行。山东省济南市琵琶山下的“万人坑”，就是日本帝国主义者侵略中国、屠杀中国人民的历史见证。在济南解放后的1954年，作为济南市人民检察院副检察长，我曾亲自主持、组织实施对琵琶山“万人坑”的挖掘。今就记忆所及，将当时挖掘情况记述于后，让这千千万万副白骨作为历史的见证，来控诉日本侵略军的暴行。

“万人坑”的基本情况

1940年秋，占领济南的日军华北支那方面军所辖第十二军、四十三军，强迫济南人民在西郊琵琶山下，挖坑造墙，修筑堡垒，营造杀人基地。自1940年冬至1945年秋，日本侵略军在琵琶山下无数次残暴屠杀我抗日军民，有的被当作练习射击的靶子，有的被当作拼刺刀的对象，有的被浇上煤油烧死，有的被活埋，有的被日军狼狗活活咬死，有的被挖去双眼、心肝……日

* 本文系作者根据对“万人坑”的挖掘与搜集资料整理而成。

寇杀人狂妄至极，有时每隔一天就杀一次，每次人数不等，少则几人，多则几十人、上百人。每逢杀人时，惨叫声不堪入耳。日本侵略军屠杀我抗日军民后，有时在尸体上盖一层土或撒一层石灰，有时什么也不掩盖，曝尸坑内，下次再在上面屠杀。这样，一次复一次，一年又一年，尸骨托尸体，尸体盖尸骨，层层尸体，叠叠尸骨。每到天气炎热时，坑内臭气冲天，殃及周围数里内之村庄。邻近的野狗也助纣为虐，将被残杀的尸体撕裂四处叼拉。杀人场外的庄稼地里、山坡岗上，到处可见人头骨骼。那时候，济南市琵琶山下尸骨纵横，屠杀声不绝，犬声阵阵，阴风凄凄，顿成人间地狱。这一东西长 42 米、南北宽 40 米、占地面积 1680 平方米的白骨累累的杀人场，被群众称为“万人坑”。

在“万人坑”实施屠杀的日军机构

经查，在“万人坑”实施屠杀我抗日军民的日军机构，主要是日军华北支那方面军所辖第十二军、四十三军的军、警、宪、特及济南军法会议和“新华院”。1937 年 12 月 27 日日军入侵济南后，于 1938 年初，在济南组建日本华北支那方面军所辖第十二军，后改为“仁”字第四二二一部队（1944 年 3 月，这支部队入侵河南省）。1944 年 6 月，日本华北支那方面军所辖第四十三军在济南组建，代号第一七〇〇部队，称“秀领”部队。“仁”字部队、“秀领”部队军司令部盘踞济南时，先后统辖所有山东境内的军、警、宪、特等侵略机构，虽然这些机构都是镇压中国抗日军民的机构，但所担负任务不同，职责不一，今特分述于后。

（一）济南军法会议　济南军法会议是日本侵略军于 1938 年在济南设立的，它是山东地区正式的最高、最后一审判决军事法庭，名为审判日本军人及其家属和侨民，实为专门以公开“合法”的方式审判、屠杀我抗日军民的机构。凡是由各部队、宪兵队及其他日特机关送到军法会议的中国抗日军民，都经军法会议严刑拷打后处死。

济南军法会议先后属日本侵略军第十二军和四十三军管辖，业务由军司令部法务部具体负责。由审判长 1 人、审判官 2 人、检察官 1 人、记录员 1 人组成。审判长由各个时期的军司令官命令、指派高级军官担任。先后担任军法会议审判长的有日本华北支那方面军所辖第十二军的军参谋长寺坦少将、第四十三军的军参谋长寒川大佐等。

（二）“新华院” “新华院”设立于 1943 年，是日本侵略军在济南的“战俘”集中营，属济南军法会议领导。是专关押我被捕的抗日军民的机构，是在“万人坑”屠杀抗日军民的主要执行单位。对“新华院”，当时曾有一首血和泪的民谣在流传：“新华院，新华院，它是中国人民的阎王殿。谁要到了这里面，也抽血，也挖眼，有时还叫狼狗餐。病了只有死，无病受熬煎，想活命，如上天，只有进去没有还！”

（三）济南防卫司令部　该部设在济南市经二路纬一路，1944 年 9 月成立，由日本侵略军少将长岛勤旅团长任司令官。它的主要任务是济南周围各县的防卫，并担负执行死刑的任务，先后直属日本华北支那方面军第十二军、四十三军，是在琵琶山屠杀抗日军民的主要机构。

另外，还有隶属日本侵略军参谋部管辖的梅花公馆、千秋公馆、林祥公馆、鲁仁公馆、朝阳公馆、樱花公馆、鲁安公馆、凤凰公馆、泺源公馆、南新公馆、石桥公馆、霞公馆等 12 个特务机构，它们的魔爪遍布泉城，专门搜集我抗日军民各方情报。

“万人坑”的挖掘及尸骨鉴定

全国解放后、审判日本战争罪犯是中国人民同帝国主义侵略势力斗争中的一件大事，是一次重大的国际斗争。1951 年，我国最高人民检察署（1954 年根据宪法规定改称人民检察院）就着手收集日本侵华战争罪犯的罪证材料。全国人民也纷纷上书人民政府，控告日本侵略军的罪行。

1954 年 8 月 12 日，济南市人民检察院接到济南市郊六区西十里河村全体村民对日本侵略军在济南西郊琵琶山下“万人坑”屠杀我抗日军民的控诉材料。经向山东省人民检察院汇报后，又报中华人民共和国最高人民检察院。同年12月，最高人民检察院派检察员李瑞珍到济南市人民检察院传达挖掘“万人坑”尸骨的指示。经向市委和省人民检察院汇报，决定在市政府和上级检察机关的领导下，由济南市人民检察院检察长李又村任总指挥、副检察长刘献林组织实施，并派检察员郑文斋、袁春魁等参加具体工作，会同市公安局、市建委、大众日报社、郊六区人民政府等29个单位，组成联合调查挖掘小组。挖掘前先派员赴山东省薛城、邹县等地，找到部分被害苦主，作了详细调查，并根据济南市郊六区西十里河村全体村民提供的情况，召开了多次座谈会，掌握了“万人坑”的情况和地址。最高人民检察院还为挖掘“万人坑”聘请了中国人民解放军军医大学法医学教授陈康颐作为尸骨鉴定人，同时聘请北京电影制片厂的孙技师进行实地拍摄。并派检察员王广恩亲临现场指导。济南市人民检察院也聘请了山东医学院教授孙绍谦，法医学助教沈宝铭、王建清参加鉴定。北京市人民法院、济南市中级人民法院的法医参加了挖掘与鉴定工作。

参加这次挖掘的人员共计94人，于1954年12月10日、1955年1月7日，前后两次以16天的时间在“万人坑”中挖掘了8个尸穴。第一次挖掘2个坑穴，拣取尸骨4木箱又8席包，提取完整枪弹一发，枪弹头16个；第二次挖掘大小6个坑穴，拣取尸骨557蒲包，提取枪弹壳14个，弹头204个，火车时间表若干本。经对尸骨清洗鉴定证实：日本侵略军在“万人坑”屠杀的我抗日军民，男、女、老、幼皆有，年龄最大的60多岁，最小的十四五岁。挖掘出的尸骨较完整的有746具，其中男283具、女7具，难以推断的456具。屠杀的手段有火器杀害的173具，锐器杀害的32具，钝器杀害的3具，颅骨粉碎骨折的229具，尸骨较完整没有伤痕主要是活埋致死的97具，其他207具，尸骨零乱无法认定的难计其数。

在挖掘过程中，经查询证人、苦主的控诉，以及日本侵华战争罪犯的供认与现场的勘验，鉴定材料与事实相符，完全证实了日本侵略军屠杀我抗日军民的手段是极其残忍的。

从已查清的7次大屠杀中，日本侵略军就杀害我抗日军民263人。如1941年5月16日，我抗日军民44人被日本侵略军活埋于“万人坑”内，当时日伪青岛《新民报》刊登了这一消息。又如 1943 年 1 月，日本侵略军设在济南市经一路小纬北路临时战俘收容所关押的抗日军民 80 人，由日军小岩井部在“万人坑”集体枪杀。

“万人坑”的挖掘，为审判前日本侵华战争罪犯提供了有力的证据。最高人民检察院根据中华人民共和国第一届全国人民代表大会常务委员会第 34 次会议通过的《关于处理在押日本侵略中国战争中战争犯罪分子的决定》，按照他们所犯的罪行和悔罪表现，最高人民检察院对于这批日本战争罪犯，于 1956 年 6 月，提交最高人民法院特别军事法庭，依照法律程序，分别在沈阳、太原两地审判。

日本帝国主义侵华战犯的供述

为查证日本侵略军第十二军、四十三军在济南西郊琵琶山下“万人坑”残杀我抗日军民的暴行，最高人民检察院于 1955 年 3 月 10 日提审了在押日本战犯园田庆幸（日伪山东省最高顾问）。他供认：“济南军法会议屠杀的中国抗日军民，是各当地部队、宪兵队送来的俘虏、犯人。对他们是监禁在‘新华院’进行殴打、水刑、火刑、吊打等十分残酷的拷问，仅此，就夺取好多中国人的生命。”他还供认：“济南军法会议是日军在山东地区正式的军事法庭……完全是以日本天皇的名义来实施。判决的结果，要处死刑的就直接带到琵琶山下死刑场执行。”

1955 年 5 月 21 日，提审日军战犯长岛勤（日军第五十九师团第五十九旅团长、济南防卫司令部司令官）。他供认：“在琵琶山刑场被杀的人，都是经第十二军军法会议判决死刑的人，这些人大都是由日本宪兵队送到军法会议的不利日军的思想犯、妨碍治安的中国人。判决死刑的人仍由军法会议执行，但根据第十二军的命令，济南防卫司令部派出杀人的射手。”

1955 年 5 月 5 日，日本侵略军第五十四旅团司令部卫兵中村顺一郎和萱治明道笔供：“1944 年 7 月上旬某日的上午 11 时左右，在卫兵分队长藤本军曹的指挥下，领出背捆双手、赤身裸体的中国人民抗日战士 12 名，加以暴烈的殴打后，拉上卡车，运到济南市外白马山车站的东南方向的山下边的死刑场，蒙上眼，每次拉出 2 名，令其跪下，由后边距离 15 米的地方，向后头部射击。”并招认:“我在此时将 3 名抗日战士分为二次当作枪靶子毙了。1943 年 9 月，被监禁的中国共产党人及抗日爱国者 12 名，将他们双手绑起来，装上卡车拉到济南市南边，用白布蒙上眼。在这个时候，其中有一名爱国者想逃跑出去，旅团长长岛勤命令我（萱治明道）打死他，我就向这个刚爬上围墙的爱国者开枪射击，被害者受伤后摇摆着向南跑去，我见没有打死，就追着打了第二枪，将这位爱国者枪杀在离屠杀场南边 200 米处。这些被害者之中还有一名在被枪杀的时候，大声呼喊‘中国共产党万岁’‘打倒日本帝国主义’。我们枪杀时，长岛勤站在坑沿上看着，发现哪一名被枪杀者还有一息之气，就指示我们这些卫兵、勤务员再对其射击，直到全部杀死。”

日本战犯的供词，完全证实了日本侵略军在济南琵琶山下“万人坑”残杀我抗日军民的滔天罪行。

琵琶山“万人坑”，昔日为日本侵略军屠杀中国人民的场所，山间野草丛生，尸体纵横，白骨累累，狼犬成群。而今琵琶山下“万人坑”之上，是济南材料机试验厂。该厂自 1958 年建厂至今，每逢扩建厂房时，还不断挖掘出大量尸骨，这证实日本侵略军在“万人坑”屠杀我抗日军民是难计其数的。

东北抗联攻克肇源县城

抗联第 12 支队攻克肇源

张瑞麟*

1940 年 11 月下旬的一天傍晚，突然接到东北抗日联军第 12 支队的通知，要我们迅速赶到三站以北石家粉房附近一个蒙古屯的哈拉胡血大庙集合。当时中共哈尔滨市委被破坏，我原任市委书记，与上级党组织失去联系后，隐蔽在工人中继续开展工作，重新建立了党组织，后来终于联系上了抗联第 12 支队。接到通知，我们分析，集合这么急，肯定是有紧急战斗任务，说不定马上就要参战。大家马上擦拭早已准备好的武器，整理行装，黄昏时，队伍出发了。

哈拉胡血大庙是一座不小的蒙古喇嘛庙。分散在各地的 30 多名同志和刚参加队伍的一部分新同志，都聚集到这里来了。大家久别重逢，无比兴奋，互相拥抱，畅叙别情。为了完成新的战斗任务，看得出来，大家都憋着一股劲，一个个摩拳擦掌，只等支队领导一声令下，就直捣敌巢。

我们当晚在大庙休息，第二天又隐蔽了一天。支队领导规定，谁也不准出大庙的院子，门口由我们的人换上喇嘛的服装看守。晚上，代理支队长徐泽民召集全体新老战士开会，他首先分析了当前的形势，由于一个月来敌情

---

* 作者时任中共哈尔滨市委书记，曾配合东北抗日联军第 12 支队行动。

发生了很大变化，日军的主力从肇源全部撤回哈尔滨，现在肇源城里空虚。他说，根据这种情况，我们考虑可以攻打肇源县城。我们的力量虽小，但只要用兵得当，出其不意，攻其不备，完全可能以少胜多，取得胜利。徐泽民下达了战斗命令，他说："由于敖木台战斗受挫而耽搁下来的攻打肇源县城的计划，现在就要付诸实施了。这次攻打肇源县城，我们要下定决心，尽最大努力争取胜利，消灭敌人，解放县城，夺取敌人的装备马匹，变步兵为骑兵。通过这次战斗，进一步恢复壮大我们的12支队，重振12支队的声威，重新驰骋在抗日的疆场。"

会议结束后，队伍连夜急行军，向肇源县城靠近。天亮前赶到了位于肇源城北、离县城8里地的蒙古屯"大拉嘎"，按原定计划在那里宿营。因为要在这里隐蔽到夜间才能攻城，所以我们进驻该屯的消息一点也不能走漏，如走漏一点风声，就可能导致整个战斗计划的破产。为此队伍进屯后的第一件事就是立即将全屯封锁，一切过往行人许进不许出。同时派出3名侦察员，化装潜入肇源县城，进一步侦察敌情。

傍晚，3个侦察员回来了，他们和肇源城里的反日救国会取得了联系，根据群众组织提供的情况，他们又进行了较为周密的侦察，完全证实了敌人主力确已全部撤走，现在城内还有200余名伪武装警察队，都住在伪县公署院内。这天，敌人正在召开"三肇地区剿匪祝捷大会"，除肇源、肇洲、肇东三县的日军参事官、指导官参加外，还有伪滨江省、哈尔滨第四军管区、铁路局的代表参加。

战士们急于参加战斗，夺取胜利，耐着性子在"大拉嘎"等了一天。晚上，整个12支队新老战士，共40多人从"大拉嘎"出发了。当时武器还不足，只有大、小枪19支，新参加的小伙子和一部分老战士没有枪，只好拿着磨砺得飞快的扎枪和单刀，寒光闪闪，倒也威风凛凛。

那天是入冬以来少有的坏天气，狂风大雪，夹杂着雨水，下个不停，雨、雪随下随结冻。到晚上，所有的树木、电线杆子等都挂上了厚厚的冰挂，有的树枝被冰雪压得掉下来，有的地方电话线也被压断。

路上，我们看到有些群众顶风冒雪地扒桥、破坏道路。一眼能看出这是地下党组织抗日群众，配合我们的行动，以便阻碍敌人援军的前进速度。快到县城时，只见黑暗中有四五个人影向我们奔来，原来是城里反日救国会的负责人王秉章等人前来接应。王秉章当时的公开身份是伪滨江省哈尔滨《大北新报》肇源分社的社长。他们又详细向我们介绍了城里的情况，更坚定了我们攻城的决心和信心。

关于攻城的具体作战方案，支队领导考虑到我们人少、武器少，又没有重武器，如果从城门正面强攻，困难太大，所以决定避实就虚，选取离县公署最近的路线，不和警戒的敌人正面冲突。最后选择了从县城西南角没有住户、全是菜地的地方摸进城内，直捣县公署。大家也都同意这么办。我们还准备了绳子和铁钩，用来抓城壕，并约定先进城的不要动，待大家全部进城后再一齐发起攻击。

入夜，整个肇源县城静悄悄的，“祝捷大会”刚开完，日军、汉奸都喝得酩酊大醉，正在做着“大东亚共荣圈”的美梦。

10 点钟左右，徐泽民同志下达了出击命令。战士们像离弦的箭，轻捷如燕，迅疾地翻过城壕，先进去的人就地卧倒，待人员集合后，开始迅速向县公署靠近。眼看到了县公署大门，敌人哨兵发现了我们。“口令！”哨兵高声地嚷着。我们想，谁还管他口令不口令的，几乎就在哨兵的声音刚落，还没明白过来是怎么回事儿，几十人已经一拥而上，抵住大门一使劲，就把大门推倒了，说不上哪来那么大的力量。战士们冲进院内，先把伪武装警察队宿舍包围起来，把所有房门统统卡住，并放了一顿枪，叫敌人先“精神精神”。然后，战士们开始向屋里喊话：“你们听着！我们是抗日联军！中国人不打中国人，缴枪不杀！赶快投降吧！”被从梦中惊醒的敌人，明白了站在他们眼前的是使他们闻风丧胆的抗日联军时，都惊呆了，吓出了一身冷汗。在一片慌乱中，有几个较清醒的伪军，先把武器和子弹从窗户扔出来。有了样子，其他伪军也照样争先恐后地往外扔，我们得到这些武器和子弹，马上就发给那些没有武器的同志，老战士原有的破旧武器全部换上好的，子弹不足的也全部补上了。等我们都装备好了，才命令屋里的伪军打开灯，进屋后叫他们都穿好了衣服，老老实实地坐在床上。我简单地对他们讲了几句鼓励的话："你们把武器交出来，没有抵抗，表现不错，还算有点中国人的良心。你们也不会甘心当亡国奴的，如果有谁愿意参加抗日救国的队伍，我们欢迎！"说完，安排几个战士看押这些俘虏，其余人员即分组去警察署和4个城门缴械，我带了几个人去县公署大院内搜查物资。

我们先找到仓库，叫管库的人把仓库大门打开，进去一看，到处都堆着一垛垛的军用品，有三八大盖枪、轻重机枪、小炮和成箱的子弹，还有崭新的单衣、棉衣、皮大衣、皮帽子、皮鞋、手套、黄呢子军装等，饼干、罐头等食品也不少，真是应有尽有。

这么多好东西，一下子都成了我们的战利品，真有点不敢相信。高兴之余，倒有些犯难了，因为这些物资足可以装备我们几个支队，眼下除了装备现有队伍以外，还要剩下大量东西，带走又有困难，转念一想，我们马上就要扩大队伍，这不是现成的武器装备吗？我想到了监狱，那里面关押的绝大多数是我们的基本群众，阶级弟兄，是扩大队伍的对象，应该马上去打开监狱，把他们放出来。

我从被俘虏的伪军那里得知，县监狱就在县公署院内，便命令伪军带我们找到监狱。我很严厉地对监狱长和看守说："我们是抗日联军，现在我们已经把县城解放了，我命令你们，马上把关押的人都放出来！"他们连声说："是！是！"乖乖地打开牢门，把关押的人都放出来，戴刑具的都给卸下来。

放出来的100多人，把监狱的走廊都站满了。他们以惊异的目光望着我们，还不明白发生了什么事。我放大了声音，开始对他们讲话："弟兄们，我们是东北抗日联军，肇源县城已经被我们解放了，现在又来解放你们了，你们已经自由了！"他们聚精会神地听我讲，眼里充满了喜悦、感激之情。我接着说："你们和千千万万的中国人一样，遭到日寇的奴役和迫害，是很不幸的。我相信你们当中有许多人是痛恨日本帝国主义、有爱国心的。现在，你们可以自己选择出路，不愿意当亡国奴，愿意参加抗日队伍的，我们欢迎；不想跟我们走的，可以回家。但是，我也和你们说明，等我们的队伍一走，敌人还要把你们抓回来，我们什么时候再回来解放你们可就不一定了。”听了我的话，他们明白了发生的事情，不那么害怕了，也随便多了，互相之间小声交换着想法和打算。隔了一会儿我说：“愿意参加抗日联军的举手！”我的话音一落，就听呼啦一声，大家把手齐刷刷地举起来了。我仔细看看，没有不举手的。我说：“举手的跟我走。”他们就跟着我出了监狱。一出门，感到外边天冷了，他们一边走一边七嘴八舌地嚷嚷起来：“我还没穿棉衣。”“我没有鞋。”“没有帽子。”……我马上答应他们说：“你们先别着急嘛，跟我走，这就去给你们解决这些问题。”

我带他们来到大仓库里，指着那些成堆的衣物鞋帽和武器对他们说：“这么多东西够不够你们穿戴？大家快点穿，穿好以后，每人拿 1 支大枪、2 袋子弹，能多背点子弹更好。”

趁他们穿衣服的工夫，我又带几个人到日本参事官和伪县长办公室搜查。在那里又发现一个金库，没有钥匙开不开，我就叫几个伪军用镐刨，硬把它刨开了，结果里边没有多少钱，只得到几张军用地图，当然地图对我们也很有用处。接着在一个小仓库里，又搜出 8 大箱鸦片烟土，我叫人都抬到大仓库里。

我们搜查完再次回到大仓库时，被解放出来的那些人都变了样，全武装起来了，穿戴整齐，冷眼一看活像一群日本兵。我看他们一个个蓬头垢面，胡须很长，就告诉他们上街理发。那天晚上，肇源县城的群众听说抗联进了城，占领了县公署，消灭了伪军，高兴得彻夜未眠，街里的店铺也开了业。被放出来的人去理发没钱，我告诉他们：“你们去了跟人家说，等天亮以后，我们一齐给钱。”他们都高高兴兴地去了。

那天晚上，我们在县公署院内还缴获了 200 多匹战马和一些崭新的鞍辔嚼环，这都是日军准备装备伪军骑兵用的，这回全都装备了我们。

天亮了，肇源县城一片欢腾，满街都是人，广大群众和抗联战士个个喜笑颜开，整个县城沉浸在从未有过的欢乐之中。

攻打肇源这一仗，真正交火战斗的时间只有半个多钟头，敌人就全部缴械投降了。这次战斗我们取得了很大胜利，在战斗中击毙了日本参事官共 19 人（后来，日本人把这些人的名字刻在石碑上，这件历史证物在“文革”中被捣毁，埋在了地下），俘虏了其他赶来“祝捷”的日军军官和大批伪军。

通过这一仗，12 支队发展壮大，由 40 多人 19 支枪的队伍，一下子扩大到 200 来人，而且真的变成了一支骑兵队伍。

这天上午，在十字街日军前一天召开祝捷会的地方，我们召开了一个真正的祝捷大会，群众都踊跃地聚集在这里来参加会议。大会开始后，我站到敌人修筑的一座工事上边，在热烈的掌声中和欢呼声中，代表抗联队伍讲了话。我说：“日本帝国主义侵略、奴役、镇压中国人民，使我们过着牛马不如的生活，我们能这样长期忍受下去吗？坚决不能！不愿做亡国奴的中国人，只要团结起来和日寇进行坚决的斗争才是出路。乡亲们愿意参加抗日军队的，我们热烈欢迎你们同我们一道战斗；不能参加抗日军队的，也应该积极为抗日救国出力，支援抗日救国运动，为打倒日本帝国主义，解放全民族，建立新中国贡献力量。”当场就有许多青年要求参军，群众大会变成了参军动员大会。会后，我们把县城的粮库打开，把粮食和过去需要“配给”的食盐发给群众，许多人被感动得落泪。徐泽民连夜组织人做袖标、旗帜，起草布告，我们在全城到处张贴以抗联 12 支队名义发布的布告，揭露敌人的罪恶，宣传抗日救国的道理，号召人民群众起来，抗击日本帝国主义的侵略。

当天下午 2 点钟左右，我们集合队伍准备撤离。我们队伍是从北门撤出的，徐泽民做了简短的讲话之后，队伍开拔了。那面缀有黄五星的红旗，在大队人马前面由一位战士高高擎起，迎风飘扬。战士们骑着高头大马，身着一色的黄呢子军装，胳膊上佩戴着红布黄五星的袖标，全部挎着“三八式”、大马刀，长长的马队，浩浩荡荡，煞是威武壮观。在马队后边，是一辆汽车和两辆胶轮大马车，满载着从敌人仓库缴获来的武器弹药和其他军需品。

（于霖涌、张雨浦整理）

抗联攻打肇源城的前前后后

鲍靖方*

1940年11月8日晚11时，徐泽民率领东北抗日联军第12支队，以36人的武装力量，袭破了伪郭后旗公署所在地肇源街（即原肇源县城，1935年伪满将其改行旗制，全称郭尔罗斯后旗，简称郭后旗，现仍恢复为肇源县），杀死了11名日本人，缴获了不少枪械和物资，并把三泰粮栈的搜集粮谷分给群众，还出了布告，召开了群众大会，宣传了抗日战争的伟大意义。9日早7时，抗联军从肇源街撤出时，已经变成了一百多人的武装力量。

这场战斗，日伪方称为肇源事件。我是该事件的当事人（伪郭尔罗斯后旗旗长），当时用的名字是"额尔和谟毕勒格"，简称"额旗长"。抗联袭城后的情况，我都是亲身经历的。我下面叙述的，没有扩大和缩小，都属于真实情况。那时候，我只有狭隘民族主义的所谓"中间"立场，如极端错误地认为日本是强国，中国是大国，我们蒙古人不能得罪任何一方的想法，就是证明。

---

* 作者时任伪郭尔罗斯后旗旗长。

一

肇源事件发生前，我到日本进行了行政视察旅行40天，于10月25日回到伪旗公署。这时候，日本人三浦参事官（副旗长）对我说：“旗长到日本去以后，日满军队和我旗警察讨伐队一千多人，于10月12日，在前敖木台屯（距离肇源街东南20里）消灭了共匪四十余名。旗长失此立功良机，甚为可惜。”当时，他神气傲慢，不可一世。我问：“他们是从哪儿来的？”他说：“他们从7月以来，经由密山、东兴、海伦、呼兰、兰西、肇东、肇州等县，窜入郭后旗境内的。这次算是把共匪消灭干净了。”我说：“这是保境安民，剿匪除害，有啥了不起，更谈不到什么立功呢。”他接着有些不满意地说：“共匪不同土匪，他们不为抢夺财物，因此，他们是最可恶的东西。不能不注意！你是不知道的。”

11月6日晚间下起雨来，半夜后，雨变成了雪，边下边冻，所有的树木丫杈和电线上都挂上了冰溜，更因天亮时刮起大风，树枝折了不少，电线杆倒了一大半，各地的电话都不通了。

8日晚11时，我在家里刚躺下，突然听到枪声，慌忙跑出来细听，枪声是从大楼后边的警务科发出来的。警务科的后一排是枪械仓库和宿舍。我立刻跑到三浦参事官的宿舍，找他研究，到后才想起他已上哈尔滨去了。但是，炕上躺着一个人，原来是新转来的田中警务科长。我说：“警务科发出枪声，是不是土匪进来了？”他带着沉醉的口气说：“日本人‘有’的地方土匪没有。”他仍然倒在炕上，再不说话了，我看出他的妻子异常恐慌。我刚跑出参事官的宿舍，没走两步，就被抗联战士抓住了。看他们穿得很破烂，不像个军队。这时候，抗联战士急快地把枪械仓库的门锁用斧子打坏了，从仓库里拿出了重机关枪1挺、轻机关枪2挺、大小枪百余支。抗联战士们把轻、重机关枪一一试验，枪声嘎嘎，完全好使。他们很高兴地说：“顶呱呱！”随后，抗联战士把我带到电话交换台的屋子里，我看见十余人都在炕上坐着。我能认识的有四五个人，不过都是面面相觑，默默待着。

这时候，有一位抗联战士讲话了。他说：“汉人、蒙古人都是中国人，你们都不要害怕，啥事也没有。”他又说：“这里的旗长是蒙古人，他还会说日本话，可是根据老百姓的反映，他对老百姓没有什么不好，否则今天就要他的命。”听了他的讲话，我心里想：抗联的敌人是日本帝国主义，我个人不被杀，因为我是中国人，借了中国人的光。因此感激不杀的心情油然而生。

接着又有一位抗联战士唱起歌来，用的是《林黛玉悲秋》的调子，控诉了日本帝国主义统治东北的虐政。歌词是：“开拓占地、粮谷出荷、苛捐杂税、统制经济、要国兵、要劳工……”唱了约 2 小时，字字句句，清清楚楚地送入了所有人的耳里，委婉悲惨，令人泪下。经过这一宣传教育，我的心里感到亡国奴的滋味真是不好受。

抗联战士把伪旗公署的枪械和物资全部拿走以后，一把火烧了伪旗公署大楼和枪械仓库。9 日早 5 点钟左右，撤出了伪旗公署院子。但是，我们仍在电话交换台的屋里沉闷着，听外边啥动静也没有，才出去看一看，果然抗联战士都走了。这时候，我才认清 10 余人中多半是监狱的看守和轻罪犯。我就带着一个人先到我的家里去，家小都没有了，估计也没啥危险。我跑到职员王兆玥的家里去暂时休息。同时看到很多人背着口袋，拿着水桶来来往往忙个不停。我打发王兆玥上街去打听一下抗联的消息。他很快地回来说：“抗联军在 7 点钟撤出了本街。可是街里的秩序很乱，刚才看见的人们是拿三泰粮栈的粮谷的，还有很多人都到旗公署院里去拿东西，旗长快去想办法制止。”因此，我同王兆玥又找了些职员们到了伪旗公署院里，看见 1000 多人在拿东西，还有的进到日本人家里去拿被褥和其他物品，在此情况下，我就大声喊着说：“这儿不是你们捡东西的地方，你们快快离开这个院子，倘被快到来的日本军队堵住，都有生命危险。”这样，他们才跑出了伪旗公署的院子。

我们到日本人的宿舍检查，日本妇女和小孩都安全无恙。因此，我佩服抗联的纪律严明。看到特务股长梨本家里的炕上摆着两个大桌子，中间各有一口火锅子，并摆着炒、溜、煎、炸等菜，还有各色各样的酒类七八样，丝毫未动。可是梨本、高桥（警务股长）两个人被红缨枪刺入胸膛而死，满炕血迹斑斑。这就是日本帝国主义者的下场。

这时已经10点多钟，在街上被蒙汉人家掩护救命的日本人约有二十余名，陆续来到伪旗公署。最后，在伪旗公署院内外发现11具被杀的日本人尸首，当即分别派人看守，根据“死尸不离寸地”的法律常识，以待使日本人看到实际情况。

二

9日11点钟，日本军队乘三辆大汽车到了。日本军官粮场部队长气势汹汹、怒目斜视地问道：“共产匪怎样进来的？”我把见到的实际情况说了。他问：“这个事件怎么发生的，你能知道吗？”我回答说：“不知道。”他横持刀柄，冷眼瞪视。这时候，又有一个日本军官对他说了些什么，粮场部队长就说：“你去吧。”随后，日本军队把城门都关闭了，断绝了交通，带着伪警察按户检查，颇为严厉，人心惶惶，不寒而栗。在此情况下，我估计自己的性命已危在旦夕，十分恐惧。

过了一小时，伪滨江省警务厅警务科长山崎和本旗参事官三浦等人来了一大汽车，我迎接了他们后就回到家里。随着就有一名伪警察到家里对我说：“旗长知道吗？日本人要屠城。”我经过冷静考虑，觉得怕死已不济事，于是勇气顿生。又过了半点钟，山崎找我谈话。我到警务科里见了山崎、三浦和其他几个日本人。山崎以严肃的态度向我问事件发生的线索，我回答说：“事件发生的线索茫然不可知。”他们认为不可能，表示了怀疑的态度。我在此被逼的情况下，坦率地回答说：“你们日本人对于这个事件的基本情况，还没有弄清楚。我认为这个事件的发生是有两个方面：一方面是日本——强国；另一方面是中国——大国。因此，这个事件是强国与大国之间的斗争问题。我这个蒙古人——弱小民族，自然不可能知道事件的线索，这是一般人所能理解的事情。今天你们这样怀疑我，我死也不能瞑目——冤枉。”这时，他们都说：“不杀你！只是问一问事件的线索，知道最好是说一说，如果不知道那也没啥。”山崎又问：“共产匪把你抓住以后，说了些什么？”我回答说：“把我抓住以后，带到电话交换台的屋里，看见有 10 余人，内有认识的四五人——值宿的职员们。这时候，有一个人对我们说：汉人、蒙古人都是中国人，你们都不要害怕，啥事也没有。”他又问：“还说什么了？”我答：“再没有说啥。”

山崎很生气地说：“听说是民变了，是实在吗？”我回答：“这是什么说法呢？如果民变了，把全城的日本人都杀了，那才算是民变了。全街日本人有多少，我不很清楚。”他说：“62 人。”因此，我说：“除了逃跑的和妇孺以外，仅能有二十余人。这二十余人，昨天夜里在共匪袭破本街以后，受到满、蒙人家的掩护救命，有的把日本人隐藏在菜窖里、被褥里、柴堆里……共匪挨家问有日本人吗？只要回答没有就算完事，连屋子也不进。”根据满、蒙人的报告：日本人都有很多的钱，怀里一掏，就是 500、800、数千元不等，他们做了汉人的作揖、蒙古人的下跪叩头等礼节，事后硬要把钱给救他们的人家。对此，我说：“那些日本人是为了性命的安全，一时性急的行为，当然不能认为奇怪。但是，这是坏事情中的好事——日满协和精神的彻底表现。”我又说：“我以前很是崇拜日本人的武士道精神——不怕死，可是据昨晚的实际情况来看，人都是怕死——好死不如歹活。”山崎有气地说：“他们都不是日本人！”我以很自然的态度说：“那么，你不能不承认他们是东京、大阪、九州、四国、北海道的人吧？总之，我认为这次事件日本人少死了，就应该庆幸。”他又说：“你说的都是实话吗？”我说：“如有一句话不符合事实，可受严惩。”他说：“好！我调查调查就会明白的。”我还继续说：“这个事件的发生，固然与天气不好、电信电话不通有关系，但主要原因，还是我们的警察人员自从前敖木台屯战斗胜利——消灭共匪四十余名以后，警戒心松懈造成的。你们到特务股长梨本家里去检查一下，就会明白了。他的炕上摆着两个大桌子，每个桌子上都放着一口火锅子，还有各种炒菜和各样酒类。梨本和高桥二人的死，都是被共匪用红缨枪刺入胸膛而死的。因此，我认为这些人的死，不能承认他们是尽忠于天皇陛下，相反的，死了还有应得之罪。”山崎他们都默然沉闷着。最后，他还说：“你还是找一找事件发生的线索。”我答：“为了给死者们报仇，不能不好好地调查。”这样就结束了谈话。

三

日本人要洗城的话流传开了，闹得全城人心惶惶，大有死在眼前的景况。我冷静考虑事态的发展，做了些随机应变的思想准备，主要是如何避免洗城危机。对于死，我认为：“只有一个命，答对阎王乐。”这样再一次地增加了勇气。

当日午后 5 点钟，山崎科长和三浦参事官来到我家，他们的表现极为伪善，山崎说：“日本人被满、蒙人家设法救命的事实，我已经调查好了。希望你对此事件的发生，不要有性命危险的顾虑。”三浦说：“我家里预备了些酒菜，咱们就走吧。”我们在三浦家里饮酒叙谈，先是东拉西扯，后来逐渐书归正传——谈事件问题。我特别警惕酒后失言，并且为如何避免洗城危险而考虑着。到了 10 点多钟，我喝醉了，胆子也就大了。我说：“现在城里传出了洗城谣言，全城人心惶惶，这个事情是实在吗？”山崎说：“这是没有的事情。”我又说：“虽然似乎系无根之谈，但是也有它的原因，今天上午我们谈话当中，你说‘听说是民变了，是实在吗？’这不能不涉及屠城问题。”他说：“我的说法不能肯定为屠城，这实在是一种谣言。”我说：“既然如此，我们必须紧急设法制止谣言，安定民心是必要了。”他说：“好！如何办呢？”我说：“这个问题的处理很容易，明天上午以协和会旗本部的名义，表扬拯救日本人性命的满、蒙人，解除谣言，安定民心。同时被满、蒙人救命的日本人都以点心、茶叶、手巾、酒类等礼物来表示感谢。”他说：“这个意见很好。”

次日，在协和会举行了“表扬”式，被拯救的日本人手拿礼物，面对救他们的蒙、汉人站着。我以协和会旗本部长的资格讲了话：“此次事件里彻底做到了日满协和的精神，救出了日本人的性命，是坏事情中的好事，值得表扬的。另一方面，被救的日本人都自动地预备了礼物，表示谢意，更是令人钦佩的。”并且谈到在街里有洗城的谣言，闹得人心惶惶，正好通过这个“表扬”式辟谣——绝不洗城。希望大家安心，勿得庸人自扰。如此结束了讲话。这时候，被救的日本人先行鞠躬礼，然后把礼物捧送到救他们的蒙、汉人的手里。当时看到：那些日本人羞臊得面红耳赤，无地自容，其他参加的如山崎以下日本人，都表现了愤恨与失望。最后，发奖状，闭会。从此城门大开了，交通也恢复了。

四

5天后——11月13日，伪滨江省警务厅派来了“特搜队”，头子是警务厅特务科长，还有伪警佐3名。他们下车以后，就在街里开始抓人。听说把抓来的人以“过干电”的酷刑来逼供。我是重大嫌疑的人，自然无法插嘴，只是悲愤无奈何，静观将来究竟如何。过了10天，听说被抓的约有150余人，多半是拿日本人东西的、拿三泰粮栈粮谷的人们。为此，我到“特搜队”的伪警佐们的住处——天发盛百货店，我见到他们以后说：“听说你们抓了100多人，都是犯什么罪的？”他们说：“特搜队长每天向我们要20个人。”我接着问：“你们以什么理由抓呢？”他们说：“这个街上的穷抽大烟的人们，指谁抓谁。”正在这时，从外边进来了一个人，很面熟，但想不起是何许人。他说：“旗长好？”我问：“你是谁？”他笑着说：“人们都叫我的绰号说‘王尔烈’（清朝时闻名文豪）。”这时候，我才想起他是穷抽大烟的，于是怒气顿生，痛骂他是大混蛋，无天良。他一溜烟逃跑了。当时看到的人们都解了恨。过了几天，听说那个自称什么王尔烈的大烟鬼以下10余人也被“特搜队”抓去，受了“过干电”的刑法，结束了他们被利用的、灭天良的罪恶活动。后据传闻，他们被抓是由于完不成任务——每天检举20个人。他们就这样饱尝了日本人的“推完磨杀驴”的滋味。

“特搜队”到旗半月后，我得到三浦参事官的通知：特搜队长明天回哈尔滨，今天午后5时在一品居饭馆设宴欢送，并嘱务必出席，同时要在开席前致词，意思是叫我表示态度。因此，我也准备了应该说的话。我到馆子里看见摆了4桌席，除满、蒙科长几人外，多数是不认识的日本人和其他几个人。我在开席前致辞：“这次事件发生以后，经过‘特搜队’的活动，遭到了不幸的郭后旗，变得安定了，好人都乐了，坏人都怕了。这是特搜队长阁下和各位努力的结果。我代表郭后旗23万人民表示衷心感谢。”我又接着说：“我还有要说的话，今天我也不敢说，郭后旗的23万人民谁也不敢说，但是我要把不敢说的话大胆地说出来。这个地方在建国（指伪满洲国）以前叫东三省，是世界上出土匪闻名的地方。那时候，东三省的头子是张作霖，他是土匪出身，所以他对于绿林英雄，非常重视——物以类聚。他的军队的大官大多数是土匪出身的人物。因此有一句流行话‘不当胡子不当官，不下窑子不当太太’。那时候的匪帮，由三五十人、几百人，多到几千人。这些匪帮攻破城市和大屯子以后，就把有钱的人杀的杀，绑的绑，并把他们的家人都圈在一个屋子里，在抢掠贵重和细软的物品以后，把不能拿的如粮米、破鞋、烂布……叫穷人来拿，这叫作‘捡洋捞’（捡便宜的意思）。但是匪帮走了以后，被抢的人们，就是认出是自己的东西，也不敢向穷人们要。久而久之，成了习惯，更谈不到什么犯法行为。这个街的穷人们，对于‘捡洋捞’很有经验。大同元年春（1932年），尚在建国（指伪满洲国）之初，李海清匪帮1万多人进攻农安县，被皇军打败后逃窜到此，就照老规矩办了——叫穷人‘捡洋捞’。此次共匪袭城以后，本街的穷人们认为‘捡洋捞’的好机会又到了，就开始拿粮谷、拿东西。这说明了他们是没有‘法律’常识——愚民无知。此次被抓的人里，除了真正通敌的坏人以外，多数是‘捡洋捞’的。如果对他们都以国家的刑法处分，似乎太重了。前几天，共匪攻进古龙村公所（乡）后，叫穷人拿义仓粮，但是他们谁也没敢拿，原因就是肇源街的‘前车之鉴’，免得犯国法。这样，这个问题可以得到明确的结论。所以，希望特搜队长阁下深深怜悯愚民无知，把这个问题提到‘协和会’中央本部，以‘风俗习惯’来处理，比较适当，不可以国家的法律来惩治。请特搜队长阁下做个参考。”这时候，特搜队长抱着冷静态度，没说什么。

次日，参加宴会的伪总务科长桑春、伪行政科长格增久等，都以貌似亲密的关系、爱护的热情对我说：“旗长这样大胆说话，有啥意思？只是惹日本人不高兴，对你个人没有好处。今后应该少说为佳。”我说：“感谢你们的好意。但是，我不替愚民说话，还有谁敢说呢？该说的还是大胆说，只怕死是没用的。”

几天后，释放了一些人，听说还剩了十几个，但因监狱是归伪监察厅管理，伪旗长向来没有过问的权力。因此，对于那十几个在押的人，就成为爱莫能助的事情了。

五

抗日联军到过的村屯，伪警察署总是调查不出来，老百姓“一问三不知”。抗联的行动神出鬼没——形成了人民抗日战线的铜墙铁壁。在抗联的游击战略上创造了有利条件，在日军方面造成了可怕的孤立局面。在这种情况下，日本山崎科长、三浦参事官等提出了召开民心动态座谈会。主要是想使老百姓把抗联的行踪消息，随时报告给伪警察署，以便了解抗联的行动。

11 月 25 日，山崎科长、三浦参事官等 20 来名日本人和我以下二十几名蒙、汉人出席开会。开会前准备了名茶香烟、美酒佳肴。山崎说：“这个座谈会的内容是，怎样使老百姓把共产匪的行踪消息，随时报告警察署的问题。咱们这个会是充满着民族协和精神，一家人商量事，所以就是说了反满抗日的言论也没事，决不能当成思想犯。希望大家不要客气地喝酒吃菜，随便说话。”席位是为了劝酒方便，日满人掺杂着坐的。这样演了一出“鸿门宴”。我见到我们的人，都是面色苍白，恐惧异常，谁还有心贪图吃喝。但是，我是胆子大的人，谈吐自若，随便吃喝。山崎一再催促大家发言，谁也没有说话。沉闷了一个多小时，仅有一两人小心谨慎地勉强说：“我国因为粮谷出荷、统制经济、要劳工等，失掉民心。”又过了约一个钟头，仍然沉闷着。这时候，我才发言：“我是想啥说啥，请山崎科长做个参考。现在老百姓为什么不把共匪的消息向警察署报告呢？根本原因就是怕杀头。如前 40 多天，共匪路过肇州县托谷村赵金屯（区划）后，次日赵金的儿子（区划长）到肇州县公署报告了，几天后共匪在半夜里又来到该屯，召开了群众大会，向群众说，把抗联的消息报告给日本鬼子的人是什么人呢？群众中就有人回答说：‘汉奸！’掌握大会的人又问群众说：‘把汉奸怎么办呢？’群众一致说：‘应该杀头。’结果把赵金（70多岁的恶霸地主）和他的儿子都杀了。从这个消息传出以后，老百姓只是‘烧高香，叩响头’，但愿共匪不到他们的屯子去。首先怕杀头，其次怕警察盘问。我听说：共匪三十几人是从7月以来，经过密山、东兴、海伦、呼兰、兰西、肇州等县向西窜入郭后旗境内的，为啥日满军队不截击而早日消灭他们呢？这是我个人思想中怎么也不能明白的问题。过去，我听说日本兵1个人能打中国兵20名，既然这样，若有两三个日本兵就能够消灭共匪了。现在的皇军还有飞机和大炮，难道消灭不了吗？其实老百姓有啥能力，一味追求民心动态，既不起应有的作用，更解决不了多大问题。”这一席话说得日本人内有深思，外现委蛇。

六

徐泽民领导的抗日联军12支队，仅以36人，袭破了伪郭后旗肇源街，杀了11名日本人，缴获枪100多支及其他物资无数，大大鼓舞了人民的抗日胜利信心。翌日早7时撤退时，该支队的人数突增到100多名。这正说明了抗日联军得到了人民的拥护。相反的，日军不得人心而孤立了。

抗联到11月末，已经攻破了郭后旗的大官村公所、古龙村公所，并且扩大了活动范围，发展到大赉县、泰来县和杜尔伯特旗境内，声势浩大，几乎是所向无敌。

其　他

拯救“日本小姑娘”

聂荣臻*

战时的生活，并不都是炮火轰鸣、刀光剑影的场面，也常常遇到一些曲折有趣的事情。这些事情留给人的印象是很深刻的，时间虽然过去了几十年，但一想起来，好像并不遥远。百团大战中，我们部队拯救“日本小姑娘”的故事，就一直留在我的记忆之中。

这是激烈的战火中一个很有意义的“插曲”。

在进攻井陉煤矿的战斗里，我们的部队——3团1营的战士们救起了两个日本小女孩，大的五六岁，小的还在襁褓之中。她们的父亲——井陉火车站的日本副站长，受了重伤，经抢救无效殒命，她们的母亲也在炮火中死亡。部队从战火里救起她们的时候，那个不满周岁的女孩伤势很重，经过我们的医务人员及时抢救和治疗，使她脱离了危险。前线部队不能带着两个孩子参加战斗，他们请示我如何处理，我答复他们：立刻把孩子送到指挥所来。

当时，我的想法是，孩子是无罪的，应当很好地安置她们。至于究竟怎样办，我考虑，或是由我把她们养起来，或是把她们送回去。我想，如果养

* 作者时任八路军晋察冀军区司令员兼政委。

起来，激烈的战事不知何时结束，边区的环境不仅艰苦，而且敌人“扫荡”频繁，部队经常转移，照顾两个小孩子，将有不少困难。再说，两个孤苦伶仃的孩子留在异国他乡，大的五六岁了，已经开始懂事，留下来她很可能会伤感的。她们失去了父母，只剩姐妹二人，不在本国的土地上，将来也会给她们造成痛苦。送回去，爸爸妈妈虽然死了，她们家里总还会有亲戚朋友可以照应吧。想来想去，我决定还是把她们送回去。

半天工夫，部队就派人把两个孩子送到了我的指挥所。我先抱起那个受伤的婴儿，看到伤口包扎得很好，孩子安详地睡着。我嘱咐医生和警卫员，好好护理这个孩子，看看附近村里有没有正在哺乳期的妇女，赶快给孩子喂喂奶。那个稍大些的孩子，很讨人喜欢，我牵着她的手，拿来梨子给她吃。小孩子还挺有意思，开始不肯吃，我用水把梨冲洗了以后，她才接了过去。

把两个孩子安顿下来，我让炊事员做了一盆稀饭，把那个稍大些的孩子拉在怀里，用小勺喂她，孩子就显得不那么拘束了。我问她叫什么名字，她“嗯嗯”地回答着。翻译在旁边说，她说叫“兴子”。我听这个名字差不多，像日本女孩子的名字，日本的女子很多都叫什么子的。其实，这个小姑娘叫美穗子。她 1980 年来我国探望的时候，对我说，在日本话中，“兴子”的发音和“死了”的发音相近，当时她很小，问她叫什么名字，她不知道怎么回答，只知道说“妈妈死了”，翻译就由此认为她叫“兴子”了。

两个小孩子在指挥所停留期间，这个大一点的孩子一直跟着我，常常用小手拽着我的马裤腿，我走到哪里，她跟到哪里。《人民日报》在 1980 年发表的那几幅照片，就是当时的情景。后来，我安排往石家庄送她们，找了一个可靠的老乡，准备了一副挑子。那时候，挑子要算太行山区最好的交通工具了，翻山越岭，不怕颠簸。我和指挥所的几个同志，担心孩子在路上哭，在筐里堆了许多梨子。我还给日本官兵写了一封信。这封信的原文是：

日本军官长士兵诸君：

日阀横暴，侵我中华，战争延绵于兹四年矣。中日两国人民死伤残废者不知凡几，辗转流离者，又不知凡几。此种惨痛事件，其责任应完全由日阀负之。

此次我军进击正太线，收复东王舍，带来日本弱女二人。其母不幸死于炮火中，其父于矿井着火时受重伤，经我救治无效，不幸殒命。余此伶仃孤苦之幼女，一女仅五六龄，一女尚在襁褓中，彷徨无依，情殊可悯。经我收容抚育后，兹特着人送还，请转交其亲属抚养，幸勿使彼辈无辜孤女沦落异域，葬身沟壑而后已。

中日两国人民本无仇怨，不图日阀专政，逞其凶毒，内则横征暴敛，外则制造战争。致使日本人民起居不安，生活困难，背井离乡，触冒烽火，寡人之妻，孤人之子，独人父母。对于中国和平居民，则更肆行烧杀淫掠，惨无人道，死伤流亡，痛剧创深。此实中日两大民族空前之浩劫，日阀之万恶罪行也。

但中国人民决不以日本士兵及人民为仇敌，所以坚持抗战，誓死抗日者，迫于日阀侵略而自卫耳。而侵略中国亦非日本士兵及人民之志愿，亦不过为日阀胁从耳。为今之计，中日两国之士兵及人民应携起手来，立即反对与消灭此种罪恶战争，打倒日本军阀财阀，以争取两大民族真正的解放自由与幸福。否则中国人民固将更增艰苦，而君辈前途将亦不堪设想矣。

我八路军本国际主义之精神，至仁至义，有始有终，必当为中华民族之生存与人类之永久和平而奋斗到底，必当与野蛮横暴之日阀血战到底。深望君等幡然觉醒，与中国士兵人民齐心合力，共谋解放，则日本幸甚，中国亦幸甚。

专此即颂

安好

聂荣臻

八月二十二日

为什么写这样一封信？我是这样考虑的：我们进行抗日战争，这中间不只是打仗的问题，还要注意不失时机地对敌军进行政治工作。这一点非常重要，它涉及军心的问题。就是将来不论同任何侵略军作战，都不能忽视这项工作。在战争中间，如果你拿着枪同我们打，那我们绝不客气；但是，一旦解除了你的武装，我们就坚决执行“宽待俘虏”的政策。

当然，这两个小孩子，根本不同于解除武装的俘虏。小孩子是战争的受害者。我们八路军决不搞日本侵略军那一套。日本法西斯推行“杀光、烧光、抢光”的“三光”政策，不知杀害了我们多少无辜的群众，孩子、婴儿也不能幸免，惨无人道到了极点。我们共产党领导的八路军，实行革命的人道主义，对被俘士兵我们绝不伤害，对日本人民我们不仅不伤害，还要尽最大力量给予爱护和照顾。

我写的这封信没有加封，不管你高级军官理不理，反正要经过你下层人员的传递，他们总可以看到。这些下层人员同军阀、战犯是不同的，好多人是强征来的工人、农民。我记得，晋察冀军区俘虏过一个叫中西的日本兵，他被俘后要求留在我们这里，我同他谈过话。我问他，你不回去，想做些什么呢？他说，随便分配我做点什么工作都行。那个时候，我们部队还缺乏使用日本掷弹筒的经验，缴获的大批掷弹筒，不能及时用上，中西就担任了这方面的教官，教八路军战士使用掷弹筒。后来，被俘日军士兵愿意留下的越来越多，他们就组成了一个“反战同盟”支部。这些人在我方多数表现很好，很能吃苦，作战勇敢，没发现有逃跑的。日本帝国主义投降以后，这些人回到日本，不少人参加了日本共产党。所以说，日军中间并不是不可以做工作的，应该大力地开展工作。

我们将两个小女孩送交给日军后，他们还回了信，说八路军这样做，他们很感谢。

自从送走了两个孩子之后，这些年来，每逢想起这件事，还常常为她们担心。烽烟四起，兵荒马乱，不知两个小姑娘当时是否安全回国了。1980年，报纸上发表了姚远方同志的文章《日本小姑娘，你在哪里？》的报道，在中国，在日本，都引起了很大的反响。日本的《读卖新闻》社记者经过认真仔细地查找，在九州找到了那个大一点的小姑娘。现在，她已经是3个孩子的母亲了，与丈夫经营着一家小杂货铺。她那受伤的小妹妹，在我们送回以后，死在石家庄的医院里。

美穗子这件事，对中日友好产生了很好的影响。日本人民很受感动。那些参加过侵华战争的旧军人，得知这件事的来龙去脉，非常感慨。他们说，八路军拯救日本小姑娘这件事，更使他们认识到侵华战争的罪恶，表示要道歉，要感谢，赞扬八路军的革命人道主义。我收到了一大批来自日本各地的电报和书信。这些信电热情洋溢，北起北海道，南到九州，有的是请美穗子带来的，有的是直接寄来的，有的还送来了礼物。日本旧军人的一个组织也送来了信和礼物，还称我是什么“活菩萨”。

美穗子及其全家来我国探望的时候，我接见了他们。美穗子很激动，热泪盈眶，一再表示感谢。我对她讲，这件事，不只是我一个人会这样做，我们的军队，不论谁，遇到这样的事情，同样都会这样做的，这是我们的政策，是我们军队的无产阶级性质所决定的。美穗子说，她这次由日本来中国，北海道的渔民托她带来一盒干贝，表示对中国人民的祝愿。她还说，当年参加过正太路作战的日本旧军人再三向她表示，他们对不起中国人民，非常抱歉。我回答说，让我们化干戈为玉帛吧，日本民族是勤劳智慧的民族，愿中日两国人民世世代代友好下去，永不兵戎相见。

今天的美穗子，淳朴善良，给我留下了很好的印象。

没有想到，百团大战中这个小小的“插曲”，40 年后，竟成了中日人民友好的佳话。

在战火中营救日本小姑娘

杨仲山*

1940年8月，我在晋察冀军区第1分区3团1营4连任通讯员，加入八路军3个月，我就参加了闻名中外的百团大战。我团主攻的目标是日军驻守的井陉煤矿。

8月21日凌晨4时左右，我连沿交通壕和敌人展开了争夺战，我随连长韩金铭、4班长小张和卫生员小李，冲进山下的碉堡。碉堡里冒着烟，连长韩金铭打着手电筒，我们看到几具日军的尸体横在地上，其中一具日本妇女尸体旁有一个四五岁的小女孩呆呆地望着我们，我们断定是这名妇女的孩子。日军还一个劲向碉堡射击，小李不幸中弹，倒在我的旁边，牺牲了。连长马上命令我："杨仲山，快把这小孩护送到营部的救护所去。"我把她抱起，迅速地撤离火力交织的碉堡，沿交通壕奔向救护所。

我抱着小女孩，钻进路旁的高粱地，向青纱帐的里边转移，高粱叶上的露水打湿了我们的衣服，我怕小孩着凉，蹲在地上搂紧她，随手摘下高粱叶为她驱赶蚊子。远处枪声停了，天已拂晓，我拿出随身带的干饼给她，干饼硬邦邦的，又没有水，难以下咽，她接过去勉强吃了半块。这么小的年龄，

* 作者时任晋察冀军区第1分区3团1营4连通讯员。

就经历了战争的惊吓，又失去了母亲，让人心疼。

早上 7 点多钟，见到前边的村子有老乡来往，我拉着小女孩离开潮湿的高粱地，沿大路赶往营救护所。我向营长赖庆尧汇报了护送日本小姑娘的情况。营长当即说，好好照顾她，赶快送往后方，走不动，就用担架抬。

我 8 点多钟赶回连队，继续参加战斗。战友们把日本小女孩母亲的尸体和几具日军尸体在土山上掩埋了。几天后，我在《晋察冀三日刊》上看到军区司令员聂荣臻已派人把日本小姑娘送回日军驻地（即河北省井陉县微水镇）的消息。我的心里很温暖。非常痛心的是，1941 年，连长韩金铭阵亡，姓张的 4 班长被叛徒打死，在碉堡中营救日本小姑娘的，唯有我是幸存者。

1978 年，我从天津警备区某师副政委的位置上离休。1980 年，正值百团大战 40 周年，5 月 28 日我从国内多家报纸上看到了《日本小姑娘，你在哪里？》的文章及聂荣臻同志手牵日本小姑娘的照片，一眼就认出了这个小姑娘就是自己当年救出的小女孩。我才知道小女孩名叫美穗子。这篇文章发表后不久，日本《读卖新闻》社就在日本宫崎县找到了劫后余生的美穗子。

1980 年 7 月，应中日友好协会的邀请，当年的日本小姑娘美穗子全家来华访问。聂荣臻同志接见了他们。遗憾的是，我未能与美穗子见面。得悉美穗子的近况，我很激动，当即给她写了一封问候的信，托在日本神户市的朋友转交。神户《每日新闻》率先在 1980 年 8 月 20 日，以醒目的标题，翔实地披露了美穗子被救的经过，还刊登了我的照片。8 月 22 日，访华不久的美穗子，给我写来一封热情洋溢的回信："在战火中最初救出我的杨仲山先生，不顾自己的安危，在没有道路的黑暗中、炮火中保护了我幼小的生命，对此实在太感谢您了。""我太幸福了，这是父母健在的人也体会不到的幸福，我含着泪写这封信表示深深的谢意……我幼小生命的得救，证明你们是崇尚人道主义的，热爱世界和平的，我的全家能和这样的人接触感到非常高兴和激动。""中国人民充满人类爱和宽大友谊之情，使我深受感动。""我们以此为开端，虽然是微小的力量，但为中日友好尽最大努力。"这之后，我与美穗子开始了书信往来。最近，我收到她的一封来信和今年春节她参加日中友好活动的照片，我很欣慰。我已 82 岁，她也近 70 岁，她有 3 个女儿，我有 4 个儿女，两家儿孙满堂，享受天伦之乐。我们见面的机会不多了，衷心地祝愿她身体健康，全家幸福，一起为中日友好多做工作，让中日两国人民世世代代友好下去。

（陈杰整理）

出使苏联的回忆

邵力子*

1940年5月，我被国民政府任命为驻苏大使，1942年11月回国述职，即未让我回任，一共在苏近两年半。

当时为什么要我接杨杰为驻苏大使呢？这不是没有原因的。1939年敌机时常来袭重庆，狂轰滥炸，我方无法抵御，人心极度不安。那时美国还在不断卖废铁给日本，只有在斯大林领导下的苏联支持中国抗战，机枪大炮之外，飞机及空军人员也来了不少。一次迎击敌机，击落敌机19架之多，人心大振，但不久，援助忽然停止。因而朝野都认为，要想继续得到苏联的援助，就必须改进中苏邦交，要改进中苏邦交，就必须改派大使，而人选须愿与苏联友好者。于右任、冯玉祥、陈布雷、张季鸾等乃建议蒋介石换我去任驻苏大使，以想法争取苏联援助。张季鸾是蒋介石座上诸葛之一，极力怂恿我使苏。他对中苏关系的看法，我颇动心。

1940年5月16日他为《大公报》写的社论《送邵大使赴苏》中，曾有这样的话："……从狭义的抗战外交上说，中国抗日战争直接保卫自己，间接则屏障友人。就苏联而论，苏联援华，增强我抗战力量，而因我抗战之

* 作者时任国民政府驻苏联大使。

故，使日本不能侵苏，因而使日、德同盟流产，而有其后的转变。这证明中、苏相亲，在过去确是彼此有利的。时至今日，此局势并未更改……”

主张我使苏的人还有一种想法，认为我是蒋介石的亲信，以我使苏或可使苏联相信蒋的表示，而蒋也容易听我的建议，这是比较有利的条件。我对蒋曾抱幻想，所以从 1925 年后，我没有离开蒋，我曾劝谏他不可背离孙先生的三大政策，尤其不可杀害那些听从孙先生的话而参加共产党的青年。蒋总开脱责任，说他自己并不反苏反共，而是下面有人如此，他自己管不了。有时他又把不团结的责任推给对方。

我当时的心情是很矛盾的。大敌当前，我应当为抗日救国尽一份力量，如果能把中苏邦交搞好，不但增加了打击敌人的力量，亦可借以促进国共真诚合作和国内的团结，岂非国家之幸！我尤深盼孙中山先生联俄、联共、扶助农工三大政策得以恢复。因此，对于驻苏大使的任命我是十分兴奋的。但看到 1927 年以来的实际情况，如不能彻底改变，又怎能增进中苏邦交，想到此又不寒而栗。

当时重庆为欢送我使苏举行集会，发言的人都很热情，我也报以热烈的情绪，但着重于一句话：“言忠信，行笃敬，虽蛮貊之邦行矣……”我当着蒋介石的面也说过这话。我的意思是要蒋言行一致，内外一致，只有如此，我的任务也许有完成的希望，如果国内还在叫嚣反苏反共，怎能争取到苏联的援助？又怎能促进中苏邦交？我还向蒋介石引述了内有权臣，大将在外不能立功的话。蒋当时宽慰我，说一定支持我，要我放心。

我行前又向蒋建议，在我去苏联后，政府应表示中国愿与苏联一致反对德、意、日的反苏反共轴心。蒋那时正犯法西斯迷，所以当时哼了几声，未置可否。等到我动身去苏经过酒泉时，接到甘肃省主席朱绍良发来电报说：“委座电话，对于德国事，可不提，特闻。”这短短几个字似对我当头泼了一桶冷水。我感到未来的日子不好过，使命难以完成，但只好勉力尽心去做。

6 月 7 日，我在矛盾的心情中到达莫斯科。我不懂俄文，又从未办过外交，但我不敢信任职业外交家，一来是怕他们有反苏的成见，二来是怕他们搞情报。所以我自己选择了两位助手，一位是参赞刘泽荣，他早岁游苏，是俄文专家；一位是一等秘书孟鞠如，他通法文英文，很用心研究国际事务。还有胡济邦，思想进步，与我相熟，早在驻苏使馆，今后自可仍在一起工作。

我这是第二次赴苏联了，第一次是在 1926 年。那年 7 月，蒋介石任国民革命军总司令，命我为总司令部秘书长。誓师北伐后，他委我代表国民党去莫斯科参加第三国际第七次执委会，而以钮永建代理总司令部秘书长。我早有去苏联观光的愿望，欣然受命。我与代表中国共产党的谭平山先生一起由广东抵上海，准备取道海参崴前往苏联。我当时是一个跨中国共产党的国民党员。到上海时，中国共产党中央召开欢送会。会上主席发言，愿我以纯粹的国民党员代表国民党去苏联开会，欢送我退出共产党；并说我过去为共产党做了一些工作，今后相信我虽在党外，也照样可以为党为革命效力。我不能提出反对的意见，就这样退出了中国共产党。

对苏联，对第三国际，蒋介石表面上很热诚，我没有认识到他是利用这点扩张个人权力。他曾影印了孙中山“以俄为师”的手迹。给人们的印象是孙中山不信任胡汉民、汪精卫而信任蒋介石，这也是蒋的目的。我更因为孙中山在蒙难登永丰舰后，蒋跟随一个多月，写了一篇《孙大总统蒙难记》而很佩服他，几乎把他当作偶像崇拜。第一次赴苏时，蒋要我向斯大林转达他的希望，即要第三国际直接领导中国国民党，不要通过中国共产党。我这才觉得他的想法不对，忍不住说：“共产党是第三国际的直接组成分子啊！”他也明知如此，但仍嘱我向斯大林转达他这个意愿。

我见到斯大林是在 1926 年 11 月某日下午四五点钟，地点是克里姆林宫，连翻译时间在内，接见不到 1 小时。斯大林很关心东方，对中国革命表示一定支援，预祝革命一定会在工农团结下胜利。我实在说不出希望第三国际直接领导国民党、勿通过中国共产党来领导的话，只能说希望第三国际加强对国民党的领导，斯大林没作肯定答复。

我在第三国际开会后暂留苏联，除有时参观某些建设外，时常到莫斯科专为中国培养革命人才的中山大学去旁听，并学习一点俄文。这时我同国内的通信几乎断绝，从未得到国民党中央和蒋给我的训令。我起初以为北伐军事进展极快，无暇及此，渐渐听到北伐军抵达南昌后一些不好的消息，心里异常着急，但无法探询实况，每日在忧闷中。直到4月中旬，苏方通知我可以回国，我仍取道海参崴，于1927年5月初到达上海，始知蒋已背叛革命。我在上海住了几天，才到南京去见蒋，他并不问我的任务完成得如何，只让我仍当他的秘书长。我这时也展翅难飞，只好对他说："我不能再当秘书长，不离开你就是了。但希望停止杀戮青年，并不要叫我写关于反共的文字。"

1940年6月我第二次到莫斯科时，距我第一次到莫斯科时已有14年之久了。我一到莫斯科，马上忙于争取苏联援助的工作，当时急需的是飞机。当我第二天见莫洛托夫外长时，谈到这事，他说研究后答复。莫氏当时也听到蒋政权会与敌人妥协的传说，并在接见时问及，我申述了日本帝国主义者的阴谋和我国抗战的决心。之后我经常拜访洽谈的是外交部次长洛佐夫斯基。

我方提出的3种类型的飞机共300架。当时苏联正在改造各种新式飞机，所以不能即时供应。苏方同时也指出，迪化飞机制造厂建不起来的责任在我而不在苏。这次苏方提出的建厂预算为470万美金，双方各半，我方资金要求由借款内拨付，苏方坚持要付现款，经过电报往还，蒋才同意付现款。

1940年7月7日，是我国抗战3周年，苏联报刊热烈祝贺，并赞扬我国军民英勇抗战。那时苏联驻重庆总顾问也通知国民政府，飞机以外军械之接济，也正在准备中。果然在当年冬天兑现，通过新疆来的苏援较多。

当时国民政府最关心的是苏、日会不会缔结互不侵犯条约，苏联援华政策会不会改变。我为探听这些消息随时奔走，除苏方外，常往访的是英国驻苏大使克利浦斯爵士及其后任卡尔大使，我也有时去访美国驻苏大使斯坦因·哈特。

1940年9月，德意日三国签订同盟协定，当时德放出空气，说此协定并非对苏，日本也在极力拉苏联，松冈洋右发表讲话，说愿与不阻止其建立大东亚势力范围之国家合作。我看清了三国协定的本质，主要实系针对苏联，此为我国争取苏联合作对敌之极好机会，因在9月28日致蒋介石电报中说："……苏、德间日益貌合神离，不独职观察如此，英、美两大使印象亦同。该协定第五条明是德国敷衍苏联，同时亦是为苏、日关系并无转好之明证。我与英、美，似应乘此时机，各自或共同增进对苏关系。”我建议蒋介石径直电斯大林，表示意见。这个建议，蒋介石算是很快接受了。他让大使馆转了“致斯大林先生电”，表示德意日同盟对中苏关系重大，中苏应一致对敌。

9 月 29 日蒋介石致斯大林电文如下：

> 德意日三国同盟协定订立之后，国际局势必将迅速演变。先生高识伟略，定具宏谟。此事在亚洲方面，当为日本帝国主义作更大冒险之开始，于我中苏两国关系至为重要，吾人应取如何方针，甚愿得闻尊见。中国自抗战以来，外交方针无不期与利益共同之苏联一致，中正自去年欧战发生以来，更无时不思商承教益，藉作指针，惟恐间接传语，或未能尽达鄙意。今特直接致电，务请赐以明教，由邵大使转下，裨我中国对日彻底打击大东亚新秩序之抗战，得有最可信赖者之指教，而克达吾人共同之使命。不胜切盼，敬祝健康！蒋中正 申艳。

10 月 16 日，约在我转电给洛佐夫斯基次长半个月以后，斯大林有复电给蒋介石，是 18 日洛佐夫斯基次长约见时交我的。全文如下：

> 大元帅蒋介石先生：
>
> 赐书奉悉，甚感谢阁下之信任与厚意。余之奉答迟缓，乃因来示所提问题之复杂性。余甚难对阁下有所建议，则因对中国及日本之环境未能充分明悉。惟对于所注意之问题，余有较可认为确定之意见，谨奉告阁下。余以为因三国同盟之缔结，似乎稍使中国情况转劣，并在若干部分对苏联亦然。日本至最近时期原为孤立，在三国同盟后，则日已非孤立，已有如德、意两国之同盟者。但因三国协定之矛盾性，在某种国际形势之下，可反使日本不利，即因其打破英、美对日、中之基础也。足见三国协定在此一方面，可为中国造成若干有利。美国对废金属及其他数种货品之禁运，以及缅甸路之开放，皆其直接证明。在如此复杂及矛盾局势之下，依余意见，中国主要任务，在于保持及加强中国人民军。

人民的中国军队，乃为中国命运自由及独立之担负者。果阁下之军队坚强有力，则中国必不可摧破。现在关于对日议和及和平之可能性，谈写颇多，余未知此种传说与事实有何符合。但无论如何，余认为无疑者，只须中国人民军坚固强壮，则中国必可克服任何困难。谨祝阁下健康及事业之成功。

斯大林　1940年10月16日于莫斯科。

函首称呼及函末签名年月日，均系亲笔。

10月22日，蒋介石又有一信给斯大林：

斯大林先生阁下：

接诵10月16日尊函，至感恳切之厚谊，不胜欣慰。尊论精确周详，尤其对于中国军队坚强之一点，实为革命救国之真谛，诵之更令人兴感不置。余可奉告阁下者，即吾人正在于此努力，以克服任何之困难，必有以副阁下之望。日本无论如何，必为中苏两国共同之敌人，此为余于接诵尊函后所得明确之信念，而此相互信念之坚强，足使日本任何之野心与阴谋根本粉碎，至对于此后国际大势之观察及共同目标之方针，甚望时时赐教，必当衷诚领受也。

蒋中正　10月22日

这里值得指出的是，斯大林相信中国抗战若与人民武装相结合必可胜利，以此意暗示蒋介石必须与中共领导的八路军、新四军真诚联合抗战，对蒋当时在后方搞的种种反共活动，谏劝之意亦很清楚。我当时认为蒋介石应当有所觉悟，而苏联亦必开始援助我国。

到12月中旬时，有苏载重汽车300辆（连同汽油、配件）到哈密，装有飞机、大炮与轻重机枪等，回程运我国应交之锡、钨、羊毛、山羊皮等。苏联本提出货款须付现美金，蒋介石坚持要从信用借款内拨付，几经交涉，斯大林同意从贷款中拨付。

我正抱着加强中苏邦交的决心，庆幸争取苏联继续援助的目标已初步达到，万没想到最痛心的消息突如其来，那就是 1941 年 1 月的“皖南事变”，重庆在 17 日又发布了解散新四军的“命令”。同日，蒋介石的侍从室主任陈布雷给我来电，说是新四军“抗命叛变，袭击友军”，“危害民族，为虎作伥”，因此撤销其番号，将叶挺将军革职，交军法审判，并通缉副军长项英等。陈电还说：“如苏友来问真相经过，不妨直告之。以后对于新四军之处置问题，仅以军纪关系，不得不严明赏罚，以利抗战，对于其他政治与党派问题，绝无关系，请勿系念。”

我这时真是焦灼万分，乃给陈去电，说明苏联舆论向来很关心我国的统一团结，“甚冀中央处置此事，确实不牵涉其他政治与党派问题”。其实我也明知这就是反共阴谋的爆发。身为驻苏大使的我，将怎样去向有关方面说话呢？苏方为避免干涉我内政，向来不对我提及有关中共及其军队的事情，但忆及斯大林致蒋电中提到中国人民军的意见，我觉得实在难以对苏联说话了。

有一件值得提出的事，是我原定 1 月 17 日在大使馆举行晚宴，宴请苏外交、贸易两部部长及高级人员，这是我到大使任后的第一次宴会，莫洛托夫外长等已允亲到。至下午 4 时许，苏外交部忽来电话说，临时有重要公务，请将宴会改期，这在外交惯例上是没有的事，对我真是晴天霹雳般的打击，明知必有重大原因，但无法探知真相。接重庆电告新四军事件，始恍然大悟，苏方如何重视这一不幸事件而为之痛心，可以想见。我当时去苏联外交部，根据重庆来电解释，甚难潜词，勉强说完后，洛佐夫斯基次长说，苏联人决不做可使敌人快心的事，请问大使阁下，日本人对此事件高兴否？请转告贵国政府，勿做使敌人快心的事。洛氏并问，果有不扩大与妥善处理，不影响抗战的把握吗？这时重庆外交部、侍从室给我的电报很多，为的是真反共而伪亲苏，想继续得到苏联的援助。事实上自新四军事变以后，苏联并未提出要减少援助的话，这是可以欣慰的。

1 月 27 日苏联各报刊载塔斯社重庆电：题为《中国之内部军事冲突》，全文如下：

最近数星期内，安徽南部发生颇引起中国社会注意之事件，在顾祝同将军统率下之大量中央军突然包围新四军。经数日血战，将其缴械，新四军死伤四千，被俘两千，现该军已正式解散，军长叶挺被捕。据军政部声明，顾军将新四军缴械之原因，为该军不履行国民政府调防黄河北岸之命令，且有叛抗政府军之企图。据报载新四军人员意见，则谓此项指责毫无根据，其真实理由，乃为反对该军革命爱国共产分子之国民党将领偏狭的党见。此事件颇引起中国爱国各界尤其劳动大众甚大不安，彼等多认为此不仅为取消新四军且为取消八路军大规模军事行动之开端。倘果如此，则中国或将展开内战，而内战则只能减弱中国之力量。

后来我因听说重庆对塔斯社所发新闻扣留甚多，我向外交部发电时，曾请对塔斯社不必太过认真。外交部复电说，据中央宣传部国际宣传处复称，他们检查塔斯社电讯，向甚宽大坦白，非万不得已决不加以删扣，自中央明令解散新四军后一个月内，该社曾发数电，颇多鄙视共党方面之谰言，当经告以此项消息传闻失实而删去之，云云。可见苏联还是关心“皖南事变”的，但态度审慎。斯大林和苏共中央当时是从大局着眼的。

1941 年 4 月苏日签订了苏日中立条约，重庆方面极为注意，深虑另有涉及中国的密件，迭电嘱为切实密询。我向苏外交部及英、美等使探询，莫洛托夫亲自答复，苏日订约基于保持苏联和平，并不涉及中国问题，双方谈判时亦未提及中国关系。莫氏且称苏联对中国继续抗战问题毫无变更。英美等使亦认日苏未另有密件。根据以后事实证明这些说法是正确的。

1941 年 6 月 22 日，德国侵苏战争爆发，这期间是我驻苏期间最忙的日子。依国民党和蒋介石的愿望，最好是德日一齐攻苏，以达其反苏反共之夙愿，并坐收渔人之利。据说蒋政府的驻德武官桂永清在德国侵苏前几日就电渝，说德国要在 6 月 20 日光景发动攻苏了，蒋介石和国民党要员皆喜形于色。

战事发生后，重庆政府认为苏联的军力不堪德军一击。他们也很注意苏日关系的动向。外交部估计德国可能会促日本参加对苏战争。当时英美皆同情苏联，中英美苏联合一致之形势已成，极堪庆贺。苏联官方也表示中苏友谊益将增进。我曾催促蒋介石表示态度，我在电报中说：“钧座如何表示？倘日本参加攻苏，中苏应共同对日作战；倘日本暂作观望，中国亦必在各线反攻寇军，以作牵制。中苏两国应相互交换供给者，必当尽力增进。两国在军事上或经济上应如何共同研究或互派专员，盼即商定。”我还建议他在纪念周上特别训勉军民，在中英美苏共同反抗侵略之战线上一致努力。

蒋介石只复我一个简短的电报：“各电均悉，可向苏政府奉命表示积极同情也。”一周后，他又给我一电，说中苏间之具体商讨，“拟在渝与彼方人员径洽”。我也只好遵办。

这时的外交部长是郭泰祺，他曾任驻英大使。我曾建议蒋介石特选专使去莫斯科，以增进中苏关系，他不听。郭自英国回国时，我曾建议郭途经苏联，也未果。我和郭往还过一些电报，交换对国际问题的看法。我告诉他，自斯大林广播后，一般对苏联中途求和之疑虑消释。苏军作战英勇，战报颇确实，前方运输亦多敏速准确。我的意见是中国应促美积极制日，我认为这是美国最好的援华援苏的办法。

我曾希望宋子文部长亲自来苏一行。在我驻苏期间，丘吉尔、艾登、霍布金斯、威尔基等不断访苏，我自觉单以大使资格活动是不够的，且我才力疏浅，应有地位更高的人专程访苏，始能显出中国对苏外交的重视。

苏联抗德后，国民党政府关心的只是苏对华政策有无变化，会不会因自身战事需要停止接济，连驻英大使顾维钧也来电问我。我答复他：苏联远东兵力足资应变，对华政策并无变化，接济增减暂未谈，而且是“中苏如有进一步问题，当由委座与在渝苏方人员先谈”。

在很长时期内，重庆非常关心苏日会不会打起来，反苏分子非常希望苏联东西两面作战，疲于应付。我只好答以苏联对日“尽力避战，亦仍奋战”。

1941 年 10 月中旬，莫斯科前线战事吃紧，各国使馆得苏联通知迁往古比雪夫。这时中苏关系比较积极明朗。十月革命节时，苏外交部举行茶会，主人方面多对我举杯，祝中苏共同胜利。那时重庆方面对英美援华不足也有怨言，陈布雷来电说：“此间已电达英美，告以滇缅战局关系反侵略整个成败，断不可在远东再坐待各个击破。”重庆提出要强大空军支援。这时已是珍珠港事变之前夕了。

1942年10月下旬，我从苏联动身返国述职，在返国前半年多的日子里，忙于促使西北方面的外援运输恢复，当时重庆政府的困难较多，对此催促甚急。一方面是英国原与苏联协定，每月供给苏联锡1500吨，当时因马来全陷，已向苏联提出减为每月1000吨，所减少之500吨，英国政府拟与中国协商代为供给，因为中国原允美国之锡为数较多，因交通情况困难，故未全部运出，英国建议中国拨一部分给苏联，中国还可以换取苏联的汽油及其他物资。重庆政府却说锡是我国从美借款的抵偿品之一种，怕牵涉到债信之嫌，经过多少函电，才算打通思想，由驻美大使胡适向美国提出，美国同意。但是苏联的意见是，他们向我国定购的锡和钨等，在初期交得很少，因此关于以应交美国之锡一部转交苏联换取物资问题，须俟依照已订货约的锡及其他货品交付事项组织妥善以后再谈，就是说以交美之锡转苏，不能全部价额换回苏联的汽油。这件事我气力是花了不小，但直到回国也没有下文。

我临离苏联前，算是完成了一件事，借以打开中苏当时虽称友好但无实际行动的僵局，就是签订假道苏联的中亚细亚共和国运输英国援我物资的协定。在往返交涉中，通过英美驻苏大使之口，知道斯大林十分关怀中国抗战，也愿意在对德紧张作战时，尽力为中国人民分忧。在我回国前见莫洛托夫时，他说友邦援助固甚重要，中国自建国防工业尤为根本，实为语重心长。同苏联议定的过境运货新案是：按照我国每年依约应交苏联农、矿品2.4万吨之数，扣去我国向苏商购油料5000吨，暂定过境运货1.9万吨，平均每月1600吨。该案数量不大，但当时对打开僵局是起了一定的作用的。

重庆方面在此时期往往少用塔斯社稿而多用英美通讯社稿，且有时还采用日本同盟社和德国海通社之稿，甚至刊登苏德战报时也用海通社稿，使得苏联非常不满。1942年2月1日，兰州各报大登希特勒讲词，以致苏联外交部远东司司长李凡诺夫邀了刘泽荣参事去谈话，指出这是为敌宣传。当时是谷正伦任甘肃省主席，经往返函电调查，标题虽有暴露德败绩之意，但是编辑部对全稿未加驳斥，显然是错误的。

1942 年 11 月我返抵重庆述职的时候，斯大林格勒城仍在危急关头。我虽力说苏军英勇抗击，必能转败为胜，听的人多不相信，且疑我为苏联作宣传。各团体找我作报告，我也总是讲上述意思。我还致电莫洛托夫外长，祝贺苏军在斯大林格勒区对德军的进攻，得莫氏复电表示谢意。有反苏偏见的人总认为苏联将一蹶不振，在令我回国述职时，即不准备叫我回任。蒋要我担任行政院秘书长的职务，我坚决谢绝，声明愿回驻苏大使原任，蒋最初已有允意。但反对我讲话的人日多，甚至有邵大使像是苏联驻中国的使节之说。到 1943 年初，蒋忽然改变主意，通知我暂时留在重庆，等候任用，不必再回莫斯科。虽然驻苏大使馆刘泽荣参事来电，说苏外交部有表示，希望邵大使早日回任，亦置之不顾，而以我因病自请辞职为名，改派傅秉常为驻苏大使。

反击日军五路围攻

王新亭[*]

1940 年 1 月，奉集总（第十八集团军即八路军总司令部）和 129 师命令，陈赓同志和我率领 386 旅（陈赓任旅长，我任政委）和集总特务团进入岳北，与决死队会合。我是先随补充团到达岳北庶纪的，不久，陈赓同志随旅部、772 团、新 1 团和集总特务团来到庶纪，386 旅与决死队会合，这就是被人称为历史上的“岳北会师”。

太岳抗日根据地，位于白（圭）晋（城）路以西，同蒲路以东，汾河以南，黄河以北，横跨晋、豫两省的三角地带。这里土地肥沃，资源丰富，山岳绵亘，河流纵贯，很利于我抗日军民开展游击战争。太岳区东面是太行抗日根据地，西面是晋西北解放区，它是我华北敌后重要的战略基地之一，开辟和巩固太岳根据地，对整个华北抗日战争具有很重要的意义。

抗日战争初期，八路军总司令朱德、副总司令彭德怀曾经亲自率领部队转战于太岳区的洪洞、赵城、安泽、沁县一带。并且于 1938 年 3 月，在沁县小东岭村召开过东路军高级将领会议，研究粉碎日本侵略军对晋东南“九路围攻”的战略部署，取得了反击日军进攻的胜利，为太岳抗日根据地的建

---

* 作者时任八路军第 129 师第 386 旅政委。

立奠定了基础。

这次我 386 旅与决死队会师，形成强有力的拳头，很快改变了太岳区的形势，使阎锡山企图消灭决死队和摧毁太岳抗日根据地的阴谋成为泡影。阎锡山不甘心，于 1940 年 1 月 28 日，伙同国民党的第九十三军、第二十七军等部队，向我太岳区安泽、屯留间的府城、黄寨、张店地区发动进攻。阎锡山亲自派其独立第八旅，袭击驻扎在高平地区的我八路军第 344 旅。不久，阎锡山顽军又伙同国民党的第二十七军，于 2 月 17 日，进攻我 386 旅的旅部所在地屯留县张店镇。我军根据党中央关于“坚持抗战，反对投降；坚持团结，反对分裂；坚持进步，反对倒退”的方针，遵照毛泽东同志指示的“人不犯我，我不犯人；人若犯我，我必犯人”的自卫立场，在陈赓旅长的统一指挥之下奋起自卫，坚决地反击了蒋介石和阎锡山军队的进攻，狠狠地打击了顽固派的嚣张气焰。

毛泽东同志对于山西我军反击阎锡山军队投降反共活动，给予了很大的关切。他在 1940 年 2 月发表的《必须强调团结和进步》一文中指出：“为了进步，就要反对倒退……反对在山西进攻新军、摧残牺盟会和残杀进步人员。”毛泽东同志这些重要指示，给予我山西军民以无比锐利的思想武器，鼓舞着太岳区军民英勇果敢地同顽固派进行斗争。我们一方面采取积极行动，从军事上反击蒋、阎军队的进犯，另一方面，以决死队第 1 纵队负责人牛佩琮同志为代表，与国民党军队进行谈判。通过我们的军事反击与和平谈判，蒋、阎顽固派不得不与我们达成暂时划界协议。议定双方以临（汾）屯（留）公路为界，界南为国民党军队的驻防区，界北为决死队和八路军的驻防区。从此，我太岳区管辖的范围被确定为同蒲路、白晋路、临屯公路之间的三角地带，这就是我 386 旅奉命进入太岳区，与薄一波同志领导的决死队在岳北会师以后所开创的新局面。从而使我们在太岳区站稳了脚跟，为继续开辟和巩固太岳区，为继续开展抗日游击战争和反对蒋、阎顽固派的斗争打下了基础。

当我们刚刚在太岳区站稳脚跟之际，日本侵略军便调动了两个师团和一个混成旅团，共计 6000 余人的兵力，于 1940 年 3 月底，在沁县、屯留地区，向我 386 旅发动了“五路围攻”。

3 月 31 日，日军从长治出动 3000 余人，途经鲍店镇，分三路继续向北进犯。其中第一路大约 2000 余人，从鲍店向西北方向的河神庙开进；第二路大约 400 人，从鲍店镇向北，朝着川底坪村方向开进；第三路大约 300 余人，从鲍店镇向北，经过西贾村，沿公路向屯留、余吾方向开进。同时，我们还发现北面的日军也有大量增加，据侦察获悉，驻沁县的日军日前已经抽调出 1000 余人，也开进到新店镇和古县镇附近，而后又分成两路向南急进。其中一路由古县经郭庄沿小道向南，直奔许店、松交方向而来；另一路从古县沿公路经过南泉，继续向南开进。

根据上述敌情，旅的几位领导分析判断，认为日军是从南面来了三路，北面来了两路，从兵力分布上可以看出日军这次企图是乘我 386 旅刚到岳北地区，群众基础不牢的机会，向我们实施“五路围攻”。并判定，日军的主攻方向将是来自东南方向的三路日军，北面的两路日军兵力较小，可能是配合东南方向的攻击行动。

面对日寇“五路围攻”的态势，我们经过反复研究，拟定的作战部署是：以新 1 团和一部分地方武装，乘日军行动的空隙，穿插到日军的后方去，到外线的白晋线上实施游击，吸引日军的围攻行动；以旅的主力第 772 团以及补充团等部队，在梧桐柏、正沟、红家沟、高坪庄、土家寨等村镇地域，构成内线布防，与日军进行周旋，寻找战机，歼灭敌人，以粉碎日军的这次“五路围攻”。另外，我们还将决死队第 38 团部署在中村西南方向的西西庄和崖底村一带，阻止和夹击可能由张店镇向中村方向进犯的日军，以配合我旅主力歼灭日本侵略军。

作战部署决定后，我们立即召开团以上干部会议，下达了战斗任务。陈赓同志严肃指出：一定要打好这一仗，否则将对我们坚持太岳根据地和继续开展反顽斗争带来不利影响。接着我向到会干部讲了做好部队的政治动员工作，我着重强调了几点：第一，要向指战员们讲清楚，打好这次反击日军的围攻作战，对我们 386 旅今后能否坚持太岳根据地，更好地依靠太岳地区的有利条件，开展抗日游击战争有很重要的意义；第二，要向指战员们讲清楚，决死队的抗日青年和领导都把我们看成是抗日的主力部队、骨干力量和学习的榜样，打好这一仗将会对决死队的广大指战员产生积极影响；第三，要让广大指战员认识到，太岳区的各级党政机关干部和广大的爱国群众，对我们这支具有光荣传统的老红军、老八路所抱的期望；第四，要告诉广大指战员，打好这一仗，不仅对我们继续开展抗日游击战争创造有利条件，而且也对蒋、阎顽固派产生威慑作用，使他们不敢再轻易地向我们制造摩擦和挑衅。会后，我还与政治部主任苏精诚同志带领部分干部，深入到营、连，向指战员们做政治动员，并协助、指导基层政工干部开展战前的政治工作。经过深入的政治动员，广大指战员的战斗情绪非常高，都带着饱满的斗志和必胜的信心投入了这次反敌“五路围攻”的作战。特别是 772 团的 2 连、5 连和 8 连，他们都写了打好这次反围攻的“决心书”和“保证书”。

这次反击日寇“五路围攻”作战，从 3 月 31 日开始，到 4 月 2 日基本结束，一共只用了两三天时间。战斗经过的时间虽然不长，但是战斗进行得非常紧张激烈，连续进行了三天两夜。

3 月 31 日中午，大约 12 时左右，首先与日军交火的是 772 团 1 营，他们在高坪庄、土家寨一带阻击由鲍店镇经河神庙向张店北进的 2000 多日军。激战 5 小时，连续击退了日军的 4 次攻击。日军在进攻屡遭失败后，即向我军阵地施放大量毒气弹，致使我 772 团一营中毒者达 100 余人，受伤者 20 余人。我军当即实施机动，撤至高坪庄以东新的阵地，继续阻击日军的反击，迫使进攻的日军一部分在张店镇以北与我军对峙，一部分向南窜入张店镇。

战斗进行到4月1日中午，我考虑到须防南北日军对我军形成夹击态势，便建议陈赓同志，将我军的一些机关和属于后勤方面的大行李转移至马西村，使主力部队可以更加机动地寻机歼敌。陈赓同志当即同意了我的建议。一方面让政治部主任苏精诚同志组织机关和大行李向马西村转移，另一方面命令第 772 团等主力部队迅速转移到庶纪和大寺区、寺沟一带集结，待机行动。同时，还将 772 团 3 营 10 连继续留在高庄岭，并由该连派出少数人员在北面向古县方向实施游击活动，监视由古县方向南进日军的动向。

至4月1日下午5时，发现南边的日军向张店镇以北之梧桐柏进攻，我补充团1营当即给予迎头痛击，战斗一直进行到晚上，日军不支又逃回张店镇。另一路日军由丈八庙经过黄土坟窜至罗村与吾元之间，与我军略有接触后，又经罗村与南边来的一股日军会合。会合之后的日军气焰十分嚣张，又连续向我补充团1营阵地发动猛攻，并施放毒气，致使我军中毒者达300余人。但是我军仍然坚守在梧桐柏阵地上，继续阻击南边日军的攻击。

由于张店镇方向日军的主力遭到了我军的尾追侧击，损失严重，其他各路进攻之日军也都先后撤退，整个战斗至4月2日下午结束。这次战斗毙伤日军500余人，我军伤亡101人，阵亡的几十人当中，多数系中毒而死，这是此次反击日军“五路围攻”作战中的明显特点，也是我军在今后作战中要努力防范的一大教训。此次反击日寇“五路围攻”作战，从战术方面看，与以往作战不同的是，我军主力部队，先于内线与日军周旋，待给日军以阻击和杀伤后，视机转入外线，寻找有利战机；而后又乘日军疲惫和撤逃之际，迅速调转兵力，从日军的尾部和侧翼，实施猛烈的尾追侧击。这样，可以充分发挥我军阵地战和游击战相结合的优势，最大限度地使用兵力，从而取得了粉碎日寇“五路围攻”的胜利。

白晋战役的回忆

王新亭*

1940 年 4 月，我当时任八路军 129 师 386 旅政委，参加了北方局在黎城召开党的高级干部会议。会议确定当前的斗争任务是：粉碎日寇的连续“扫荡”，坚持敌后游击战争，在巩固和扩大抗日根据地的总任务下，在“有理、有利、有节”的原则下，坚决反击国民党顽固派的进攻，阻止国民党顽固派的投降分裂，努力争取时局好转。

黎城会议是抗战以来，我党在华北地区的一次重要会议，它建立了晋冀豫边区全党建设根据地与坚持根据地的明确观念，统一了太行、太岳、冀南 3 个地区的政权领导，会议提出了建军、建党、建政和积极打击日本侵略军的“囚笼政策”的作战任务。

早在 129 师制订白晋战役计划过程中，刘伯承师长就让李达参谋长先给我们 386 旅打招呼，要我们为 4 月下旬对白晋路施行大规模的摧毁早做准备。我们把这个招呼当作预先号令，立即下达到各个部队，命令部队停止休整，尽快地做好战斗准备。我和陈赓旅长商议，需要派人前往师部请求尽早明确我旅的作战任务，这也是部队广大指战员的要求。当时陈赓旅长身体不适，

* 作者时任八路军第 129 师第 386 旅政委。

经商量，由我赴师部汇报工作并向师首长请领任务。

到达129师师部后，我刚刚向师首长讲明来意，刘伯承师长便亲切地对我说："不要急，部队的分工和任务，我们拟定好了，只是作战的开始时间，现在还不能定。你们太岳部队为南段破路队。准备让你们旅和决死队的4个团担负段柳村、沁县、权店段的破击任务，对夏店、屯留线的日军和平遥南北段的日军进行游击侦察，用破路来阻滞其增援。并且要坚决消灭由沁县、漳源出来的日军。"

听了刘师长讲了我们太岳部队的任务后，我感到很高兴，便立即回答说："我们一定很好完成任务，好好与决死队协同作战。"当时我还向刘师长请示说："具体打法，不知师长有否考虑？"

刘师长向我讲述了这次破击作战计划的制订和对我们386旅使用的意图之后，又用手一面比划，一面向我解释说：关于日军搞的"囚笼政策"这个问题，我作个比喻来说吧。日军是要采用据点之间的铁路和公路构成一张网，企图把我们抗日根据地的军民紧紧地缠起来。他的铁路好比是柱子，公路好比是一条条链子，连结铁路和公路的据点就是一把锁。这样不就成了一个"囚笼"吗？日军想把我们统统装进他们这个"囚笼"里面去，凌迟处死啊！如果我们不能打破他这个"囚笼"，就成了"待决之囚"。所以，我们要坚决截断日寇的交通线，使他们的"血管"不能流通，手脚不能动弹，直至困死！

听了刘伯承师长这一番生动的解释以后，我心中豁然开朗。感到师长不仅考虑问题非常细密，制订作战计划全面周到，对问题的解释有理有据，而且很形象，说服力很强，使我从内心感到敬佩。

我告别了师首长，兴致勃勃地回到了386旅，向陈赓等旅的领导汇报了刘伯承师长的指示和交给我们的破击作战任务。当我讲到刘师长对这次作战计划的制订和对一些问题的论述之后，大家一致感到刘师长站得高，看得远，从而更增加了我们的胜利信心。

5月3日，我们就收到了师部发来的《白晋路北段战役计划》和《白晋铁路破击作战的政治训令》。

在《白晋路北段战役计划》中，给各参战部队的任务是：

一、以师特务团并 386 旅一部分部队、祁太地方游击队，附电台一部，为北段破击队，背靠黑峰破击东观、来远段。同时，负有掩护中段破击的任务。

二、以 385 旅、平汉纵队主力与晋冀豫边纵队的第 1、3 团，担任主要突击方向，彻底破击来远至故城段。顺势烧毁南沟、南关、来远敌存储的军用品。

三、以 386 旅主力和决死纵队的 4 个团，组织南段破击队，担负段柳村、沁县、权店段的破击任务；对夏店、屯留一线之敌人和平遥南北段的敌人进行游击侦察，用破路来阻滞其增援。并且坚决消灭由沁县、漳源出动的敌人。

四、挺进支队为战役预备队，位于云簇以西山地策应。

五、王树声指挥保 6 团及平（遥）、和（顺）、榆（社）地方游击队，在昔（阳）和（顺）间破路侦察，主力对榆（社）太（谷）敌游击侦察。

六、总部特务团及警务第 2 团，向段柳、虒亭、夏店、五阳村段游击破路，查报敌情，掩护总部之安全。

七、警备旅（不含第 2 团）积极袭扰微子镇、潞城之敌，掩护师的后方。

八、平汉纵队的第 3 团、385 旅一部组成的新部队，分别由温城、小岭底向辽县游击袭扰，以使敌人不能扰乱我作战军队的背后。

各部队于 5 月 5 日黄昏（20 时）隐蔽进到破击地段开始动作，争取连日不断地破击，只有在不得已时才能转移机动位置。

在《白晋铁路破击作战的政治训令》中，强调和重申了全军必须遵守的政策、纪律：

一、必须将所缴获的胜利品，特别是军用品、铁轨等全部迅速运回后方，干部党员应以身作则，反对个人发洋财。

二、不准搜俘虏腰包，不准剥敌尸腰包，违犯者受处罚。

三、争取铁路员工和在维持会的人员，不准污辱，不准称呼其为俘虏，应注意安慰和物质上的招待，不得饿饭，违者受严重处罚。

四、必须保障协同破路之民众的安全，发现敌情，应首先掩护民众安全退出战斗区，不得抛开民众不管。

按照师首长的作战部署，我军各个破击部队，在2万多名当地抗日群众的协助之下，于5月5日夜间，在100多公里长的铁路线上展开了规模浩大的破击作战——白晋战役。

白晋战役打响后，首先行动的是385旅的第769团和第14团，他们于5日当晚就攻入了南关镇。据守在镇内的200多个日军，除了少数钻进了坚固的碉堡内顽抗外，其余大部分被我军击毙，还解放了一大批修筑铁路的工人，缴获了1000多箱炸药和其他物品。

紧接着，我386旅和决死队第1纵队的一部，向白晋路的南段实施破击。在统一号令下，破路部队和参战群众一起行动，攻据点、打碉堡、割电线、掀路轨、炸桥梁等，经过一夜的奋战，将日寇所控制的40多公里的铁路和公路彻底破坏。当天夜里，我旅一部在决死队第1纵队的密切配合下，攻入牛寺、漳源、固亦镇，同日军进行了反复肉搏，并且袭击了日军的一列火车。还趁日军注意力集中在白晋铁路破击战之际，突然向赵城东北方的刘家庄实施攻击，歼灭了守在该据点内的40余名日军，缴获了全部枪支、弹药和文件、物资。

刘伯承师长接到了我们这个战报后，曾称赞我们说："他们眼快手快，抓到敌人的弱点，就给以痛击，打得机动灵活。这种战术如果在全军中发扬起来，就可以使日寇陷于顾此失彼的窘态。"

5月6日，权店、沁县等地日寇又派出大量兵力，企图阻止我抗日军民的破路行动。我386旅立即组织还击，敌遭到沉重打击后，又不得不缩回原来的据点。

这次对白晋铁路发动的大规模破击作战，我129师所属的主力部队几乎全部投入了战斗，加上太行、太岳区的地方游击队和2万多民工参加，使这场规模空前的交通斗争达到高潮。广大军民密切配合，搬铁轨、烧枕木、破路基、炸桥梁、翻火车、割电线，对白晋铁路进行了彻底的破坏。经过仅仅一日两夜的破击作战，就将日寇经营了一年多的白晋铁路破坏了 50 多公里，摧毁大小桥梁 50 多座，炸毁车站 3 处、火车 3 列，焚毁弹药库、汽油库各 1 座，消灭日军警备队长峰下正荣以下 350 多人，缴获步枪 400 余支，还运回铁轨 1000 余条和大批的军用物资。同时解放了几千名为日军修路的民工和铁路工人。

在这次破击白晋铁路的作战中，靠近白晋铁路沿线的广大人民群众，和初次与我 386 旅配合作战的决死队第 1 纵队的第 59 团指战员，创造了许多生动感人的英雄事迹，为战役作出了很大贡献。他们还与沁源县群众数千人相配合，为了协同白晋路的破击作战，积极在同蒲路沿线开展袭扰活动，吸引日军的注意力，并一度攻入霍县东南之刘家庄日军据点，全歼了守在据点内的日军。

白晋战役基本完成后，师首长遂下令我旅等主力部队撤出战斗，并将尔后的破路任务交给了太岳、太行等地方部队和游击队去继续执行。这场规模空前的交通斗争，一直持续到 1940 年的 8 月间，使日寇在太岳、太行地区推行的“囚笼政策”，第一次遭到沉重的打击。后来，日寇又费了一年时间，耗费了大量的人力、物力，才将支离破碎的白晋铁路，恢复至襄垣县内的夏店镇。全长也只有 130 公里，只是原来计划的三分之一左右。

白晋战役胜利后，朱德总司令和彭德怀副总司令于 5 月 9 日发电嘉奖，电文内容是：

刘师长、邓政委、蔡主任：

白晋战役，赖诸同志指挥有方，全体将士戮力用命，获得了伟大的胜利，配合晋南友军，给予日寇以严重打击。捷报传来，无限欣慰，特电嘉勉。望全体指战员同志们，继续努力，发扬我军英勇顽强之光荣传统，彻底粉碎敌寇对我晋东南之扫荡。

朱德、彭德怀佳电

后来，我 386 旅与其他兄弟部队一起，坚持对白晋铁路进行规模不等的破击作战。使日寇不堪修复之累，同时由于我军民不断总结经验教训，使得破击作战屡战皆捷，又获得朱德总司令和彭德怀副总司令在6月26日的再电嘉奖:“刘师长、邓政委转破击白晋路部队全体指战员:梗电悉。该部连日袭击白晋路北段铁路，破坏极巨，俘获众多，予敌寇以严重的打击。消息传来，殊深嘉慰，除呈报及存记外，特传令嘉奖。”

去美国驻汉领事馆求援医药记

孙光珠*

1940年春，新四军豫鄂挺进纵队已发展到5个团队和3个总队。为了牵制日寇西进，配合正面战场作战，纵队主力和司、政两部进驻了白兆山和大山头一带。为了战争的需要，野战医院也建立起来了。李晓白任政委，栗秀珍任院长，我任医务主任。当时日寇封锁严密，"扫荡"频繁，战地缺医少药，困难重重。除了就地取材、加工自制和穿越敌人封锁线设法采购外，我们还大胆地做国际统战工作，得到了医务人员和一大批急需的药品、器械的援助。

一

这一年，我军在平坝连续3次打退了敌人的大规模进攻，保卫了白兆山根据地，大大鼓舞了人民群众的抗日斗志。京（山）安（陆）地区的抗日十人团，在中共地方党组织的领导下，像雨后春笋蓬勃地发展起来。在锄奸、支前、维护社会秩序和组织生产等方面发挥了很大的作用，根据地呈现一派兴旺景象。

---

* 作者时任新四军豫鄂挺进纵队野战医院医务主任。

同年隆冬，美国进步女记者艾格妮丝·史沫特莱到我豫鄂边区新四军战地参观采访。农历腊月二十五日（1940 年 2 月 2 日），来到了驻扎在五战区国防前线的我纵队司令部。次日，深入我们设在来子湾的战地医院，参观了诊断室、手术室、病房……陪同她来的中国翻译安娥不断地在史沫特莱和李政委、栗院长之间，用两国语言进行翻译。史沫特莱看到了我们用民房设置的病房，用门板搭起的病床，用白土布缝成的手术帐篷，用竹蒸笼代替的高压消毒锅和自采的草药，自制的脱脂棉、绷带。也看到了我们在极其艰苦的环境中，医务人员兢兢业业的服务态度，工作人员与伤病员之间深厚的感情。她惊奇地说："想不到在这个山沟里还有这样一座医院，你们的条件困难，设备简单，但精神振奋，工作先进，中国人民了不起！"

当栗院长陪同史沫特莱休息的时候，李政委把我叫到一边："李司令员（指李先念）说，这次史沫特莱来采访，看到了我们的很多单位，对我们的工作很赞扬，是个进步的美国记者。我们要抓住这个有利时机，通过她，使我们的一些医院得到国际方面的一些援助。"

"她是一个记者，怎样支援我们的医务工作呢？"我有些不解地问。

"她现在来汉口搞国际医疗工作，她和美国驻汉领事馆领事戴维斯是朋友，可以通过她的关系再去找戴维斯。"李政委接着说，"今天晚上我们打算为史沫特莱开一个欢迎会，你要立即做好两个准备。第一，写一份需要支援的医、药、器械的计划；第二，在今晚的欢迎会上用英语致欢迎辞。"

第一点我可以立即动手，第二点有没有必要呢？于是我说："政委和院长讲就行了，我用不着发言吧？"

"你用英语致辞有特殊的意义。"李政委很郑重地说。

我想了想，是不是用英语致辞，好让史沫特莱知道，在我们的山沟里不仅有这样一座医院，而且医院里还有懂外语的医生呢？这也许就是李政委所说的"特殊意义"吧！于是，我欣然接受了这两项任务。

晚上，在一间民房堂屋布置的会议室里，点亮几盏煤油灯，召开欢迎会。史沫特莱听着李政委、栗院长的介绍和我热情洋溢的英语致辞，不断地点头微笑。最后她致了答谢辞，称赞我们在艰苦的环境下坚持抗日，称赞我们的医院办得不错，表示愿意设法帮助我们解决当前存在的困难。晚会开得简短、活跃。

二

第二天，李政委送客人去司令部回来，又找到我说："史沫特莱给美国驻汉口领事馆领事戴维斯写了一封信，要求他帮助我们解决医务人员和一些急需的药品、器械，我们决定由你去领事馆联系，今天就出发。"

"我去行吗？"我感到愕然。

"这是李司令员的意见。史沫特莱的信另派专人送到汉口，你化装出发更安全些。"

"危险我不怕，就怕我去完不成任务。"我把思想顾虑说了出来。

"李司令员认为你去很合适，你可以先到他那儿去一趟，看他还有什么指示。"李政委继续动员我。

我心里还是感到不安，马上跑到司令部。见到了李先念司令员，我就说："李政委说，你安排我到美国驻汉领事馆去，这样的任务，我去能完得成吗？"

"你来得正好，我正想找你谈谈。"李司令员顺手递给我一杯茶，"你是民主人士，是医生，又懂英语，我们去是要求帮忙解决缺医少药的问题。所以，我们研究决定你去。你去了以后，主要宣传人民已组织起来了，讲抗日战争的形势和我们的决心，也谈谈当前的一些困难。史沫特莱的信，派小江提前送到你住在汉口的内弟家，你内弟不是在汉口搞邮政工作吗？通过他与戴维斯取得联系。年里时间太紧。今天已是腊月二十七了，得马上出发。先到陶政委（指陶铸同志）那儿路过一下，看他还有什么意见。"

我想，领导既然考虑得如此周到，那就用不着犹豫了。我立即冒着呼啸的北风和纷飞的雪花，骑上战马，奔向陶政委的驻地辛家榨附近的张家山。

我下马后，抖了抖身上的雪花，走进了陶政委的办公室。他立即问道："下这么大的雪，你怎么来了？快来烤烤火。"同时，招呼通讯员往炉子里加一些木炭。我坐在火炉的旁边，把李司令员的安排汇报了一番，最后，我加上一句："就怕我去完成不了任务！"

陶政委听完后说："好呀！这是一项特殊任务，为了团结更多的抗日力量，大胆去吧，也和美国进步人士搞统战嘛。毛主席在抗日战争开始时讲过，我们要在不丧失领土主权的条件下，争取国际力量的援助。你去讲讲我们地区抗日十人团发展的情况，也可以讲一讲我们当前的困难。要求他们给予一些援助。讲话要理直气壮，不卑不亢，你看行吗？"

我的思想顾虑，经李司令员和陶政委的先后启发，彻底消除了。我立即像战士接受命令一样答道："好！马上出发，坚决完成任务！"

"今天不早了，明天大早动身。"陶政委看了看窗外黄昏的飞雪说。

陶政委还特地炒了鸡蛋为我饯行。因为再往前走，就全部是敌占区，所以陶政委把走的路线、沿途注意的问题和到达领事馆的活动一一作了交代。然后，催我早点休息。

三

一觉醒来，我立即穿上借来的便衣，打扮成生意人的模样，带上填着小贸身份的"良民证"，提前吃了早饭。陶政委找来一个叫张义周的青年农民，说是给我当向导和护送我去汉口的。行前，还一再嘱咐我一路上要胆大心细。我知道，他的意思是要我通过敌占区时沉着应付敌人。我连连点头，让政委放心。

雪，比昨天下得更大，路上已积了半尺深。我们俩人各拄着一根竹竿探路，防止跌入雪坑。

中午时分，我们到达了云梦城边。刚到街口，一个伪军问道："到哪里去？"

"回汉口岳母家过年。"我沉着地回答。

"是干什么的？"

"做小生意的。"

"有良民证吗？"

“有。”我从衣袋里掏出证件，随手递了过去。

风雪交加，天气寒冷，加上我们两人没带多少东西，那个伪军例行公事式地盘问了几句，就躲进岗棚里避寒去了。

雪还是一个劲地下着，一双棉鞋已经走破了。到了伍洛寺，天色渐晚，我们只得找一间小旅馆住下。

夜间，当地维持会的几个汉奸查房来了。一个汉奸拿着登记簿，首先问了我们的籍贯、姓名、哪里来的，然后说：“良民证拿来看看！”我满不在乎地又把那个玩意儿递了过去。

“你是干什么的？”

“良民证不是写着做小生意的么？”

又指着小张问道：“他呢？”

“是我亲戚，种田的。”

“到哪里去？”

“汉口。”

“快过年了，到汉口去干什么？”他想找出点破绽，继续盘问着。

“生活有困难，回岳母家过年去。”我顺口答得非常镇定。

“东西拿出来检查一下。”提马灯的家伙想找岔子。

包袱打开以后，除了一套换洗的衣服和少数日用品，其他什么也没有。几个家伙看到没有油水可捞，只好窜到其他客房纠缠去了。

次日上午我们到了孝感。小张也就算完成向导和护送的任务，当即向安陆返回。我叮嘱他向陶政委汇报我一路平安。

我在河口搭上了去汉口的帆船。船家为了年前赶到汉口，日夜兼程。第二天早上就到了汉口的姑嫂树，我就急忙往岳母家奔去。

四

我来到岳母家已经是农历大年三十了。我内弟陈志豪立即以邮务员的身份，把小江送来的信送到领事馆。想不到戴维斯见到是史沫特莱的信，就同意当天会见我。这样，我便立即赶到领事馆，在三楼客厅见到了戴维斯。我进客厅时，戴维斯高兴地张开双手，表示欢迎，并请我坐在沙发上。

“从五战区前线来的吗？”他用熟练的中国话问我。

“是的，今天刚到。”

“你现在来的意思是……”他试探着我的来意。

我简略地叙述了前线抗日的情况和缺医少药的问题。

“你来得太晚，我们大部分人都去重庆了，现在不大好办。”他好像有点为难，似乎想推脱。

看来还得磨一下嘴皮。于是，我说：“日本军队侵占了半个中国，到处奸掳烧杀。中国人民不愿当亡国奴，现在已经组织起来了。我们现在有些困难，美国方面也有所了解。史沫特莱介绍我来找你，要求解决医生和药品、器械的问题，请领事先生大力支援。”

“好吧，”他沉思了一会儿接着说，“今晚开个除夕晚会，请你讲一下，我们再研究。”

接着戴维斯用电话邀请了欧美有关国家驻汉的领事馆、协和医院、文华大学和教会等单位。

戴维斯陪着我吃了一顿西式晚餐。他边吃边问：“前线生活怎样？”

“很艰苦，但我们什么困难也不怕，一心要消灭日本侵略者。”我很有精神地回答。

“你们中国人了不起！”他伸出大拇指夸奖道，“晚会时，你再向各位宣传宣传。”

夜幕降临，华灯初上，被邀约的客人们坐着小轿车、黄包车纷纷而来。灯光辉煌的会议厅内，坐满了几十个碧眼金发的欧美洋人，收音机正播送着除夕的音乐。戴维斯以他美利坚合众国驻汉领事的身份主持了晚会。

戴维斯致辞后接着介绍：“这位是孙先生，人民中国的代表，曾毕业于湘雅医学院。现在，在战地服务。今天由前线来到这里，我们欢迎他讲话。”

满座的洋人鼓了鼓掌，并以好奇的目光望着我。

我从容不迫地按照李司令员、陶政委的指示，把抗日组织和活动情况，把新街战斗和坪坝 3 次保卫战的胜利，把前线的艰苦奋斗精神演说了一番，然后提了些要求。我还说："这次我是刚刚送走到前线采访的美国朋友史沫特莱女士之后，匆忙地化装通过敌占区来汉口的。今天拜访诸位，实在为时太晚。然而，能和诸位共度除夕之夜，迎接中国新年的到来，又甚感荣幸！请让我借此良宵，敬祝诸位新年愉快、身体健康！"我的祝愿赢得了一阵热烈的掌声。

有的人因对中文不够精通，又陆陆续续地用英语提出了一些问题，要我解释，我只好当场用英语一一作答。缺医少药问题，也引起了与会者的一番议论，戴维斯请他们回去再研究具体支援办法。接着客人们吃点心、喝香槟，相互祝酒，笑声朗朗。这时，我顺手取了一块点心，静静地靠在沙发上，眯着眼微笑着，仿佛是陶醉在这欢乐的气氛之中。其实，我正想，我在这金碧辉煌的大厅和洋人们度着除夕之夜，而首长和战友们在前线的炮火声中，又将是怎样迎接新的战斗的一年呢？

"密斯特孙，太疲劳了吧？来，干一杯！"我定眼一看，戴维斯正端着两杯酒来要我同饮。我站起来接过酒，碰了一下杯，一饮而尽。我趁势再要过一杯香槟："我提议，为感谢领事先生的热情招待、为诸位客人的健康、为迎接中国的新年、为争取抗日战争的最后胜利，干杯！"客人们也表示支持我这个来自前线的中国人民的代表，举杯同饮。除夕晚会在欢乐声中结束。

戴维斯答应明天继续商量，并安排我在三楼客室下榻。

五

翌晨漱洗完毕，我就去找戴维斯继续商量支援医药之事。突然，电话铃响了，戴维斯拿起话筒叽里咕噜几句之后，转身对我说："孙先生，日本人要举行新年团拜，我先送你出去，明天再来吧。"

那时，还是珍珠港事件发生之前，美日尚未宣战，日本侵略军与美在汉领事还保持着正常来往。当然，在领事馆团拜时碰上一个中国人是有所不便的。此时我回避一下，一则不至于使戴维斯产生不便，二则好让他有充分的时间为我们的要求与有关方面进行一些磋商。于是，我乘上领事馆为我准备的轿车，回到岳母家中。

初二上午，我又去找戴维斯。见面相互问好之后，他就开门见山地说："医务人员大多数到重庆去了，现在只能给你调一名医生，药和器械大部分可按计划解决。"同时，他还交代了一下具体接洽的问题。

我们说话间，一位年轻中国人走了进来。我站起来，正想同他招呼，戴维斯忙着把我介绍给这位青年："这是前线来的孙先生。"接着又对我说："他是谈太阶（解放后曾任武汉市卫生局局长），在协和医院工作。这次和吴院长商量决定调他去前线。"在领事馆，两个中国人见面感到分外亲热，便立即攀谈起来。

我说："欢迎你呀，我们医院正需要医生，你去将可以发挥很大的作用。"

他生活在城市里，工作在外国人办的正规医院，对战地工作和生活情况一无所知，因而提出了各种各样的问题，我都作了回答。

经过一阵诚挚的交谈，他毅然表态离开繁华的城市，抛弃优厚的待遇，随我奔赴炮火纷飞的战场，参加革命的行列。当我们约定了启程日期以后，我的心里感到一种说不出的高兴！

关于药品、器械的发运问题，我想让留下送信来的小江同志负责办理。他是搞外勤工作的，我们每次到敌占区采购药品，都是他设法穿过日寇的封锁线运回战地的。凭着他积累的经验，也一定可以完成这次任务。我一找小江谈，他就满怀信心地接受了任务。

5 天以后，我和新战友谈太阶同志来到了战地医院。他确实是一位热情高而有胆识的革命青年。价值 5 万元的大批药品器械也陆续运回来了。战地急需而又奇缺的医生、药品、器械基本解决了。这该能减轻多少伤员的痛苦，挽救多少战士的生命啊！

我所知道的渤海回民支队

张树金*

一、部队初建时期

七七事变发生，日本侵略军开始了大规模的侵华行动。天津以南，济南以北，津浦路以东至渤海的河北、山东两省的边界地区——青县、沧县、盐山、东光、南皮、宁津、德县、乐陵等20多个县，在中国共产党领导下，组织了抗日救国军。1938年，抗日救国军改为国民政府军委会别动总队第三十一抗日游击支队，共产党员刘子芳（回族）任支队第一路指挥。居住在这一地区的许多回族青年纷纷到三十一游击支队第一路部队参军。1939年，这支抗日武装奉令南调改编成八路军冀鲁豫部队一部分，原冀鲁边区的抗日武装基本上被调空了。因此，这个地区的一些回族青年，要再参加中共领导的抗日部队，就得跑到远离家乡的地方参军。有的人由于回族饮食禁忌等方面的原因，参军不久又返回家乡。根据这种情况，当地党组织经研究决定，在这块回民聚居地区重新组织一支回民抗日武装。

1940年春，沧州地委和冀中1分区把津南游击支队和沧县县大队中的

---

* 作者时任八路军冀中军区沧州军分区回民抗日大队手枪队副指导员。

回族干部、战士抽调出来，组建了一支回民抗日武装。同年 6 月，津南游击支队又抽调张文林、孙宝岐、张九江、丁玉起和刘玉和等人由津南支队 6 大队大队长刘震寰带队离开津南支队来组建回民抗日部队。刘震寰在沧县、盐山县一带是有影响的共产党人，是这个地区早期开展革命武装斗争的领导人之一，在回、汉两族人民中享有一定声望。抗战初期他任沧县抗日政府区长时，曾率领二三十人的一个区中队，在沧县、盐山公路上作龙堂附近抗击日军骑兵，一举击毙日军大佐以下 10 余名。击毙的日酋大佐，是冀鲁边区抗日武装力量打死的日军最高指挥官，使敌人受到沉重打击。沧县大队也抽调刘金龙、张国民、杨金山、王国全等到回民武装部队参加组建工作，他们是由刘金龙带队来的。由各部队先后调来的总计不足 20 人，其中刘震寰、张文林、张景祥、刘金龙、王国全、张国民、孙宝岐和丁玉起是中共党员。

这支回民抗日武装除孙宝岐是汉民外，其余都是回民，而且都是本地人，他们对这一带的情况都比较了解。在组建回民抗日大队时，有些同志利用回乡探亲的机会，宣传组建回民抗日武装是为了救国救民的道理，这样又有 20 多人跟随探亲的同志来到部队，部队人数增至 40 人左右。

我是河北沧县徐市村人，就是这年 6 月由回民抗日武装里的乡亲介绍参加回民抗日大队的，后来成立手枪队时我担任该队副指导员。

1940 年 7 月初，在山东省乐陵县魏家庵村，由刘震寰主持宣布正式成立冀中军区 6 分区（沧州军分区）回民抗日大队。记得同时还宣布成立了抗日群众团体“回民抗日救国总会”。新成立的回民抗日大队，由刘震寰任大队长，张文林（沧县东赵河村人）任政治指导员，丁玉起（沧县孟村人）任中队长，张景祥（沧县东河人）任 1 班长，刘金龙（沧县刘家庙人）任 2 班长，张国民（南皮县徐庄子人）任 3 班长。

抗日大队成立后，便组织部分干部、战士深入到可能到达的村庄，宣传中国共产党的抗日民族统一战线政策，动员青年参军。经过 20 多天的宣传工作，群众参军的积极性很高。大家在回族村镇中，除了积极宣传成立回民抗日大队的意义和重要性外，还辅导教唱抗日歌曲。这些抗日歌曲，对当时宣传群众、组织群众参军，起了启蒙号召作用。到各村做宣传工作的同志，任务完成得非常出色，他们带回来新参军的青年人成群结队，每人最少带来有二三人。如沧县六区西赵河村，一次就有近 20 人前来参军；盐山县新县镇一次也来了十七八个；原救国军三十一游击支队因各种原因没有随部队走的 20 多人，由原三十一支队第一路营长张凤亭（张系盐山堤东村人）带领也来参加了回民抗日大队。沧县六区原土匪旅长刘芳庭部队的特务营营长刘洪臣（回族，沧县西越河村人），被汉奸“华北皇协护民剿共军”司令刘佩忱杀害，刘洪臣的伯父刘金友为给侄儿报仇（刘洪臣父亲早亡，由其伯父刘金友养大），毅然拉起几十个人的武装，发誓与日军豢养的回奸刘佩忱势不两立。刘部经过刘震寰多次争取，终于集体携械投奔回民抗日大队。在不到一个月的时间里，回民抗日大队发展到 100 多人。

为了适应新情况，回民抗日大队重新组织了机构，调整了干部配备。原来的大队领导不变，新增加了刘金友为副大队长，王立潮（盐山县王毛圈村人）为大队参谋主任，刘××为军事教练。以津南支队来人为基础编为第 1 中队，中队长为丁玉起；以沧县县大队来人为基础编为第 2 中队，中队长为刘金龙，副中队长是沧县西赵河村人，绰号叫瞎草奎；以张凤亭带来的人为基础编为第 3 中队，中队长为张凤亭，副中队长王恩荣。另外还编了一个手枪队，队长为张九江（沧县高尚村人）；还有一个 10 余人的宣传队。

为了进一步扩大影响，回民抗日大队于 1940 年 8 月 1 日在沧县的新县镇清真寺召开了群众大会，隆重举行了回民抗日大队建队仪式，附近几个村镇的群众有近千人参加，当场就出现了送子参军的动人场面。此次会议前后，为了扩大抗日救国的影响，振奋人们的抗日斗志，回民抗日大队还特地组织了几次战斗。如巧袭沧州捷地伪军哨所，将伪军一个班全部俘获；攻打李天水幸庄据点，将守敌全歼。当地群众人人称快，送粮送羊慰问部队。还在留舍一带村庄进行剿匪，安定社会秩序，群众感激地称赞道：回民抗日大队是“咱们的回民队”。

大约在 1940 年 9 月底，副大队长刘金友因不能忍受我军组织纪律生活的约束，再加上大队领导在一些问题上处理欠妥，刘金友与他带来的部分人以及与他有某些关系的个别人，共计 20 多人离开了部队。

为了巩固这支新生的抗日武装，1940 年 10 月，刘震寰奉命把部队带到鲁北惠民地区，从政治思想上进行了整训。经过 3 个月的思想整顿，部队基本稳定了下来。1940 年末，回民抗日大队由隶属冀中 6 分区改属在冀鲁边区的八路军 115 师教导第 6 旅领导。1941 年元月，回民抗日大队又回到河北的沧县和盐山一带。

沧县、盐山县一带，有股几十人的土匪，匪首叫张文和，回族，是抗日大队政治指导员张文林的胞兄。这股土匪曾一度受回奸刘佩忱的“招安”，张文和任伪团长。久而久之，张文和感到在日本人面前低三下四受制于人，于是又叛离刘佩忱，自己干起旧行当来。1940 年 10 月，回民抗日大队赴鲁北时，为了争取张文和，特意将张文林留在沧县、盐山县一带，作争取张文和的工作。1941 年元月，大队返回沧县、盐山县后，张文林已做通了张文和的工作，遂将这股六七十人的土匪武装改编，名称是“回民抗日武装队”，张文和任队长。

这时部队情绪较高，但武器弹药很缺，每个战士只有几颗或十几颗子弹。为了解决弹药困难，经刘震寰做工作，住在韩村县常廓镇的伪军大队长李信文（绰号叫李九钩子），于 1941 年除夕晚上，借夜幕掩护，用大车给我们部队送来一车武器弹药（主要是子弹）。这些弹药真是部队的及时雨，后来我们多次与日军作战，使用的就是这批弹药。另外，刘震寰通过敌工关系，还弄来一挺七九轻机枪，这是回民抗日大队的第一挺轻机枪。

1941 年春节后的一天，我们部队住在距孟村镇十几里的孙家楼村。次日上午 9 时，日伪军的“扫荡”队与我军接触，仗打到午后 1 时许，敌人转到孙家楼村南边的宣惠河。经在河套里一阵激烈战斗，将敌人击溃，把他们抢掠来的十几大车粮食和物资全部缴获，击毙敌人十几名，其余敌人抱头鼠窜。我们也牺牲了二三名同志。战斗结束后，我们将缴获的粮食和物资，原封不动交给受害群众。

1941 年春天，回民抗日救国总会干部刘喜山，利用各种社会关系，将刘佩忱伪军中一个名叫王国华（回族）的中队长争取过来。王过来时带来 20 多人，后经过做思想工作，将其编入部队，王国华被任命为中队长（实际未到职工作过）。王国华原是土匪出身，后来又离开部队重操旧业。事隔不久，王国华在与日本人的一次战斗中死去。

盐山县至天津市公路上的重镇旧城镇，是日伪军占据的一个重要据点。这个据点驻有30多个日军、40多个伪军，还有一些伪警察和维持会的伪职员。这些敌人经常危害群众，当地群众莫不切齿痛恨。为了拔掉这个钉子，大队领导决定于1941年8月1日对敌人进行袭击。当时据点内的40多个伪军，分别驻守在东碉堡和西碉堡内；30多个日军另驻在一座碉堡内。日军的碉堡因在村外，周围设有民房和其他隐蔽物，不容易接近；伪军驻守的两个碉堡因在村内，且靠近市场便利攻击，再加上日、伪军所处的位置，彼此不容易用火力支援。根据这种情况，我军采用端掉两座伪军碉堡以监视日军的战术，对伪军予以歼灭性打击。

8月1日这天，正是旧城镇的集日，周围村庄赶集的人络绎不绝。回民抗日大队战士装扮成赶集的农民，有的肩上搭着钱褡子，有的推拉着小车装满车甜瓜，随着赶集的人群向前滚动着，有的头围白毛巾，携带农副产品作掩护。走到伪军碉堡门前时，手枪队长张九江使了个眼色，有个战士将一车西瓜故意倒在西碉堡门前。两个伪军哨兵一见，便笑嘻嘻离开岗楼弯腰去捡"便宜"，这时我们的战士猛喊一声"不准动"，随着将枪口顶在哨兵腰间，哨兵乖乖地缴枪当了俘虏。与此同时，其他手枪队员一起闯入碉堡，伪军还没有来得及弄清真相，便全部举手当了俘虏。东碉堡的敌人知道后妄想顽抗，被埋伏在村外的部队迅速攻入。这时手枪队又从西碉堡赶来东碉堡，不到半小时，又将东碉堡的敌人消灭。东西碉堡的伪军除击毙七八人外，其余均被俘虏。此次战斗继获长短枪40余支、掷弹筒（小炮）1门。在战斗中我手枪队队员王国祥、张九成英勇地献出自己的宝贵生命。

我们攻打伪军的东、西碉堡时，日军龟缩在他们的碉堡内没敢出来，没敢放一枪。到8月2日，盐山县城的日军出动十几辆汽车来到旧城，接走了旧城岗楼上的日本士兵，旧城遂被解放。这次战斗，得到了上级军区的通令嘉奖。

事隔不到20天，回民大队又一举攻克了盐山县到沧州公路的要冲于桥据点，俘虏伪军 30 多名，缴获长短枪 30 多支。就这样，回民抗日大队在当地回、汉族人民的积极支持下，粉碎了敌人一次又一次的“扫荡”，拔掉了敌人一个又一个据点，对扭转这个地区抗日局势，坚定广大人民的抗日信心起了重大作用。

1941 年秋初，回民抗日大队奉上级命令与兄弟部队配合，围歼叛离我津南游击支队的一个大队。叛逃的大队长名叫王凤义，所部 100 多人，一年多来不服从津南支队的命令，他们打着抗日的旗号，在天津附近到处打家劫舍，胡作非为，在群众中造成极坏影响。党组织虽一再对其做政治思想工作，但王凤义始终执迷不悟。回民抗日大队与兄弟部队接受任务后，经过五六天的围歼追击，将其部队全部歼灭，匪首王凤义被击毙在白草种村。

1941 年 9 月 27 日，冀鲁边区军区党委决定：以回民抗日大队为基础，将其他几支回民抗日武装，合编为冀鲁边区回民支队，军队的序列为八路军115师教导第6旅回民支队，仍隶属于冀鲁边区军区（教导第6旅）领导。我们回民抗日大队改编为回民支队第 1 大队，由张文林任大队长兼政治委员（不久，军区派李文学接任大队长，张文林任政治委员）；以原回民抗日武装队为基础改编为回民支队第 2 大队，张文和任大队长，张玉清任副大队长，张玉书任政治指导员；将原回民抗日救国总会在鲁北地区的分会抗日武装，改编为回民支队第 3 大队，李玉池任大队长兼政治委员，李登五任副大队长；将回民抗日救国总会河北津南地区的抗日武装合并，改编为回民支队第 4 大队，刘喜山任大队长（不久，军区派刘华任政治委员）。冀鲁边区回民支队支队长由刘震寰担任，王连芳仍任回救会主任兼回民支队政治委员。

上级党组织非常关怀和爱护这支少数民族部队，为了加强这支部队的政治建设和军事建设，又抽调津南支队参谋长何仕兴（汉族，是一位有战斗经验的老红军）任回民支队参谋长。原回民抗日大队参谋主任王立潮调往军区。原军区政治部的刘济民（汉族）调任回民支队副政治委员兼政治处主任，因王连芳主管回民救国总会工作，实际由刘济民主持回民支队政治工作。原军区政治部李子华（回族）调任回民支队政治处副主任，不久，刘济民不兼任政治处主任，由李子华继任主任。大队手枪队改为回民支队手枪队，仍由张九江任队长，调原回救总会的韩景正任手枪队的政治指导员。原回民抗日大队宣传队改为回民支队宣传队，队长由韩来义担任。

庆祝冀鲁边区回民支队成立大会在沧县徐市和杨桥村召开，会议开了两天（那时因环境限制，很少在一村能住两天）。回民支队第 3 大队，因路途远没有参加成立大会，但 1、2、4 三个大队都参加了。从此，这支回民抗日武装，在冀鲁边区一带与敌人的战斗中不断成长壮大。

二、严峻的考验时期

1941 年 6 月，希特勒撕毁了苏德互不侵犯条约，发动了全面侵苏战争。日本帝国主义为了配合欧洲战场，积极准备在太平洋地区发动对美国和英国的战争。因此，日本帝国主义在中国战场上，对抗日根据地派重兵进行疯狂的军事进攻。是年 7 月到 9 月份，日军在华北推行第三次“治安强化运动”，并在我抗日根据地和抗日组织之间造谣煽惑，派奸细对我抗日人员进行诱惑，对那些在政治上意志薄弱、动摇不坚定的分子搞策反活动。回奸刘佩忱因为对回民支队的情况比较了解，所以在对回民支队搞策反活动时更是不遗余力。结果在 1941 年冬将回民支队第 2 大队大队长张文和及他带来的大部分人员拉过去了。支队党委对第 2 大队剩下的人员作了适当安排，第 2 大队的建制暂时空缺。

张文和率部叛逃后不久，在 1942 年早春的一天，回民支队驻沧州东南方向杨家桥村的部队，与张文和部队及一百多名伪军相遇。由于日伪军从几路派兵增援，我们才撤出战斗。杨家桥战斗虽未全歼张文和部，但其伤亡惨重。回民大队指战员总算出了一口气。

1941 年 12 月珍珠港事件后，日本为了支援太平洋战争，急迫需要从已占领的中国土地上，大量搜刮侵略战争所需要的一切物资和人力。敌人开始向各级伪政权征派物资时，我们采取针锋相对的办法，封锁一切物资进入敌占区。为了有力地打击敌人，通过各种社会关系，与敌人“维持会”中的一些人员取得联系，做好他们的思想工作，使他们成为“白皮红心”或者变为两面人物。对在当地回、汉族中有影响的上层人物，以及伪政权中的核心成员，我们则晓以大义，使其不要忘记自己是个中国人，不要成为铁杆回奸和汉奸。对与人民为敌到底的汉奸顽固分子，予以打击镇压。回奸刘佩忱为了效忠其日本主子，曾利用伪回教联合会，提出伊斯兰教信徒要“争教不争国”的卖国口号。我们针对这一类反动口号，及时揭穿敌人阴谋，针锋相对地指出“争教必争国，国亡教也亡”的宣传口号。

根据中共中央指示，为了适应斗争形势需要，部队于 1942 年上半年进行了精兵简政，把老年弱小的战士精简下来，或动员回乡，或交地方政府给予安置。支队机关也将一部分人员精简下来充实连队。精兵简政后，部队虽然人数少了，但战斗力、机动性却大大提高了。

1942 年春，敌人集中了日、伪军 1 万多人，以掠夺物资、粮食为目的，对我冀鲁边区进行疯狂的“扫荡”。针对敌人的抢掠计划，边区党委号召根据地的党政军民“空室清野、治死敌人”，将能埋藏的物资全部埋藏起来，不能埋藏的东西设法转移到安全地方，不使任何物资落到敌人手中。部队宣传队还深入到各村寨进行宣传和组织工作。敌人“扫荡”时，穷凶极恶，见鸡抓鸡，见狗打狗，到哪个村寨，哪个村寨就被敌人一扫而光。1942 年，因天旱小麦收获不好，根据地群众辛辛苦苦刚收获的小麦，还没有来得及埋藏，辛店和西赵河两个据点的敌人，便来塔上、东河、帮张家等村抢粮，这时回民支队正驻在距敌人抢粮的村寨不足 10 里路的高寨村，当得知敌人抢粮的消息后，一口气便跑到塔上等村打击敌人。敌人虽比我们人多，装备好，但由于我们精兵简政以后士气高昂，与敌人一接触就把敌人冲垮了。敌人只好抛弃粮食，鬼哭狼嚎地抱头逃窜，我们直追到辛店据点跟前，才奉命收兵。这次战斗，缴获了十几支枪，并把敌人抢到手的粮食、物资夺了回来，全部交还给受害群众。部队在凯旋回师的途中，群众送茶送饭，还有的将熟鸡蛋向战士兜里塞，呈现出一派箪食壶浆欢迎亲人的动人场面。

值得追述的一件事是，早在 2 月间的一天拂晓，我手枪队员张文凯、萧宝金在执行任务时，在牛进庄村被这伙抢粮的敌人包围。当时萧宝金被俘。25 岁的张文凯临危不惧，与围困他的 70 多个敌人战斗，在边打边撤过程中，被他击毙、击伤敌人七八人，连续战斗了六七个小时，最后由于子弹打光，张文凯才被敌人抓住。敌人将他带到旧沧州据点后用烧着的木棒将他脸和身上烧得惨不忍睹，用刀子把身上的肉割得露着肋条，但年轻的张文凯视死如归，未向敌人屈服。敌人在无可奈何的情况下，最后下毒手杀害了他。他在光荣就义时，高呼："打倒日本帝国主义！""打倒卖国贼！"等口号。

时隔不久，回民支队第 2 大队副队长张凤亭因病于 1942 年 5 月在家乡小堤东村疗养时，被敌人堵在房子里，他抄起手枪打倒 3 个敌人后，冲出房门，边打边撤，最后因子弹打完，不幸被敌人捕获。敌人把他带到盐山县城后，用尽酷刑逼他说出部队的秘密，张凤亭宁死不屈，凶残的敌人便割下他的耳朵。张凤亭忍着剧痛高声大骂敌人，敌人又砍掉他的四肢，当他还有微弱呼吸的时候最后高呼："打倒日本帝国主义！""中国共产党万岁！""回回民族永远不屈服！"他为祖国的独立和中华民族的解放，流尽了最后一滴血。

日伪军经过几个月的疯狂"扫荡"，其"强化治安"的手段越来越残酷。敌人在冀鲁边区集中了大量兵力，建立了 456 个据点，平均每两平方公里就有一个据点，以村庄算每 8 个村庄就有敌人一个据点。回民支队常活动的盐山、沧县和新海县边界地区，以高寨为中心方圆不到 40 华里的地方，便建立了边务、许孝子、旧城、常廓、辛店、张官店、西赵河、牛进庄、龙潭以及盐村、新县、姚庄等 20 几个敌人据点，比人们常说的"五里地一岗楼，十里地一据点"的密度还要密。有的县与县、区与区的交界处还挖了封锁沟，敌人称"鸿沟"。仅冀鲁边区的封锁沟、墙，加起来共有 1300 多公里长。各县、区被分割成若干碎块，每走 30 公里就要过 8 条公路、5 条封锁沟，真是"出门见碉堡，处处是公路"。几乎没有一个村庄不被迫向敌人交粮、纳税，每天每个村庄还得给敌人送一次情报。

因此，原来的抗日根据地变成了不巩固的抗日游击区，我军活动极度困难。尽管我们冀鲁边区的部队，在几个月的反"扫荡"中，打死打伤

2000多敌人，但我们的部队也受到重大损失。到1942年秋收以后，由于没有庄稼的掩护，在辽阔的渤海平原上找个藏身之地都非常困难。为了适应已变化了的新情况，部队不得不将部分人员的军装更换成便衣。1940年到1942年上半年，部队活动由一般夜行军一次、昼宿一个村，到这时变成一般夜行军二次、天黑时部队得迅速离开村庄。深夜到一个村寨以后，马上派出侦察人员，寻找各种关系了解周围敌人动态，分析敌人明天的动向，然后再选择部队下步行动。拂晓前，得离开这里到一个安全的村庄。为了封锁消息，部队要在所住的村庄周围设上隐蔽岗哨，村中的人们一般不允许出村，而外村来的人只让进村，等到傍晚才允许离村，因为傍晚敌人一般不敢与八路军交锋。在部队离开村庄时，为了保护村民的安全，让村长照事前与我们共同商议的情况，到据点去向敌人报告。

敌情吃紧时，部队在野外露营。如有青纱帐，则在青纱帐里露营。战士在一夜两次行军间隙还可睡点觉，而部队的领导连这点觉也很少睡，幸亏那时干部战士练得都能在行军途中走着睡觉。后来环境进一步恶化，到1942年末，部队活动的地域由原来的抗日根据地逐渐深入到敌占区，弄得敌人在原抗日根据地的“扫荡”队到处扑空。这样，敌人不得不把兵力撤离抗日根据地，回到敌占区的村镇或据点周围与我们纠缠。我们部队要集中打仗时，临时通知迅速集结，打完仗后部队又迅速化整为零，以躲避敌人的报复。那时部队的人员，因环境艰苦和战斗频繁，各大队都有很大减员。部队的弹药也奇缺。所以，当时部队党委指出“三不打”：其一，消耗战不打；其二，打不着敌人不准开枪打；其三，小部队以户居住封锁消息，多是占据住户一间或几间住室，在这种情况下，提出敌人不撩门帘不开枪打。这“三不打”在当时成了克敌制胜的法宝。小部队活动时谁要违背“三不打”的方针要受处分。

中共中央1942年“七七”宣言称：“熬过今明两年，这一难关渡过，胜利就在眼前。”“只要百折不回地奋斗下去，最后的胜利必属于我们。”我们回民支队面对艰苦困难的环境，根据中央指示精神和战斗形势的变化，为了鼓舞群众的抗日情绪，随时在捕捉战机，打击敌人。

1943年春节，日伪军的“扫荡”队正住在姚庄（现属孟村回族自治县）周围。除夕之夜，我们利用内线关系，深夜钻到敌人“扫荡”队的驻地中间，一枪没放，就把姚庄据点端掉了，早晨8时我们顺利离开了据点。这次共缴获各种长短枪40余支，轻机枪1挺，小炮（掷弹筒）1门。我们押着40余名俘虏和一部分伪军眷属转移时，被日军的“扫荡”队发现了，我们与敌人周旋了一天，到晚上才将敌人甩掉。吃掉姚庄敌据点收获虽不甚显赫，但钻到敌人“扫荡”队的驻地深处，吃掉敌人据点，对敌人的威慑作用是很大的。

姚庄据点被拔除后，敌人一提起回民支队便不寒而栗，敌人的士兵互相当奇闻传说：“回民支队都是沧州武术界的人，能蹬萍渡水，踏雪无痕，蹿房越脊，飞檐走壁。”敌人“扫荡”队在抗日根据地内天一黑就点烧火堆，不停地放枪放炮。日军驻沧州的司令官长谷川，曾贴出赏银洋千元的布告捉拿回民支队长刘震寰，并集中重点，妄想寻找战机进行报复。

我们为了更有利地与敌人进行斗争，在拔掉姚庄敌据点以后于1943年初，又进行了部队整编。以手枪队为基础与第1、4大队抽调的部分指战员重新组建了回民支队第2大队，大队长由军区派来的石苏担任。第1、2、4大队（第3大队在鲁北单独活动另述）的人员均不过百人。将大队下设的中队撤销，每个大队下设四五个小队（大于班小于排的建制）。各小队除设正、副小队长外，还设一名政治工作人员，称政工员。小队长多由原来的正、副中队长担任，每小队有十几个人组成。这样便于把部队化整为零，以适应在敌人据点、碉堡间进行机动灵活的作战或活动。整编工作结束以后，部队冬装全部地改变成便服，将原来的军大衣（那时部队没有被子，都是全副武装睡觉，大衣白天穿着晚间当被子盖）改变成棉袍，装扮成当地群众装束，这样便于活动隐蔽，更有利于骚扰打击敌人。

1942年，田间的青纱帐消失后，环境更加艰苦。敌人利用这一望无际的大平原，实行残酷的“三光”政策，进行冬季大“扫荡”。1943年2月下旬的一天拂晓，我们在现属黄骅县的弯洼头村与敌人的“扫荡”队遭遇，当时敌、我双方都情况不明。敌“扫荡”队的伪军队长王永升（回族，绰号叫“王二”）带领的伪军先发现我们，王二为了向其日本主子邀功，攻势凶猛。我们沉着应战，将其击退后，日军又集中优势兵力扑来。我军因不了解敌情，故未敢恋战，天亮以后敌人才发现我们已撤退，使敌人失去了追击目标。

由于敌人不断地对冀鲁边区进行大规模的“扫荡”和实行“三光”政策。这里的军民生活极度困难，回民支队的主要食物，就是将棉籽磨粉蒸团团吃。冀鲁边区因临渤海沿岸，将在碱滩地上生长的植物——黄柴的叶子和籽，磨成面子蒸团团吃。群众则以棒棒骨朵（玉米棒心）、榆树皮和槐树叶子等送给回民支队指战员充饥。有的群众还将留给老人和小孩吃的红薯送给部队吃。遇到这种情况时，同志们只好默不作声地将食物退还给群众。副政委刘济民当时有病，警卫员费了很大劲给他寻得了一个窝窝头。他接过窝窝头后，忍着自己饥饿，转身把窝窝头给了有病卧床的宣传员王××（回族）。刘济民副政委不仅从生活上无微不至地关怀回族同志，而且在政治上对大家也很关心，在宣传队的回族青年中发展了一批又一批党员。刘济民这位汉族干部，在回民支队的工作中，就是以他的模范行动，来体现党对少数民族的关怀。

1943 年 6 月 30 日，冀鲁边区军区司令员邢仁甫叛变，使我军的困难更加深了一步。邢仁甫叛变后，他派其心腹将副旅长黄骅等 5 位负责同志杀害于大赵村。敌人借此发动谣言攻势，使局面一度非常混乱。在一段时间内，包括某些领导人，也弄不清谁叛变，谁投敌，互相戒备，互不信任。这时根据地过去对我军支援非常积极的回、汉族群众，也开始躲避我们。回民支队在这种情况下，始终听从冀鲁边区区党委的指示，一方面抗击日寇，一方面清剿叛徒邢仁甫部。这时环境非常难苦，回民支队第 1 大队大队长李文学因年龄大调军区工作，任命军区派来的辛文祥为第 1 大队大队长。

1943 年 11 月，回民抗日救国总会主任兼回民支队政委王连芳，在敌人“扫荡”时，在旧城附近被捕。11 月 9 日，回民支队第 2 大队因领导指挥错误，又在盐山县到天津公路以西小徐庄村南被敌人的“扫荡”队围歼（当时第 2 大队的机枪、手枪两个小队不在场），除牺牲的同志外，30 多人和青城

（后改黄骅县）县县政府的部分机关人员均被敌人俘去，同时被俘的还有第 2 大队大队长石苏（重伤被俘），政治指导员韩景正，青城县副县长侯瑞甫。日军借此大搞谣言攻势，当地群众一时真假难辨。这时支队长刘震寰、副政委刘济民正率其他几个大队和手枪队，在渤海沿岸围剿叛徒邢仁甫，他们得知王连芳被俘，第 2 大队受损失等消息后，奉军区指示，由刘震寰率手枪队（手枪队编制属第 2 大队，实际上一直跟随支队部活动）越过盐山至天津公路，进入路西地区。经过一段时间的斗争，将敌人破坏的抗日政权又恢复起来，使当地回、汉群众的抗日情绪重新振作起来。此后，回民支队第 2 大队的手枪小队，隶属支队部为手枪队，其余队员拨归第 4 大队领导，第 2 大队的番号出现空缺。

1943 年下半年，有些抗日根据地的对敌斗争形势已有明显好转，但冀鲁边区由于邢仁甫叛变，直到 1943 年冬，仍然十分艰苦。日伪、国民党顽固派的军队以及叛军互相勾结起来，轮番“扫荡”清剿我抗日军民。针对这种情况，我军也由过去的昼宿夜行，改变为拂晓把部队安置在交通沟或野地里，这样既防敌人包围又便于伏击来犯敌人。冬天，一望无际的渤海平原上，越是大雪纷纷，越是部队活动的好时机。经过一年多艰苦环境的斗争，回民支队虽由原来的 500 多人减为 200 多人（不含第 3 大队），但政治素质与战斗力却大大提高了。

邢仁甫叛变后，冀鲁边区与山东省清河区合并，成立了渤海区党委、渤海军区。回民支队改属渤海军区领导，名称亦改为渤海回民支队。因政委王连芳被捕，渤海区党委派渤海三地委委员李援（原名李玉璋）继任回民支队政委。同时将无棣县与新海县大队合并，编为回民支队第 5 大队，周德宝任大队长，娄剑峰任政治委员。几个月后，娄剑峰调走，由第 4 大队副政委刘鲁香继任政治委员。

1942 年的艰苦，1943 年的困难，特别是 1943 年下半年，敌人利用邢仁甫叛变的机会，大小“扫荡”队像穿梭一样，使回民支队付出了不小的代价，尤其是深受干部战士敬爱的王连芳同志被俘，是回民支队的一大损失。在这种残酷的环境下，回民支队经受住了考验。以新的姿态，迎来了 1944 年。

三、消灭敌人，壮大自己

1944 年春节后的一天晚上，回民支队住在渤海沿岸赵高庄子村（今属河北省海兴县）。这时敌人“扫荡”队集中在赵高庄子以西小山据点周围的几个村庄，距赵高庄子约 10 华里。我们在赵高庄子刚住下就被敌人发现了。赵高庄子东临渤海，北、西、南三面是一望无际的海滩，在这种环境下作战，对我军非常不利。如果我军白天转移，他们便可以利用比我军大几倍的兵力及火力优势，全歼我军。敌人认为胜利在握，第二天早饭后，毫无顾忌地向赵高庄子村扑来。这次敌人战斗序列部署与以往大不相同，以往是伪军在前打头阵，这次日军把伪军放在后边，亲自上前打头阵。赵高庄子有残缺不全的土围墙，围墙外有沟，沟内有不深的积水。回民友队就利用这一地形，将第 1 大队布置在西围墙上，将第 4 大队布置在南门以西的南围墙上和南门外边的一条南北向的交通沟内。上午 10 时前，敌人前进到西围墙下，敌我相距已达手榴弹投掷有效距离。开火后，我们的战士首先用手榴弹打退了敌人第一次冲锋，敌人再冲，又被我军打退。日军两次冲锋失败后，恼羞成怒，第三次便一窝蜂冲上来，这时已是下午 2 时左右。我军奋勇击退敌人第三次冲锋后，跟着便来了个反冲锋，冲出土围墙与日军短兵相接。伪军没与我军接触，见此便逃之夭夭。日军终于经不住拼杀败退西逃，我军乘胜追击到小山据点脚下才奉命收兵。这次战斗打死敌人 40 多人，缴获日军歪把子机枪 1 挺，步枪 40 余支，其他战利品一部分。

1944 年 3 月，回奸刘佩忱的伪军中，有一姓刘的连长和姓李的副连长，因与上司不和，便在连队中挑选 50 来个人，携带全连的 3 挺轻机枪、3 门小炮（掷弹筒）、40 几支长短枪，由鲁北的惠民地区向天津方向逃走。他们沿途自称独立大队，原计划到天津附近为匪。但途中必须通过我们占据的盐山、沧县和新海（后改黄骅）等县抗日根据地。我们得知这伙人进入我们地区后，遂派人到盐山县潭庄以南的小庄与这伙人接触商谈。这伙人中有一些是本地回民，经过我们 10 几天的积极争取和宣传教育，在思想上有了转机，表示不愿再去为匪。队长刘某是学生出身，年龄较轻，在我们晓以利害之后，愿意弃暗投明。只有土匪出身的副队长李某，性情鲁莽粗暴，经过半个多月的政治思想工作，他仍无悔改之意。因此，我们只得将其除掉，而后才把这伙人争取过来。他们过来以后，起初仍称独立大队，不久即对人员进行了调整补充，改编为回民支队第 6 大队。原来的刘队长要求回乡务农，我们便给了安家费欢送他回乡（刘某系古北口一带人，在 1945 年日本投降后回民支队驻防古北口时，刘还来队探视）。任命原独立大队班长张凤祥为第 6 大队队长，韩景正（韩被敌人俘虏后，此时已被我们营救出来）为政治指导员。

1944 年夏季，记得是麦收以后，回民支队手枪队在刘济民副政委的率领下，巧取了盐山、沧县公路重镇辛店据点，将罪恶多端的伪队长当场正法。当地群众欢欣鼓舞，无不拍手称快。1944 年 5 月，回民支队干部又一次做了调整。这时回民支队实有 5 个大队（相当连的建制）。

1944 年，我军展开夏季攻势，捷报频传。回民支队第 1 大队首先攻克敌人苏基（现在是河北省海兴县县城）据点，敌无一逃走，全部被歼，缴获全部军用物资。在鲁北庆云县汾浏杨村，歼敌一部，缴获轻机枪 1 挺、小炮 1 门、步枪几十支。

回民支队手枪队，对沧县东部白头镇伪军据点在夜幕的掩护下，进行强攻。手枪队员在火力的掩护下蹬云梯上围墙时，云梯被敌人的集束手榴弹炸坏，使第一次冲锋失败。第二次冲锋仍架云梯攻击，当手枪队战士蹬上敌围墙时，发挥了手枪的威力。敌人据点被攻克，消灭了敌人 70 多人，缴获各种枪支 60 多支。对敌据点进行强攻硬打，最后攻而克之，这在回民支队之前两年间是不多有的。

1944 年 7 月，张皮庄敌据点伪军，由于受到我抗日力量的威慑，日夜惶恐不安，恰逢雨水把据点房子冲塌，该部伪军便借机并到小山据点内。回民支队于 8 月集中兵力，围困小山镇据点，意在围点打援。小山据点被我围困后，果然敌人从新海县城派来了四五百名伪军支援。途中被我第 4、5、6

大队截击，经过几个小时的激烈战斗，敌援兵被我歼灭一部，其余抱头鼠窜。战斗中缴获意大利造机枪 1 挺，长、短枪近 100 余支。小山据点内的敌人见援兵被我击败，待援无望，在突围逃跑时，被我大部歼灭。因小山镇系敌人沿海地区中心据点，储存的军事物资较多，我军攻占后，一切物资全部交给地方政府处理。

9 月 10 日，回民支队一部协同 3 分区部队，进攻新海县城以东的杨庄据点，此仗打了几天，新海县城内的敌人由于增援小山被围敌人受挫，这次再没有敢出来增援。后因回民支队与分区部队在协同作战时有所失误，敌人乘夜突围了一部，但大部被歼。杨庄被解放。

1944 年秋，回民支队住在新海县的大赵村、中赵村一带，一天上午 10 时得到情报：新海县城内和羊二庄据点的敌人，为抢掠粮食来到沿海一带“扫荡”。这股敌人有伪军 100 多人、日军 20 多人，共计不到 200 人。由于敌人近期频繁出来抢掠，当地群众强烈要求打击敌人。根据敌我兵力情况，大队党委决定，坚决消灭这股敌人。那天中午 12 时，我部集结于敌人返回新海县城的必经之路花寨村。战斗打响后，发现原情报失实，战场上光日军就有 100 多人，伪军竟达三四百人，轻机枪五六挺，重机枪三四挺，小炮也有七八门，敌人不仅在兵员上超过我们，而且武器装备也比我们强得多。面对这种意外情况，我军毫不惧怕，战斗一打响不少人就冲了上去，在完全没有工事的平川地上，攻击占据着一条道沟的强硬敌人，几次冲锋都不奏效，我军伤亡很大。仗刚打响时，约 100 余敌人突围逃走，我第 5 大队把已逃出包围圈的敌人硬堵截回来，仍欲全歼敌人。打到天黑，敌人终于强行突围。这次战斗共击毙敌人 50 多名，俘获日军士兵 1 名。敌抢掠的 20 多大车物资全部缴获，如数交回给群众。这一仗尽管缴获的军用物资不多，但群众认为，回民支队这一仗打得好，给他们出了口气。

1944 年秋季的一天，回民支队手枪队住在沧县道安区的孔家店村。从离孔家店村 10 余华里的夏庄子据点出来 18 个伪警察骚扰群众，我手枪队得知后，在孔家店将这伙伪警察全部俘获。手枪队迅速换上伪警察服装后，不费一枪一弹，巧取自来屯据点，缴获长短枪 50 多支。

转眼间已经到了 1945 年。新海县三区（因三区政府在齐家务镇亦称齐家务地区）位于县城西北。当时敌人把新海县三区和静海县、青县东部、沧县东北地区划为天津外围区，其政权机关和军事指挥系统都设在齐家务，多受命于津敌指挥。这是敌人为把抗日根据地与天津市隔开，而筑起的一道几十华里宽的屏障。这一地区的伪政权人员大多经过敌人的培训，非常顽固。敌人的军事组织总称为民团，分为两种，一种是脱产民团，他们身着军装，有完整的战斗组织，如营、连、排、班，武器装备较优良，而且经过严格的军事训练，在政治上相当顽固。其成员多系本地人，外来人在他们中间不容易站住脚。其任务是对外机动防御，并在边沿地区和他们认为不稳定地区设置据点；第二种是不脱产的民团，他们身着便衣，虽也有班、排、连、营组织，但纪律比较松弛，枪械多是用摊派民间的钱购买。不脱产的民团属脱产民团管辖，其主要任务是维护社会“治安”。二者共计 2000 人左右。

为了打通抗日根据地到天津市区的通道，上级党委决定，设法消灭这批敌人。此前，回民支队政委李玉璋就已在敌人内部发展了我们的内线关系。1945 年农历五月初五晚上，我方集中了回民支队全部兵力和军区、地方武装的一部分兵力，对敌人占领的几十个村庄进行全面攻击。回民支队主攻齐家务、吕桥、李村等据点。在战斗过程中，由于各兄弟部队配合得力，一夜之间就把几十个村镇全部攻克。脱产的伪民团官兵除起义投诚外，其余全被俘获。不脱产的伪民团人员，见机不妥，减枪匿弹，装扮成百姓，不敢出头露面。但也有少数人携械跑到野外或天津躲藏起来，后来经过我们做工作，多数都回来了。我们将愿意参加我军的人员，根据他们原来所属系统，进行了改编。解放新海县三区一仗，共缴获长短枪近 2000 支、轻机枪 9 支、各种炮 11 门，其余军事物资不计其数。新海县三区解放后，我们建立了抗日民主政权，把不脱产的伪团人员改编为我们的民兵团，以后这部分武装人员就隶属地方政府领导了。

这块敌占区解放后，我军事力量已直接威胁着天津。正当我们喜庆胜利时，敌人兵分多路向新解放区扑来，与我们展开了争夺战。这时三分区部队已奉令南调，保卫新解放区的任务，完全落在回民支队的肩上。可能是敌人内部指挥矛盾，敌各路部队到达时间不一，给我们创造了对敌人各个击破的良好机会。首先到达的是伪军季虎臣部队，这伙敌人过去从没有和我们作过战，因此对其战斗力不了解。我军因刚打胜仗，斗志正旺，当即在减河岸上向敌人发起全面攻击，经过激战，敌军全线被我击破，敌军官兵伤亡狼藉，不少人当了俘虏。第二天又由东边扑来第二股敌人，是新海县城来的伪军李景文部，其人数共约五六百人。战斗在小刘庄打响，一开始我军就采取猛打猛冲的战术，敌人难以招架，缩回老巢内，再不敢出来。又过了一两天由南而来的敌军到达，那天上午 10 时，我军主动迎之于官拉屯，敌人见势不妙调头就跑。回民支部也接受两次经验，为不使敌人跑掉，事先派出部队，在敌人逃跑的路线上，埋伏截击。因此，残敌遭到截击后，只好钻到村寨里，利用房屋进行垂死顽抗。我军攻入村内又与敌人展开巷战。经过一个多钟头的战斗，除部分敌人突围外，歼敌 200 余人，缴获八二迫击炮 1 门、轻机枪 1 挺、长短枪近 200 支，其余军事物资几大车。这次只用了四五天时间，即击溃各路来犯之敌，回民支部威名大振。

这时，回民支队一个不幸的事情发生了。支队参谋长老红军何仕兴同志，率部队夜行军至山东省无棣县魏庄，遭国民党顽固军突然袭击。何仕兴同志中弹牺牲。在为何仕兴同志开追悼会时，回民支队干部、战士无不垂泪痛哭。

4 月初的一天，回民支队住在减河岸上的燕吴庄子村一带，由于没及时得到情报，拂晓时我军遭到沧州派来的五六百敌军的突然袭击。敌军多系日本士兵，他们选择的袭击对象，正是刚被我军改编的减北大队。战斗结果，我减北大队长赵秉瀚牺牲，共伤亡四五十人。待组织力量再赶到时，敌人已逃之夭夭。减北大队大队长一职，由原副大队长袁世昌继任。

这次战斗失利，主要是因为我们部队近期连续取得胜利，而产生了骄傲情绪、轻敌思想所造成的，敌人利用了我们这一弱点，打了我们一个措手不及。

6 月，回民支队一部奉命调往鲁北地区，其余由支队长刘震寰带领留在天津附近，主要任务是在新解放区建立民主抗日政权及时对天津市区进行工作。7 月 11 日，部队在李村镇召开大会，庆祝伟大的中国共产党成立 24 周年，参加庆祝会的军民有几千人。支队长兼黄骅县县长刘震寰代表部队和地方党组织，在大会上作了报告。会后演出了文艺节目，部队还召开了各种类型的座谈会和故事会。这天，还特地为全体指战员改善生活。

7 月 7 日，为纪念抗日战争 8 周年，中共中央号召解放区军民向敌人占领区发动广泛的进攻，扩大解放区，缩小沦陷区，准备配合盟军反攻，收复一切失陷的土地。回民支队响应党中央的号召，于 7 月中旬，第二次攻打吕家桥敌人据点。吕家桥据点本来已被我攻克，后来又被黄骅县城里的伪军李景文部占据。守敌伪军中队长王长友非常顽固。打到第二天，正逢阴雨，我军工事里水深过膝。敌人乘暴雨之夜，在我刚组织起不久的民兵团防御处突围。我军追击时歼其一部，其余敌人逃窜到黄骅县城里去了。

回民支队调往山东的部队，在副政委刘济民率领下，与兄弟部队配合，经过连续几天的激烈战斗，攻克了惠民县城。附近庆云县城与盐山县城的敌人，闻听惠民县城被我军攻克，弃城而逃。庆云县城、盐山县城获得解放。

8 月 15 日，日本侵略者宣布无条件投降。但是，多年盘踞在山东省无棣县的国民党顽固军仍在袭扰我抗日军民。回民支队何仕兴参谋长，就是被他们杀害的。在无棣县的国民党顽军号称万人，实际上只有 5000 人左右。这时，回民支队奉命调往无棣地区，与山东部队配合。在消灭这伙顽军的战斗布置中，回民支队负责围攻小安城的敌人。小安城镇是国民党顽军的军工生产储备基地，有近千名顽军依靠多年建造的工事固守。我回民支队经过几天的攻坚战，全歼守敌，解放了小安城镇。

无棣县全境解放后，部队经过短暂休整，又奉命北上河北省，准备围歼黄骅县城的敌军。经过几天的急行军，到达黄骅县。回民支队与渤海三分区部队配合，首先扫清了黄骅县外围的敌人，然后奉劝盘踞在城里的伪军“保安”司令李景文（抗日战争期间，李与回民支队一直保持着来往关系）弃暗投明。李景文拒绝反正，我们即将县城包围起来。经过几天的围攻，全歼守敌，李景文潜逃。1945 年 9 月 28 日（农历八月十八日），黄骅县城解放。

四、伊斯兰教在回民支队的情况

回族信仰伊斯兰教，而且有自己独特的风俗习惯，如严格的禁忌食物等。回民支队自建队开始，就遵照党的民族宗教政策，把这个问题作为一项主要问题来对待。

回民支队初建时，日本帝国主义的铁蹄刚刚踏到渤海平原上。日军疯狂地、肆无忌惮地烧杀抢掠，在清真寺里随意养猪、杀猪和奸污妇女，许多村庄被洗劫。敌人的暴行告诉人们，只有抗日救国才能保障回族人民信仰伊斯兰教的自由权利。著名阿訇曹逵和丁溪野曾参加了回民支队组建工作，积极动员穆斯林兄弟起来参军参战。两位阿訇还与有关同志一起共同创作了多首抗日歌曲。我记得其中一首的歌名叫《伊斯兰抗日进行曲》，其中有几段歌词是这样的："伊斯兰，伊斯兰，抗日英勇又勇敢，在这广大的平原上，坚持敌后反扫荡……"当时回民村庄里的穆斯林青少年，大部分会唱这支歌曲。回汉杂居的村庄或汉民村庄，不少汉族青少年也会唱这首歌曲。那时在农村学校的学生或清真寺里念阿文的学生，教师或阿訇都领着学生唱这首抗日歌曲。在当时的渤海平原上，抗日救国思想的传播，抗日歌曲起了很大作用。有一次，丁溪野阿訇在沿海地区的左庄和侯庄，在"开斋"节讲"吾尔孜"时，讲述抗日救国的道理，动员青年穆斯林起来参军参战。礼拜以后，当即就有 30 多人要求参加回民支队。

这两位阿訇不是跟随部队的阿訇，每逢伊斯兰教的"开斋""圣纪""古尔邦"等节日，如战争情况允许，他们便来部队领着部队指战员参加当地回民群众的宗教节日活动。记得部队在最初一次礼拜时，因军帽的前沿妨碍磕头，丁阿訇便特意告诉大家，让将军帽歪带着。军人忌讳歪带军帽，在当时也只好暂时服从了。有的青年战士不想磕头礼拜，只是到清真寺里浏览一遍，便回到部队伙房里吃饭。阿訇和年长者对青年人的这种行为，多是视而不见，或轻描淡写地说上两句完事。丁、曹两位阿訇，举止言谈有些斯文，讲起话来慢条斯理，尽管身上没穿阿訇的职业服装，但还是能让人看出他们是阿訇。

后来他们二位离开冀鲁边区后，回民支队在几位汉族首长的积极倡议下，请来杨明斋阿訇跟随部队活动。杨阿訇的举止与言谈和丁、曹阿訇完全不同，他的日常生活都是和指战员在一起。每次部队打仗，他都要求上战场参战，如部队首长不同意，他争得面红耳赤。打仗时一旦通讯员忙不过来，他就代替通讯员上前线送信；伤员多时，他帮助卫生队抬担架、背伤员。在战斗中有的同志牺牲后，他不说牺牲而说“无常”，称死人为“亡人”（这都是回族语言中的外来语）。记得在沧州附近的一次战斗中，我们部队伤亡较大，杨阿訇见此，奋不顾身地赤膊上阵，手持扁担打死了 1 个敌人，缴获了 1 支步枪，俘虏了 8 个伪军，而杨阿訇自己也负了轻伤。因此，同志们给他起了个绰号叫“武阿訇”。杨阿訇要求指战员礼拜不严格，但对牺牲的回民指战员，一定要用伊斯兰教的丧葬仪式举行。在举行丧葬仪式时，他只念经不收“乜贴”，如在坟上念经时，人们只拿一块土疙瘩（示意是乜贴）放在他面前，他就很满意了。汉族同志牺牲后，杨阿訇同样精心照料。

部队宰牲一般不需要阿訇亲自动手，指战员中的“海里凡”（有的地方用波斯语称“满拉”）都可以宰牲。但伊斯兰教节日食用的肉食，都得请阿訇亲自宰。这些常规大家都晓得。阿訇对炊事班长人选特加注意，因为部队伙食中的回民禁忌食品，都由炊事班长把关。因此，在挑选炊事人员时，支队首长是很慎重的。阿訇生活费用全由部队供应，但无军籍，类似现在我军的随军职工（抗日战争时期军籍、军工分得不严格）。阿訇着便衣不着军装，因《古兰经》规定宗教职业人员不能携带凶器，所以也不携带武器。生活待遇和指战员一样，享受供给制。随军时阿訇经常携带一把“汤瓶”（即水壶），以备“洗小净”时用。环境许可时，部队首长还给阿訇指派一名青年战士当侍从，帮助阿訇料理日常生活。部队行军宿营时，如条件允许，阿訇可单独占用一间房子，或和侍护他的战士占用一间房子。杨明斋阿訇每当看到战士住房拥挤时，便主动让战士和他睡在一铺炕上，夜间他还给战士拉衣盖被。他只要求五更礼拜时，不打扰他在炕上礼拜就行。部队在野外宿营时，阿訇有时也就在野外礼拜，用阿訇的话说，只要意念虔诚即可。

杨阿訇刚来跟随部队打游击时，农村有的回民特别是年长者认为："阿訇不在清真寺，却跟着部队跑，耽误五时'乃玛孜'（礼拜）成何体统？"这些议论，杨阿訇听到以后，一度曾闷闷不乐，情绪消沉。部队首长张文林看到这种情况后关切地问他，杨阿訇直爽地回答说："我觉得阿訇老跟着部队东跑西颠，有时都不能守时候（不按时礼拜），总不是个滋味。"张文林解释说："日本鬼子杀了那么多的穆斯林，在清真寺里养牲口，烧清真寺，穆斯林能按时作'乃玛孜'么？"杨阿訇听了顿时解开了心中疙瘩，他爽快地说："打日本鬼子应看作咱们穆斯林进行的圣战才对。"此后他在部队表现得特别积极。每逢"主麻日"讲"吾尔孜"时，他就宣传抗日是圣战，是为保卫国家，保卫伊斯兰教而战。听他讲"吾尔孜"的人越来越多，连汉族战士听后也说："杨阿訇讲经像政治指导员讲的政治课。"由于部队常住回民村庄，杨阿訇每到一村庄，便串寺访问，遇有宗教节日，部队就和村中穆斯林群众一起磕头礼拜。而寺内阿訇因知道的抗日道理不如杨阿訇，所以都称杨阿訇为大"伊玛目"（阿语：大阿訇）。通过杨阿訇串寺宣传，使群众很快改变了对在回民支队随军阿訇的看法。当伪"回教联合会"散布"共产党不信教，回民支队请阿訇是利用宗教，共产党得到天下就要消灭教门，穆斯林们千万别上当"等谣言时，回民群众很快识破了敌人的阴谋。

由此可见，阿訇在回民支队中能否站住脚，实际上这是回民支队同日伪的一场尖锐、复杂的政治斗争。实践证明，通过这场政治斗争，不但教育了那些宗教职业者，同时也教育了回民支队的全体指导员，认识到党的抗日民族统一战线政策，确实是我们党在革命斗争中的一大法宝。

战斗在敌伪广播电台

刘　新*

接受特殊任务奔赴北平

1940年底，我在抗日军政大学总校任政治教员。一天，抗大保卫部长吴格成同志找到我说："现在党急需在敌人交通要道和大城市开展地下工作的同志，组织上准备派你打入敌占区北平，你在北平有没有旧的社会关系？"我是1935年北平师范大学毕业的，在北师大读了6年书，在北平有不少老同学。我如实做了汇报。吴格成同志说："这是非常有利的条件。"当时交给我几项任务："首先要在北平找到公开职业，站住脚，扎下根；第二，发展党员，建立地下党组织，逐步壮大队伍，开展对敌斗争；第三，搜集敌伪情报。"随即带领我去见八路军总部保卫部部长杨奇清同志。他们对我说："组织上委派你担任八路军总部保卫部北平地下党负责人。你的直接上级是杨奇清同志。"又告诉我到敌占区后和组织的联系方法，在敌占区工作的重要性和艰巨性以及如何利用自己的社会关系开展工作、如何化装避开敌人耳目、如何个别开展工作、单线联系等等，然后又严肃地讲了严守党的机密和

* 作者时任八路军总部保卫部北平地下党负责人。

纪律、严防敌人混入组织和坚持革命气节的要求。他们说：“假如发生意外，必须保持革命气节，宁可自己牺牲，绝不暴露组织，绝不牵累同志。”

杨部长又叫我想个可靠的关系，先去信联系一下。我在北平师范大学读书时，有个好朋友叫王栋岑，他住在北平崇文门外花市下四条20号他的岳父家里。他的岳父是个老北京人，住的是自己的几间小屋。我估计王栋岑不会搬家，就给他寄了一封信。不久接到他的回信，欢迎我到北平去。

1941年春，我脱下了紫花土布军装，换上了便衣，告别了首长，离开了八路军总部驻地——山西武乡县蟠龙地区，沿着太行山的崎岖小路向东北走去。在游击区通往敌占区的道路上，敌人设下一道道防线，碉堡林立，警戒森严。我依靠当地抗日民主政府，在老百姓的掩护下，有时化装成农民，有时化装成小学教师，闯过了敌人的重重封锁线。在一个漆黑的深夜，绕过最后一个炮楼，登上平汉路火车。在火车上，日寇带着汉奸特务对旅客们一次次盘查、恫吓，我镇静巧妙地应付过去，终于来到了敌占区北平。

打入敌人要害部门——广播电台

北平到了。临别时，首长的嘱咐，我牢记在心：“首先要找到公开职业，站住脚跟。”我想，我必须先找到王栋岑。

我来到王栋岑家，一敲门，开门的正是王栋岑。好几年不见了，他看到我十分高兴，拉着我走到屋里，我俩就亲切地交谈起来。谈到日寇的残暴兽行时，他表现出来的仇恨，使我深深感到抗日的怒火真正燃烧到每个热血青年的心中。我说：“我在北师大毕业后，就在定县教书，日本鬼子来了后失了业，为了填肚子，到处奔波。这次到北平来，想在北平找碗饭吃。”他说：“我在敌伪广播电台当个职员，过着将就饿不死的生活。你先住在我这儿，咱们慢慢想办法吧！”我在王栋岑家住了几天，王的岳母早上出去买菜，邻居就问她：“你们家来了个客人，是干什么的呀？”“他是从哪儿来的呀？”……这究竟是善意还是恶意？是无意还是有意？不能不引起我的警惕。

一天，王栋岑和我说，沈忻吾在某中学教书，咱们去找找他看，能不能让你教几个钟点课？沈是我在河北第六师范读书时的同学，也是我的好朋友。我们到了他家，他很高兴，知道我在找事做，还没地方住。他说："到我这里住来吧，工作的事咱们一起想办法吧！"他家住个小独院，我为谨慎，搬到了沈家。他家人口倒也简单，夫妻二人，有个儿子上中学，但有个女佣人，爱东说说西问问的，使我感到很不安全。我想关键是要尽快找到公开职业，有了掩蔽伞，才便于开展工作。广播电台是敌人的要害部门，王栋岑在那里工作，能不能让他想办法使我打入电台里去呢？

一天晚上，我和王栋岑在一起商量，我说："你在电台干了几年了，电台里的人都很熟悉吗？能不能在电台给我找个事干呢？"他说："广播电台录用人的权力都在日本人手里，看来比较困难。想想办法吧！"

这天，他下班后来到我这儿，一进屋就高兴地说："机会来了，今天广播电台考查科长山崎所管的工作出了点问题，山崎为推脱责任，提出考查科缺个审查讲稿的人。山崎在广播电台有实权，他嗜酒如命，贪污受贿，咱们想办法，多买些礼物给他送去，我再极力保荐你，看看他能不能录用？"我们又仔细商量了见到山崎后的对策。

星期天，我们买了 4 瓶山西汾酒、4 筒罐头来到山崎家里。王栋岑为我大大吹嘘了一番，他说："刘先生是北平师范大学毕业的，过去在报纸杂志上发表过很多文章，很有才学，一直在中学当教师，因为生病失了业。现在病好了，想找点事做，请您帮帮忙吧！"山崎看到这 4 瓶汾酒，眉开眼笑地说："老师大毕业的，大大的好。"叫我第二天就到电台找他。

次日，王栋岑带我找到山崎。山崎抱来一大堆过去广播过的新闻底稿和一些汉奸们讲过的演讲稿，让我找找这些稿件中有哪些错误的地方，把我的修改意见写出来。他说："你的一个星期写出交来的好！"

我把这一大堆稿件抱回家去，意识到这是敌人在考我。我用了两天时间仔细地从中找出了 100 多处逻辑、语法、文字以及人名、地名等错误的地方。每个错处我都用纸条标出来，说明错在哪里，应该怎样改正。第三天一上班，我就给山崎送去了。山崎本来让我在一周内做完，没想到我只用两天时间就办完了。他抽出几处，仔细看了看我所挑出的错处和改正意见，满意地伸出大拇指说：“大大有才干的！”又说：“你的先回去，等通知的好！”没过几天，就通知我被录用了，职务是在考查科审查广播稿件。

王栋岑帮我租了一间小东屋，到晓市去买了一个旧床、一张桌子、两把椅子和一些做饭用的炉子、锅、碗等，又从他家给我抱来两床棉被。从此，我有了公开职业，有了掩护工作的“合法”身份，为开展党的地下工作创造了有利条件。我这颗革命种子在北平能迅速地扎下根是和王栋岑的帮助分不开的。

找到职业后，我立即按照总部告诉的联络方法，给武安县祥记百货店经理韩梓林（我党的地下交通站）写了一封信，用暗语汇报了我走上征途的初步成果——打入敌人要害部门广播电台，站住了脚跟。

日寇严密控制的广播电台

沦陷时期，日伪在北平设有华北广播协会，管辖着华北所有敌占区各大城市的广播电台，如北平、天津、太原、济南、石家庄等。这些敌占区的广播电台均以转播北平广播电台的节目为主，而北平广播电台与华北广播协会实为一体，当时北平广播电台所有职员佩戴的都是“华北广播协会”的证章。华北广播协会会长是周大文，他同时又兼任北平广播电台台长。张作霖统治时期，周大文曾经当过北京市市长。北平沦陷后，日寇借他的社会地位与名声，让他担任华北广播协会会长兼北平电台台长。广播电台对外是“社团法人”，不是“政府机关”，而实际统治电台的是日本情报局。电台台长名义上是周大文，实权则由专务理事日本人葭村掌握。

北平广播电台下设的主要部门为：

监督室，以后改为考查科。科长是日本人山崎。这个部门负责审查广播稿件与监听。监听又分为两部分：一部分是监听所谓的“敌台”（指延安电台、重庆电台、苏联电台、美国电台），收听记录整理后向日本情报局报送；另一部分是监听他们自己的广播电台播放的内容。

放送部部长是日本人木村。放送科科长是中国人武鸿谦。武是旧中国交通部广播电台的播音员，日本统治时期继续留用。放送部的实权掌握在木村手里，武只做播音等具体工作。

文艺部管京剧、相声、京韵大鼓、评书等文艺节目的联系、播放工作。部长是颖川信德。他本是中国台湾人，原名陈信德，娶日本人为妻，改名颖川信德，是日本东京帝国大学毕业生。据说他的后台是日本特务机关。当时日本大特务白鸟统管敌占区所有的煤矿，而颖川信德与白鸟关系很密切。在文艺部，颖川信德是以日本人的身份掌握实权的，人们叫他“第二日本人”“准日本人”。文艺部的油水很大，如每次“治安强化运动”，都以募捐为名，找一些名角搞京剧大会演或曲艺大会演等，票价昂贵，收入很多。颖川信德靠组织这些活动捞到不少油水，并因此引起他和当权日本人的矛盾，常常看到他们相互争吵。以后颖川信德被排挤到一个小院去办公，但当文艺科改成文艺部时，颖川信德被提升为文艺部的部长。后来，他虽又被排挤出电台，可是另组织了一个唱片公司。这说明颖川信德是有硬的后台的。

文教科实权掌握在日本人白神和千秋手里。文教科管辖着新闻、演讲、“儿童时间”、“妇女时间”等几个节目。新闻节目由日本人小西负责，小西经常跑日本情报局和日本特务机关取来资料，由几个中国人具体写成报道稿。

敌人对电台广播节目的控制主要通过审定计划、审稿和监听来进行。电台放送的节目，事先都有计划，定节目内容，定演放单位，定人选。

在定计划时，要将日本人指定的任务（如根据每次“治安强化运动”的具体纲领制定的宣传项目）和一些狗腿子为日本人出谋划策而被日本人采纳的意见汇合，提出方案，再经日本人山崎、白神等审定。

计划制定后，就由做具体工作的中国人去联系。演出人的稿件要经过本单位的日本人审查后交到电台，一般是一式二份。一份交经办的中国人，一份交日本人，经考查科审查定稿后，盖上考查科的印章，方可播放。播放时的接待工作是由中国人担任的。

监听虽然由中国人监听，但也必须做监听记录，由日本人检查。

利用电台搜集情报

我被敌伪广播电台录用后，即负责在考查科管理演讲节目的联系、审稿和接待演讲人员的工作。演讲内容、主讲单位和演讲人是已由日本人安排好的。如当时敌人搞的几次“治安强化运动”，每次的宣传内容，敌人都有规定。

当时伪政权的一些头面人物如伪华北政务委员会委员长王克敏、王揖唐，伪剿共委员会主任荣臻，伪新民会副会长喻熙杰，伪治安总署督办齐燮元，伪建设总署署长周迪平等，由日本人指定轮流到电台来演讲。讲的内容不外乎是“肃奸反共”、“建立大东亚共荣圈”、“日本必胜”等。他们为了表示对日本主子的效忠，都是按时来讲。通过这些大汉奸是很难搞到情报的。像王克敏、王揖唐本人根本不到电台，由电台播放录音；其他大汉奸来演讲时，也都有跟随的人，经常是来了就讲，讲完就走，没有接触闲谈的机会。但是可以从他们的演讲内容中分析出敌人的动态，因为他们都是按当局的需要来讲的。

二等角色情况就不同了。他们来电台没有跟随的人，为了讨好日本人，常常早早就来。在他们播音完毕回到会客室时，按照当时电台规定，要赠送他们一些纪念品，如日本产的瓷花瓶之类。我借他们早来和赠送纪念品的机会就可以和他们闲谈。他们看到我是接待人，又是考查科的，误以为日本人重视我，愿意和我应酬往来，在谈话中也不提防，什么都说。我有意识引着他们谈其活动内容、汉奸内部的倾轧以及哪些人是真正的铁杆汉奸，甚至要采用什么花招、搞什么奸计等等，他们都对我说。我利用这个有利条件，得到了不少敌人内部的机密情报。当时，我在电台的上班时间是每天下午 5 点到深夜 12 点。为了发展地下党组织，我更多地去接近青年学生。白天我在北平市立女一中、女二中两校兼课，逐步发展壮大了地下党组织，先后发展了白羽、余铭玖、柏淑卿、李泮林、滕杰等青年学生和教师入党，并吸收王栋岑加入了党组织，还发展了几个商人入党，成立了一些支部。北大工学院支部由李泮林负责，北大法学院支部由管思负责，中国大学支部由白羽负责，女二中支部由何中洲负责，男三中支部由常振舆负责，男四中支部由王慎青负责，机关支部由王栋岑负责，商人支部由梁宏宽负责，总的组织、宣传、联络由白羽负责。

为了便于搜集敌方情报并增添一层保护色，我曾设法让王栋岑以中国大学讲座教授的社会地位接近伪广播电台台长周大文，当了周大文的私人秘书；又利用周大文的关系认识了伪新民会宣传部长陈宰平。于是，我和陈宰平及新民会另两个部长熟悉起来，这样使我们能及时了解到新民会的一些动态，又开辟了一条搜集敌伪情报的捷径。

通过陈宰平，我们了解到了敌伪组织和旧军阀、学术界的一些接触活动。如探听到“中日亲善协会”里一个名叫张绍昌的人经常到电台播送日语讲座，这个人是一个善于伪装的文化汉奸，以日本情报局为后台，一方面与旧军阀靳云鹏（曾任北洋时期的国务总理）关系很密切，另一方面与柯政和（北师大音乐教师、汉奸）关系也很密切，同时又与国社党头子张君劢有密切联系。张绍昌在东城石雀胡同 5 号靳云鹏住宅内办了《日本研究》《青年与读书》等 4 种刊物，吹捧日寇，毒害青年。靳云鹏在敌伪统治时期表面上虽没当汉奸，可是却将房子租给张绍昌办刊物，给他提供各种方便。我们将所有这类情报都及时向总部作了汇报。

当我们了解到伪建设总署有很多重要的军事情报，而陈宰平和伪建设总署署长周迪平关系密切时，我们就找到陈宰平，请他帮忙把王栋岑推荐到那儿去。王到建设总署后，与周迪平谈了谈，周以《土木工程与人生》为题，让王写篇文章，后来王被录用为“委任科员”，分在文书科管起稿工作，这就为进一步搜集情报创造了有利条件。王在文书科看到伪建设总署的绝密文件《工程月报》，内容多系敌人的军事工程，就趁其管理不严之便，冒着生命危险经常偷出交给我，我又设法送到总部去。这是当时通过电台渠道取得的重要情报。

有时，为了搜集某些特殊情况，我就故意找有关人员闲谈或一起吃饭，如当时敌伪文化协会理事长范宗泽经常到电台广播，我通过吃饭闲谈，有意接近他，搜集到了不少文化汉奸的动态和日寇对文化汉奸的要求等。

这样，敌伪广播电台成了我党搜集情报的基地了。

公开与隐蔽的斗争

为加强我地下党在电台的力量，我们利用敌伪广播电台招考播音员的机会，叫白羽同志报考。我们打听到，这次播音员的录取，颖川信德能起很大作用。王栋岑与颖川很熟，知道他很喜欢美术工艺品，就把自己家里一幅镶着金光闪闪镜框的绣屏送给了他。这个绣屏上有王的爱人用手工绣的两只猫，绣得十分精致，颖川见到十分高兴。以后颖川把白羽向山崎推荐了一番，这样白羽也打入了电台。白到电台后，分在文教科管“妇女时间”，王栋岑管“儿童时间”，我们经常在一起研究对敌斗争的方式方法。因为在敌人的严密控制下，明显的抗日宣传不可能播放出来，我们就采用讲历史故事、童话故事、唱歌、宣讲科教知识等，一方面较隐晦地进行爱国教育，一方面排挤和压缩那些毒害儿童、妇女心灵的节目。

那个时候，每天都有“儿童时间”，在这个节目里，充斥着“大东亚共荣圈”“中日亲善，共存共荣”的反动歌声。我们虽不可能完全排除这类反动宣传，但却尽量想办法冲淡其内容和排挤减少其播放时间。当时北平汇文一小音乐教师孙敬修有爱国思想，善于讲故事，我们就想办法把“儿童时间”里讲故事的时间拉长，挤掉和压缩反动歌曲的播放时间。当时王栋岑去找孙敬修，请他在“儿童时间”多讲几次故事，把故事讲长些。孙敬修听了有些犹豫，说:“就怕没那么多新鲜故事可讲，万一孩子们听了打盹儿，就没意思啦!”王栋岑对他说:“我给您找资料，供您编故事，保证您有新故事讲。”王栋岑帮助孙敬修找来商务印书馆出版的《小学生丛书》，让他按照书中的内容编写了长篇故事《琳琳环游世界记》，介绍世界各地风光及风土人情，连续播放了几个月。孙敬修的故事几乎占据了大部分“儿童时间”，他讲的故事绘声绘色，能使孩子们听得入迷，连大人都爱听。这样既给孩子们灌输了许多自然科学知识，也让日本人找不出任何“毛病”来。有一次，孙敬修在“儿童时间”里教唱了他自编的一支《灭蝇歌》，其中有这样几句:

有微生虫瘟疫霍乱何等凶，

一个蝇子带着几万数不清，
你若不信显微镜里看分明。
留神蝇子是仇敌，它是大仇敌。
快设法，除去它！
莫留后患再萌芽！
讲卫生，要干净。
灭蝇子，不生病。

播音完了，我们都很高兴。这声音传到千家万户，对受屈辱、受压迫的人民，将产生多么大的激励！但是孙敬修刚刚走出播音室，就被日本人千秋喊去。她气势汹汹地质问他："谁的是'大仇敌'？什么的'快设法除去它'？你的是什么意思的？"孙敬修装作莫明其妙地回答："那歌里唱得很清楚呀，苍蝇传染疾病啊！""这样的歌，以后统统地不许唱！千秋说罢，又把王栋岑喊去"训斥"了一顿。尽管如此，日本人却抓不住什么把柄。

还有一次，电台请了一个小学音乐女教师来教唱歌，节目表已经印发，报纸也登载了。但当歌词送来时，一看歌名是《不要怕歌》，歌词为：

前边有豺狼，
后边有虎豹。
不要怕，
拿起枪来打死它！

这比《灭蝇歌》对日本人的刺激更大，弄不好我们的阵地都保不住了。所以当时我们决定压下来不播放，临时改播了音乐唱片。这天，日本人突然把王栋岑和播音员都喊到周大文的会客室里，王刚进门，几个日本特务拿着枪对准他逼问："你们什么的干活？放送《不要怕歌》，你们死了死了的！"王和播音员都一口咬定没有播放过什么《不要怕歌》。他们又查了考查科的监听记录，发现也没有，特务才走了。以后侦知，这个女音乐教师有个男朋友，两人关系闹崩了，男的知道她要播放这个《不要怕歌》，就向日本特务机关告发了。这件事发生后，我们更加重视方式方法。

有一次，我们在“儿童时间”里请绒线胡同的小学生演出唱歌，由该校音乐老师宋哲敏带队。在唱歌中，我们发现小学生温可铮唱得很好，就专门约请他来演唱。我们接受以往的教训，指定让他唱如“秋风急，燕子飞……”“好大的西北风啊……”等更加隐晦一些的歌曲，用温可铮那童稚美好的声音挤掉“大东亚共荣圈”的反动歌声。

白羽管的“妇女时间”也是在日本人千秋控制下的。我们利用这个时间播放我国历代妇女光辉事迹的故事，以引导妇女奋发向上，从敌伪奴化教育的毒害中解脱出来。如当时讲孟母三迁择邻、断机教子的故事，启发做父母的要好好教育子女；又如把“染于苍则苍，染于黄则黄”的典故编成故事，说明教子慎于交友的重要性。我们还请一些医务人员在“妇女时间”讲妇女卫生知识，从而也排挤压缩了敌伪的宣传时间。

这样，我们利用“演讲”节目扩大情报来源，利用“儿童时间”“妇女时间”节目开展对敌斗争。

爱国的热血沸腾在每一个有民族自尊心的人的胸膛，人民也采用多种多样的方式开展对敌斗争，这在电台表现得非常尖锐突出。如文艺节目方面，京剧、相声、评剧等在电台只安排个节目表，没有具体内容；特别是相声，很多节目都是顺口说来，没有讲稿，所以日本人对文艺方面只审查节目，不审查内容。我记得在敌人搞“治安强化运动”时，有一次相声演员常宝堃（艺名小蘑菇）演出相声时，说到几次“治安强化运动”，他从第一次数到第五次，说“治安强化”一次比一次“强”，面粉就一次比一次“便宜”，再搞一次“治安强化运动”，面粉就几毛钱一袋了。捧哏的问他：“这么便宜？什么袋呀？”他说：“牙粉袋。”这件事后被特务告发，常宝堃也被日本宪兵队抓去。这件事反映了北平艺人热爱祖国的抗敌呼声。

传递情报交通历险

我到北平后的第二年春天，敌人对解放区残酷“扫荡”，在城市推行

“治安强化”，疯狂搜捕革命群众。一天清晨，天气很冷，飕飕的北风刮着，我正在家中，突然传来了敲门声。我打开门一看，一个商人打扮的陌生人站在门口。我问：“你找谁？”他说：“祥记百货店掌柜的让我来找刘××。”我说：“是韩掌柜吗？”他说：“是，是韩梓林叫我来的。”我说：“请进来吧！我就是刘××。”他进屋来，回身看了看外边，把门关好，小声说：“我叫何中洲。杨奇清部长派我来的。”随即把棉袄袖口扯开，从棉花里掏出了杨奇清部长的亲笔信交给我。杨部长指示：“要注意隐蔽，建立组织，扩大组织，积蓄力量，以待时机。”并突出提出“搜集敌伪情报”的任务。指定“何中洲同志担任交通”。老何同志向我谈了总部情况，并转达了杨部长对我的关心和嘱咐。我把搜集到的敌伪内部情报和我们在电台对敌斗争情况都详细告诉了老何同志，并要他记在脑子里，回去向杨奇清部长汇报。这是我们第一次接头的情况。

我们的交通员身负重任，他们化装成跑单帮的商人，往返于敌占区北平与太行山八路军总部之间，把我搜集到的情报送到总部，并把总部指示传达给我。递送情报或传达总部指示，有的是牢记脑中，有的是在有韧性的薄纸上写成密密麻麻的小字，揉软，藏在棉袄的棉絮中或别处。他们当时走的路线，是从我这里取得情报后，登上平汉路火车，经保定、石家庄，到达邯郸。在火车上，一路要经敌人多次搜查，常常是一到半夜，车厢里的多盏电灯突然同时亮了，日本人带着一群特务、翻译，拥进车厢，大喊大叫，挨个搜查。旅客经常有被打的、被抓的。我们的交通员以商人身份带着货物，有时向敌人应付对答，有时向翻译塞些钱或塞个金戒指以混过敌人的搜查。到邯郸后，再换乘小火车到武安县。武安县靠近太行山边缘，仍是敌占区，但它紧靠着根据地，有我八路军地下交通站。像我后来的交通员梁宏宽，就是武安县人，地下交通站祥记百货店就是利用他的经商收入和武安交通站长郝少白的钱开设的。所以到了武安，他们就比较安全些了。但从敌占区武安再到解放区阳邑还有 100 多里，还需通过敌人封锁线。经过这一段路程，经常会碰到敌人围剿、“扫荡”，这就要靠老百姓的掩护才能通过。阳邑在解放区边缘，有我八路军总部的交通站，当时站长是乔献捷同志。我的交通员到了阳邑，就可以见到杨部长了。当时何中洲同志和后来的交通员梁宏宽同志都是化装成跑单帮的商人，靠着对党的无限忠诚，靠着机智勇敢，突破敌人重重封锁线而完成任务的。

（白羽整理）

忆雷洁琼教授在遂川

吴识沧*

抗战以前，雷洁琼原是燕京大学教授，抗战爆发后南下到了南昌。当时江西正在开展妇女工作，邀请雷洁琼留在江西搞妇运，她就留了下来。

江西领导妇女工作的机构是江西省妇女生活改进会（简称“妇改会”），驻遂川，雷洁琼也在遂川。这时，江西省乡村抗战宣传巡回剧团2队应邀来到遂川演出，领队兼导演杜宣率队来到遂川，我当时在团，也一起来了。雷洁琼喜欢同青年朋友接近，特别喜欢文艺工作者，我们也喜欢同她接近，就这样认识了她，以后常聆听教诲，受益匪浅。

遂川，在赣南，是井冈山南麓的一座古城。这是一座不寻常的古城，它有过三度返老还青的光荣历史。抗战期间是它第二次返老还青的火红年代！这时，有许多抗战宣传团体、文艺团体和民主人士爱国青年到遂川来了。民主进步势力逐渐在壮大，抗战气氛越来越热烈，遂川又变成一个富有朝气的年轻城市。

首先，县长梁振超是一位开明人士，倾向民主进步，他领导的遂川县政府是一个特殊的县政府，它的新气象，较之蒋经国搞的“建设新赣南”毫不

---

* 作者时任江西省乡村抗战宣传巡回剧团2队领队兼导演。

逊色，在实效上犹有过之。梁振超大胆任用青年干部，容纳了许多民主人士爱国青年，其中还有一些身份半公开的共产党人，例如四川的刘烈人，大家都叫他刘麻子。梁还任命了许多位参议，刘烈人为总参议，组成他的智囊团。他又任用了许多视察员，经常下乡去视察调查督促工作，做到了上下沟通，耳聪目明。在任期间，他为遂川老百姓做了些好事。

与此同时，江西省妇女生活改进会也设在遂川，主任委员管梅蓉，就是梁县长的夫人，她也是一位开明人士，政治态度很稳健，但非左翼人物，可是在省妇改会中，也容纳了许多民主人士和爱国青年。例如雷洁琼和潘玉梅女士，都在会担负要职指导妇运。

此外，国际友人艾黎先生倡办的中国工业合作协会遂川事务所，也由中共地下党掌握，主任王诚，指导员丁全敏。

新华书店在遂川设了分店，开架卖书，顾客如潮，天天可以看到最新的《新华日报》。省立图书馆内的进步分子公开陈列、借出新版的进步图书、民主报刊。

再加上遂川县抗敌后援会是由省乡抗团来的几个大学生在主持，也是进步分子爱国青年，都是一个战壕里的战友。

这样一来，遂川已是抗日救亡爱国者和广大人民的天下了，国民党遂川县党部的衙门，却是冷冷清清的。

因此，当时的遂川乃成为战时江西的进步文化中心，民主势力很强大，其实际意义和社会影响，超过了大吹大擂的“新赣南”；因为蒋经国是一言堂老板蒋介石的儿子，在赣州有很强烈的“蒋家天下”的气氛。而在遂川，民主气氛就舒畅得多。

无形之中，梁振超和管梅蓉夫妇成为遂川民主势力的联系中心。而具有凝聚力核心的人物则为雷洁琼和刘烈人，在学术理论的指导意义上，雷洁琼所起的积极作用更大，影响相当广泛。

雷洁琼对妇女运动尤为重视，贡献殊多。当时的妇改会同事间不叫“同志”而叫“同工”，这大概是管梅蓉挖空心思想出来的点子，揣其用意似在尽量冲淡共产党的“味道”，以图缓和国民党的嫉视而又显出妇改会的特点与众不同。妇改会的制服也独树一帜，蓝布学生服两排扣子。

她们的主要工作是组训城乡的家庭妇女，展开扫盲反封建、保障妇女权益、宣传动员妇女参加抗日工作，以及做军鞋等。对妇女知识分子，也做了不少辅导工作。

青年们总是要恋爱的，在遂川的单身男子汉不少，找对象当然主要是在妇改会，因为妇改会的“窈窕淑女”多，“君子们”当然纷纷“好逑”，因而省妇改会常常是嘉宾满座，娇客盈门。妇改会也就戏称这些小伙子为“姑爷”。

不久，省妇改会改组为江西省妇女指导处（简称妇指处），熊芷为处长，管梅蓉、杜隆元为副处长，任命雷洁琼、潘玉梅为专员，叶楚生为科长等。还有督导员多人，如魏媛、周志方等。

叶楚生是一个能说会写精明强干的女子，她的丈夫郑茂根，在县府当民政科长，是梁县长的福建同乡。当时遂川的妇女界文化界的青年朋友，常到她家聚会，总是安排得宾主尽欢。因此，她又有“贤主妇”的美称。

在领导人物之中，以雷洁琼的声望最高，她原本就是名教授，大家对她非常尊重，但她从来不摆架子，总是热情和蔼平易近人。她喜欢同青年朋友接近，听他们谈心事，当他们的顾问和参谋，解答疑难问题，帮忙出主意，所以青年朋友也都喜欢接近她。

雷洁琼是广东人，长脸微黑、眼窝略陷，经常戴一副深度近视眼镜。她的身材颀长，是高个子女人，喜欢穿旗袍，罩一件西装上衣，走起路来一阵风似的。当时她大约 30 岁，精神面貌非常年轻，大家都把她看作是青年中的大姐姐。她身上充满了蓬勃的朝气，洋溢着青春的活力，给人总是鼓舞振作的精神感染。每日每时，她都是怀着与人为善的诚恳态度对待别人，流露出一种极有修养的教授风度。在遂川的这一段时间，正是雷洁琼精力旺盛的青年时代。

从省妇改会到省妇指处，她们不是挂空招牌的橱窗陈设，而是踏踏实实做了一些妇女工作，还创办了一个《江西妇女》月刊指导妇运，办了好几年，影响很大，编辑人员先后有潘玉梅、水世琤、傅舜华等；雷洁琼是业务指导和主要撰稿。后来，省妇指处办了一期江西省妇女工作干部培训班，雷洁琼是负责人之一兼主要讲师。培训班培养了一批妇女工作骨干，3个月毕业，分配到各县妇女指导处当主任和指导员，计有李珍一、沈瑶珍、谢天姿、钟敏贞、曾玲仙、梁玉、王仁等50余人。

结业时，负责文艺工作的艾萍组织了一次文艺晚会，有一个小演唱《母女献金》十分精彩，她们自编自导自演，采用误会法层层剥笋展开剧情矛盾，结果母女一同献金皆大欢喜。全剧说唱表演活泼生动、妙趣横生，观众既看得开心大笑又受到教育鼓舞。舞台旁边设立了慰劳荣军献金柜，当场就有观众踊跃献金。

当时，省妇指处在中山场支架了一个军用大帐篷，可以容纳上百人，妇干班就在里面上课。妇干班结业后，帐篷仍作开会学习之用，常在那里举办座谈会。我在里面参加过一次座谈会，主题内容是分析抗战形势的发展变化，发言者踊跃热烈。最后，听了雷洁琼带总结性的压轴发言，印象清晰受益至深。时隔半个多世纪，无法记住她的原话，概括大意如下几点：

1. 摆在中国人民面前只有一条路：抗战，从死里求生，中华民族是不可征服的伟大民族。

2. 我们不是赤手空拳（军事形势）。

3. 仗是在我们家里打，关门打狼，对我们是有利的。

4. 敌人的困难不断增加，例如战线太长、补给不便、官兵厌战、人民反战。

5. 中国的抗日不是孤立的，全世界人民和我们站在一起；帝国主义之间的矛盾日益尖锐，在狗咬狗的斗争中，对中国有利。

6. 驳斥悲观论者的错误。

结论：抗日战争是艰苦的也是长期的，但我们一定能够打赢这一场战争，最后胜利一定是我们的！

当时，全场爆发了热烈的掌声。我们巡回剧团2队的音乐家金重民也来了，他乘机起立指挥大家齐唱《最后胜利是我们的》，连唱3遍，声震棚宇，群情十分振奋！

雷洁琼的分析有条有理，引证确凿有据，而且逻辑性强，通俗易懂，具有极强的说服力，真正令人信服。听了她的发言后，心里亮堂了许多，抗战必胜的信心更足，更坚定。

雷洁琼上述“抗战必胜论”的观点和论据，在别处演讲发言之时，也经常讲，都受到热烈欢迎。听过她演讲的知识分子、广大青年和干部工人，都受到程度不同的启发帮助。由此可见，在抗战期间，雷洁琼努力宣扬抗战必胜论，驳斥悲观派，对于稳定军心稳定民心、坚定人民的抗日信心，起到了不可估量的积极作用。

不久，雷洁琼因事将有远行，省妇指处和巡回剧团 2 队、抗敌后援会等单位的青年朋友们欢送她，在一家茶楼举行话别茶会，与会者依次作了简短的祝愿，雷洁琼也作了简短的发言。最后，安排了一些文艺节目，也请雷洁琼出个节目，她讲了一则关于韩复榘的笑话（其时韩复榘因从山东全线撤退，被蒋介石处决）：韩复榘在当山东省主席的时候，有一次到一所中学去视察，在对全体学生训话时，他很严肃地说，你们要用功读书，第一要紧的是学会各国的“英文”。后来，校长请他去看学生篮球比赛，两队各逞雄威，争夺非常激烈。他看了一阵子，问校长：“你把教育经费扯作什么用了？还是上了腰包？”校长被他问得摸不着头脑，回答说：“我不明白主席的意思。”“不明白我的意思？”韩复榘发火了，说：“怎么搞得连买皮球的钱都没有了？给他们十个人玩一个皮球，你争我夺拼命抢，像什么话？真是乱弹琴！你不会再买九个，给他们一人发一个不就用不着抢了么！这么简单的事都想不到，你这个脑袋瓜子呀真成问题！”

听了雷洁琼讲的故事，有人笑得连茶碗都打翻了。

后来，省妇指处在吉安设立了一个吉安办事处，派雷洁琼当办事处主任，驻在吉安乡师里面。有一次，我去看她，她介绍我认识了新任政训处长许德瑗。

雷洁琼当时很忙，来访客人极多，大多数是青年，有许多女同志、女同学来请她介绍工作，主要是要求参加妇女工作；有些追求进步想参加革命的爱国青年，请求她介绍到新四军或者延安去；也有为了家庭纠纷、精神苦闷、受到不公正的歧视而来找她诉苦求援的……

在这一段时间，雷洁琼为省妇指处招进了大量的妇女工作干部，又为新四军和延安革命圣地输送了一批又一批新生力量。当时做这些工作还是半地下的，要花不少精力伪装掩护转弯抹角，费尽了心机。雷洁琼当时周旋于国共两党之间、民主党派和爱国人士之间，关系都处理得很好，工作也能顺利铺开。

与此同时，一批又一批追求进步的爱国青年，在她的指引和帮助之下，斗志昂扬地走向抗日时期的妇女工作岗位，走向抗日救亡的雄壮队伍，走向皖南、陕北的革命战场……

此后，就再没有见到雷洁琼。

1940 年夏，省巡回剧团两队合并，我应聘回团担任领队兼导演，驻在遂川整顿。这时，遂川已经大大变样，非当年那种盛况了。首先是遂川县政府恢复了以前的老样，开明县长梁振超、夫人管梅蓉走了，刘烈人到皖赣边界打游击去了。新华书店被迫关门了，原来红火热闹的青年队伍已经风吹云散，各奔前程，留下一片凄凉景象和许多美好的回忆。

《沂蒙山小调》诞生记

魏宝玉*

“人人那个都说沂蒙山好，沂蒙那个山上好风光……”这支优美动听的《沂蒙山小调》，唱红了沂蒙山区，飞遍了大江南北，长城内外，半个多世纪以来久盛不衰。她的作者和诞生地也越来越为世人瞩目。

笔者在县委宣传部工作时，曾于 1984 年 11 月 20 日在《沂蒙山小调》诞生地接待了阔别 40 余年重回沂蒙探亲的《沂蒙山小调》词作者阮若珊（中央戏剧学院原副院长）；1989 年 8 月 17 日，又同县人民武装部部长于成文、县文化局长刘家训专程赴北京登门采访了年近八旬的阮老，再次聆听了阮老讲述 49 年前创作《沂蒙山小调》的背景和经过。她还把袁成隆（原农业机械部副部长）和李林（上海歌剧院原顾问）亲笔撰写的有关资料（复印件）交给了我，并挥毫题写了“深深怀念沂蒙山好地方”。

《沂蒙山小调》诞生于烽火连天的年代，是由抗大一分校文工团团员李林、阮若珊在费县马头崖乡白石屋村创作的。1940 年 6 月，抗日战争正处在最困难的时候，日寇、汉奸、国民党顽固派联合对我抗日根据地进行“蚕食”“围剿”“扫荡”。当时沂蒙山区抗日根据地建立不久，以国民党临沂专

---

* 本文系作者根据采访当事人口述资料整理而成。

员张里元为首的顽固派时常对沂蒙山抗日根据地进行骚扰。在顽固派的操纵下，东蒙山一带的反动会道门“黄沙会”不断散布谣言，专门与共产党领导的抗日军民相对抗，以封建迷信阻挠群众参军参战。为了扫除抗日障碍，我党和抗日民主政府对“黄沙会”会首和下层会众做了大量艰苦细致的说服教育和争取工作。但是由于顽固派的严密控制，未能奏效，最后不得不使用武力解决。当时抗大一分校文工团驻在费县马头崖北部望海楼子山下的白石屋村，团长是袁成隆。文工团的任务是以文艺为武器，积极配合武装行动，一方面在前线开展对敌人的政治攻势，一方面深入到“黄沙会”盛行的沙沟峪、马头崖一带召开干部群众座谈会，进行调查、宣传，同时搜集创作素材。为了揭露国民党顽固派的阴谋和“黄沙会”的罪行，教育受蒙骗的群众，抗大一分校文工团团员阮若珊经过精心构思，在白石屋村一间乱石砌墙茅草盖顶的民房中，连夜编写了《反对黄沙会》一歌，歌词共分 8 段：

人人（那个）都说（哎）沂蒙山好，
沂蒙（那个）山上好风光。
青山（那个）绿水（哎）多好看，
风吹（那个）草地见牛羊。
自从（那个）起了（哎）黄沙会，
家家（那个）户户遭了殃。
牛角（那个）一吹（哎）嘟嘟响，
强逼（那个）青年上山冈。
硬说俺那肉身子能挡枪炮，
谁知（那个）子弹穿过见阎王。
装神（那个）弄鬼（哎）把人害，
烧香（那个）磕头骗钱财。
八路（那个）神兵（哎）从天降，
要把（那个）害人虫消灭光。
沂蒙山的人民（哎）得解放，

男女（那个）老少喜洋洋。

团员李林根据山东逃荒到东北的卖唱人所唱的曲子加工谱成曲调。歌曲作成后，李林、阮若珊打着呱嗒板，在白石屋村边的山崖上唱给大家听，请大家提意见。在当年 8 月 1 日的庆功会上，阮若珊首唱了这支歌，群众激动极了，当场报名参军的就有 300 多人。这支歌从蒙山脚下很快传遍了鲁中、鲁南、滨海、胶东、渤海各抗日根据地，受到广大军民的喜爱。随即又传到华北、东北等全国各大根据地。随着形势的发展变化，作者和广大军民对歌词不断修改，后来渐渐撇开了反对“黄沙会”的词句，充实了揭露国民党顽军“光吃军粮不打仗，一心一意要投降”，痛斥汉奸“勾结鬼子来扫荡，奸淫烧杀丧天良”等内容。到建国前后，只保留原作的前两段歌词，“人人（那个）都说（哎）沂蒙山好，沂蒙（那个）山上好风光；青山（那个）绿水（哎）多好看，风吹（那个）草地见牛羊”；第三、四段改成新词“高粱（那个）红哎豆花香，万担（那个）谷子堆满仓；咱们（那个）共产党领导好（与“咱们的毛主席领导好”并用），沂蒙山的人民喜洋洋”，从而，形成了现在脍炙人口的《沂蒙山小调》，成为歌颂沂蒙山秀丽风光和沂蒙人民幸福生活的革命历史民歌。

《沂蒙山小调》歌词朴实生动，曲调婉转悠扬，有很强的生命力和艺术感染力。这首赞颂沂蒙山秀丽风光的民歌，多少年来一直风行于全国城乡，为广大群众所喜爱。1964 年，民歌手韦友琴带着这首歌参加华东歌舞会演，受到陈毅元帅和其他中央首长的赞赏。1985 年秋天，阮若珊第二次回沂蒙探亲，在青年歌唱家王世慧的陪同下，重访《沂蒙山小调》诞生地，老、青、少几代歌唱家共同演唱《沂蒙山小调》，中央电视台为其拍了专集。王世慧三次进中南海怀仁堂向中央领导汇报演唱《沂蒙山小调》等沂蒙山的歌，在全国引起轰动。

《沂蒙山小调》这首反映沂蒙山区乡土气息的代表曲作，已进入了电影《南征北战》和戏剧、舞蹈、曲艺等多种艺术领域，每当人们听到或看到以《沂蒙山小调》的主题音调作为主要素材的舞剧《沂蒙颂》、京剧《红云冈》、柳琴独奏曲《春到沂蒙》时，便会感到《沂蒙山小调》的艺术魅力对音乐工作者的影响。半个多世纪以来,《沂蒙山小调》与沂蒙山的名字紧密地联系在一起，不仅传唱全国各地，而且在世界上也产生了深远的影响，被联合国亚太地区教科文组织评为优秀民歌。

为纪念这首革命历史民歌的诞生，在庆祝新中国50华诞之际，费县县委、费县人民政府在马头崖乡白石村建立起纪念亭和《沂蒙山小调诞生记》纪念碑（笔者撰文篆额），连同《沂蒙山小调》词曲铭刻于碑，并将袁成隆题写的“沂蒙山小调诞生地”和阮若珊题写的“深深怀念沂蒙山好地方”分别镌刻在纪念碑旁边的天然巨型花岗石上。

“孩子剧团”在苍溪

陈永昌*

当我从中央电视台为纪念抗日战争胜利50周年而举办的大型音乐晚会上，看到乐队指挥严良堃虽已是两鬓染霜，但仍激情满腔时，50多年前，在抗日烽火燃烧最炽烈的1940年，“孩子剧团”1队来苍溪宣传抗日的一幕幕往事又浮现在我的眼前……

1940年，我正在苍溪县城城中小学读五年级。我们一批热血少年，激于“不愿做亡国奴”的义愤，在中共地下党员贺克新、何清城老师的领导下，成立了“苍溪县儿童抗日救亡工作团”，到县城近郊各地巡回演出，宣传抗日。8月的一天，何清城老师突然派人召集我们城内团员，去迎接由重庆经阆中来苍溪演出宣传抗日的“孩子剧团”1队。“孩子剧团”1队的队长为许立明，团员有严良堃、陈在川、蔡去非等22人。这是一支从上海难童收容所选出来，在周恩来副主席关怀下、国共合作的军委会第三厅厅长郭沫若领导下的，并由冼星海、陈里艇、郑君里、石凌鹤等艺术大师培养训练出来的宣传抗日的艺术小天使。他们中年龄最大的16岁，最小的才9岁，由于都出生在大城市，不习惯走山路，一路上走得气喘吁吁，大汗淋漓。我们

* 作者时为苍溪县儿童抗日救亡工作团团员。

把他们接到苍溪中学教学楼住下。他们洗漱后，即和我们雀跃般地拥抱、欢呼，互致问候。这是两支小孩子抗日宣传队伍的胜利会师。他们队派出严良堃、陈在川为联络员，我们团也派出我和李文安为联络员。当我们碰头互道姓名的时候，严良堃首先介绍说："我，叫严良堃，严格的'严'，优良的'良'，'堃'是两个'方'字下面一个'土'字，很好记。"他说得朴实风趣，使我印象非常深刻。

我们与他们天天厮混在一起，感情非常融洽，心与心也贴得更紧。我们为他们搜集群众反映，特别是演出效果的反映，并为他们借一些必要的道具；他们则教我们唱歌、排演话剧，指导我们在表演大合唱时如何准确地定音而不"黄"调，如何指挥 2/4 拍子、3/4 拍子和 4/4 拍子。我是个打金钱板的，他们又手把手地教我如何把三块竹板打好，如何打得声音铿锵，以优美动听的节奏去征服观众。总之，我们从他们那里学到了不少的东西。

苍溪，是红军当年建立的川陕革命根据地的一部分。那时，县城到处都还依稀可见红军留下的"全世界无产者联合起来！""赤化全川！"等石刻标语。"孩子剧团"的团员们每当见到这些标语，都备感亲切和温暖，因为他们不少人的父母或亲友就是地下党员或当过红军。特别是当他们进出国民党的县政府大门，看到大门两边石柱子顶端还留下的褪了色的镰刀斧头和红五星的痕迹时，都要伫立一阵子，表现出庄严肃穆的神色。

那时，苍溪的社会还是贫穷、闭塞和落后的，农民们很少见过外省人。他们总是用奇异的眼光打量着这些讲国语、热情宣传抗日的男女孩子。因为是山区，团员们男男女女都穿草鞋，女孩子们还穿制服裙。一天，他们布置好舞台后，到东门外的饭馆吃饭，后面总是跟着一大群人看热闹。有小孩子在后面用奇异的口气说："看，怪咯，这些女孩子还穿草鞋哟！"跟在后面的老婆婆和大嫂子还关心地问："大姑娘咋个穿草鞋啊，二天（四川话指以后）你们哪个打发（四川话指出嫁）！"心直口快的蔡去非笑嘻嘻地回道："那有啥子哟，我们自己打发自己。"男孩子一听火了："好呀，你们不向群众宣传抗日，还有脸说自己打发自己！"晚上，队长许立明召开会议，分析男女团员在路上发生的矛盾。他说："这不能怪女同学说得不对，也不能怪老乡好奇。这是中国长期的封建社会和国民党的愚民政策造成的。我们要用政治家的眼光和胸怀来对待这件事……”许立明当时只有 16 岁，在我们眼里已是个小小政治家了。

由于天气太热，苍溪又没有浴室，“孩子剧团”的团员们便到九曲溪麻柳塘洗澡，他们泅水、打水仗，追逐嬉戏得可欢了。这件事很快便触怒了那些封建遗老遗少的中枢神经，引来了一片沸沸扬扬的非议，特别是城西老人茶馆里的那些“五老七贤”反对得最凶，说是“男女授受不亲”，“有伤风化”。也有些开明士绅则说：“天气热了，孩子们穿上衣裤在塘里洗个澡，有啥子大惊小怪的？”我们当然是这后一派言论的坚决拥护者。

“孩子剧团”在大后方演出的每一个节目，都是周恩来、郭沫若和一些艺术大师们纵观抗战全局而精心安排的。他们在苍溪演出的地点是火神庙露天剧场。首次演出的那天下午，太阳还未落山，许多小孩子就抬来板凳抢占场地了。傍晚，剧场里人头攒动，形成一片汪洋浩荡的人头的海洋。当时，苍溪没有电灯，靠点煤气灯照明。台上风大，汽灯很不好点，台下群众催促演出的掌声不断。待把汽灯点好，悬挂在舞台上前方，才开始演出，我帮他们司幕。只见红平绒幕布上方印着一排白色大字“国民政府军政部第三厅”，中间是四个仿宋大字“孩子剧团”。

演出的第一个节目是大合唱，第一支歌是《孩子剧团团歌》。一声铜锣，幕布拉开，“孩子剧团”22 人鱼贯进入舞台，站在板凳上形成梯形队列。一支手风琴伴奏。剧场里的喧闹声顿时静了下来。随着徐晴那锃亮的指挥棒的挥动，孩子们唱出了整齐而有力的歌声：“我们是一群没有了父母的小光棍，是一支从苦难中走出，在战火中成长的小主人……”这动人心肺的歌词，伴着优美的旋律，在场的观众被征服了，那些老太婆、大嫂子们早感动得热泪盈眶、满面珠泪了。

他们演唱的第二支歌是《红缨枪》。这也是他们来苍溪教我们唱的第一支歌，歌词至今我还记得：

红缨枪，红缨枪，

枪缨红似火，枪头放红光。
拿起红缨枪，去赶那小东洋。
小东洋，小东洋，是个横行霸道的小魔王，
他的野心比天大，想要把中国来灭亡。
老乡呀，老乡呀！
拿起了红缨枪，去赶那小东洋，
山沟里，山顶上，游击战争干一场，
打东洋，保家乡，不让那鬼子再猖狂！

这支歌在大后方唱出，确实起到了振聋发聩的作用，让大后方的群众了解了全国奋起的抗战形势。

他们紧接着演唱的第三支歌是《大刀进行曲》，第四支歌是《黄水谣》，第五支歌是《保卫黄河》。演唱的时候，他们一个个横眉怒对，挺着胸膛，紧握拳头，像上战场似的，把心里的仇恨、愤怒一股脑儿倾吐出来。

歌声一停，场内响起经久不息的掌声，有观众忘形地高呼："唱得好，唱得好，再来一个要不要？"接着又是一阵掌声。这样，竟使谢幕连着来了3次。

歌曲之后演出话剧《这怎么办》。这是一幕对战时大后方很有针对性的话剧。它的剧情是：某大城市，一个宁谧的夜晚，一轮弯月高挂，几颗星星眨着眼，一家人正在月下操持着家务。突然，空袭警报响了，紧接着是紧急警报——日军的飞机在头顶"嗡嗡嗡"叫着，一家人忙乱起来，女主人公急得团团转，嘴里直嚷着："这怎么办？这怎么办？"围绕抢救东西，穿插了许多生动的情节。观众从舞台的画外音响效果中，知道日军的飞机在任意肆虐，一声声撕裂人心的炸弹爆炸，不知有多少房屋被炸毁，多少人家破人亡！

这幕戏的剧情虽然简单，却控诉了日军屠杀中国人民的滔天罪行，并在一定程度上揭露了国民党消极抗日、大后方没有防空设施、群众生命没有保障的社会现实。

演出结束后，观众久久不散，欢迎的掌声一浪盖过一浪。第二场、第三场的演出，只是部分剧目有些变化。

孩子剧团在苍溪住了 7 天。离去时，苍溪各界抗日团体在国民党县党部礼堂举行了隆重的欢送会，我们苍溪“儿童抗日救亡工作团”的全体成员也参加了会议。小礼堂里人坐得满满的。苍溪抗敌后援会的代表致欢送词，“孩子剧团”1 队队长许立明致答谢辞。随后，各界代表相继发言。会后，孩子剧团又表演了许多精彩节目，博得了阵阵掌声。我们团的回报节目由我打了一段《谴责汪逆叛国》的竹琴，也赢得了阵阵掌声。演出结束，大家在互道珍重中难舍难分，依依惜别。“孩子剧团”在苍溪的演出大大地激发了苍溪人民的抗日热情，给苍溪人民留下了难忘的印象。

战斗在太行山上的日本士兵觉醒联盟

[日]前田光繁*

1940年1月2日下午，八路军晋东南军区召开千人大会，前线总司令部、野战政治部和警卫部队的官兵们在庆祝1940年新年。当夜幕降临时，庆祝会也接近尾声，人们准备点起灯火演出文艺节目。这时，突然有3个青年人走上台去并排站着，大家的视线顿时集中到他们身上。会议主持人向大家介绍说："这三位是名叫杉本一夫、小林武夫、冈田义雄的日本同志。"（杉本一夫是我被俘后使用的名字）会议主持人介绍完以后，我向前迈了一步，向大家声明：我从今天起参加八路军，并宣了誓。我讲话的内容是："现在的日本军部和日本政府，还有不明真相的大多数日本国民，将会极力咒骂我们是叛徒、卖国贼，蔑视甚至憎恨我们。但这对现在的我们来说，正是我们所期望的，我们感到光荣。这是因为我们所走的道路才是真正的正义之路，符合日本国家的利益和民族的利益。"

我的讲话是由当时的敌工部（对敌工作部）科长漆克昌先生翻译的。他战前留学过日本，回国后被国民党逮捕入狱，后来国共两党组成抗日民族统

---

* 作者原为日军士兵，被八路军俘虏后参加了八路军，为日本士兵组成的"觉醒联盟"成员之一。

一战线，漆先生才被释放出狱，出狱后他立即参加了八路军。

漆先生示意我的讲话时，会场上鸦雀无声。八路军官兵听完之后，热烈鼓掌，高呼口号的声音此伏彼起。这时坐在最前面的一位身材魁伟的八路军首长站起来，从容不迫地走上舞台，与我们热烈握手。这个人就是八路军总司令朱德将军，这是我们第一次见到他。朱总司令和我们握手之后，向全体官兵讲了话，强调严格遵守八路军的俘虏政策的重要性。他说："我代表全军欢迎这 3 位日本青年参军。今天这 3 个日本青年的行动，证明了我们八路军俘虏政策的正确性。现在虽然只有 3 个人，但今后将会有几十人、几百人接踵而来。"

看上去 50 多岁的朱德将军，以强有力的语调讲了下面这段话："这次抗日战争，只要我们能经得起困难的考验，坚持斗争，最后的胜利一定是属于我们的。关于这个问题，毛主席在《论持久战》一文中阐述得很透彻。这场战争将以中国人民取得胜利、日本军阀垮台、新日本诞生而告终，这是符合中日两国人民根本利益的。"

我们万万没想到，我们参加八路军会受到朱德总司令的亲自欢迎。这天的情景深深地铭刻在我的心中，终生难忘。

日本人觉醒联盟

1939 年，战争进入了第三个年头。抗日根据地扩大了，八路军的力量也迅速发展起来。另一方面，日军进攻的势头减弱了，双方的力量对比发生了变化，抗日战争进入相持阶段，游击战日益活跃起来。随之而来，我们对日军士兵的宣传工作，也需要全力以赴广泛地开展起来。

当时，从国民党统治区传过来一些反战传单。我们由此得知，鹿地亘先生等人在重庆组织了日本人反战同盟，并开展了活动。那时我们非常高兴，进一步增强了信心，同时我们也认识到集合八路军内的日本人，开展群众性的反战运动的必要性和可能性。八路军方面也表示，将尽一切可能帮助我们，他们希望我们尽早与重庆的鹿地亘先生取得联系，也在这边成立反战同盟组织，以便携起手来开展反战活动。我们抱着极大的希望，几次给重庆方面发电报和信件，但是很遗憾，那些电报和信件都石沉大海了，这多半是国民党方面设置了障碍的缘故吧。

在这种情况下，八路军方面向我们建议，与重庆方面的联系工作只好暂时放一放了。后来，我们决定自己成立组织。这样，小林、高木、松井、石冢等 7 人作为发起人，开始了筹建日本人反战团体的工作。虽然还不十分充分，但确定了成立反战团体的目的是:“从中国的土地上赶走日本侵略军，为早日结束战争而战。”而且拟定了团体章程草案。我们于 1939 年 11 月的十月革命节那一天，在晋东南召开了成立大会。

开始时的名称叫觉悟联盟，理由很简单，就是我们这些早觉悟的日本人，有责任让后来的许多日本士兵觉悟。但是后来总感到叫觉悟联盟不十分恰当，不久便改成觉醒联盟了。

虽然联盟的活动有了起色，但是由于我们的政治水平低，工作经验不足，而且又都是些新手，因此非常需要中国共产党和八路军强有力的支援，宣传活动及其他一切必要的费用也得请他们帮助。我们制作的宣传品，只通过我们几个人的手散发到分散在广大地区的日军中去，那几乎是不可能的，无论如何也要依靠八路军战士和地方武装的协助。八路军和民主政府愉快地给予我们一切援助。可以肯定，如果没有这种国际主义的援助，觉醒联盟就连存在都是极为困难的。

前线巡回宣传结束后，又回到八路军野战政治部，我们把自己的决心对冈田讲，他表示完全同意。敌工部的同志们对我们的决心更是举双手赞成，还把我们的决心报告给野战政治部主任及前线司令部。不久，我们便接到“欢迎正式参加八路军”的通知。于是我们就在 1940 年庆祝元旦的集会上发表了参军声明。这是我们被俘 5 个多月后的事情。

促使我下决心参加八路军，除了通过学习提高了觉悟和亲眼见到日军的野蛮行为以外，另一个重要原因是自从我被俘以来，八路军一直以人道主义精神给了我亲切的关怀，深深地打动了我的心，使我不能不感到八路军的本质确实和别的军队不同。

八路军是其他军队无法相比的不可思议的军队。一到八路军的部队，就会被他们的优良作风迷住，再也不想离开这支队伍。我认为，能在八路军中亲眼看到毛泽东思想的具体体现，并亲自参加实践是自己一生的幸福。

我们在前线司令部时，野战政治部主任是傅钟先生，副主任是罗瑞卿先生，都给予我们很大的照顾和关怀。

1941 年夏，以在山东省和河北省交界的冀鲁豫地区活动的水野靖夫先生为中心，成立了觉醒联盟冀鲁豫支部。还有，以活跃在河北南部平原上的秋山良照先生为中心成立了觉醒联盟冀南支部。冀南支部在富于创造性的宣传活动中取得了很大成绩，到同年 11 月，联盟成员增加了 8 倍。在太平洋战争爆发后不久召开的纪念冀南支部成立一周年的大会上，收到了朱德总司令发来的长篇贺电，电报说，“……一年来，你们在冀南前线，协助八路军开展争取日军士兵的工作，取得了出色的成绩。在反法西斯斗争即将取得胜利的前夜，希望你们更加努力……”

后来，在山东和其他地区也相继成立了觉醒联盟支部。

吉田先生从本部调到抗日军政大学任日语教员。原在日军中任中尉军医的山田先生，活跃在八路军的后方医院里。

觉醒联盟一直活动到 1942 年夏。在这期间开展的各种活动中，虽然还有不够完善的地方，但却积累了一定的经验。当华北的日本人反战团体于同年在延安统一为“日本人反战同盟华北联合会”时，觉醒联盟的经验成了制定反战同盟工作方针的基础，而且这些经验在后来的反战同盟活动中得到了有效的运用。

关家垴火线喊话初露锋芒

1940 年 8 月，八路军发动了著名的“百团大战”，给华北日军以沉重的打击，大大鼓舞了全中国人民的抗日士气。与此同时，日军也意识到真正可怕的敌人是中国共产党领导的八路军和新四军，于是便疯狂地发动进攻，妄图毁灭抗日根据地。他们实行臭名远扬的杀光、烧光、抢光的“三光”政策，频繁进行大规模的“扫荡”，而且来势一次比一次凶猛。直到1945年8月15日日本投降为止，日军的“扫荡”与八路军、新四军的反“扫荡”一天也没有停止过。其中有一次战役被称为关家垴战役，我就是在这次战役中，到火线上对日军喊话的。

1940年10月初，晋东南抗日根据地的气氛开始紧张起来。中旬，日军从各据点调动大量兵力，全面进攻抗日根据地。对此，八路军和农民游击队协同作战，一起进行反“扫荡”。老百姓按“坚壁清野”的方针，把家产、粮食、牲口等转移到安全地带，使日军所到之处看不到一个人影，连一头牛也找不到。在武器方面处于劣势的八路军，为了确保胜利，就采取“敌进我退，敌退我追”的战术，选择有利的时机和地点，同日军周旋，伺机反攻。

八路军和根据地农民的关系，有如鱼水那样密切，因此日军的行动八路军了如指掌，而日军则只能摸索着前进。日军妄图抓住八路军的主力一举歼灭的目的根本无法实现，反被八路军牵着鼻子走，累得筋疲力尽，粮食供应也中断了。正当日军准备撤回时，八路军抓住了这个有利战机，于10月下旬巧妙地把日军第二十六师团百武部队和冈崎大队（约1200人）诱入关家垴地区，切断他们与其他日军部队的联系，围困在山西省东南部武乡县城东面的一个高峻荒芜的村子里。

后来我们才听说，这次战役的总指挥是彭德怀副总司令，在前线直接指挥作战的是刘伯承将军和邓小平政治委员。

八路军对日军部队的包围有如铜墙铁壁，被动员来参加这次战役的有第129师的精锐部队第385旅和第386旅、直属队、迫击炮队以及部分原国民党地方军（后来编入八路军的平汉纵队）。罗瑞卿将军领导的野战政治部也到战场附近坐镇。我是随野战政治部到关家垴的。

战斗一连打了几天，日军逐渐被赶到丘陵上，在突围失败后便用发报机招来几架战斗机，每天在战场上空来回飞，对八路军阵地进行轮番轰炸和扫射。

我看到激战在继续进行，便建议去火线呼吁日本士兵投降，指挥部同意我的建议，并指示我去平汉纵队。于是我在该纵队参谋的陪同下于29日下午，抑制着焦急的心情赶往火线。途中经过杂木林小山丘时，没料到见到了刘伯承将军、邓小平政治委员和第129师政治部的蔡主任。这里是第129师司令部的所在地，有个很好的瞭望台，旁边还有一架用三脚架架起来的细长的望远镜，蔡主任见到我时鼓励说："很危险，要多加小心，祝你成功。"

不久，我们到了平汉纵队司令部，范子侠将军很高兴地接待我。范将军是由于对国民党的"消极抗日、积极反共"政策和对地方部队的歧视不满而参加八路军的爱军将领，也是一位很有名的大胆将军。

范将军简单说明战斗情况后，站起来对我说："现在就带你去火线。"参谋怕危险极力劝阻，但范将军不听。于是我们就走到正在猛烈射击的前沿阵地，冒着枪林弹雨进行观察。敌我双方的阵地只隔着断层形成的山谷，距离约二三百米。战线是菱角形的，互相都能清楚看到对方，打到我们附近的子弹"嗖嗖"地响。对面山腰上有两座孤零零的民房，日军躲在房后向我方拼命射击，有时还可以看到日军士兵在移动射击位置。

日军飞机投完弹一飞走，我方就开始用迫击炮集中攻击，对方战场上尘土和硝烟弥漫，焦臭味扑鼻而来。日机再来轰炸、扫射时，我方就用轻机枪和步枪应战。白天的战斗非常激烈，即将进入白刃战阶段，根本无法进行喊活，喊话只好等到晚上进行。

天一黑，战斗就暂时停下来，只有零星的枪声，日军飞机也不来袭击了。我方部队就利用天黑开展工作，重新整编部队，进行政治动员，为最后发动总攻作准备。

平汉纵队负责牵制日军，担任正面进攻的第129师第385旅等部队开始行动，静悄悄地越过断层和峡谷，向日军阵地靠近。估计一到晚上日军就集中兵力在丘陵顶上挖战壕。所谓丘陵实际上是梯田，每个梯层的高度约一米至一米半，我们就在梯田下待命。

快到深夜时，突击的准备工作刚完成，发起进攻的命令就下来了。我开展工作的时机也到了！八路军在进攻前停止了射击，为我提供向日本士兵喊话的时间。尽管日军是"武士道精神"的狂热信徒，但当前日军部队已陷入一筹莫展的绝境，有可能会响应呼吁来投降。那么，只要存在这个可能性，呼吁他们投降就是战场上的人道主义。说是“喊话”，但没有扩音器，唯一的武器是手工做的喇叭。我深深地吸了一口气，开始大声喊话，幸亏当时是顺风，不然日军士兵就听不到。

我喊话的内容大致是：

“各位日本士兵们：现在八路军停止了射击，希望你们也别打，听我讲话。我是真正的日本人，原来是各位的战友，现在虽然在八路军中，但我确实是日本人。

“在八路军里有原日本士兵组成的‘觉醒联盟’，我是该联盟的成员之一。我们成立这个联盟的目的，是为了早日停止战争，多挽救一些日本士兵的生命。现在各位已被八路军包围，无法突围。你们的部队已有许多伤亡，各位已尽最大的力量坚持战斗，尽到了军人的职责。如果再战斗下去，只有死路一条，应该避免这个最大的不幸！无谓的牺牲最愚蠢，再打下去是徒劳的，马上停止战斗吧！如果各位投靠八路军，八路军将保护你们的荣誉和生命安全。你们在家乡的父母、兄弟、妻子、儿女绝不希望各位变成骨灰回去，不应该给那些等待着你们的亲人们带来不幸。各位也有生存的权利，一定要争取活着回去。

“各位的对手八路军绝对不是匪徒，是一支非常优秀的正规军，从来不杀害俘虏，我就是很好的见证人。你们不要受上级军官的欺骗，放心到我这边来吧！不要开枪，把枪高高地举着走过来，八路军绝不会向走过来的人开枪。集体来也行，个人来也可以，过来吧！各位！给我回话，我在等待着你们的回话！”

在喊话的过程中，日军有时把机枪对着喊声的方向扫射，但总的来说很少开枪。我把重要的地方反复讲，但对方一直没有回话。为了给日本士兵最后一次生存的机会，八路军已经做到了仁至义尽，只好吹起冲锋号开始冲锋。经过一段时间的激烈战斗，枪声和喊杀声逐渐稀疏，最后消失了。战斗结束后，八路军战士把俘虏送到我这里来，其中有个名叫近松、身负轻伤的俘虏，非常顽固，当然这也很难怪他。据他说，我在火线喊话时，日本士兵们竖起耳朵听，有的说“是日本人”，有的说“不，大概是朝鲜人”。指挥官看到这种情况急得直嚷："这是阴谋，别上当，开枪！开枪！"

后来，这位顽固的近松成了勇敢的反战勇士，在抗日战争胜利前夕，主动冲进日军的据点，说服日本士兵放下武器。

在关家垴战役时，日本士兵由于受"皇军天下无敌"这种神话的欺骗和相信"被八路军抓到就会被折磨死"的谣言，因此有许多士兵死在战场上。但是关家垴战役后不久，主动来投降的日本士兵开始增多了。大约在一个月之后，从日本报纸上看到了日军的冈崎大队长阵亡的报道。

太行支部深入开展反战活动

1942 年夏天的一个晚上，在一个四周是核桃树的广场上，聚集着许多人，这里在开文艺晚会。正面的舞台上，煤气灯亮得耀眼，布景好似日军的内务班的样子，三八式步枪排列在枪架上。一个日本士兵手中拿着家里的来信，闷闷不乐，像是在思索着什么。这时，从舞台后面传来凄凉的歌声：

因为有了亲爱的你，
人生痛苦我不在意。
……

这不是慰问日军的文艺演出，观众都是八路军和中国的老百姓。演出单位是在华日本人反战同盟太行支部的"同胞剧团"。地点是在与山西省接壤的河南省极北端的涉县，这里是八路军太行军区司令部所在地，是一个具有中国人民不屈不挠英雄气概的抗日根据地。

我们剧团的主要任务是深入到日军占领区，向那里的中国老百姓和日本士兵做宣传。这里也是太行支部的所在地。剧团应八路军方面的邀请，在纪念八一建军节那天，做了一次慰问演出。

太行支部自 1939 年末作为觉醒联盟的一个支部开展工作以来，已近 3 个年头了。这期间，我们在中国共产党和八路军的帮助下，高举反战旗帜，驰骋在雄伟的太行山上。我们不仅在组织上得到了很大的发展，而且活动范围也扩大了，现在又组建一个剧团来开展工作。

太行支部工作的对象，是师团本部设在山西省潞城的日军东北地方的三十六师团，以石太铁路线上的阳泉为中心、分散在周围的独立混成第四旅团和平汉线上的独立混成第七旅团。

在支部成立还不到一年的1940年，八路军从夏季到秋季，向华北的日本侵略军发动了大规模的进攻（百团大战）。支部全力以赴配合这次作战，对日军开展宣传活动。在火线上直接向日军喊话，就是从这时开始的。少数联盟成员还骑着马奔驰在各个战场上，不分昼夜地开展活动。后来，在独立混成第四旅团的士兵中，甚至流传着这样一个传说："在八路军中，有日本人的部队。"这是把听到联盟成员喊话的日本士兵的说法又添油加醋了，最后变成了这种可笑的传说。总之，不管怎样，确实引起了他们的注意。

1942年深秋的一个夜晚，两个同盟成员与八路军的救援部队一起，急步向山西省潞城县的日军老顶山分遣队走去。其中一个人是原籍日本秋田县的镰田君，他以前曾在这个分遣队里当过兵。

一行人在太行山特有的石头路上爬山越岭。月光下，老顶山碉堡在前面的山丘上隐约可见。大家坐在河滩地上，等着侦察员查明哨位和适合喊话的地点。过了一会儿，侦察员回来了，一行人开始向碉堡靠近，他们接近到距碉堡30米处，镰田君等选择一片落叶枣树林的低洼处。救援部队为防备万一，也各就各位了。碉堡就在眼前阴森森地耸立着，倾耳静听，可以听到士兵们的说话声，看来他们还没有睡。开始，有两个人一起哼着《桂树摇篮曲》，不知不觉地碉堡里的话音停止了。时机已到，镰田君拿起喇叭筒开始喊话了。

"喂！我是镰田。是原来和你们在一起的镰田！你们好吗？"静下来的碉堡立刻嘁嘁喳喳起来。

"啊，镰田！"一个士兵惊叫起来。

"对，我是镰田！"

"什么？镰田！听说你被八路军逮走后每天都受折磨，是吗？"

"哪里话，那都是瞎说。负伤后八路军救了我，把我送进医院，他们亲切地照料我，现在我的伤全都好了。八路军是支很有感情的好部队。我今晚来，就是为了向你们说这些的。”

“还像镰田君。”

“没有错！你们还记得我的声音吧！”

镰田君详细地讲述着以前的事，日本士兵都在静静地听着。后来才知道，那天晚上，碉堡里的士兵都喝了点酒，像往常一样聚在一起谈起了家乡，因此忘记到深夜了。正赶上镰田君的突然来到，碉堡里的士兵又惊又喜。

分遣队长与镰田君既是同乡，又是同学，在部队里又在同一个分队。他感动得流下了眼泪，抽泣着说：“镰田，你来得正好，今天我们大家都喝了点酒，没关系，你到碉堡里来吧！”

“镰田！我给你家写信了，你放心吧，啊！”另一个士兵说。

“谢谢。”镰田回答说。

“现在已经不早了，今夜我要回去了，下次再来。”

“镰田！镰田！不要走！镰田！”

“再来啊！再见！”

喊话就这样结束了。过了几天，我们给这个碉堡送去了慰问袋。他们回我们 3 封感谢信，还送给我们 10 公斤大米。

另外，对负伤俘虏的照顾也需要特别耐心和周到。我们的工作也确实取得了成绩。当了俘虏的日本兵，有不少人后来觉悟了，他们陆续和我们站在一起，开始向所在部队和过去的战友做宣传工作。不过，在俘虏当中，也有因为挂念父母兄弟想回日本的。遇到这种情况，我们尽可能地为他们提供方便，妥善地把他们送回日军中去。被俘的当初，他们曾顽固地抵抗过，但是当和我们告别时，却流下了感激的眼泪。

挫败假装投降的间谍

觉醒联盟的组织和活动大大地发展了，对日军士兵的影响也渐渐地扩大了。对于日本军部来说，联盟的存在已成了一个威胁，这可以从日本军部施展的阴谋诡计中看出来。他们为了从内部破坏觉醒联盟，采取自愿投降和故意充当俘虏等手段，派遣特务策划暗杀联盟成员和破坏组织的活动。

1940 年，曾来过一个佩戴步兵上等兵肩章的人，他说："我和当官儿的打架负了伤，要是不逃出来就没命了，我考虑再三，还是逃出来了。"他对我们的主张，很快就产生了共鸣，装出十分进步的样子。我们把他当作新来的俘虏照看着，他很会讨好，显得很服管。

他带来了毒药，把它藏在军衣纽扣里了。一天，正在行军途中，他估计大家该饿了，于是，劝一位老联盟成员吃他那块放了毒药的烧饼，但是那位老同志警惕性很高，没有吃。而且说："你的肚子不是也饿着吗？……"当然，作为老同志有责任照顾大家的生活，从这个意义上讲，也不允许接受新来人给的东西。

1941 年，当传来皖南事变消息的时候，他逐渐暴露了，对新来的还不大了解情况的士兵说："八路军迟早也和新四军一样，中央军打来，就会被消灭的。现在你们不早点逃走，将来就回不去日本了。我可以告诉你们回日本的办法。……"他煽动人们的不安和动摇情绪，而且伸出了直接诱惑的黑手。但是，没有一个人听他的。相反，通过这件事暴露了他自己，像在袜子里藏情报之类的事都彻底露馅了。

法西斯军部为了达到其罪恶目的，真是不择手段。那个假装自愿投降、实际上是被派进来的上等兵，不久就坦白了如下事实：他受过间谍特殊训练，任务是暗杀我们和八路军干部。

法西斯分子的阴谋，就这样一个个地以失败而告终了。然而他们还是顽固地以更加巧妙的伪装向我们这里派遣间谍。对于我们来说，在保卫我们的组织和事业方面，必须以敏锐的政治嗅觉洞察他们的动向，彻底揭露暗藏着的敌人，并给予他们无情的打击。当然，我们也要加紧帮助那些工农出身的士兵，使他们认识到自己的错误，站到反战的立场上来。

（李东光整理）

从“皇军”到八路军

乔大海*

1940年初冬，我在八路军东海指挥部政治处敌工股工作。一天，王翻译带着一个名叫布谷的日军俘虏来见我。他个头不高，敦敦实实，穿一身草绿色军服，脸上带着恐惧和敌意的神色。他是我八路军荣成老二营在滕家集南港伏击战中俘虏的“皇军”机枪副射手。由于受日本军国主义的教育，被俘虏时，他一股子武士道精神，先是反抗，反抗不成想自杀。后来，他的伤养好了，上级分配他到敌工股接受改造。我先通过王翻译说明了我军的优俘政策、光荣传统、军民关系、官兵关系，揭露了日本帝国主义发动侵华战争及推行“三光”政策的血腥罪行，列举了日军中的等级制度和官长欺压士兵的事实。这些话虽然他不可能全部理解，但刚见面时的紧张神色消失了。我接着对他说：“希望你以后安下心来，在我们这里好好学习，会懂得许多你原先不懂的道理。”他点点头。

当时我们的根据地很小，昆嵛山被伪顽兼祧的所谓“抗日联军”盘踞着，大、小城镇和交通要道都被日军安上了据点，所以部队生活十分艰苦。我们吃的是老百姓的派饭，常年都是玉米面饼子就咸菜，逢年过节才能吃

---

* 作者时为八路军东海指挥部政治处敌工股干部。

顿小米饭。会吸烟的同志连烟叶也弄不着，只好用芝麻叶、豆叶搓搓当烟吸。但是我们对布谷的生活却始终给予特殊照顾：一日三餐吃细粮，逢年过节还专门给他做家乡菜，他最爱吃生鱼片蘸醋，喝地道的高粱大曲；布谷会吸烟，我们被敌人封锁着，纸烟到不了根据地，但我们还是通过特殊的供应线，给布谷供给金砖牌高级烟；胶东的冬天，经常是 -10℃以下，我们给布谷除发一套三新的棉军装外，还发一件丝棉背心（当时连以上干部才有）。这使布谷深受感动，他郑重地对我说："乔同志，请向上级说说，不要长期地优待我了，部队大大的困难。""请不要客气，这是我们八路军的光荣传统和政策规定。你尽管安心学习和生活吧，你用的这点东西，部队大大的有。"布谷见正面辞退不掉，就经常侧面寻找机会，诙谐地说："我也是个老兵了，生活这样好，实在不像样子。大大地改变吧。"他微笑着看着在场的同志，那目光像是在求同志们帮他说话。

布谷来到我们军队感触很深的是官兵关系，他连比带划地跟我说："日本军队的长官可以随便打人骂人，甚至杀人；老兵可以打骂新兵，新兵要给老兵擦皮鞋，若是擦得不好，举手就打耳光，抬脚就踢人，甚至叫新兵用嘴舔皮鞋，打的时候还要你挺胸立正。新兵的日子最难熬，没有法子呀！"

"你是什么时候当的兵？"我问。"我是去年当的兵。"布谷沉思着对我继续说，"我家是北海道，我被征兵的前一年，北海道地区的老百姓为抗议征兵，在装满新兵的列车下，卧轨不起，来拖延、阻止列车的开动。乡亲们知道我们出来没有好事，送死大大的，但也是没有法子呀！"

我趁机对他说："新兵和整个日本人民的苦难，都是因为日本军国主义发动了侵华战争。日本军阀，为了他们的利益，把日本人民和中国人民拖入苦难的深渊，你应该觉悟起来，与我们一起，打垮日本侵略者。"

"我的父母都是老实的农民，我从小跟他们学种庄稼，只读了小学毕业，就又拜师学木匠，我喜欢乐器，有空跟人家学会了吹尺八，村上有喜庆事少不了叫我去吹奏一番。你说的这些大事大道理，我没想过，我真不知道为什么来中国打仗，今天你说给我的……"他拍拍脑门儿接着说，"军阀，就是日本的大官吧？"

“对，就是他们。”我又赶紧补充，“农村里的大地主、城市里的大资本家、大官僚，就是他们逼得你们给他们当炮灰呀。”布谷有些领悟，沉思着想了好一阵。

为了使布谷从根本上转变立场，认清敌我，我们帮他制订了学习文化计划。经过他的刻苦努力，半年时间，他学完了《文化课本》，并可讲用手势辅助的汉语了。这对他以后的学习和思想的提高有决定性作用。他常说日本人学汉语、学汉字最有利的条件是日文中也有很多汉字，这些汉字帮了大忙。在学文化的过程中，我们还教布谷学唱《三大纪律 八项注意》《八路军进行曲》以及当时根据地流行的一些歌曲。布谷因为汉语不过关，学歌词难，学歌谱却很快，他能哼出许多歌曲的曲调。

1940 年 12 月底，长沟战斗中，东海指挥部从汤村店子移到柘阳山顶。宿营的时候，我与他睡在一起，看见他衬衣外面斜肩背着个类似胶东老乡打火用的火镰模样的小东西，我特意问他：“这是什么的干活计？”他眨眨眼说：“这个小东西用处大大的，无论如何也不能丢掉它。”“有什么用？”我故意追问他。他不好意思地回答我：“日本人大都信仰佛教，我也相信。这上面写着姓名和职务，战死了随骨灰运往家乡，并且还能平安地升入天国呢！”“布谷同志，这是日本军阀利用宗教欺骗你们。你们为他们卖命，死了毫无价值，上什么天国？根本就没有天国。”我很注意他的这块铜片以后还背不背，直到 1942 年秋天我们俩分手，从来没看见他再背这么个玩意儿。

布谷对我们的官兵关系感触很深，其实与之相关的军民关系他也同样有深入的观察。他不止一次地对我翘起大拇指，钦佩我军官兵一致、军民一家。可是具体到他身上，有时就很不理解。这也不奇怪，因为他终究是来到我们队伍时间不长的日本人。记得一天傍晚，部队集合在下徐村的街头上，准备夜行军，村里的老百姓、小学生来欢送我们。我们整齐地坐在背包上唱着歌，气氛热烈而又严肃。歌声一停，老百姓一齐靠拢在布谷周围，争看这位日本八路。开始他只是紧锁双眉，低头不语，接着就气哼哼地骂着“八个呀噜……”靠上来的人越多，他越感到有损于自己的尊严，霍地站起来，捋起袖子，握起拳头……我看事情不好，马上站起来把他拉住，严肃地对他说：“布谷同志，你为什么发这么大的脾气呢？这样违犯了‘三大纪律、八项注意’，老百姓来欢送我们子弟兵，是军民一家鱼水情的表现，你不是知道日本军队走到哪里，哪里的老百姓就跑得光光的，叫你们没吃没喝吗！”他沉默着，用手扶正眼镜，又指指自己的脑袋，很不好意思地说：“乔同志，我错了。”“没关系，以后可不要这样啊！”

后来，布谷在行军生活检讨会上作了严肃的自我批评。我们知道他已经对自己的错误有了深刻的认识，就对这件事不再作分析了。从此以后，部队每到一地或离开驻地，他都是和我们一起仔细地把铺草、门板整好，送还给老百姓；借用的碗盆灶具，也和我们一样登门送还，喊着大娘、大嫂表示谢意。那时，因为日军的“扫荡”、清乡，“抗日联军”也时刻想着消灭我军，搞得我们昼夜不停，一个晚上都要在两地宿营，行军非常频繁，到的村庄也非常的多，所以东海地区的老百姓，很多人认识日本八路布谷同志。

为了发展抗日武装力量，就必须扩大、巩固抗日根据地。东海指挥部和东海地委，决定继长沟战斗之后，消灭盘踞在昆嵛山的“抗日联军”。我们激战 3 个昼夜，于 1941 年 1 月 9 日一举解放了昆嵛山，使我军有了一个比较大也比较安定的后方根据地。我们稍作休整，皖南事变就发生了，国民党顽固派在全国掀起了第二次反共高潮。我军上下一致认为：不消灭投降派，抗日战争是无法进行的。该年 3 月，许世友奉山东分局和山东纵队的指示，带清河独立团挺进胶东，与早已战斗在敌后的胶东 5 旅第 5 支队会合，成立统一的战斗指挥部，开始了历时 5 个月的反投降战役。布谷和我们一样行军作战。在海阳县发城战役的一次战斗中，他表现的特别突出，积极主动地到阵地前对敌人喊话（这时敌伪顽合流）。他选择了一个掩体，在枪林弹雨中大声地喊着。当他和同志们一起跳过壕沟的时候，被一颗子弹打中了背包。我们关照他赶快下去，他坚决不肯，一直坚持到完成了喊话任务才回团部。解下背包一看，子弹头贴着丝棉背心飞出去了，刚好没有伤着皮肉。大家松了一口气，他也抖抖身上的尘土，风趣地说：“没关系，我命大，子弹留情呢！”大家听了布谷的这番话，都笑了。

此时，我联想到布谷 1940 年 8 月 28 日下午荣成南港伏击战最后被俘的一幕：他扛着机关枪，跑到芦苇塘边，把机枪扔进水里，自己掐了一节芦苇管含着，也沉进了半人多深的苇塘里。我老二营的战士追到塘边，发现脚印断了，便朝着苇塘喊："八路军优待俘虏，缴枪不杀，不出来就要开枪啦！"苇塘里一点声响也没有，忽然一个战士发现水面上冒出一串水泡，立即跳下水去摸。布谷"噌"的一声露出水面，用头把我们的战士撞倒在苇塘里，手里拿着一把刺刀，"哇哇"直叫。这时，一连长张虎赶到，大吼一声："放下刺刀！"布谷却用刺刀割自己的脖子，多亏我们 6 个战士赶来抓住了他。他真是命大。我一面想着这些，一面催布谷赶快休息。

事后，我们的团主任也亲自来慰问布谷，拍着他的肩膀，伸出大拇指说："布谷同志进步好快，我们向你学习。"布谷不好意思，红着脸对团主任说："多少同志在战场上牺牲了，我喊几句话，还值得首长表扬？大大的应该呀！"

发城解放以后，5 个月反投降战役就胜利结束了。从此，我们在胶东的根据地连成了一大片，投降派再也成不了气候，胶东的抗日斗争出现了一个前所未有的好局面。

1941 年 8 月，我们在海阳南埠后村整训时，为了开展部队战时群众性的瓦解敌军（简称"瓦敌"）工作，我与布谷共同负责开办了一个短期日语瓦敌口号训练班，学员都是连队里敌工小组的战士。布谷负责教日语瓦敌口号和日语歌曲——《我们都是劳动大众》。他对工作认真负责，对每一个字、每一句话都耐心地教。他说战场喊话不比平常说话，战场上枪林弹雨，人吼马叫，再加上地面广大、心情紧张，如果发音不准或喊错口号，不但收不到预期的效果，恐怕还会起反作用呢？为了把训练班办好，他每天早上与学员一起跑步，领喊口号，教唱日语歌曲。自己忙不过来，还能请学习好的战士帮助他辅导。这些辅导员与训练班的学员，整天生活、学习在一起，他们随时随地帮助后进战友单个训练，所以，每期训练班都能在一周的时间里，学会 20 句瓦敌口号，会唱一支日语反战歌曲。布谷为我军培养了一批瓦敌骨干，理所当然地应该受到首长和政治机关的鼓励和好评。

1942 年秋天，因为工作的需要，我和布谷分手了。由于我的工作性质、工作内容没有多大变化，所以经常能从战友那里得知布谷的消息：太平洋战争爆发以后，日本兵力严重不足，只好从国内大量征集十七八岁的中学生入伍，没经过什么训练，便被匆匆忙忙地运到中国战场上应急。这些少年兵，没有离开过家乡，也没离开过父母，到了等级森严的日本军队，还要受长官、老兵的气，所以分外思念家乡和父母。布谷和另外一些战友，抓住这个弱点，用日本民间乐器尺八，到日本据点附近吹奏日本民歌。布谷应征前就喜欢吹吹唱唱，所以他吹奏的曲调，最能打动这些少年兵的心。以后，他又针对某炮楼里的少年兵，家居某县的人多，就专门吹奏那个县的民歌。有一次，针对熊本县少年兵居多的炮楼，布谷吹奏了《五木催眠歌》，节奏缓慢、婉转，旋律哀怨、深沉。小兵们听了，唉声叹气地想家，哭哭啼啼地不能自已。有的小兵听了他的宣传，跑过来给我们送枪、送情报……

布谷以他的实际表现，创造了条件，第一个参加了胶东在华日人反战同盟，并担任组织委员。1944 年冬天，我们在胶东军区北海军分区政治部又相会了，他兴奋而亲热地告诉我：“我已经是真正的同志了。”我激动地握着他那粗壮的手，为他的进步表示祝贺，也为自己有这样一位日本同志自豪。

刺杀日本天皇特使事件始末

吴竹亭*

民国二十九年（1940 年）11 月 29 日发生的刺杀日本天皇特使事件，在当时的北平引起了很大震动。为了弄清这次事件的详细经过，笔者采访了这次事件的知情者侯化均、张承福两位老先生。侯化均先生，82 岁，系天津市蓟县五百户乡头百户村人，曾任国民党河北省保定警备司令部稽查处处长（军统、少将级），1949 年去台，1986 年回北京定居。张承福先生，72 岁，现居台湾台北市。笔者在采访侯先生时，正值张先生回京探母，拜访老友，不期而遇。两位老先生均在当时军统北平站工作，与刺杀日本天皇特使的麻克敌（化名麻景贺）、邱国丰（化名邱裕民）是老同事。现根据笔者采访两位老先生的录音整理如下。

问：侯先生，听说这次刺杀日本天皇特使事件是当时北平军统组织干的，您是不是先把北平军统组织的情况讲一下？

侯化均先生（以下简称“侯”）：说来话长，当时北平军统组织中绝大部分人，包括我在内，都是原河北省保安队张砚田的部下。“通州事件”（1937 年 7 月 29 日，驻守通州的伪军冀东保安队对日军发动了攻击，捣毁了日军

* 本文系作者根据采访当事人口述资料整理而成。

机关，逮捕了汉奸殷汝耕等人——笔者注）后，张部撤出，因受日军的截击和飞机的轰炸，化整为零，转赴河南周家口集中。张砚田化装成商人回到天津英租界家里，然后间道至河南周家口接收失散的队伍扩军。

1937 年底，张部编为直属国民政府军委会指挥的陆军第一一八师。1938 年春，第一一八师调驻湖北广水。张砚田因不是蒋的嫡系，处处受排挤。台儿庄会战后，国民党政府将张部番号取消，补充到孙连仲的第二十六军。第二十六军原属西北军系统，我们属于东北军系统，很多人担心过去后受排挤，不愿去。这时戴笠找到张砚田，让他从部下中选出几十名有作为的年轻军官，交戴笠培训。张为戴笠选了 36 人，经筛选留下 28 人，我也在其中。训练地点初在汉口，后因日军南侵，武汉告急，遂将我们并入湖南临澧中央警校第一期同训，班主任是戴笠，副主任是于伯醒。1938 年底毕业后，我们这 28 人或被选入国民政府军委会开办的谍报参谋班第一期，或被选入特警复训班受训，地点则迁至湖南黔阳。1939 年中秋节毕业后，我们这 28 人，除一二人另行他派工作以外，大多分别被派至华北的济南、天津、北平 3 处的军统组织。在北平，以我们这些新派赴的人为基础，成立了新的军统北平站（原来的组织被日伪破坏了）。站长刘文修，山西人，是原北平站的老军统人员。书记李效愚，是谍报参谋班的。下设两个情报组、两个行动组，每组大概二三个人。我所在的情报组组长是张清江，组员有我和张承福、金琅；另一个情报组组长赵慰民，组员于子和。两个情报组除了张承福、金琅是学生出身，是从特警班来的，其余均是原保安队同事。行动组一个组长是麻克敌，组员邱国丰；另一个组长是周良辅，组员杜玉州。这 4 个人都是原保安队同事，是从谍报参谋班来的。另外还有特警班的陈大东不知是哪个组的。当时军统华北区区长薄有凌也在北平，但先后只见过两次面。

问：当时人员之间如何联系呢？

侯：当时规定一般人员之间不发生直接联系，见面也要装作不认识。专有一人负责联络，叫“交通”。此人名叫任国伦，是特警班的，湖北运阳（原文如此，疑为“云阳”——编者注）人，住当时的湖北会馆，公开身份是做小买卖的。上级的电报指示全由他传递给我们，我们有什么汇报的，也要通过他转达。具体电台在什么地方，他如何与上级电台联系，我们全不清楚。

问：日本天皇特使为什么来北平？

侯：1940 年，日伪已统治华北几个年头，据说当时日本华北驻屯军司令官多田峻曾给天皇上了奏折，说日军在华北的治安已很有成绩，人民已经臣服，为此天皇才派两个特使进行宣抚，也就是视察慰问的意思。两个特使都是贵族院的，其中一个起了个中国名字叫高月保。另外一个叫什么，还有高月保的日本名字，我就不清楚了（查当时报纸，称高月保为“高月将军”，则高月保并非中国名字；另一特使名叫乘兼悦郎。这两个特使都是中佐军衔——笔者注）。当时两个特使住在铁狮子胡同日军司令部里，他们以为北平已是日本人的天下，平安无事，所以每天都骑马到外边遛弯儿。

问：这次刺杀是奉了什么人的指示，还是自行行动的？

侯：1940 年秋，任国伦传达了戴笠的指示，要我们找机会刺杀日本军政人员，无论是官兵都可以，成功者有赏。刺杀本是行动组的任务，但由于戴笠有令，所以大家全行动起来，寻找目标。

问：您二位谁把刺杀日本天皇特使的经过说一下？

张承福先生（以下简称“张”）：刺杀日本天皇特使的直接行动人是行动组组长麻克敌，组员邱国丰。我所说的情况，除我亲历的以外，都是后来被捕在狱中听另一个行动组组长周良辅、情报组组长张清江和任国伦讲的。他们和麻克敌有联系，对内情了解。11 月 29 日上午，麻克敌、邱国丰在查清了两个特使的行踪之后，骑自行车在其必由之路锣鼓巷皇城根下尾随狙击（据《新民报》民国二十九年 12 月 1 日头版头条消息《京师一大不幸事　日本军官突被狙击》载，当时刺杀的确切地点是在皇城根 14 号，美国教会远东宣教会门前——笔者注）。当时两个特使都被击中，高月保当时毙命，另一个受重伤，两匹马也被打死。东皇城根路口有个警察阁子，警察出来看时，麻又打了两枪。当时有两个拉洋车的正经过那里，将两个特使拉走了。

问：麻克敌的身份您二位谁了解？

侯：麻克敌化名麻景贺，河北省遵化县平安城镇麻家庵村人。他和我都是原河北省保安队张砚田的部下，一起在湖南受训后回到北平的。麻当时住北海东墙根胡同，与他哥哥同院居住。他当时的公开身份我不清楚，只知道他哥哥在英美烟草公司任职。麻克敌被日伪杀害后，他妻子改了嫁，后随夫去了台湾。

张：台湾国民党中央办了一刊物叫《中央》，里面曾刊登过麻克敌的一小段文字，非常简略，不仅涉及的人名有不对的地方，内容也和历史事实有很大距离。除此之外，台湾记载这件事的文章就绝无仅有了。这次事件的知情者健在的除去我们两位之外，就只有现居台湾任“国大代表”的周良辅了。

问：事件发生后，北平城内情形如何？

张：刺杀日本天皇特使在北平乃至华北引起很大震动。据说当时北平的日本特务机关压力很大，因为上头要求他们限期破案。当时一些省市的日伪宪兵特务机关派人来支援。事件发生后，北平全城戒严，城门紧闭，城头拉上电网，禁绝任何人出城。北平通外地的火车全都停开。市民不准上街买菜，连出殡都要申请，到城外去就更不允许了。当时还规定非直系亲属不能留宿，住旅馆需要有两个以上铺保。每条路口都有宪兵特务把守，检验身份证。宪兵特务还分区入户搜查，有的连房顶、地板、炕都得扒开。当时无辜受刑讯被抓的人太多了。大概过了一周时间，火车才开出，市民才可凭身份证出入城门（据当时《新民报》载，市民须“在出入门证上捺印手印，出入城时，由警察局派赴各城之指纹专员查验相符，始得放行”。另外，伪治安部主办的《武德报》民国二十九年12月15日登载启事，悬赏大洋5万元捉拿刺杀者——笔者注）。

问：北平城内大抓麻子是怎么回事？

张：事情的起因是这样的，麻克敌这个人好冲动，不够谨慎，刺杀日本天皇特使后，很得意。没几天，他又在夜间刺杀伪政府负责财政的“华北联合准备银行”总裁汪时璟，在越墙时被人发现，在后接应的邱国丰喊他“老麻”，这样北平城内才大抓麻子。其实麻克敌脸上只有几个浅浅的白麻子，不细看根本看不出来。当时北平城内不仅是麻子都抓，就连脸上有疤的人也不放过。所有被抓的麻子都要一一“过滤”，查原籍、出身、年龄、职业、麻子特征等，查清后，将这些情况统统填在一个证件上给你，人称“麻子证”，然后才能持此出入。

问：侯先生，事件发生时您在北平吗？

侯：事件发生的前 5 天，我奉了戴笠的命令去了保定。当时保定的军统组织被日伪破坏尚未恢复，让我去重建。我在保定发展了两个人，一个是我同族的哥哥，一个是我的侄子。他们一个在伪省政府民政厅当主任科员，一个在伪道尹公署当科员。去保定后的第 5 天，是我通过电台发报向戴笠汇报保定军统组织发展情况的日子，于是我从保定赶回北平。到丰台站时，见中国人都在此下车，车上除少数日本人外，中国人只我一个。我觉得北平出了事，不敢坐到前门站，坐到东便门就下了车。雇辆洋车去天桥，从车夫嘴里才听到天皇特使在北平被刺了。但进了城也没有办法了，当时的北平城是许进不许出。回到东直门家里，房东刘心一以日军规定非直系亲属不得留宿为名，不让我再居住。刘心一是张清江新发展的，他以为我这几天不在家，此事一定是我干的，怕受牵连。好在“狡兔三窟”，平时我还结交了一个叫王荫生的好友。他也是以前河北省保安队的，此时在伪华北警防军司令部当上尉书记官。王薪水少，维持一家人生活，经济不富裕。当时军统发给我每月 120 元的薪水（属少校级），活动费 20 元，再加上我公开身份在兴华女子职业学校任教收入的 60 元，很宽裕，所以常周济他，这样他才以妻兄的名义收留了我。

问：这个案件是怎样被侦破的？

张：提到破案，其中还有一个小插曲。日本有关部门是要北平日特务机关限期破案的，可到了限期，案子仍然没破。这时在东兵马司发生了一件持枪抢劫案，案犯名叫马元凯，在重刑之下承认是刺杀日本天皇特使的主犯。当时北平的一些报纸都登了，我记得最清楚的是《小实报》上登载了。北平日本特务当局可能想以此结束这个案子，但据说日本驻华最高特务机关参谋茂川不相信此事，让裴级三侦破。裴级三原是军统天津站工作人员，和军统北平站站长刘文修是旧识。裴投日寇后在北平日本特务机关当“主顾”，他估计此事很有可能是军统干的，便在北平到处寻找刘文修。

侯：据我所知，刘文修是被裴级三率日本宪兵便衣在电车上捉住的，当时刘正下车，裴在上车之际发现了他。

张：刘文修也被带到什锦花园的茂川公馆，在威胁利诱之下，将北平军统组织的情况全交代了。刘文修并不知道所有北平军统人员住址和公开身份，有的是一些被逮捕的人又供出的。我是任国伦供出的，12 月 12 日被捕，当时公开身份是大东银行的职员。

问：侯先生，听您说当时北平军统组织只有二三个人没有被捕，您是怎样脱身的？

侯：事件发生后，北平城内风声越来越紧，我想借住王家也不安全，便寻思如何出城。正当我百思不得其计之时，机会来了。这天，驻北苑的伪军齐燮元部的连长董春荣来找我。他与我很熟识，听说我已辞去兴华女子职业学校的教职，便问我有何打算。我告诉他塘沽伪公安局正聘我为主任科员，只是无法出城，问他能否帮忙。董说："我们团的书记官已走了 3 个多月没有到职，团长正急于找人，只要你答应这份差事，我可以帮你出城。"我听后正是求之不得，中午便在东来顺请他吃了烤全羊。他吃完就回北苑了。未料下午 3 点半钟董又骑车赶来，连证件、军装都带来了。他叫我穿好军衣，雇了辆人力车，董骑车在后跟随，从雍和宫直奔德胜门。到德胜门，董跟一个日本宪兵少尉说了几句日语，并递上证件、公文，这时两旁日伪宪兵警察 20 余人一立正，我和董春荣点点头，就出了城。到北苑后，我没有到团部报到，我跟董说我必须先去塘沽将伪公安局的职辞掉，然后再来。其实我不过是找个借口。和董分手后，我绕路步行去丰台坐车赶到保定，通知我发展的那两个人停止活动。保定不能再待下去，因为刘文修知道我以前去过保定。通知那两个人后，我担心北苑也不安全，便到正定投奔了原河北省保安队同事、齐燮元部第十团姓周的连长。在正定潜伏了 3 个月，后辗转去重庆找戴笠了。

问：张先生，请您将被捕后的情况讲一下。

张：我们被捕后，先被送进了日本宪兵队，分别单独关押。在宪兵队除了被审讯、对质外，还受到鞭抽、灌水、用烧红的铁钩子烫等酷刑。有一天我被打得昏死过 3 次。在宪兵队待了近一个月，然后被送到炮局监狱，当时称“外寄人犯收容所”。炮局监狱分东院和西院，东院属日本华北军法会，关押待判决的犯人；西院是监狱，关押判刑以后的犯人。我们开始先被送往东院，在那里受到两次审讯，一次是在侦察厅，一次是在审判厅。以前我在宪兵队始终没有见过麻克敌，审判时才见他一面。薄有凌以前也从未见过，是通过审判才认识的。在东院不再单独关押，几个人关在一个屋子里。我被关的屋子大一点，人也就更多了。和我关在一起的同事我记得有行动组组长周良辅、情报组组长张清江、交通任国伦，还有刘心一等人。在屋子里都要面壁而坐，不准说话。看守在夹道中来回巡视，发现谁说话，便拉出去打一顿。当时我们想这次生存的希望非常渺茫，所以都找机会将各自了解的情况进行了交换，或有什么事交代一下，希望有能活着出去的将情况汇报给上头，将需要交代的转达给亲属。我们那个屋子虽然有不同的党派，不同的组织，但都是被日伪宪兵特务抓进来的，都成了难友，互相照顾。平时，由一个人监视看守，大家谈话，看守过来，监视人做一手势，大家再坐好。

在东院待了近一个月，进行了宣判。被判处死刑的没有和我们一起宣判。我们也没有当厅宣判，在送西院监狱前，将大家叫出来排成队，由翻译宣读了判决书。我被判刑 5 年，周良辅 5 年，任国伦 7 年，金琅 7 年，其余不记得了。

问：因刺杀日本天皇特使事件被杀害的有几人？

张：共 4 人，薄有凌、麻克敌、张清江、邱国丰。

问：张先生，您当时估计很少有生存希望，为什么结果会这样？

张：据说这个案子是报日本天皇核准的，故作宽大，以笼络民心。

问：您什么时候获得自由的？

张：我关了 3 年多被保释出来，时间是 1943 年 3 月，南京伪政府成立 3 周年之际。当时南京伪政府每到庆典，都要办一些假释，表示所谓恩惠。另外几个人，有先后被保释出狱的，也有抗战胜利后才获得自由的。

伪省长唐仰杜被刺经过

卢宝生*

唐仰杜于1939年任山东省伪省长，并先后兼任山东省伪省警备总队队长、省剿共委员会会长、省保安司令等伪职。是日本侵略者残害山东人民的忠实走狗。1940年初冬，由爱国青年自发组成的“山东抗日铁血锄奸救国团”（以下简称“铁团”）决定严惩唐仰杜，铲除这一为虎作伥的大汉奸。我是“铁团”成员卢化西的族叔，对这一锄奸行动前后情况颇有了解。

“铁团”作出决定后，便开始秘密筹措，为达刺唐目的，计划用土膏（大烟）作饵，引诱敌伪、了解敌情。首先搞了个“火烧土膏店”。济南地区“铁团”主任毕复生（益都人）、“铁团”成员小学教师卢化西（历城县卢家寨村人，笔者族侄，现居台湾）多次到济南麟祥门外日商经营的×昌土膏店侦探，待全部掌握此店情况后，决定以暴力强取土膏，事后放火焚此店。一天下午，卢化西以土膏商身份到该店北屋选货、讲价钱，以拖住店员，继而毕复生、“铁团”成员康友三（惠民人）迅速进入院内，“铁团”成员刘杰（历城县彭庄人）在门口放哨。毕、康飞速入西屋，用手枪指住两名营业人员，这时卢化西用枪将北屋那人逼至西屋，将3人锁在屋内。毕、康、卢三

* 作者系山东抗日铁血锄奸救国团成员卢化西族叔。

人急忙进入北屋西间仓库，提出 8 包土膏原件（重约 40 市斤），立即将北屋点火，4 人急速撤出，两人骑自行车，两人坐人力车悄然而去。将土膏全部运到经一路纬四路仁美里日商经营的尾原洋服店。该店副经理楚振卿（历城县卢家寨人）会讲日语，会做洋服，他积极支持卢化西等人的抗日活动，当时给予了可靠的掩护。

“铁团”利用这批土膏做诱饵，买通伪山东省公署人员，及时了解到许多准确的情报。卢化西、李景禹（“铁团”成员，章丘县人，现居北京）结识了伪省公署专员潘兴福、常驻济南的伪嘉祥县长周某，由他们弄到了两枚伪省公署人员佩带的证章，并领着卢、李二人两次进入伪省署内侦察地形，了解岗哨部署情况和安全撤出路线。李、卢二人还经常练习由高处跳往低处的缓冲动作，以防到时发生意外。

1940 年 11 月的一天，“铁团”从内线获悉可靠情报，得知翌日唐仰杜等伪省署要员举行接待华北日军指挥官集会。“铁团”领导人认为这是一个打击日特、汉奸的好时机，应当立即动手。这天卢化西、李景禹二人身藏武器，着赭色呢料西服，戴上小假胡子，化装成参加集会的日本要员，乘租来的卧车来到伪省署，昂然进入集会厅，见唐仰杜和日伪高官已密集会场，便机敏掏枪，二人同时向唐仰杜开枪，卢又扔出一颗手榴弹，顿时场内哗然。不料嗞嗞声响后，手榴弹因受潮未爆炸，枪也没有击中唐仰杜，场内日军、汉奸却吓得狼奔豕突，乱作一团。李、卢二人趁敌人混乱之机，迅速奔向已选好的后院西北角越墙而去。墙外接应的刘百川（后被敌人捕去）已备好自行车，二人骑车飞驰而去。

卢化西骑车至东流水街南头路东，其族叔卢成亮开的德聚昌成衣店（现为山东省文物总店西部店址），迅速脱去西装，摘下假胡子，换上便衣，带上事前备好的喜帐和银箔纸做的双喜字，往西北出迎仙桥卡门。这时已开始戒严，因卢、李二人行事时戴假胡子，一时街上便到处抓留小胡子的人。卢化西到达城门时，岗哨已盘查很严，卢再三说明是商埠某店的伙计，为表弟结婚到城里购买物品，并拿出喜帐喜字作证，岗哨才信以为真，放他出了城。卢化西离开德聚昌成衣店，卢成亮很快将手枪埋在屋内方桌底下土中，将那套西服也埋在炉灰里。第二天，日伪警察、宪兵就对德聚昌进行搜查，幸而未发现什么迹象。几天后局势稍为平静，李景禹才秘密地把手枪取走。

因有人告密，不久，日特机关“泺源公馆”的汉奸杨洪顺（历城县升官庄人）又领着日本宪兵、警察、特务搜查了卢家寨人在济南开的大小店铺。各店铺的主人均被捕去。德聚昌成衣店是卢化西经常落脚的地方，店主人卢成亮、卢成福兄弟二人也未幸免。所有因卢化西刺唐案被捕进日本宪兵队的卢家寨人，无不受尽了灌辣椒水、坐老虎凳等种种酷刑。但是不论在敌狱中受折磨的时间长短，也不论受摧残的程度轻重，个个怀着满腹的民族仇恨，坚贞不屈，无人说出卢化西的情况。卢成福仅身着一件夹袍和裤头，在狱中煎熬了冬春 3 个半月，出狱后身体已极度虚弱。在尾原洋服店学徒的卢化芳，狱中受尽折磨，出狱后不久即死去。

刺唐事件发生后，济南的日特还到卢家寨将卢化西之父卢成文及该村的学校教师卢新科也抓到了日本宪兵队。后因敌人抓不到把柄，只好让二人取保释放了。

卢化西等周密策划，英勇刺唐，虽义举未果，但对日伪反动势力是一次沉重打击，使他们终日惶惶不安，而广大同胞则拍手称快扬眉吐气。

石友三酝酿投敌被捕杀的经过

高树勋*

石友三在国内军阀混战的长时期内，由于个人野心的驱使，朝秦暮楚，反复无常；而在抗日战争时期，他更走上叛国投敌、毁灭自己的道路。

1939 年秋，当时石友三是第三十九集团军总司令，我是新八军军长，归石友三指挥。我部奉石命西开，当部队在德州以南越过铁路线时，还一度遭到日军的截击。此时我尚未意识到日军是从石那里得知我部的行动，才加以截击，还以为石的投敌活动可能已成过去，否则归石指挥的军队是不至于受到日军攻击的。我部开至清丰、南乐一带后，军部驻在清丰的仙庄集，正在发动地方为部队赶制棉衣之际，石又命我部开赴南宫以北去打八路军，我以不愿与八路军作战迁延未去。石认为我不听命令，从此关系越来越坏。

这年冬天，石与八路军发生冲突，石部被压迫到濮阳一带。石以我未派兵支援，恨我益甚。石友三为人阴险毒辣，我很清楚，因此极力避免与他见面，以防遭到他的毒手。

濮阳专员丁树本，拥有几千人的保安队，他也是西北军的旧人，曾在冯玉祥部当过军需，与石熟识，知道石为人狠毒，怕吃掉他的队伍。石部南撤

* 作者时任第三十九集团军新编第八军军长。

时，曾令丁出兵掩护，丁没有照办，因此也不敢与石见面。当时冀察战区游击总指挥孙良诚带着赵云祥等部也随石退到淮阳附近。孙在西北军里资格较老，看到石和我、丁不睦的情况，有意要居间调解一下。先对石说："你们这样很不好，你是总司令，要叫人爱戴，不要叫人惧怕。你和建侯（我的字）、立斋（丁树本字）之间有些隔阂，应该由你这方面先表示和好才是正理。"孙又与我、丁二人说妥，约定由丁做东请客，邀石、我、孙等，在濮阳县东北的一个村庄会面。这一天，无形中成了一个鸿门宴的局面，丁带着一个营，石和我各带着一个手枪连，只有孙没带什么人。大家见面仅仅寒暄了几句，没有谈什么问题，就这样在相互戒备中吃了一顿饭。

不久，八路军攻濮县，时我驻清丰，石命我阻击进攻濮县的八路军，他自己的军队在八公桥策应。我没有接受石的命令，一昼夜退到坝头；而石已先期过了黄河到达东明，并没有去八公桥。因此石对我更为不满，当然，我对石所说的在八公桥策应的谎言也是不满的。在这以后，石部退到曹县，我部亦撤到定陶。

由于石友三对抗战没有信心，认为照这样子日蹙百里下去，他个人迟早会得到韩向方（韩复榘）同样悲惨的结果。反之，他若伺机投敌，还可望达到善价而沽的目的。因此，抗战开始后不久，石的意志即已摇摆不定，不断地同日本勾勾搭搭，只是他对于自己的部队没有绝对的把握，所以迟迟不敢公开降敌。原来宋哲元拨给石的陈光然、樊眷山两个团是我任河北省保安处长时的保安部队，装备很好，全部捷克式新枪，他们都与我有密切关系，而且有同样任务，在宋拨这两个团的时候，对陈、樊二人有过布置，也叫他们监视石的行动。这种情况，石自然不会毫无所知。他为了确实掌握住自己的军队，在他投敌的时候不致发生问题，所以他两次三番地托程希贤劝说我一起投敌。由于我始终反对走投降的路，就成了他投降日敌的主要障碍，所以他对我是既恨又怕。我也看得很清楚，对石的每一个行动，都非常注意。对石的每一个命令，更是多方考虑，审慎从事。我既怕石乘机夺去我的军队，也怕石设计消耗我的兵力。我和石虽然有着上下级的关系，但是对石时时在加意警戒之中。而且石几次命我与八路军作战都被我拒绝，因而石部遭到了损失。这样，石和我之间的矛盾就尖锐了。

石部退到曹县后，我对石虽避不见面，可是与石的参谋长王清瀚经常有联系，暗中通些消息。有一次王告诉我要注意济宁、归德、开封三方面的日军情况，须早作转移。我认为这几方面的日军都距离较远，一时或不致有何问题；又因为这时正在给部队制作单衣，已将布匹分发到各村镇，临时收集不易，而且仓促转移对地方影响也不好，所以没有及时地进行转移的准备。不料济宁方面的日军很快地就逼上来了。我部正在与济宁方面之敌接战的时候，开封方面的日军也上来了，接着归德方面的日军也发动了，我部立即陷于三面包围的形势。我们与济宁方面之敌打了一天，敌人以优势炮火步步进逼，有一部分敌人冲到我的指挥部所在地大陈楼的砦内。我感到在砦内已无法指挥，乃从交通沟内潜出砦外，遭遇到日军的机枪扫射，退到另一个小村落。在那里有个干部训练班，我即指挥训练班的学员将敌人打退，复继续南撤，至曹县、单县之间一个村庄，收集部队。

在这次战役之后，石得到的消息是，我已被敌人打死。他为了证实这个消息，派了一个参谋到我部打听，恰巧遇到了我。这个参谋对我说："总司令很惦念军长的安全，特命我前来问候。"我说："没有什么，请你转报总司令放心吧。"当天这个参谋又回来了，他说："总司令叫我劝军长不要离开这里，最好是到我们那里去住，比较更安全些。"我说："我暂时还不打算离开这里，请你代我谢谢总司令吧。"这个参谋坚请我写一封亲笔信，他好回去复命。我便写了几句表示感谢的信。从这个参谋的言语和神情上判断，石是不怀好意的。他首先是希望我被日军打死，他可以去掉降日的障碍而且还能把我的军队抓到自己的手中；但我未死，就想要我去到他的驻地，然后再设法摆布。我对石早就有所警惕，决不钻入他的圈套。

又过了两天，石和孙良诚同来看我，表示慰问，石并说："部队损失没关系，我一定设法给你补充，你看部队在哪里集结整顿较为方便呢？"我虽然明知石的话是一种口惠，但也不能不敷衍几句说："这一次的损失，全怪我大意，总司令对我这样关怀，实在使我于心不安。至于军队集结的地点，请总司令指定。"石说："咱们都到考城一带整顿吧。"

我对这次战役前后石的态度曾经进行了分析，为什么王清瀚事先就料到日军会从济宁、开封、归德三方面来进攻我部呢？为什么日军只对我进攻，而不对邻近的石部进攻呢？为什么在我遭受重大损失后日军即行撤走，而不乘胜将石部打垮呢？所有这一切，不能不引起我的怀疑与警惕。所以在石、孙前来慰问我的时候，我就向石的随从暗中打听消息，得知：石的弟弟石友信早就去北平与日方接头，现在还没有回来。后来知道，日军这次向我部进攻，是石友信奉石友三之命在北平与日方勾结策动的，目的是在消灭我军。王清瀚事先已得到消息，但怵于石友三的狠毒，不敢对我明说，只是提醒我的注意。

过了些日子，接到后方电报，要石、孙、我派队伍去河南周口接运饷项弹药。石派的是米文和师，我派了一个旅，孙派了一个团，路线是由归德以西越过陇海路。当队伍南下通过铁路线的时候，石和孙的队伍都安全通过，唯独我的队伍遭到日军的截击，一个团退回，一个团被打散了。驻归德的张岚峰伪军李连海部正在准备把这个团收容缴械的时候，适郑继成在那里，对李说："这是高建侯的部队，这样做对不起朋友。"结果才被放过去了，但只剩下六七百人，总算勉强地把饷项弹药接回。据接运饷弹的团长说，石友信在归德和日军联络好，所以石、孙两部安全通过铁路线，往来都未被日军截击。

前面说过，重庆方面以政工人员名义派到石部的臧元骏，其真正的任务是，一方面是为了反共，另一方面是防止石友三投敌。现在他看到石与日军的关系越拉越近，认为石的投敌已到了不可避免的程度，他感到在石处待下去很危险，一度避至我处。在制止石投降日本这一点上，臧与我是一致的，因此日益接近，经常与我谈论对付石的办法。我此时亦很焦急，感到自己的军队损失太大，不能与石部相对抗，恐迟早要被石吃掉，只有提高警惕，以防不测。有一天忽然接到石总部的通知，说日本飞机来时不准射击，以免惹事。这就更加引起了我的疑心。石请我去总部开会，我也不敢前往，只好称病请假。这时我的心情非常沉重，一则是在艰难困苦中发展起来的武装力量遭受了严重的损失，元气大伤，一时无法恢复，再则是不仅要随时防范日军的袭击，还要随时防范石友三的暗算，因此苦闷异常，无法排遣。有一天我去找孙良诚，我对孙说：“云公（孙字少云）见到通知了吧，不让打日本飞机是什么意思呢？如果这样干，那不是汉奸又算什么呢？当汉奸我可不干！”谈到这里还难过地哭了。孙劝我说：“你千万不要误会，我想汉章（石友三字）也不会有旁的意思。”我见孙这样说法，便没有深一步地谈下去。

另一次孙来我处闲谈，忽然说：“前些日子谢天祥（曾任孙的军需）来和我说，他和李子铎在天津做生意，有一次去上海，路过南京，见到了刘兰江（刘郁芬字兰江，这时是汪精卫的参谋总长），他对我们都很关心，必要的时候他可以帮我们的忙。”刘在甘肃的时候，孙和我都是他的部下，所以刘对我们才有表面关心实系勾搭的表示。在这以前，我还不知道孙和汪伪组织有了拉拢，孙今天谈起此事，似在试探我的口气。我说：“汉奸决不能当，我们还要给后辈儿孙留条路。”孙听了我的话，便沉默了下去。接着我又问孙：“您看石汉章究竟是个什么打算？”孙说：“他虽然跟日本人有些拉拢，处在这个环境，这样做也是一种不得已的应付办法，我保险他决不会降敌，你不要多心。”孙说这话，是在替石解释，同时也是在替自己解释。我从这时起，看到石、孙都在各自找“出路”，而自己的处境则更加孤立，更加危险，不能不给予严重的注意了。

1939 年的秋天，我奉石命一同开回黄河以北濮阳、濮县一带，石驻濮县的巩庄，孙驻濮县以东的白衣阁，我驻濮阳的柳下屯。这时，石的态度已很明显，这次北开的任务，就是配合日军去打八路军。当我部在濮阳征集给养时，当地汉奸组织的人们说，日军与石部已有协定，石部征集给养地区，不包括濮阳县城附近，日军不许可濮阳县供应我部给养。这说明石的投敌已经是尽人皆知的事情了。石与日军的来往，已由秘密转入公开。他在日方的协助下，由北平运来了印刷机，大量印刷中国、中央等行的假钞票就地行使。石部往来平津的办事人都要经过我的防地由濮阳到开封，再由开封乘火车转往平津，所以我对石的活动，比过去知道得更清楚一些。

不久，石接第一战区司令长官卫立煌来电，说石与日伪来往的消息闹得满城风雨，蒋介石已有所闻，但他不轻信谣传，劝石好自为之；并说他有意介绍石为河南省主席，特征求石的意见云云。石接电后来同我商谈，我以不明他的意向，不便表示意见，只说唯他的命令是从，至于如何复电，由他自己决定。石也没说出自己的意见，只是骂中央不接济他，发了一顿牢骚。石怎样答复卫立煌，我没有再问过这事。

石友三公开投敌的风声越来越紧，我感到形势越来越严重，便写信给石的参谋长王清瀚，约他见面一谈，以便早作应变的准备。旋接到石的参谋处长（姓名记不起，他是在石部做地下工作的一位共产党员）写来一信，说王清瀚偕同毕载奕去济南未回。显然，这又是与日方接洽事情。我在无可奈何之中，只好每日集合军官和士兵讲话，反复说明抗战的重要意义，谁要当汉奸我们打谁。与此同时，石曾秘密派人来我部进行拉拢活动，但是我的两个师长马运昌和张汉权都与石素无关系，而且他们知道石为人阴险毒辣，杀过他们的保定军校同学李炳漩（石的参谋长），且不要说他们不敢去，就是去也带不动队伍，所以派来的人与马、张见面后，不得要领而回。

此时，石友三的女秘书为了准备与石正式结婚，又去了一趟天津。当她由天津返回路过济南的时候，被日人留难，要石亲自去济南接人。石不便前往，经交涉始派毕载奕、王清瀚二人代表前往济南。毕、王到后，日方即对他们提出石友三投降的条件，如名义、饷项、给养以及今后的行动等等，石均一一承认，日方才准许石的女秘书随同毕、王回到濮县。

原来，毕载奕也是反对石友三投敌的。事后，我问毕载奕，“你既反对石投敌，为什么又代表他去济南与日方讲条件呢？”毕说：“石派我去济南，是一种拉我下水的手法。我若不去，还能在他那里做工作吗？去这一趟，很有收获，不仅解除了石近来对我的怀疑，更重要的是得到了石和敌人勾结的内幕，对我的工作来说，是大有好处的。”

石友三结婚这一天，我料到是石的喜期，不至于会出什么问题，就大着胆子前往道贺，晚上住在王清瀚屋里与王密谈了好久。王把在济南代表石友三的活动和商谈石投降日人条件的情况，告诉了我，并表示对此事的愤慨。最后我问王：“你不想随石当汉奸，为什么不设法脱身走开呢？”王说：“想走走不了，一来是没地方投奔，二来是怕被石发觉，走不脱被他活埋，只好硬着头皮混下去。有一次他召集官佐讲话，要大家好好跟着他干。讲完话，当场把几个他认为不安心的人给枪毙了。当时吓得我腿都软了。”接着又说：“你今后最好少到这里来，对这个翻脸无情的人要多加小心。”我听了王这番话，不等天亮就回到自己的防地去了。

我从王清瀚的谈话中，对照了毕载奕所说的情况，证实了他们在济南商谈石投降日本的条件，主要是，石率部向大名方面靠拢，宣布与华北伪组织合流，日方允许给石以“河北省省长兼治安军总司令”的名义；部队带去多少算多少，缺额可以补充，缺枪可以补发，发动时，发给开拔费和给养弹药，俟部队开到指定地点后，按照华北伪军饷章，立即发放一个月全饷等等。大致已妥，唯石借口发动前的需要，要求先发开拔费和给养弹药，日人没有同意，正在往返磋商。我感到石的投敌，已经只是时日的问题，形势非常紧迫，必须加速采取对策。

过了几天，孙良诚、王清瀚、毕载奕和臧元骏一同来到我处，谈起石投敌的问题，虽然一致认为石的投敌已成铁的定案，但是应该采取什么样的对策，谁也没有谈出具体办法。最后还是毕载奕说：“李福和想当汉奸，就有个部下黄宇宙把他干掉，难道我们这里就没有个黄宇宙？”毕说这话，似乎是对我使出了“激将”的办法。可是我平时知道毕和石的关系极密，这时对毕的真正意图还不十分了解；同时，顾虑中央是否同意这样办，而且孙良诚又在场，所以不便表示态度，遂无结果而散。

孙等离去后，臧一人留下来对我说：“毕载奕和王清瀚都是反对石投敌的。我和毕由重庆同来的时候，路过洛阳，卫司令长官（卫立煌）秘密指示我们，要设法制止石友三的投敌活动，必要时可以相机处理。中央方面不须顾虑，毕载奕也没有问题，这事就看你的了。”我问米文和、张雨亭二人的态度如何（米、张都是石的师长）说：“他们也不愿随石当汉奸，我已同他们谈过，只有石的特务旅还没有打通。”我嘱臧再对米、张二人进一步陈说利害，坚定他们的决心，并说：“我这里的情况你是清楚的，绝对没有问题。”过了四五天，臧又来找我密谈，他说：“米、张两师长都谈妥了，一有机会就把石干掉。米文和打算用装病的办法诱石去看他，石一到他的师部立即把他扣起来。张雨亭正在计划在师部所在地（观城）开一个运动会，请石前往参观指导，即乘机把他干掉。”我对臧的话经过反复地考虑，虽然认为时机已经成熟，但是能否顺利进行，仍无把握。乃约请孙良诚来防地一谈，探探他的口气，以策万全。孙路过石总部所在地巩庄，遇到臧元骏和毕载奕，告诉他们说要到我那里去。毕说：“我们今晚包鸡肉饺子吃，请您尝尝吧，没有要紧的事，明天再去也不迟。”孙便留下来同他们吃饺子，吃完打麻将，边玩边谈。毕等对孙说：“建侯总是发牢骚，您去跟他谈谈自然很好，如果拉着石总司令一同去谈，再由您从中调解一番，那就更好了。彼此多年共患难的老弟兄，有什么解不开的疙瘩呢？见面痛痛快快地谈一谈，心里有什么就说什么，谁也不要保留。说完了，老哥儿俩对着哭一场也好嘛！”孙本来早有此意，这套话自然打动了他的心，他很高兴地说：“我一定约约汉章。”孙和石一说，石就答应了，说：“好！咱们明天就去，同建侯打麻将去。”

1940 年 11 月下旬的一天，刮大风，天气很冷，我带着队伍正在野外下操，忽见东方远处尘土飞扬，渐渐看到有许多人马，先头一个骑马的人来报说：“石总司令、孙总指挥来了。”我立即把卫队营长高金兰找来作了布置。紧跟着石、孙也骑马来到村前，我把他们迎进村去，到我的住处坐下来休息。我的将领和幕僚都来表示欢迎，大家见面，谈笑风生。孙和我的师长马运昌谈起多年旧事，谈得特别起劲。石见我的办公桌上有笔砚纸张，就拿起笔来写大字。我正在周旋其间，传达进来对我说：“臧主任来了。”我即迎出来，臧见面和我耳语说：“毕载奕说过，西北军的人都怕石友三，你到底敢不敢扣他呢？不扣，我就进去一同玩，要是扣，我就不进去了。”我说：“不是早就说妥他到哪里就在哪里扣他吗，扣就扣吧。”臧说：“好，我就不进去啦。”我随即在院内命令早已布置好了的手下人将石扣押。这个突然的举动，使孙良诚大为惊愕，从屋里跑出来找我理论，我对孙说，“这是中央的意思，同米文和、张雨亭两师长早就商量好了的，他到哪里就在哪里扣他。把他拿掉以后，我们大家好一齐抗战。”我随即和毕载奕、臧元骏联名向卫立煌报告扣石的经过，电报由臧元骏携带的电台发出。

石友信听到他哥哥被扣，由北平赶了回来，气势汹汹地声言要兴师问罪，并要联合日军解决我部。这时毕载奕、米文和、张雨亭、王清瀚等都装作事先并未预谋此事的样子，他们齐声附和石友信大骂高某不是东西，非干掉他不可。虽然实际上听石友信话的只有特务旅的一部分，但我怕真的打起来，徒然给日军造机会，就把部队稍稍南移，撤到东明附近，打算暂避其锋，来缓和形势。在部队撤退以前，我召集臧元骏和师长马运昌等商量此事。马运昌首先发言："石友信没有力量，容易对付。只是留着石友三，部队行动，带着他走，倘有意外，让他跑回队伍里，引来日本人，那就祸事不小了。现在我们势成骑虎，必须马上去掉这个祸根才好。"接着，臧元骏叙述他和毕载奕同来负有相机处理石友三的使命的经过，他认为马运昌的意见很对，应当迅速执行，不可犹豫，中央方面，由他负责报告。大家一致同意马、臧的主张，于是做了决定，立即处决了石友三。同时向卫立煌报告经过和我拟请假暂避的情况。就在我部撤到东明的晚上，接到卫立煌答复我等报告扣石的电报，命令把石友三就地正法。随后又接卫电，令我负责石部的善后问题，不准请假离开队伍。

石友信回到石的部队里，孙良诚去找他，意在看看动静，并企图与石的部下进行联络，为以后抓石的军队做些准备工作。孙去的时候，没有带很多的卫队，路过米文和的驻地，毕载奕即请米文和派他的骑兵连暗中保护孙的安全。同时，毕并派他的随从副官，伺机杀死石友信。石友信见孙来到，正要与孙理论，话还没有说完，就被毕载奕的副官从旁开枪将石友信打死。孙还不知道这是怎么回事，毕出面向孙说明后，他才弄清楚了其中的原委。

约在12月中旬，我被任命为第三十九集团军总司令，毕载奕为第六十九军军长兼察哈尔省主席。因为毕与部队没有关系，而且米文和也想当军长，终于毕不得不离开队伍，由米当了军长，最后张雨亭也被米撤换了。

（王式九、吴锡祺整理）

日军支持下的大规模海洛因制造厂

王 龙*

1940年，日军盘踞在天津市海光寺大兵营的“北支派遣”第二九〇四部队，收编了河北省大城县境内的一部伪军，号称大城治安军，委北洋时期毅军米振标旧部军官刘勋臣为司令。我曾在伪司令部先后充任副官、参谋，因懂日语，专理外交事宜。该部以筹措军饷为由，在日军包庇下，设置海洛因制造厂，我则被派办理与日军间的一部分联系工作，并曾是一个厂的股东之一。嗣后，我又曾充伪天津市禁烟局委员，故对海洛因制造厂内幕知之较多。

海洛因制造厂的由来

在1937年至1939年间，日军宫崎部队（1940年由松井接任部队长并改称二九〇四部队）实施日军在中国的毒化政策，勾结伪军张宝正部，以筹措粮秣军饷为由头，在河北省静海县独流镇设立海洛因制造厂。日军森冈部队（水路警备队），也勾结伪军河防队刘勋臣部，在大城县台头镇设厂制造

* 作者时在伪军司令部、伪天津市禁烟局任职。

海洛因。1940 年间，日军指令大城县境的各路游杂部队待命改编，以致海洛因的制造曾在短期内中断。同年夏初，日军二九〇四部队将改编后的伪军统一称为“大城治安军”，并以刘勋臣改任“治安军司令”。改编完毕后又继续设厂制毒。

麇集五个制毒厂的“禁区”

伪大城治安军司令部驻在王口镇。日军为了掩饰伪军大规模地秘密制造海洛因，命伪总队长张兰亭、第一大队大队长张荫亭弟兄二人带兵进驻东滩、西滩、当滩（通称三滩）和张家营 4 个村庄，随即把这个地区划为海洛因制造厂区。这 4 个村庄处于阡陌纵横的稻田中央，地势较高，居高远眺，四周原野一览无遗。村内灰色高大的砖瓦建筑，沿街两侧排列成行，围绕村边有一条东通大清河、西贯子牙河、宽达 6 米左右的水渠，既能灌溉稻田，又可驾船捕鱼，堪称是鱼米之乡。这 4 个村庄只有一条咽喉要路，通往 15 华里之遥的王口镇，经过整修的道路，大小汽车可以畅通无阻。在仅有的进出口处，伪军设有岗楼，派兵警卫。这个厂区的选定，为海洛因制造提供了厂房、水源和安全上的种种便利条件。于是这个寂静富饶的村庄，骤然间变成了奇装异服的中外籍人熙来攘往、大小汽车络绎不绝的热闹场所。最后，竟被宣布为外界人难以进入的“禁区”了。在这个所谓“禁区”先后共开设了 5 个制毒厂。

陈昆元及其制毒第一厂

陈昆元，浙江宁波人，早年曾留学日本，是一个多年的制毒贩子。他由于长年累月地制毒贩毒、牟取暴利而成巨富，在天津、上海、香港等地均置有产业。当时伪蒙疆自治政府为销售鸦片，聘陈为伪实业部“嘱托”。陈则如虎添翼，纠合其旧股东徐树浦、黄金声、周庆兆等人，集资伪币 500 万元左右，并以开设在天津的“庆通银号”为后盾，重操制造海洛因的勾当。于

1940年5月，由其股东黄金声与伪刘勋臣部几度接洽后，遂在东滩里村占用了一所民房，即行开始筹备。在北房5间内，安装了全套蒸气排管，作为烘干车间；东房3间，作为炮制车间；西房3间，作为成品车间；南房3间，作为仓库。在同年6月筹备就绪，正式开工生产。按规模大小排列，这个厂就叫海洛因制造一厂。

一厂开工生产伊始，即在天津市镇南道陈昆元私宅设立办事处，以计划指导全厂业务。除陈昆元本人统筹办理全厂事务外，以黄金声专理对外交际事宜，周庆兆配一副手朱金鼎专司会计，以蔡荣贵为技师，兼理厂内一切业务。蔡荣贵带领熟练工人20余名进厂后，又就地雇用了10人左右的临时工，预备生产。陈昆元借着任伪蒙疆实业部“嘱托”的便利条件，特为伪蒙疆政府出谋划策，在产地将鸦片制成坯子（又称一号），以便于供应制毒厂，从而在原料方面打开了方便门。故一厂自开工日起，即施行了昼夜两班的生产制度。在第一个月内，就用了原料600件左右（每件重量为1000克），成品达到880件上下（每件重量为700克），总计出了616千克左右的海洛因。嗣后，每月均有所递增，月出成品达1000件左右。按当时坯子的进价，每件为1.3万元到1.4万元之间，而海洛因的行市，每件为2.5万元。平均核算，月出成品1000件，每月赚取不下2500万元之巨。况且一厂是由产地直接采购原料，成本既低，获利又大。

海洛因系属于化学范畴的一种产品。由原料到成品，必须经过溶化、过滤、抽出空气、烘干等一系列比较复杂的操作过程。尤其需用多种药物、辅料相配合。因而一厂特与开设在天津的日商昌荣洋行（西药商）签有长年供应合同，各种药物、辅料由日本运抵天津以后，特在南开南华路设仓库专代一厂储存备用。由于原料、附料质量优良，故成品货色非一般小厂所能比。

在运输销售上，陈昆元也有他的门路，派其多年伙伴、日籍浪人高桥贤二担任运输任务。高桥与敌伪军警宪各方面的头面人物都有勾结，同时与一些日籍军用、民航飞机飞行员和火车司机也有拉拢。他还豢养着一群走卒。其寓所（现在的多伦道一八八号）俨然一个秘密机关。大批的海洛因一经出厂运抵天津，即行交付高桥收存，再根据成交数量，利用飞机或火车辗转运往上海、南洋等地销售。陈昆元原在上海混过一个时期，他的旧伙伴钱阿毛、庄汉章等人是大流氓张啸林的老搭档，在上海市的流氓界是吃得开、叫得响的人物。同时陈曾在香港、澳门也混过几个年头，在那里的富商巨贾中也有他的同类。陈昆元运销上海、香港、澳门和南洋的毒品，都是通过这些关系经销的。还有股东徐树浦，曾先后充任天津日本警察署的副探长和“特别行政区”（英租界被日军接收后的改称）警务处的监督。徐的胞弟徐树强，当时又是天津市伪警察局的特务科长。股东黄金声，与天津日军一四二〇部队特务队的清水队长、宪兵三野等人时常混在一起，尤其与北平日本宪兵司令部的特务头子三谷更是早有勾结。

1941 年夏，担当运输的高桥贤二到黄金声处相告说，起飞于北平西郊机场的民航班机，发现宪兵检查较严，暂缓运货去沪。黄则大包大揽地说，此事由我去办。果得借助三谷之力，以宪兵司令部专用汽车送入机场装机运沪。约在 1943 年夏季，日军宪兵准尉柳泽突然接到命令，调赴南洋战区新加坡工作，因他与陈昆元是最好的朋友，遂托陈照顾居住在天津的妻儿。陈认为有机可乘，一面答应了柳泽的托付，一面托柳泽顺便带 10 件海洛因去南洋。相约乘上火车后，派高桥的助手小林送去。不料被日军驻车站宪兵查获，遂将小林及带送给柳泽的海洛因一并带往日军宪兵队。可是当陈昆元去日军宪兵队一说是他的货，毒品马上便被取回，小林也被放出来了。

海洛因制造二厂

海洛因制造二厂位于东滩里村北端一所民房里，于 1940 年 7 月开工生产。其股东是清一色的朝鲜籍浪人。以大股东宋玉良为首，还有崔荣吉、张千寿、孔林等人。有伪币 400 万元的资金，宋一人占有 50%。宋玉良办理进料、销售和掌握会计，崔荣吉驻厂总管一切，孔林任技师，张千寿亲自驾驶汽车担任运输。并设厂办事处于天津宋之寓所。二厂制造的海洛因，是一种特大号颗粒状的估轻产品。一件货的重量，虽然与估重产品同样为 700 克，但是一经包装起来，则比估重产品大四五倍，因有“大包子”“小包子”

之称。二厂虽人手较少，但是产量大，成品月出 800 件上下，产品运抵天津后，多由其同国籍人经营的商号或个人收购，如金魁一经营的行址设在海大道的“利津洋行”、国本荣治（借用日人姓名）、柳太太等这些设庄收购的贩子，他们再零星地转手卖给一些小贩子，然后贩到各个角落去销售。犹忆宋玉良曾邀我至其家中吃饭，由其俄籍老婆亲自下厨，并偕两个混血女儿作陪。他的室内摆设概为欧化，而且犹太籍的商人往来不断。后来听说多系隐名投资和经销毒品方面的人物，这说明二厂还有另外的来头。

海洛因制造三厂

海洛因制造三厂设立在厂区西端的张家营村，于 1940 年 9 月初开工生产。三厂是一个中、朝籍人组成的制毒公司，以韩子秀为首，李西山、康少山、张克栋（后来退出另设第四厂）、白井（朝鲜籍）、姜某（朝鲜籍）、陈晓峰等股东组成。后来把刘部伪大队长郭金暄也拉进这个厂当股东。拥有资金 200 万元伪币。资金实力虽然较逊于一、二厂，但韩子秀能取得天津宝生、裕昌厚、肇兴等银号的支持，随时可以透支巨款。白井担任销售，因其本人兼营白井洋行，设庄收购，故能货到款回，很少积压。月出产品最高达到 500 件以上。

海洛因制造四厂

海洛因制造四厂由张克栋纠合朝鲜籍人申大东、崔文华等所组成。张、申原为三厂股东，因发生矛盾而退出，集资 200 万元伪币，另起炉灶，并就申大东经营的大日洋行作为办事处。厂址则设立于厂区中央的西滩里村，于 1940 年 12 月开工生产。采用“基本”制造方法，即用鸦片直接制成海洛因的操作方法，原料进价低、损耗小、质量纯，获利更大。每月成品达 300 件以上。由申大东联系尹仁仲、木村、金井等同国籍人设庄收购代销。张克栋背后有日军宪兵德岗作为靠山。

海洛因制造五厂

海洛因制造五厂由周景山、张明三、朱鸿儒、黄雨亭、刘健才、刘惠民和我组建，资金初为 150 万元伪币，开工后增至 200 万元。厂址位于张家营村北首，于 1941 年 7 月初开工生产，月出产品 300 至 400 件。规模与三、四厂相同。全厂业务由周景山主持，朱鸿儒掌管会计，我则担任对外交际，张明三、刘惠民长期住在北平采办原料，并设厂临时办事处于帝国饭店内。采办原料系在北平散购，主要有 3 个来源：一是大同人张子英供应数量较多。二是购于山西人刘景山之手，刘当时与日籍人合资，在北平前门外廊坊头条开设“东华贸易社”作为掩护，代伪军兜售鸦片。刘曾纳娶日天津陆军特务机关警政班长诹访部之外甥女水村惠子为妾，凭借敌势，扬言购买他们的货可护送出境，不会出事。另外张明三在伪南口至北平段铁道护路司令张宝正北平住所，制造“坯子”卖给厂内，并借周景山之把兄弟、日军宪兵准尉上田的势力，随时由平运津，故五厂从来没有停工待料之虞。

日伪军警宪的勾结和分赃

日伪军队、警察和宪兵一向是互相勾结，狼狈为奸的。在制毒方面也是如此。伪军刘勋臣部在统筹办理的名义下，向各个海洛因制造厂索取“保险”和交际费用，平均每厂每月 6 万元左右。当然，他的顶头上司日军二九〇四部队也是有份儿的。刘勋臣每月都要邀请日副官富泽大尉、参谋长木原永夫中佐，在天津最著名的敷岛、神户馆或天津会馆等日本大酒家摆酒设宴相聚。一桌上等酒席不下四五百元之多。每次在分手时，刘总是把预备好的大卷钞票（300 元左右）塞进他们的腰包。在互相勾结利用的情况下，他们还替刘勋臣拉买卖。一次，刘勋臣派人通知我，说军部（指二九〇四部队）介绍几个日本人去看地设厂，要我好好招待。3 天以后，果然来了 3 个日本人，我陪同他们围绕厂区转了一圈，其中一个叫野村的说：“的确是一个吗啡村庄呢！”嗣后据说，这个厂由于出资最大的股东回国而致搁浅。一些小股东则隐名出资加入四厂。

1940 年冬，刘勋臣去大城县宫村一带视察防地时，日军王口镇驻屯队长保科武雄偕往。到达宫村后，遂至日军队部拜访。分队长宫下准尉一见面，即对刘说：“王口镇有一个赚钱的买卖，你一个人发财不行啊。这个事王口镇的驻屯队长是知道的。”保科在侧哈哈大笑，接着宫下、保科二人又互相耳语，随后保科对我说：“他（指宫下）对刘司令很不满意，认为缺少联络，是看不起他。”当我把这些话翻译给刘听后，他当然也就明白了宫下的意思。辞行时，我与保科故意先走，刘最后退出坐上汽车后，才说送了宫下 1000 元，以后每月如数照送。

1941 年 6 月，日军发起所谓夏季“讨伐”。霸县日军驻屯队长武石带兵窜入东滩里村，因其未能参与分赃，故将海洛因制造一厂封闭，并把全厂工人和产品 50 余件一并解往静海县多多良部队处理（因系多多良部队的“防区”）。刘勋臣得知后，就派参谋长秦铁英和我前往交涉，始将工人领回、产品发还，后刘勋臣送了 3000 余元了事。

各厂的大小汽车往来于天津、制造厂之间，必须由二九〇四部队的“防区”驶过。因此盘踞在静海县的中村大尉、山内中尉，王口镇的保科准尉，独流镇的大野班长，以及 1941 年夏初换防后的多多良部队长、铃木少尉等等，每月都要分肥。单此一项开支，月计达 1.5 万元左右。这种包庇分赃事例，在日军宪兵中尤多，“吃”钱的胃口也大，还往往使用一些谋钱的手段。1940 年冬，三厂股东康少山（刘部的伪军官），同静海县日军宪兵分遣长三野在路上相遇，借词伪军军纪不好，将康扣押（其实是因他是海洛因厂股东），为此我和秦铁英向三野说项，一次就送了他 3000 元，始将康释放出来。嗣后经秦铁英手，每月送他 2000 元。

此外，如天津市伪警察局督察长周琨，分的赃款更多，每月 2 万元；管辖西营门进口的伪警察九分局局长屠作梅月分赃款 1.5 万元。1940 年春，张明三的汽车（时张还未加入五厂）至南开南华路博信堂仓库装载药水、辅料，被伪警二分局扣车检查，因车之底层另装有“坯子”80 余件，张一时慌了手脚，遂找我代为说项。我因与该分局外事局员张文举系旧识，并言明以1万元酬谢，遂得放回。嗣后遂引以为例，由刘部月付3000元。沿途静海县伪县长王德春、独流镇伪警察所长郭有珍，每月共为3万元左右。又由土匪改编为伪地方保卫团的赵锡堂、李树田二部，虽然不曾规定数字，每次均经伪副司令潘九龄手送交万元，以酬“保护”之劳。

从上述事实不难看出，海洛因的制造在日军势力包庇下猖獗一时。本文所述只不过是大城县境内一个真实的写照而已。